Elisabeth May

Das Zweite Englische Lesebuch

Stufen B1 und B2 Zweisprachig mit Englisch-deutscher Übersetzung

LANGUAGE
PRACTICE
PUBLISHING

Kostenlose MP3s sind auf lppbooks.com erhältlich

Wir geben unser Bestes, um Tippfehler und Irrtümer zu vermeiden. Manchmal machen jedoch auch wir Fehler. Wir freuen uns über Ihre Beiträge und Verbesserungsvorschläge. Um uns auf Tippfehler oder Irrtümer hinzuweisen, schreiben Sie bitte an editor@lppbooks.com

Table of contents

Inhaltsverzeichnis

1

The Imperial Bank

Die Kaiserliche Bank

A

Words

Vokabeln

1. a [ə] - ein, eine
2. a lot [ə lɒt] - viel, viele
3. an [æn] - ein, eine
4. and [ænd] - und
5. attentive [əˈtentɪv] - aufmerksam
6. avenue [ˈævənjuː] - Avenue, die
7. bank [bæŋk] - Bank, die
8. big [bɪg] - groß
9. black [blæk] - schwarz
10. blow [bləʊ] - wehen
11. car [kɑː] - Auto, das
12. crossword [ˈkrɒswɜːd] - Kreuzworträtsel, das
13. detective [dɪˈtektɪv] - Detektiv, der
14. detective's [dəˈtektɪvz] - Detektivs, des
15. dictaphone [ˈdɪktəfəʊn] - Diktiergerät, das
16. guard [gɑːd] - Sicherheitsbeamter, der
17. guard's [ˈgɑːdz] - Sicherheitsbeamten, des
18. gun [gʌn] - Waffe, die
19. has [hæz] - er, sie, es hat
20. he [hi] - er
21. Imperial [ɪmˈpɪərɪəl] - kaiserlich
22. in [ɪn] - in
23. interesting [ˈɪntrəstɪŋ] - interessant
24. is [ɪz] - er, sie, es ist
25. it [ɪt] - es
26. job [dʒɒb] - Job, der
27. light [laɪt] - leicht
28. located [ləʊˈkeɪtɪd] - sich befinden

29. man [mæn] - Mann, der
30. manager [ˈmænɪdʒə] - Manager, der
31. manager's [ˈmænɪdʒəz] - Managers, des
32. Monday [ˈmʌndi] - Montag
33. Morning [ˈmɔːnɪŋ] - Morgen, der
34. near [nɪə] - in der Nähe
35. new [njuː] - neu
36. of [ɒv] - von
37. old [əʊld] - alt
38. polite [pəˈlaɪt] - freundlich
39. puzzle [ˈpʌzl̩] - Rätsel
40. respectable [rɪˈspektəbl̩] - ansehnlich
41. serious [ˈsɪərɪəs] - ernst
42. she [ʃi] - sie
43. strong [strɒŋ] - stark
44. sunny [ˈsʌni] - sonnig
45. tall [tɔːl] - groß
46. teller [ˈtelə] - Kassierer, der; Kassiererin, die
47. the [ðiː] - der, die, das
48. this [ðɪs] - dieser, diese, dieses
49. too [tuː] - auch
50. Van Gogh [væn ˈgəʊ] - Van Gogh
51. warm [wɔːm] - warm
52. wind [wɪnd] - Wind, der
53. woman [ˈwʊmən] - Frau, die
54. woman's [ˈwʊmənz] - Frau, der
55. work [ˈwɜːk] - Arbeit, der
56. young [jʌŋ] - jung

B

The Imperial Bank

It is Monday. It is morning. It is warm and sunny. A light wind is blowing.

This is the Imperial Bank. It is big and respectable. The Imperial Bank is located in Van Gogh Avenue.

This is a woman. She is young and polite. The woman has a crossword puzzle. The woman's crossword is interesting. The woman is in the bank. She is a teller. She has an interesting job.

This is a man. The man is in the bank too. He is old and serious. He is a manager. He has a lot of work too. The manager has a car. The manager's car is near the bank.

This is the manager's car. The manager's car is black and new. It is near the bank.

This is a guard. He is tall and strong. He is young. The guard has a gun. The guard's gun is black. The guard is in the bank too.

Die Kaiserliche Bank

Es ist Montag. Es ist Morgen. Es ist warm und sonnig. Ein leichter Wind weht.

Das ist die Kaiserliche Bank. Sie ist groß und ansehnlich. Die Kaiserliche Bank befindet sich in der Van Gogh Avenue.

Das ist eine Frau. Sie ist jung und höflich. Die Frau hat ein Kreuzworträtsel. Das Kreuzworträtsel der Frau ist interessant. Die Frau ist in der Bank. Sie ist eine Kassiererin. Sie hat einen interessanten Job.

Das ist ein Mann. Der Mann ist auch in der Bank. Er ist alt und ernst. Er ist ein Manager. Er hat auch viel Arbeit. Der Manager hat ein Auto. Das Auto des Managers ist in der Nähe der Bank.

Das ist das Auto des Managers. Das Auto des Managers ist schwarz und neu. Es ist in der Nähe der Bank.

Das ist ein Sicherheitsbeamter. Er ist groß und

He is attentive and polite.

This is a man. He is a detective. The detective has a dictaphone. The detective's dictaphone is new. The detective is in the bank too. He is serious and polite.

stark. Er ist jung. Der Sicherheitsbeamte hat eine Pistole. Die Pistole des Sicherheitsbeamten ist schwarz. Der Sicherheitsbeamte ist auch in der Bank. Er ist aufmerksam und höflich.

Das ist ein Mann. Er ist ein Detektiv. Der Detektiv hat ein Diktiergerät. Das Diktiergerät des Detektivs ist neu. Der Detektiv ist auch in der Bank. Er ist ernst und höflich.

C

New Vocabulary Review

1

- Is today Monday?
- Yes, it is.
- Is it warm today?
- Yes, it is warm and sunny today.

2

- Is it a book?
- Yes, this is a book.
- Is it near the lamp?
- Yes, it is near the lamp.
- And the lamp is near the computer?
- Yes, it is.

3

- Is it a lamp?
- Yes, it is.
- Is it on the table?
- Yes. It is on the table.
- Is the computer on the table too?
- Yes, it is.

4

- Is this woman young?
- Yes, she is.
- Is she serious?
- Yes. She is serious and polite.

5

- Is it the guard's gun?
- Yes, it is.
- Does the guard have a new gun?
- Yes. The guard has a new black gun.

6

- There is a respectable man in the bank.

Wiederholung des neuen Vokabulars

1

- *Ist heute Montag?*
- *Ja, das ist es.*
- *Ist es heute warm?*
- *Ja, es ist heute warm und sonnig.*

2

- *Ist das ein Buch?*
- *Ja, das ist ein Buch.*
- *Ist es in der Nähe der Lampe?*
- *Ja, es ist in der Nähe der Lampe.*
- *Und ist die Lampe in der Nähe des Computers?*
- *Ja, das ist sie.*

3

- *Ist das eine Lampe?*
- *Ja, das ist sie.*
- *Ist sie auf dem Tisch?*
- *Ja. Sie ist auf dem Tisch.*
- *Ist der Computer auch auf dem Tisch?*
- *Ja, das ist er.*

4

- *Ist diese Frau jung?*
- *Ja, das ist sie.*
- *Ist sie ernst?*
- *Ja. Sie ist ernst und höflich.*

5

- *Ist das die Pistole des Sicherheitsbeamten?*
- *Ja, das ist sie.*
- *Hat der Sicherheitsbeamte eine neue Pistole?*
- *Ja. Der Sicherheitsbeamte hat eine neue schwarze Pistole.*

- Is he young?
- Yes, he is. He is young and serious.

7

- Is there a bank on Van Gogh Avenue?
- Yes, there is. There is a big bank in Van Gogh Avenue.

8

- Is this the manager's car?
- Yes, it is. The manager has a new car.

9

- Is this the woman's computer?
- Yes, it is.
- Is the woman's computer on the table?
- Yes. It is on the table.

6

- Da ist ein ansehnlicher Mann in der Bank.
- Ist er jung?
- Ja, das ist er. Er ist jung und ernst.

7

- Gibt es eine Bank auf der Van Gogh Avenue?
- Ja, es gibt eine. Es gibt eine große Bank auf der Van Gogh Avenue.

8

- Ist das das Auto des Managers?
- Ja, das ist es. Der Manager hat ein neues Auto.

9

- Ist das der Computer der Frau?
- Ja, das ist er.
- Ist der Computer der Frau auf dem Tisch?
- Ja. Er ist auf dem Tisch.

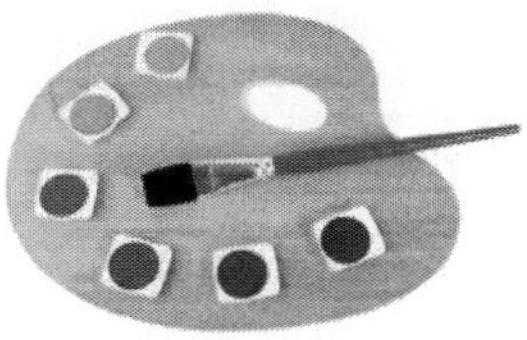

2

Problem
Problem

A

Words
Vokabeln

1. a little [ə ˈlɪtḷ] - ein wenig
2. all [ɔːl] - alle
3. answer [ˈɑːnsə] - antworten
4. are [ɑː] - sie sind
5. ask [ɑːsk] - fragen
6. before [bɪˈfɔː] - vor
7. bottle [ˈbɒtḷ] - Flasche, die
8. can [kæn] - können
9. cash [kæʃ] - Geld, das
10. clean [kliːn] - sauber
11. crime [kraɪm] - Verbrechen, das
12. desk [desk] - Tisch, der
13. dinner [ˈdɪnə] - Abendessen, das
14. document [ˈdɒkjʊment] - Unterlage, die
15. dollar [ˈdɒlə] - Dollar, der
16. down [daʊn] - hinunter
17. enter [ˈentə] - betreten
18. for [fɔː] - für
19. give [gɪv] - geben
20. glass [glɑːs] - Glas, das
21. have [hæv] - haben
22. hello [həˈləʊ] - Hallo
23. hot [hɒt] - heiß
24. how [ˈhaʊ] - wie
25. I [ˈaɪ] - ich
26. idiot [ˈɪdɪət] - Idiot, der
27. into [ˈɪntə] - in
28. lamp [læmp]- Lampe, die
29. liar [ˈlaɪə] - Lügner, der
30. mineral [ˈmɪnərəl] - Mineralwasser, das
31. miss [mɪs] - fehlen
32. Mister (Mr) [ˈmɪstə]- Herr (Hr), der
33. money [ˈmʌni] - Geld, das
34. much [ˈmʌtʃ] - viel
35. name [ˈneɪm] - Name, der

36. of course [əv kɔ:s] - natürlich
37. on [ɒn] - auf
38. please [pli:z] - bitte
39. point [pɔɪnt] - zeigen
40. pour [pɔ:] - einschenken
41. prevent [prɪˈvent] - verhindern
42. problem [ˈprɒbləm] - Problem, das
43. register [ˈredʒɪstə] - Kasse, die
44. reply [rɪˈplaɪ] - antworten
45. responsible [rɪˈspɒnsəbl̩] - verantwortlich
46. room [ru:m] - Zimmer, das; Büro, das
47. say [ˈseɪ] - sagen
48. sit [sɪt] - sitzen
49. some [sʌm] - einige
50. speak [spi:k] - sprechen
51. staff [stɑ:f] - Mitarbeiter, die
52. supervise [ˈsu:pəvaɪz] - beaufsichtigen
53. sure [ʃʊə] - sicher
54. table [ˈteɪbl̩] - Tisch, der
55. ten [ten] - zehn
56. there [ðeə] - dort
57. think [θɪŋk] - denken
58. thousand [ˈθaʊzn̩d] - tausend
59. time [ˈtaɪm] - Zeit, die
60. to [tu:] - in, nach, zu
61. Tuesday [ˈtju:zdi] - Dienstag, der
62. watch [wɒtʃ] - beobachten
63. water [ˈwɔ:tə] - Wasser, das
64. we [wi] - wir
65. what [wɒt] - was
66. with [wɪð] - mit
67. you [ju] - du, Sie
68. your [jə] - dein, deine

B

Problem

It is Tuesday. It is the time before dinner. It is hot and sunny. The wind is blowing. This is the bank manager's room. The room is big and clean. There is a big table in the room. There is a lamp on the table. The manager sits at the table. He has a problem. A detective enters the manager's room.
"Hello, Mr. Vega," the detective says.
"Hello, Mr. Rost," the manager answers, "Sit down, please."
"What is your problem?" Mr. Rost asks.
"We are missing some money," Mr. Vega answers.
"How much?" the detective asks.
"Ten thousand dollars," the manager answers.
"What is the name of the teller?" Paul Rost asks.
"The teller's name is Lisa Pandora," John Vega replies.
"What is miss Pandora responsible for?" the detective asks.

Problem

Es ist Dienstag. Es ist die Zeit vor dem Abendessen. Es ist heiß und sonnig. Der Wind weht. Das ist das Büro des Bankmanagers. Das Büro ist groß und sauber. Da ist ein großer Tisch in dem Büro. Da ist eine Lampe auf dem Tisch. Der Manager sitzt am Tisch. Er hat ein Problem. Ein Detektiv betritt das Büro des Managers.
„Hallo, Herr Vega“, sagt der Detektiv.
„Hallo, Herr Rost“, antwortet der Manager. „Setzen Sie sich bitte.“
„Was ist Ihr Problem?“, fragt Herr Rost.
„Uns fehlt Geld“, antwortet Herr Vega.
„Wie viel?“, fragt der Detektiv.
„Zehntausend Dollar“ antwortet der Manager.
„Wie heißt die Kassiererin?“, fragt Paul Rost.
„Die Kassiererin heißt Lisa Pandora“, antwortet John Vega.
„Wofür ist Frau Pandora verantwortlich?“, fragt der Detektiv.
„Frau Pandora ist für das Geld und die Unterlagen in der Kasse verantwortlich“,

"Miss Pandora is responsible for money and documents in the cash register," the manager answers.
"What is the name of the guard?" Mr. Rost asks.
"The guard's name is George Titan," John Vega replies.
"What is Mr. Titan responsible for?" the detective asks.
"Mr. Titan has to watch people and prevent crime," the manager of the bank answers.
"What are you responsible for?" Mr. Rost asks.
"I have to supervise all the work and all the staff of the bank," Mr. Vega answers.
"What is this?" the detective points to a bottle of mineral water on the manager's desk.
"This is a bottle of mineral water," the manager says.
"Can I have some water?" the detective asks.
"Of course, please" the manager answers. He pours a little water into a glass and gives it to the detective. "This detective is an idiot," the manager thinks.
"The manager is a liar," the detective thinks, "Can I speak with the staff, please?" he says.
"Sure," the manager answers.

antwortet der Manager.
„Wie heißt der Sicherheitsbeamte?", fragt Herr Rost.
„Der Name des Sicherheitsbeamten ist George Titan", antwortet John Vega.
„Wofür ist Herr Titan verantwortlich?", fragt der Detektiv.
„Herr Titan beobachtet Leute und verhindert Verbrechen", antwortet der Bankmanager.
„Wofür sind Sie verantwortlich?", fragt Herr Rost.
„Ich beaufsichtige die gesamte Arbeit und alle Mitarbeiter der Bank", antwortet Herr Vega.
„Was ist das?", der Detektiv zeigt auf eine Mineralwasserflasche auf dem Tisch des Managers.
„Das ist eine Mineralwasserflasche", sagt der Manager.
„Kann ich etwas Wasser haben?", fragt der Detektiv.
„Natürlich, bitte", antwortet der Manager. Er schenkt ein wenig Wasser in ein Glas ein und gibt es dem Detektiv. „Dieser Detektiv ist ein Idiot", denkt der Manager.
„Der Manager ist ein Lügner", denkt der Detektiv. „Kann ich bitte mit den Mitarbeitern sprechen?", sagt er.
„Sicher", antwortet der Manager.

C

New Vocabulary Review

1

- Is it Tuesday or Monday today, young man?
- Today is Tuesday.
- Is it the time before noon or after noon now?
- It is the time before noon now.
- Is it warm or hot now?
- It is hot and sunny now.

2

- What is the manager's name?

Wiederholung des neuen Vokabulars

1

- Ist heute Dienstag oder Montag, junger Mann?
- Heute ist Dienstag.
- Ist es jetzt Vormittag oder Nachmittag?
- Es ist jetzt Vormittag.
- Ist es jetzt warm oder heiß?
- Es ist jetzt heiß und sonnig.

2

- Wie heißt der Manager?
- Er heißt John Vega.

- His name is John Vega.
- What must John Vega supervise?
- He must supervise the work of the bank.

3

- What is the guard's name?
- His name is George Titan.
- What is Mr. Titan responsible for?
- Mr. Titan must watch people. He must prevent crime.

4

- I have a problem.
- What is your problem?
- My hotdog is gone.
- The manager has a problem too.
- What is the manager's problem?
- His bottle of mineral water is gone.

5

- What is there on the teller's table?
- There are some money and documents on the table.
- How many dollars are there on the table?
- There is a thousand dollars on the table.

6

- What bank is this, young man?
- It is a respectable bank.
- Is it located on Van Gogh Avenue?
- Yes, it is.

7

- What is this near the computer?
- It is an interesting crossword puzzle.
- What is this bottle on the table?
- It is mineral water.

8

- Is the money in the cash register or at the manager's?
- Of course, money is in the cash register.
- Is this manager a liar or an idiot?
- Of course, he's not an idiot. He's a liar.

- Was muss John Vega beaufsichtigen?
- Er muss die Arbeit in der Bank beaufsichtigen.

3

- Wie heißt der Sicherheitsbeamte?
- Er heißt George Titan.
- Wofür ist Herr Titan verantwortlich?
- Herr Titan muss Leute beobachten. Er muss Verbrechen verhindern.

4

- Ich habe ein Problem.
- Was ist dein Problem?
- Mein Hotdog ist verschwunden.
- Der Manager hat auch ein Problem.
- Was ist das Problem des Managers?
- Seine Mineralwasserflasche ist verschwunden.

5

- Was ist dort auf dem Tisch der Kassiererin?
- Dort auf dem Tisch sind Unterlagen und Geld.
- Wie viele Dollar sind dort auf dem Tisch?
- Dort auf dem Tisch sind tausend Dollar.

6

- Welche Bank ist das, junger Mann?
- Das ist eine ansehnliche Bank.
- Befindet sie sich auf der Van Gogh Avenue?
- Ja, sie befindet sich dort.

7

- Was ist das in der Nähe des Computers?
- Das ist ein interessantes Kreuzworträtsel.
- Was ist das für eine Flasche auf dem Tisch?
- Das ist Mineralwasser.

8

- Ist das Geld in der Kasse oder beim Manager?
- Das Geld ist natürlich in der Kasse.
- Ist dieser Manager ein Lügner oder ein Idiot.
- Er ist natürlich kein Idiot. Er ist ein Lügner.

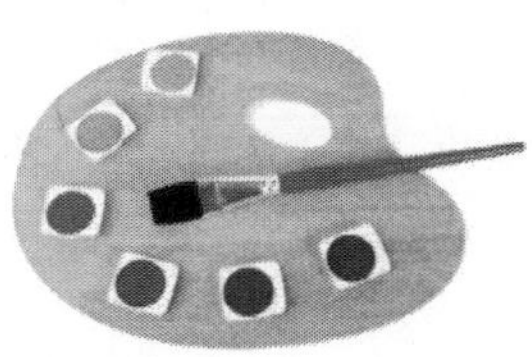

3

Detective Paul Rost
Detektiv Paul Rost

A

Words
Vokabeln

1. address [ə'dres] - Adresse, die
2. attentively [ə'tentɪvli] - aufmerksam
3. bachelor's degree ['bætʃələz dɪˌgri:] - BA Abschluss
4. be [bi] - sein
5. beautiful ['bju:təfḷ] - schön
6. close [kləʊz] - schließen
7. cloudy ['klaʊdi] - bewölkt
8. degree [dɪ'gri:] - Abschluss, der
9. divorced [dɪ'vɔ:st] - geschieden
10. do [du:] - machen
11. education [ˌedʒʊ'keɪʃṇ] - Ausbildung, die
12. employee [ˌemplɔɪ'i:] - Angestellter, der
13. evening ['i:vṇɪŋ] - Abend, der
14. fair [feə] - blond
15. first [fɜ:st] - erste, erster, erstes
16. five [faɪv] - fünf
17. forty-five ['fɔ:ti faɪv] - fünfundvierzig
18. from [frɒm] - von
19. gray [greɪ] - grau
20. hair [heə] - Haar, das
21. her [hə] - ihr, ihre
22. his [hɪz] - sein, seine
23. house ['haʊs] - Haus, das
24. I am ['aɪ æm] - ich bin
25. key [ki:] - Schlüssel, der
26. last [lɑ:st] - letzte, letzter, letztes
27. look [lʊk] - schauen
28. married ['mærɪd] - verheiratet
29. my [maɪ] - mein, meine
30. nine [naɪn] - neun
31. no [nəʊ] - nein

32. noon [nu:n] - Mittag, der
33. not [nɒt] - nicht
34. number [ˈnʌmbə] - Nummer, die
35. open [ˈəʊpən] - öffnen
36. or [ɔ:] - oder
37. other [ˈʌðə] - andere, anderer, anderes
38. out [aʊt] - nach außen
39. question [ˈkwestʃən] - Frage, die
40. responsibility [rɪˌspɒnsəˈbɪlɪti] - Verantwortung, die
41. seven [ˈsevn̩] - sieben
42. should [ʃʊd] - sollte
43. single [ˈsɪŋgl̩] - ledig
44. sit [sɪt] - sitzen
45. slender [ˈslendə] - schlank
46. street [stri:t] - Straße, die
47. take [teɪk] - nehmen
48. then [ðen] - dann
49. they [ˈðeɪ] - sie
50. thirty [ˈθɜ:ti] - dreißig
51. together [təˈgeðə] - zusammen
52. twenty-seven [ˈtwenti ˈsevn̩] - siebenundzwanzig
53. vault [vɔ:lt] - Tresorraum, der
54. Wednesday [ˈwenzdeɪ] - Mittwoch, der
55. who [hu:] - wer
56. year [jɜ:] - Jahr, das
57. yes [jes] - ja

B

Detective Paul Rost

It is Wednesday. It is noon. It is hot and cloudy. The wind is not blowing.
The detective Paul Rost is sitting at a table in the bank manager's room. He is forty-five years old. His hair is gray. A woman enters the manager's room. Her hair is fair. She is tall and slender. The woman is young and beautiful.
"Hello," she says.
"Hello," Paul Rost answers. "Sit down, please," the detective says. The woman sits down.
"Can I ask you some questions?" the detective says.
"Sure," the woman answers.
"What is your first name?" Mr. Rost asks.
"My name is Lisa," the woman answers.
"What is your last name?" the detective asks.
"My last name is Pandora," she says.
"How old are you?" Paul says.
"I am thirty seven years old," she says.
"What is your address?" Mr. Rost asks.
"My address is Da Vinci street, house number twenty-seven," Lisa Pandora

Detektiv Paul Rost

Es ist Mittwoch. Es ist Nachmittag. Es ist heiß und bewölkt. Der Wind weht nicht.
Detektiv Paul Rost sitzt am Tisch im Büro des Managers. Er ist fünfundvierzig Jahre alt. Seine Haare sind grau. Eine Frau betritt das Büro des Managers. Ihre Haare sind blond. Sie ist groß und schlank. Die Frau ist jung und schön.
„Hallo", sagt sie.
„Hallo", antwortet Paul Rost. „Setzen Sie sich bitte", sagt der Detektiv. Die Frau setzt sich.
„Kann ich Ihnen einige Fragen stellen?", sagt der Detektiv.
„Sicher", antwortet die Frau.
„Wie heißen Sie mit Vornamen?", fragt Herr Rost.
„Mein Name ist Lisa", antwortet die Frau.
„Wie heißen Sie mit Nachnamen?", fragt der Detektiv.
„Mein Nachname ist Pandora", sagt sie.
„Wie alt sind Sie?", sagt Paul.
„Ich bin siebenunddreißig Jahre alt", sagt sie.
„Wie lautet Ihre Adresse?", fragt Herr Rost.

answers.
"What is your education?" the detective asks.
"I have a bachelor's degree," Lisa answers.
"Are you married or single?" he asks.
"I am not married. I am divorced," the woman answers.
"What are your responsibilities?" Mr. Rost asks.
"I am responsible for the documents and the money in the cash register," Lisa answers.
"Do you have a key for the vault?" Paul asks.
"Yes, I do," the woman answers.
"Who opens the vault in the morning and closes it in the evening?" the detective asks.
"I do it together with the manager," the woman answers. The detective looks attentively at Ms. Pandora, and then at Mr. Vega.
"Can the guard enter the vault?" Mr. Rost asks.
"No, he should not enter," Lisa answers.
"Can other employees enter it?" the detective asks.
"No, they should not enter it," the teller answers.
"Can you take documents or money out of the bank?" the detective asks.
"No, I cannot," she says and looks at the manager.
"Do you have to be at the bank from nine to five?" Paul Rost asks.
"Yes, I have to be there," Lisa Pandora answers.
"Can you give the key for the vault to other employees?" the detective asks.
"I should not give it to other employees," the woman answers.

„Meine Adresse ist Da Vinci Straße, Hausnummer siebenundzwanzig", antwortet Lisa Pandora.
„Was für eine Ausbildung haben Sie?", fragt der Detektiv.
„Ich haben einen BA Abschluss", antwortet Lisa.
„Sind Sie verheiratet oder ledig?", fragt er.
„Ich bin nicht verheiratet. Ich bin geschieden", antwortet die Frau.
„Wofür sind Sie verantwortlich?", fragt Herr Rost.
„Ich bin verantwortlich für die Unterlagen und das Geld in der Kasse", antwortet Lisa.
„Haben Sie den Schlüssel für den Tresorraum?", fragt Paul.
„Ja, ich habe den Schlüssel", antwortet die Frau.
„Wer öffnet den Tresorraum in der Früh und schließt ihn am Abend?", fragt der Detektiv.
„Ich mache das gemeinsam mit dem Manager", antwortet die Frau. Der Detektiv sieht Frau Pandora und dann Herrn Vega aufmerksam an.
„Darf der Sicherheitsbeamte den Tresorraum betreten?", fragt Herr Rost.
„Nein, er sollte ihn nicht betreten", antwortet Lisa.
„Dürfen ihn andere Angestellte betreten?", fragt der Detektiv.
„Nein, sie sollten ihn nicht betreten", antwortet die Kassiererin.
„Dürfen Sie Unterlagen oder Geld aus der Bank mitnehmen?", fragt der Detektiv.
„Nein, das darf ich nicht", sagt sie und schaut den Manager an.
„Müssen Sie von neun bis fünf in der Bank sein?", fragt Paul Rost.
„Ja, ich muss da sein", antwortet Lisa Pandora.
„Dürfen Sie den Schlüssel zum Tresorraum anderen Angestellten geben?", fragt der Detektiv.
„Ich sollte den Schlüssel keinen anderen Angestellten geben", antwortet die Frau.

C

New Vocabulary Review	*Wiederholung des neuen Vokabulars*
1	*1*
- Is today Tuesday or Wednesday?	*- Ist heute Dienstag oder Mittwoch?*
- Today is Wednesday.	*- Heute ist Mittwoch.*
- Is it hot today?	*- Ist es heute heiß?*
- No, it's not. It is not hot today.	*- Nein, das ist es nicht. Es ist heute nicht heiß.*
- Is the wind blowing?	*- Weht der Wind?*
- Yes, the wind is blowing.	*- Ja, der Wind weht.*
2	*2*
- Where does the manager sit?	*- Wo sitzt der Manager?*
- He sits in a car.	*- Er sitzt in einem Auto.*
- How old is the manager?	*- Wie alt ist der Manager?*
- The manager is forty years old.	*- Der Manager ist vierzig Jahre alt.*
- Is the manager's hair black?	*- Hat der Manager schwarze Haare?*
- Yes, his hair is black.	*- Ja, seine Haare sind schwarz.*
3	*3*
- Who is entering the room?	*- Wer betritt den Raum?*
- A bank employee is entering the room.	*- Eine Bankangestellte betritt den Raum.*
- Who is this bank employee?	*- Wer ist diese Bankangestellte?*
- She's a teller.	*- Sie ist eine Kassiererin.*
- Is the teller tall and slender?	*- Ist die Kassiererin groß und schlank?*
- Yes, she is. She is young and beautiful.	*- Ja, das ist sie. Sie ist jung und schön.*
4	*4*
- Can I ask you a question?	*- Darf ich Sie etwas fragen?*
- Yes, please.	*- Ja, bitte.*
- Is your flast name Rothschild?	*- Heißen Sie Rothschild mit Nachnamen?*
- No, it is not. My family name is not Rothschild. My name is Bill Gates.	*- Nein, heiße ich nicht. Mein Familienname ist nicht Rothschild. Mein Name ist Bill Gates.*
5	*5*
- How old are you, young man?	*- Wie alt sind Sie, junger Mann?*
- I'm thirty years old.	*- Ich bin dreißig Jahre alt.*
- What is your address?	*- Wie lautet Ihre Adresse?*
- My address is 7 Piccadilly Street , London, England.	*- Meine Adresse ist Piccadilly Straße 7, London, England.*
- What is your education?	*- Welche Ausbildung haben Sie?*
- I have a bachelor's degree.	*- Ich habe einen BA Abschluss.*
6	*6*
- Does the detective have a bachelor's degree?	*- Hat der Detektiv einen BA Abschluss?*
	- Nein, er hat einen Abschluss als Pilot der

- No, he has an air force pilot's degree.
- Is he married or divorced?
- He is divorced.
- Is the bank manager single, too?
- Yes, he is. He isn't married.
- Is this woman married or single?
- She isn't married.

7

- Who are you?
- I'm a teller.
- What are your responsibilities?
- I am responsible for the documents and money in the bank's cash register.
- Can a teller take money from the cash register?
- No, she cannot. The employees can't take money from the cash register.

8

- Does she have a key for the vault?
- Yes, she does. She has a key for the vault.
- When does she have to open the vault?
- She has to open the vault at 5 o'clock.

9

- Is the manager looking at the guard?
- No, he is not. The manager is looking attentively at the detective.
- May he give a key to the guard?
- No, he may not.

10

- Can I ask you a question, young man?
- Yes, please ask.
- Who is this beautiful slender employee?
- This is the manager of our office.
- Is she married?
- No, she is not married. She's divorced.
- What is her name?
- Her name is Anna.
- What is her last name?
- Her last name is Bergman.

Luftwaffe.
- Ist er verheiratet oder geschieden?
- Er ist geschieden.
- Ist der Bankmanager ledig?
- Ja, das ist er. Er ist nicht verheiratet.
- Ist diese Frau verheiratet oder ledig?
- Sie ist nicht verheiratet.

7

- Wer sind Sie?
- Ich bin eine Kassiererin.
- Wofür sind Sie verantwortlich?
- Ich bin verantwortlich für die Unterlagen und das Geld in der Kasse der Bank.
- Darf eine Kassiererin Geld aus der Kasse nehmen?
- Nein, das darf sie nicht. Die Angestellten dürfen kein Geld aus der Kasse nehmen.

8

- Hat sie einen Schlüssel für den Tresorraum?
- Ja, sie hat einen. Sie hat einen Schlüssel für den Tresorraum.
- Wann muss sie den Tresorraum öffnen?
- Sie muss den Tresorraum um 5 Uhr öffnen.

9

- Schaut der Manager den Sicherheitsbeamten an?
- Nein, er schaut ihn nicht an. Der Manager schaut den Detektiv aufmerksam an.
- Darf er dem Sicherheitsbeamten einen Schlüssel geben?
- Nein, das darf er nicht.

10

- Darf ich Ihnen eine Frage stellen, junger Mann?
- Ja, bitte fragen Sie.
- Wer ist diese schöne schlanke Angestellte?
- Das ist die Managerin unserer Filiale.
- Ist sie verheiratet?
- Nein, sie ist nicht verheiratet. Sie ist geschieden.
- Wie heißt sie?
- Sie heißt Anna.
- Wie ist ihr Familienname?
- Ihr Familienname ist Bergman.

4

Atlas City

Die Stadt Atlas

A

Words

Vokabeln

1. about [ə'baʊt] - über
2. air [eə] - Luft, die
3. air force [eə fɔ:s] - Luftwaffe, die
4. airfield ['eəfi:ld] - Flugplatz, der
5. as [æz] - als, wie
6. at home [ət həʊm] - zu Hause
7. basement ['beɪsmənt] - Keller, der
8. bathroom ['bɑ:θru:m] - Badezimmer, das
9. bedroom ['bedru:m] - Schlafzimmer, das
10. begin [bɪ'gɪn] - beginnen
11. beginning to work [bɪ'gɪnɪŋ tə 'wɜ:k] - beginnt zu arbeiten
12. boiler ['bɔɪlə] - Boiler, der
13. bus [bʌs] - Bus, der
14. bye [baɪ] - tschüss
15. cafe ['kæfeɪ] - Café, das
16. case [keɪs] - Fall, der
17. centre ['sentə] - Zentrum, das
18. city ['sɪti] - Stadt, die
19. come [kʌm] - kommen
20. cool [ku:l] - kühl, kalt
21. drama ['drɑ:mə] - Schauspiel, das
22. feeling ['fi:lɪŋ] - Gefühl, das
23. few [fju:] - einige
24. five years ago [faɪv jɜ:z ə'gəʊ] - vor fünf Jahren
25. floor [flɔ:] - Stockwerk, das
26. flower ['flaʊə] - Blume, die
27. garage ['gærɑ:ʒ] - Garage, die
28. garden ['gɑ:dn̩] - Garten, der
29. ground [graʊnd] - Boden, der
30. grow [grəʊ] - züchten

31. hall [hɔːl] - Flur, der
32. happen [ˈhæpən] - passieren
33. have [hæv] - haben
34. hear [hɪə] - hören
35. here [hɪə] - hier
36. hi [haɪ] - hi
37. hospital [ˈhɒspɪtḷ] - Spital, das
38. hundred [ˈhʌndrəd] - hundert
39. kitchen [ˈkɪtʃɪn] - Küche, die
40. large [lɑːdʒ] - groß
41. live [laɪv] - leben
42. main street [meɪn striːt] - Hauptstraße
43. male [meɪl] - männlich
44. many [ˈmeni] - viele
45. mean [miːn] - meinen
46. minute [maɪˈnjuːt] - Minute, die
47. modern [ˈmɒdṇ] - modern
48. moment [ˈməʊmənt] - Moment, der
49. nearby [ˈnɪəbaɪ] - in der Nähe
50. noise [nɔɪz] - Geräusch, das
51. now [naʊ] - jetzt
52. OK [ˌəʊˈkeɪ] - in Ordnung
53. opera [ˈɒprə] - Oper, die
54. over [ˈəʊvə] - hinüber, herüber
55. pantry [ˈpæntri] - Vorratskammer, die
56. people [ˈpiːpḷ] - Menschen, die
57. phone [fəʊn] - Telefon, das
58. pick up [pɪk ʌp] - abnehmen
59. pilot [ˈpaɪlət] - Pilot, der
60. private [ˈpraɪvɪt] - privat
61. railway [ˈreɪlweɪ] - Eisenbahn, die
62. retire [rɪˈtaɪə] - in Rente gehen
63. retired [rɪˈtaɪəd] - im Ruhestand
64. right [raɪt] - genau
65. ring [rɪŋ] - klingeln
66. school [skuːl] - Schule, die
67. see [siː] - sehen
68. serve [sɜːv] - dienen
69. several [ˈsevrəl] - einige
70. shop [ʃɒp] - Laden, der
71. small [smɔːl] - klein
72. something [ˈsʌmθɪŋ] - etwas
73. spare room [speə ruːm] - Gästezimmer, das
74. speak [spiːk] - sprechen
75. station [ˈsteɪʃṇ] - Bahnhof, der
76. strange [streɪndʒ] - seltsam
77. study [ˈstʌdi] - Arbeitszimmer, das
78. suburb [ˈsʌbɜːb] - Vorort, der
79. thank [θæŋk] - danken
80. theatre [ˈθɪətə] - Theater, der
81. Thursday [ˈθɜːzdi] - Donnerstag, der
82. town [taʊn] - Stadt, die
83. two [tuː] - zwei
84. university [ˌjuːnɪˈvɜːsɪti] - Universität, die
85. voice [vɔɪs] - Stimme, die
86. was [wɒz] - war
87. well [wel] - gut
88. when [wen] - wann
89. will [wɪl] - werden

B

Atlas City

The detective Paul Rost lives in a small house. The house has two floors. There are a kitchen, a bathroom, and a hall on the ground floor. There are a bedroom, a study and a spare room on the first floor. A boiler room and a pantry are located in the basement. The garage is near the house. The house has a large garden. Paul

Die Stadt Atlas

Detektiv Paul Rost lebt in einem kleinen Haus. Das Haus hat zwei Stockwerke. Es gibt eine Küche, ein Badezimmer und einen Flur im Erdgeschoß. Im ersten Stock sind ein Schlafzimmer, ein Arbeitszimmer und ein Gästezimmer. Im Keller befinden sich ein Kesselzimmer und eine Vorratskammer. Die Garage ist in der Nähe des Hauses. Zum

grows some flowers there.
The house is located on Picasso street. There is an air force airfield nearby. The street is located in a suburb. The name of the city is Atlas. About a hundred thousand people live in this city. There are five bus stations and two railway stations there. The city has several schools and universities. A large modern hospital is in the centre of Atlas. There are a few banks on the main street. The name of the main street is Van Gogh Avenue. The Drama Theatre and the Opera Theatre are located there. The town has many shops and cafes.

It is Thursday. It is evening. It is cool. The wind is not blowing.
The detective Paul Rost is at home. He served in the air force when he was young. He was a pilot. Mr. Rost retired five years ago. He began to work as a private detective then. Now he is beginning to work on this case about the bank. He has a strange feeling.
The detective is having his dinner. At this moment the phone rings. The detective picks up the phone.
"Hello," Paul Rost answers.
"Hello. Hi Paul. This is Bruno speaking. How are you?" a male voice says.
"I'm well, thank you. How are you?" the detective answers.
"I'm OK. Can you come over for a minute? Something strange is happening here," Bruno says.
"What do you mean?" the detective asks.
"I hear some strange noises in the house. Can you come right now, please?" Bruno asks.
"Yes, I'll come right now. See you in five minutes," Paul Rost answers.
"Thank you. Bye, " Bruno says.
"Bye, Bruno," Mr. Rost says.

Haus gehört ein großer Garten. Paul züchtet dort einige Blumen.
Das Haus befindet sich auf der Picasso Straße. Dort in der Nähe gibt es einen Flugplatz der Luftwaffe. Die Straße liegt in einem Vorort. Der Name der Stadt ist Atlas. In dieser Stadt leben etwa einhunderttausend Menschen.
Es gibt dort fünf Busbahnhöfe und zwei Bahnhöfe. In der Stadt gibt es mehrere Schulen und Universitäten. Im Zentrum von Atlas gibt es ein großes modernes Spital. Es gibt einige wenige Banken auf der Hauptstraße. Der Name der Hauptstraße ist Van Gogh Avenue. Das Theater und die Oper befinden sich dort. In der Stadt gibt es viele Läden und Cafés.

Es ist Donnerstag. Es ist Abend. Es ist kühl. Der Wind weht nicht.
Detektiv Paul Rost ist zu Hause. Als er jung war, hat er in der Luftwaffe gedient. Er war Pilot. Herr Rost ist vor fünf Jahren in Rente gegangen. Er begann damals als Privatdetektiv zu arbeiten. Jetzt beginnt er an diesem Fall der Bank zu arbeiten. Er hat ein seltsames Gefühl.
Der Detektiv isst gerade zu Abend als das Telefon klingelt. Der Detektiv hebt den Hörer ab.
„Hallo“, antwortet Paul Rost.
„Hallo. Hi, Paul. Hier ist Bruno. Wie geht es dir?“, sagt eine männliche Stimme.
„Mir geht es gut, danke. Und dir?“, antwortet der Detektiv.
„Gut. Kannst du für eine Minute herüberkommen? Hier passiert gerade etwas Seltsames“, sagt Bruno.
„Was meinst du?“, fragt der Detektiv.
„Ich höre einige seltsame Geräusche im Haus. Kannst du gleich kommen, bitte?“, fragt Bruno.
„Ja, ich komme jetzt gleich. Wir sehen uns in fünf Minuten“, antwortet Paul.
„Danke. Tschüss“, sagt Bruno.

„Tschüss Bruno", sagt Herr Rost.

C

New Vocabulary Review

1

- Hello, Anna. It's Alexander.
- Hello, Alexander.
- How are you?
- I'm okay, thanks. How are you?
- I'm okay too, thanks.

2

- Do you work at an air force airfield, young man?
- No, I don't. I work at a bus station.
- What do you do at the bus station?
- I'm a bus driver.

3

- Do you live in a small house?
- No, I don't. I have a big house.
- Is your house in the city centre?
- My house is in the suburbs.
- Do you have a garage?
- I don't have a garage. I have a beautiful garden. I grow flowers there.

4

- Where is the key from the garage?
- The key is at home in the study.
- Is it in the study on the table?
- Yes, it is.

5

- Where is the Opera Theatre located?
- It's located on Van Gogh Avenue.
- And where is the Drama Theatre?
- It's located on Beethoven Street.

6

- I need to go to the doctor. Is there a hospital in this city?
- Yes, there is. There is a modern hospital in the city.
- Where is it located?
- It's located in the city centre near the Drama Theatre.

Wiederholung des neuen Vokabulars

1

- Hallo, Anna. Hier ist Alexander.
- Hallo, Alexander.
- Wie geht es dir?
- Gut, danke. Wie geht es dir?
- Auch gut, danke.

2

- Arbeiten Sie auf einem Flugplatz der Luftwaffe, junger Mann?
- Nein, ich arbeite nicht dort. Ich arbeite auf einem Busbahnhof.
- Was machen Sie auf dem Busbahnhof?
- Ich bin Busfahrer.

3

- Leben Sie in einem kleinen Haus?
- Nein, lebe ich nicht. Ich habe ein großes Haus.
- Ist Ihr Haus im Stadtzentrum?
- Mein Haus ist in einem Vorort.
- Haben Sie eine Garage?
- Ich habe keine Garage. Ich habe einen schönen Garten. Ich züchte dort Blumen.

4

- Wo ist der Schlüssel zur Garage?
- Der Schlüssel ist zu Hause im Arbeitszimmer.
- Ist er auf dem Tisch im Arbeitszimmer?
- Ja, das ist er.

5

- Wo befindet sich die Oper?
- Sie befindet sich auf der Van Gogh Avenue.
- Und wo ist das Theater?
- Es befindet sich in der Beethoven Straße.

6

- Ich muss zum Arzt gehen. Gibt es in dieser Stadt ein Spital?
- Ja, gibt es. Es gibt ein modernes Spital in dieser Stadt.
- Wo befindet es sich?
- Es befindet sich im Stadtzentrum, in der

7

- What were you before you retired?
- I was a pilot. I served in the air force.
- And what was she before she retired?
- She was a teller.

8

- Can you come over in a minute?
- I can come in ten minutes. Is it okay?
- It is okay. See you in ten minutes.
- See you. Bye.

9

- What's happening here?
- Something strange is happening here.
- What do you mean?
- I mean that there are some strange noises.
- It is the telephone ringing on the first floor. The receiver is in the bedroom on the table.

Nähe des Theaters.

7

- *Was haben Sie gemacht bevor Sie in Rente gegangen sind?*
- *Ich war Pilot. Ich habe in der Luftwaffe gedient.*
- *Und was hat sie vor der Rente gemacht?*
- *Sie war Kassiererin.*

8

- *Kannst du in einer Minute herüberkommen?*
- *Ich kann in zehn Minuten kommen. Ist das in Ordnung?*
- *Das ist in Ordnung. Wir sehen uns in zehn Minuten.*
- *Bis dann. Tschüss.*

9

- *Was passiert hier?*
- *Hier passiert gerade etwas Seltsames.*
- *Was meinst du?*
- *Ich meine, dass es hier seltsame Geräusche gibt.*
- *Das ist das Telefon, das im ersten Stock läutet. Das Mobilteil befindet sich auf dem Tisch im Schlafzimmer.*

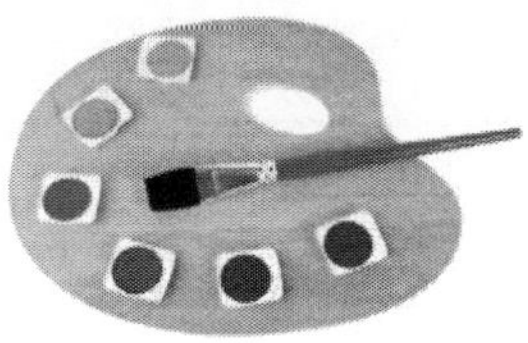

5

A Repairman
Ein Handwerker

A

Words
Vokabeln

1. after [ˈɑːftə] - nach
2. again [əˈgen] - noch einmal
3. answered [ˈɑːnsəd] - antwortete
4. approach [əˈprəʊtʃ] - sich nähern
5. arm [ɑːm] - Arm, der
6. arrive [əˈraɪv] - erreichen
7. attempted [əˈtemptɪd] - versuchter
8. but [bʌt] - aber
9. button [ˈbʌtn̩] - Knopf, der
10. by [baɪ] - bei
11. call [kɔːl] - anrufen
12. charged [tʃɑːdʒd] - angeklagt
13. climb [klaɪm] - klettern
14. come [kʌm] - kommen
15. difficult [ˈdɪfɪkəlt] - schwer
16. doctor [ˈdɒktə] - Arzt, der
17. door [dɔː] - Tür, die
18. elevator [ˈelɪveɪtə] - Aufzug, der
19. fat [fæt] - dick
20. get [ˈget] - bekommen
21. ghost [gəʊst] - Geist, der
22. go [gəʊ] - gehen
23. good [gʊd] - gut
24. got [ˈgɒt] - bekam
25. grab [græb] - packen
26. hand [hænd] - Hand, die
27. heavy [ˈhevi] - schwerfällig
28. help [help] - helfen
29. him [hɪm] - ihn, ihm
30. inside [ɪnˈsaɪd] - im Inneren
31. knock [nɒk] - Klopfen, das
32. know [nəʊ] - wissen
33. later [ˈleɪtə] - später
34. leave [liːv] - weggehen
35. left [left] - links
36. lid [lɪd] - Abdeckung, die
37. me [miː] - mir, mich
38. meet [miːt] - treffen
39. nobody [ˈnəʊbədi] - niemand
40. nothing [ˈnʌθɪŋ] - nichts

41. ordered [ˈɔːdəd] - bestellt
42. past [pɑːst] - vorbei
43. pill [pɪl] - Tablette, die; Medikament, das
44. police [pəˈliːs] - Polizei, die
45. press [pres] - drücken
46. pull [pʊl] - ziehen
47. repair [rɪˈpeə] - reparieren
48. repairman [rɪˈpeəmæn] - Handwerker, der
49. robbery [ˈrɒbəri] - Einbruch, der
50. scream [skriːm] - Schrei, der
51. shaft [ʃɑːft] - Schacht, der
52. short [ʃɔːt] - klein
53. shout [ʃaʊt] - schreien
54. sick [sɪk]- krank
55. smile [smaɪl] - lächeln
56. so [səʊ] - also
57. someone [ˈsʌmwʌn] - jemand
58. stairs [steəz] - Treppen, die
59. start [stɑːt] - beginnen
60. straight ahead [streɪt əˈhed] - geradeaus
61. stuck [stʌk] - feststeckend
62. suddenly [sʌdn̩li] - plötzlich
63. talk [ˈtɔːk] - sprechen
64. that [ðæt] - dass
65. them [ðəm] - sie, ihnen
66. these [ðiːz] - diese
67. through [θruː] - durch
68. tightly [ˈtaɪtli] - fest
69. turn [tɜːn] - drehen
70. understand [ˌʌndəˈstænd] - verstehen
71. ventilation [ˌventɪˈleɪʃn̩] - Belüftung, die
72. wait [weɪt] - warten
73. want [wɒnt] - wollen
74. wanted [ˈwɒntɪd] - wollte
75. where [weə] - wo
76. why [waɪ] - warum
77. window [ˈwɪndəʊ] - Fenster, das
78. word [ˈwɜːd] - Wort, das
79. you are welcome [ju ə ˈwelkəm] - gern geschehen

B

A Repairman

Paul Rost arrives to Bruno's house after five minutes. Bruno meets him at the door. Bruno is a short, heavy man.
"Hi. What are the noises, Bruno? " the detective asks.
"Someone is talking in the house, but there is nobody there now," Bruno answers.
"Is it a ghost?" Paul says and smiles.
"It is not a ghost, but a man. I'm sure," Bruno answers. They come into the house.
"Where is it?" the detective asks.
"Come here, to the right," Bruno says. They go through a large hall to the stairs. They start to climb up. Suddenly they hear heavy knocks and a voice. The

Ein Handwerker

Paul Rost erreicht Brunos Haus nach fünf Minuten. Bruno trifft ihn an der Tür. Bruno ist ein kleiner, schwerfälliger Mann.
„Hallo. Wo sind die Geräusche, Bruno?“, fragt der Detektiv.
„Im Haus spricht jemand, aber jetzt ist niemand da“, antwortet Bruno.
„Ist es ein Geist?“, sagt Paul und lächelt.
„Es ist kein Geist, sondern ein Mann. Ich bin mir sicher“, antwortet Bruno. Sie betreten das Haus.
„Wo ist er?“, fragt der Detektiv.
„Komm' hierher, rechts“, sagt Bruno. Sie gehen durch einen langen Flur zu den Treppen. Sie beginnen die Treppen hinaufzugehen. Plötzlich hören sie lautes Klopfen und eine Stimme. Die Stimme schreit

voice shouts out some words, but it is difficult to understand these words. They cannot understand where the voice is coming from. So they go straight ahead, past a large window to a little door. This is an elevator. Bruno presses a button near the door. The door opens and they enter the elevator. The elevator takes them up to the first floor. They hear the knocks and screams again. When they get out of the elevator, they understand where the voice comes from. They turn left and approach a ventilation shaft. They open the lid of the shaft and see a man inside.
"I'm stuck. Help me get out of here, please," he asks. They pull him by the hands, and he gets out.
"Thank you. I have to go to the doctor now," he says and wants to leave.
"Wait a minute," says the detective and grabs him tightly by the arm, "Why did you get into the ventilation shaft?" he asks the man.
"I got in there to repair the ventilation. I am a repairman," the man answered.
"Who ordered this work? This is my house but I know nothing about it," Bruno says.
"You are coming with me to the police station," the detective says.
"But I am a repairman. I am feeling sick. I want to take a pill, " the man says.
"There is a good pill at the police station. It will help you," Paul says and takes the man to the police station.
He calls Bruno later and says: "That man has been charged with attempted robbery He wanted to get into the house through the ventilation shaft. But he is too fat, so he got stuck."
"Thank you for the help, Paul," Bruno says.
"You are welcome. It is my job, Bruno," the detective answers.

einige Worte, aber es ist schwer die Worte zu verstehen. Sie verstehen nicht woher die Stimme kommt.

Also gehen sie geradeaus, vorbei an einem großen Fenster bis zu einer kleinen Tür. Das ist ein Aufzug. Bruno drückt den Knopf in der Nähe der Tür. Die Tür öffnet sich und sie betreten den Aufzug. Der Aufzug bringt sie hinauf in den ersten Stock. Sie hören wieder das Klopfen und die Schreie. Als sie aus dem Aufzug aussteigen, verstehen sie woher die Stimme kommt. Sie gehen nach links und nähern sich einem Belüftungsschacht. Sie öffnen die Abdeckung des Schachtes und sehen einen Mann im Inneren.
„Ich stecke fest. Helfen Sie mir heraus, bitte“, bittet er. Sie ziehen ihn an seinen Händen hoch und er kommt heraus.
„Danke. Ich muss jetzt zum Arzt gehen“, sagt er und will gehen.
„Warten Sie eine Minute“, sagt der Detektiv und packt ihn an seinem Arm. „Warum waren Sie im Belüftungsschacht?“, fragt er den Mann.
„Ich bin hineingeklettert um die Belüftung zu reparieren. Ich bin ein Handwerker“, antwortet der Mann.
„Wer hat diese Arbeit bestellt? Das ist mein Haus und ich weiß nichts davon“, sagt Bruno.
„Sie kommen mit mir auf die Polizeiwache“, sagt der Detektiv.
„Aber ich bin ein Handwerker. Ich fühle mich krank. Ich möchte ein Medikament nehmen“, sagt der Mann.
„Auf der Polizeiwache gibt es ein gutes Medikament für Sie. Es wird ihnen helfen“, sagt Paul und bringt den Mann auf die Polizeiwache.
Später ruft er Bruno an und sagt: „Dieser Mann wurde wegen versuchten Einbruchs angeklagt. Er wollte durch den Belüftungsschacht in das Haus gelangen. Aber er ist zu dick und ist deshalb stecken geblieben.“

„Danke für deine Hilfe, Paul“, sagt Bruno.
„Gern geschehen. Das ist mein Job, Bruno“, antwortet der Detektiv.

C

New Vocabulary Review

1

- What is going on?
- Someone has robbed this woman.
- Who robbed her?
- Some people. Tell me, please, where is the police station?
- Go left. There is an elevator near the stairs. Get out on the second floor.

2

- What is this door?
- There is nothing there. This is a ventilation shaft.
- Help me open this door.
- Why do you want to open this door?
- There are robbers there.
- Are you sure?
- Yes, I'm sure.
- Wait. The police is already on its way here.

3

- Young man, go into the hall and wait, please.
- Thank you. You have a beautiful house.
- Yes, but it’s too big.
- Is your house new?
- No, it’s not new. That's why I have repair the windows and the stairs.

4

- Who was charged with the robbery attempt?
- Nobody was charged.
- Are you sure?
- Yes, I am. The police is working badly again.

Wiederholung des neuen Vokabulars

1

- *Was geht hier vor?*
- *Jemand hat diese Frau ausgeraubt.*
- *Wer hat sie ausgeraubt?*
- *Einige Leute. Sagen Sie mir bitte, wo die nächste Polizeiwache ist?*
- *Gehen Sie nach links. Dort ist ein Aufzug in der Nähe der Treppen. Steigen Sie im zweiten Stock aus.*

2

- *Was ist das für eine Tür?*
- *Dahinter gibt es nichts. Das ist ein Belüftungsschacht.*
- *Helfen Sie mir, diese Tür zu öffnen.*
- *Warum wollen Sie diese Tür öffnen?*
- *Dort sind Einbrecher.*
- *Sind Sie sich sicher?*
- *Ja, ich bin mir sicher.*
- *Warten Sie. Die Polizei ist bereits auf dem Weg hierher.*

3

- *Junger Mann, gehen Sie bitte in den Flur und warten Sie dort.*
- *Danke. Sie haben ein schönes Haus.*
- *Ja, aber es ist zu groß.*
- *Ist Ihr Haus neu?*
- *Nein, es ist nicht neu. Deshalb lasse ich die Fenster und die Treppen reparieren.*

4

- *Wer wurde wegen versuchten Einbruchs angeklagt?*
- *Niemand wurde angeklagt.*
- *Sind Sie sich sicher?*
- *Ja, ich bin mir sicher. Die Polizei arbeitet schon wieder schlecht.*

6

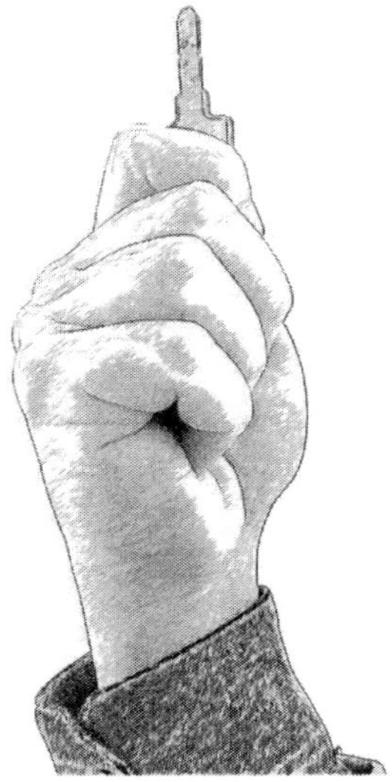

A Vault Key

Der Tresorschlüssel

A

Words

Vokabeln

1. answer [ˈɑːnsə] - antworten
2. anything [ˈeniθɪŋ] - irgendetwas
3. bring [brɪŋ] - bringen
4. day [deɪ] - Tag, der
5. else [els] - sonst noch
6. every [ˈevri] - jede, jeder, jedes
7. fault [fɔːlt] - Schuld, die
8. fire [ˈfaɪə] - Feuer, das
9. foggy [ˈfɒgi] - neblig
10. four [fɔː] - vier
11. Friday [ˈfraɪdi] - Freitag, der
12. go [gəʊ] - gehen
13. greet [griːt] - begrüßen
14. half [hɑːf] - halb
15. happen [ˈhæpən] - passieren
16. happened [ˈhæpənd] - passierte
17. if [ɪf] - wenn
18. lost [lɒst] - verloren
19. month [mʌnθ] - Monat, der
20. need [niːd] - brauchen
21. Okay [ˌəʊˈkeɪ] - in Ordnung
22. rain [reɪn] - regnen
23. really [ˈrɪəli] - wirklich
24. repository [rɪˈpɒzɪtr̩i] - Aufbewahrungsort, der
25. stand [stænd] - stehen
26. surprise [səˈpraɪz] - überraschen
27. took [tʊk] - nahm
28. trust [trʌst] - vertrauen
29. were [wɜː] - waren

B

The Vault Key

It's Friday. It's morning. It's cool and foggy. The wind is not blowing. It's raining.
Paul Rost arrives to the Imperial Bank to ask the guard George Titan some questions. He comes in. The guard George Titan is standing at the door.
"Hello," the detective says.
"Hello," the guard replies.
"Can I ask you a few questions?" the detective asks.
"Sure," the guard replies.
The bank manager John Vega comes up to them and greets the detective.
"You can come into my room," he says.
They go into the manager's room and sit down.
"Do you trust all the bank's employees?" the detective asks.
"Yes, I trust all the bank's employees," the guard answers. He looks at the detective, then at John Vega.
"Can I ask you to go out of the room?" Paul Rost says to John Vega.
"Sure. Call me if you need me," the manager smiles and leaves the room. The detective looks at George Titan.
"Do you trust the manager?" he asks.
"Yes, I do. I trust the bank manager," George says.
"Really? Is that why he wanted to fire you a month ago?" Paul Rost asks.
"It was my fault. I lost the vault key," the guard answers.
"How did it happen?" the detective asks.
"It happened about a month ago. I have to take the vault key from the bank manager every day at half past four. Then I have to bring it into the key repository. I took the key from the manager that day, but didn't

Der Tresorschlüssel

Es ist Freitag. Es ist Morgen. Es ist kalt und neblig. Der Wind weht nicht. Es regnet.
Paul Rost kommt in der Kaiserlichen Bank an, um dem Sicherheitsbeamten George Titan einige Fragen zu stellen. Er geht hinein. Der Sicherheitsbeamte George Titan steht an der Tür.
„Hallo", sagt der Detektiv.
„Hallo", antwortet der Sicherheitsbeamte.
„Kann ich Ihnen einige Fragen stellen?", fragt der Detektiv.
„Sicher", antwortet der Sicherheitsbeamte.
Der Bankmanager John Vega kommt zu ihnen und begrüßt den Detektiv.
„Sie können in mein Büro kommen", sagt er.
Sie gehen in das Büro des Managers und setzen sich.
„Vertrauen Sie allen Bankangestellten?", fragt der Detektiv.
„Ja, ich vertraue allen Bankangestellten", antwortet der Sicherheitsbeamte. Er schaut den Detektiv an und danach John Vega.
„Darf ich Sie bitten, den Raum zu verlassen?", sagt Paul Rost zu John Vega.
„Sicher. Rufen Sie mich, wenn Sie mich brauchen", der Manager lächelt und verlässt das Büro. Der Detektiv schaut George Titan an.
„Vertrauen Sie dem Manager?", fragt er.
„Ja, das mache ich. Ich vertraue dem Bankmanager", sagt George.
„Wirklich? Wollte er Sie deshalb vor einem Monat feuern?", fragt Paul Rost.
„Es war meine Schuld. Ich habe den Tresorschlüssel verloren", antwortet der Sicherheitsbeamte.
„Wie ist das passiert?", fragt der Detektiv.
„Es ist vor etwa einem Monat passiert. Ich muss den Tresorschlüssel jeden Tag um halb fünf vom Bankmanager abholen. Danach muss ich ihn zum Aufbewahrungsort der Schlüssel

bring it to the repository," the guard says, "I lost it."
"You lost the key, when you were going from the manager's to the repository?" the detective asks in surprise.
"Yes, I did," George Titan says and looks at his hands, then at the detective.
"Do you want to say anything else?" the detective asks.
"No, I don't. Nothing else," the guard answers.
"Okay. Thank you for answering my questions," detective Rost says.

bringen. Ich habe den Schlüssel an diesem Tag vom Bankmanager abgeholt, aber nicht zum Aufbewahrungsort gebracht", sagt der Sicherheitsbeamte. „Ich habe ihn verloren."
„Sie haben den Schlüssel verloren, als Sie auf dem Weg vom Manager zum Aufbewahrungsort waren?", fragt der Detektiv überrascht.
„Ja, das habe ich", sagt George Titan und schaut auf seine Hände, danach schaut er den Detektiv an.
„Wollen Sie sonst noch etwas sagen?", fragt der Detektiv.
„Nein, will ich nicht. Sonst nichts", antwortet der Sicherheitsbeamte.
„In Ordnung. Danke, dass Sie meine Fragen beantwortet haben", sagt Detektiv Rost.

C

New Vocabulary Review

1

- Is today Friday or Thursday?
- Today is Friday.
- Is it hot or cool today?
- It is cool and foggy today.
- Is the wind strong?
- There is no wind, but it's raining heavily.

2

- Do you trust this doctor?
- Yes, I do.
- And I do not. This doctor is strange.
- What do you mean?
- He doesn't smile.

3

- Please ask Anna to take the phone.
- Who's asking?
- This is a doctor. She must come to the hospital today.
- Today? Are you sure?
- Yes, I'm sure.

4

- Young man, what floor is the bank located on?
- The bank is located on the second floor.

Wiederholung des neuen Vokabulars

1

- *Ist heute Freitag oder Donnerstag?*
- *Heute ist Freitag.*
- *Ist es heute heiß oder kalt?*
- *Es ist heute kalt und neblig.*
- *Weht der Wind stark?*
- *Es weht kein Wind, aber es regnet stark.*

2

- *Vertrauen Sie diesem Arzt?*
- *Ja, das mache ich.*
- *Und ich mache das nicht. Dieser Arzt ist seltsam.*
- *Was meinen Sie damit?*
- *Er lächelt nicht.*

3

- *Bitte sagen Sie Anna, dass sie ans Telefon kommen soll.*
- *Wer möchte Sie sprechen?*
- *Hier spricht der Arzt. Sie muss heute ins Spital kommen.*
- *Heute? Sind Sie sich sicher?*
- *Ja, ich bin mir sicher.*

4

- *Junger Mann, in welchem Stock befindet*

- Can you take the stairs?
- Yes, you can take the stairs or by the elevator.

5

- I have to go to the hospital every day.
- Do you feel sick?
- No, I'm well. I work there as a doctor.

sich die Bank?
- Die Bank befindet sich im zweiten Stock.
- Kann man die Treppen benutzen?
- Ja, Sie können die Treppe benutzen oder den Aufzug.

5

- Ich muss jeden Tag ins Spital gehen.
- Sind Sie krank?
- Nein, mir geht es gut. Ich arbeite dort als Arzt.

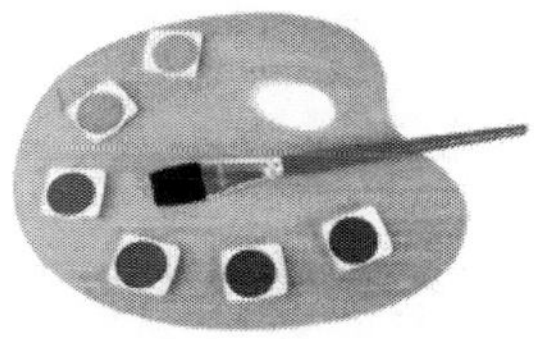

7

The Mover

Der Umzugshelfer

A

Words

Vokabeln

1. afternoon [ˌɑːftəˈnuːn] - Nachmittag, der
2. alone [əˈləʊn] - allein
3. another [əˈnʌðə] - ein anderer, ein anderes, eine andere
4. anybody [ˈenibɒdi] - jemand
5. armchair [ˈɑːmtʃeə] - Lehnstuhl, der
6. around [əˈraʊnd] - umher
7. away [əˈweɪ] - weg
8. back [bæk] - zurück
9. bed [bed] - Bett, das
10. bread [bred] - Brot, das
11. brother [ˈbrʌðə] - Bruder, der
12. carry [ˈkæri] - tragen
13. cigarette [ˌsɪgəˈret] - Zigarette, die
14. colleague [ˈkɒliːg] - Kollege, der
15. couch [kaʊtʃ] - Couch, die
16. disgusting [dɪsˈgʌstɪŋ] - widerlich
17. does [dʌz] - er, sie, es tut
18. drawer [drɔːə] - Schublade, die
19. everything [ˈevrɪθɪŋ] - alles
20. exactly [ɪgˈzæktli] - genau
21. fall [fɔːl] - fallen
22. far [fɑː] - weit
23. free [friː] - frei
24. handcuffs [ˈhændkʌfs] - Handschellen, die
25. hey [heɪ] - hey
26. hide [haɪd] - verbergen
27. incredible [ɪnˈkredəbl̩] - unglaublich

28. jump [dʒʌmp] - springen
29. just [dʒəst] - einfach
30. laugh [lɑ:f] - lachen
31. laughing [ˈlɑ:fɪŋ] - lachend
32. lay [leɪ] - legen
33. let [let] - lassen
34. like [ˈlaɪk] - mögen
35. load [ləʊd] - laden
36. location [ləʊˈkeɪʃn̩] - Ort, der
37. look around [lʊk əˈraʊnd] - sich umsehen
38. lose [lu:z] - verlieren
39. magazine [ˌmægəˈzi:n] - Zeitschrift, die
40. move [mu:v] - umziehen
41. mover [ˈmu:və] - Umzugshelfer, der
42. nervous [ˈnɜ:vəs] - nervös
43. nervously [ˈnɜ:vəsli] - nervös
44. newspaper [ˈnju:speɪpə] - Zeitung, die
45. off [ɒf] - ab-
46. outside [ˌaʊtˈsaɪd] - draußen
47. own [əʊn] - eigene, eingener, eigenes
48. owner [ˈəʊnə] - Besitzer, der
49. person [ˈpɜ:sn̩]- Person, die
50. plate [pleɪt] - Teller, der
51. porn [pɔ:n] - Porno, der
52. probably [ˈprɒbəbli] - wahrscheinlich
53. put [ˈpʊt] - legen
54. real [rɪəl] - wirklich
55. run [rʌn] - rennen
56. seen [si:n] - gesehen
57. shut up [ʃʌt ʌp] - den Mund halten
58. smell [smel] - riechen
59. smelly [ˈsmeli] - stinkend
60. sniff [snɪf] - riechen
61. socks [sɒks] - Socken, die
62. stink [stɪŋk] - stinken
63. stinker [ˈstɪŋkə] - Stinker, der
64. stinkiest [ˈstiŋkəst] - stinkendste
65. stinky [ˈstɪŋki] - stinkend
66. stranger [ˈstreɪndʒə] - Fremde, der
67. tattoo [təˈtu:] - Tattoo, das
68. tell [tel] - erzählen
69. thief [θi:f] - Dieb, der
70. thing [θɪŋ] - Ding, das
71. throw [ˈθrəʊ] - werfen
72. truck [trʌk] - Lastwagen, der
73. try [traɪ] - versuchen
74. twenty [ˈtwenti] - zwanzig
75. under [ˈʌndə] - unter
76. very [ˈveri] - sehr
77. walk [wɔ:k] - gehen
78. waste no time [weɪst nəʊ ˈtaɪm] - keine Zeit verlieren
79. world [wɜ:ld] - Welt, die
80. yours [jɔ:z] - deine, deiner, deines
81. yourself [jɔ:ˈself] - dir, dich

B

The Mover

It’s Friday afternoon. It is warm and sunny outside. A light wind is blowing.
Paul Rost is coming back home from the bank. A strange man comes up to him not far from his house.
"Hey, brother, do you live on this street?" the stranger asks.
Paul doesn’t like this man. So he says:
"No, I don't. I live far from here."
"Can you help me?" the stranger asks.

Der Umzugshelfer

Es ist Freitagnachmittag. Draußen ist es warm und sonnig. Ein leichter Wind weht.
Paul Rost kommt gerade von der Bank zurück. Ein seltsamer Mann nähert sich ihm, nicht weit von seinem Haus entfernt.
„Hey, Mann, lebst du hier in der Straße?“, fragt der Fremde.
Paul mag diesen Mann nicht. Deshalb sagt er:
„Nein, das tue ich nicht. Ich lebe weit entfernt von hier.“

"How exactly?" Paul says.
"I'm a mover. My colleague is ill. And I have to load some things into the truck and move them to another location. I'll give you twenty dollars if you help me load the things into the truck," the stranger says.
"Well, I have some free time," Paul says. The man goes to Paul Rost's house. The house door is open.
"Come in. It's here," the mover says. Paul Rost goes into his own house. He tries to hide his surprise.
"The owner is not here, but I know what he wants to move. Come on, take this armchair," the mover says. They take the armchair and carry it outside.
"The owner is a real stinker," the man says.
"What?" Paul Rost asks.
"This armchair stinks of cigarettes. Don't you smell?" the mover asks.
"Really?" the detective sniffs his armchair. "Yes it probably stinks," he says.
"It smells like a cigarette!" the man says nervously. Paul looks at his arm and sees a tattoo there: "No time to lose!" They load the armchair in the truck and go back into the house. The man walks around and looks at things.
"It stinks here too! Now this table," he says. They take the table and carry it outside. The table drawer opens and some bread, a plate, socks and a newspaper fall out of it.
"What's that? Look at this! Some bread, socks, a plate and a newspaper are in the table. He is the stinkiest person in the world! He is a real stinker!" the man shouts nervously. Paul throws down the table, jumps on the man and falls down to the ground with him.
"Shut up!" he shouts, "Shut up! Disgusting thief!" Paul is very nervous, "You're the stinker! You're a stinker yourself!"

„Kannst du mir helfen?", fragt der Fremde.
„Wie genau?", sagt Paul.
„Ich bin ein Umzugshelfer. Mein Kollege ist krank. Und ich muss einige Dinge in den Lastwagen laden und an einen anderen Ort bringen. Ich gebe dir zwanzig Dollar, wenn du mir hilfst die Dinge in den Lastwagen zu laden", sagt der Fremde.
„Nun, ich habe gerade frei", sagt Paul. Der Mann geht zum Haus von Paul Rost. Das Haustor ist offen.
„Komm' rein. Es ist hier", sagt der Mann. Paul Rost betritt sein eigenes Haus. Er versucht seine Überraschung zu verbergen.
„Der Besitzer ist nicht da, aber ich weiß, was er mitnehmen will. Komm', nimm' diesen Lehnstuhl", sagt der Umzugshelfer. Sie nehmen den Lehnstuhl und tragen ihn hinaus.
„Der Besitzer ist ein richtiger Stinker", sagt der Mann.
„Was?", fragt Paul Rost.
„Dieser Lehnstuhl stinkt nach Zigaretten. Riechst du das nicht?", fragt der Umzugshelfer.
„Wirklich?", der Detektiv riecht an seinem Lehnstuhl. „Ja, wahrscheinlich stinkt er", sagt er.
„Er riecht wie eine Zigarette!", sagt der Mann nervös. Paul schaut auf seinen Arm und sieht dort ein Tattoo: „Keine Zeit zu verlieren!" Sie laden den Lehnstuhl in den Lastwagen und gehen zurück ins Haus. Der Mann geht umher und sieht sich die Dinge an.
„Hier stinkt es auch! Jetzt dieser Tisch", sagt er. Sie nehmen den Tisch und tragen ihn nach draußen. Die Tischlade öffnet sich und es fällt etwas Brot, ein Teller, Socken und eine Zeitung heraus.
„Was ist das? Sieh' dir das an! Im Tisch sind Brot, Socken, ein Teller und eine Zeitung. Das ist der größte Stinker der Welt! Er ist ein wirklicher Stinker!", ruft der Mann nervös. Paul wirft den Tisch hinunter, springt auf den Mann zu und fällt mit ihm zu Boden.
„Halt' den Mund!", ruft er. „Halt den Mund! Widerlicher Dieb!" Paul ist sehr nervös: „Du

Paul Rost puts on handcuffs on the thief and says: "This is my house! And that is my armchair! And this is my table and my plate! You disgusting stinky thief! No time to lose? Really?"
The man lays on the ground. He tries to understand what is going on.
"Well, is this your house? That's incredible.." the man understands it at last. He looks at the detective. Then he starts laughing.
"So you're the stinker? Are these things yours?" he laughs.
"Yes, you are a disgusting stinky thief! Don't waste the time? Go to the police station now!" Paul shouts nervously.
"I'll tell them everything!" the man shouts, "About your socks and bread, and about the smelly old armchair. And.. and about the porn magazines under the bed!"
"What? What?!" the detective points a gun at the man, "What are you talking about?"
"Let me go. I am a small man and I've got many problems. Just let me go, and I won't tell anything to anybody," the man says.
"What porn magazines?" the detective says nervously.
"If you don't let me go, I'll tell. I will tell everything that I've seen .. and .. all that I haven't! Please, let me go," the man asks.
Paul thinks a little. He puts the gun away. Then he takes the handcuffs off the man and says: "If I see you again, you'll get a bullet!"
The man gets up from the ground and runs away. Paul Rost goes into the house and sits down on the couch. He's looking around. He is sniffing the air. "Yes, it probably stinks," he thinks. He lives alone. Why? He can't answer. Nobody can answer this question.

bist der Stinker! Du bist selbst der Stinker!"
Paul Rost legt dem Dieb Handschellen an und sagt: „Das ist mein Haus! Und das ist mein Lehnstuhl! Und das ist mein Tisch und mein Teller! Du widerlicher stinkender Dieb! Keine Zeit zu verlieren? Wirklich?"
Der Mann liegt am Boden. Er versucht zu verstehen, was gerade passiert.
„Also das ist dein Haus? Das ist unglaublich...", der Mann versteht es endlich. Er sieht den Detektiv an. Dann beginnt er zu lachen.
„Also du bist der Stinker? Das sind deine Dinge?", er lacht.
„Ja, du widerlicher stinkender Dieb! Du hast keine Zeit zu verlieren? Jetzt geht's auf die Polizeiwache!", ruft Paul nervös.
„Ich werde Ihnen alles erzählen!", ruft der Mann. „Von den Socken und dem Brot, und von dem stinkenden alten Lehnstuhl. Und... und von den Pornozeitschriften unter dem Bett!"
„Was? Was?!", der Detektiv richtet eine Pistole auf den Mann. „Wovon sprichst du?"
„Lass' mich gehen. Ich bin ein kleiner Mann und ich habe viele Probleme. Lass' mich einfach gehen und ich werde nichts davon erzählen", sagt der Mann.
„Welche Pornozeitschriften?", sagt der Detektiv nervös.
„Wenn du mich nicht gehen lässt, werde ich es erzählen. Ich werde alles erzählen, das ich gesehen habe... und... alles, das ich nicht gesehen habe! Bitte, lass' mich gehen", bat der Mann.
Paul denkt kurz nach. Er legt die Pistole weg. Er nimmt dem Mann die Handschellen ab und sagt: „Wenn ich dich noch einmal sehe, werde ich auf dich schießen!"
Der Mann steht vom Boden auf und rennt weg. Paul Rost geht zurück in sein Haus und setzt sich auf die Couch. Er sieht sich um. Er riecht. „Ja, wahrscheinlich stinkt es", denkt er. Er lebt alleine. Warum? Das kann er nicht beantworten. Niemand kann diese Frage beantworten.

C

New Vocabulary Review

1

- Is today Friday or Thursday?
- Today is Friday.
- Is it warm outside?
- Today, it is warm and sunny outside.

2

- Are you ill?
- No, I'm well. Why do you ask?
- There is a pill on the table.
- Do you want this pill?
- No, thanks.

3

- Do you have porn magazines?
- I don't have any porn magazines. And you?
- I don't have any porn magazines, either. I don't like porn magazines.
- I don't like them either.

4

- Why are you nervous?
- I'm not nervous. Why do you ask?
- You put socks into a drawer together with bread.

5

- Do you have a brother?
- I have two brothers and a sister.
- Does your sister live in this house?
- No, she doesn't. She lives far away in another city.
- And where do your brothers live?
- My brothers live with me.

6

- What are these things on the couch?
- They are my things.
- Do you want me to help you load your things into the car?
- Yes, please.

7

- Look at my tattoo!
- I do not like your tattoo.
- But I like it. It's the most beautiful tattoo

Wiederholung des neuen Vokabulars

1

- *Ist heute Freitag oder Donnerstag?*
- *Heute ist Freitag.*
- *Ist es warm draußen?*
- *Heute ist es warm und sonnig draußen.*

2

- *Bist du krank?*
- *Nein, ich bin gesund. Warum fragst du?*
- *Da liegt eine Tablette auf dem Tisch.*
- *Willst du die Tablette haben?*
- *Nein, danke.*

3

- *Hast du Pornozeitschriften?*
- *Ich habe keine Pornozeitschriften. Und du?*
- *Ich habe auch keine Pornozeitschriften. Ich mag Pornozeitschriften nicht.*
- *Ich mag sie auch nicht.*

4

- *Warum bist du nervös?*
- *Ich bin nicht nervös. Warum fragst du?*
- *Du hast deine Socken zusammen mit dem Brot in die Schublade gegeben.*

5

- *Hast du einen Bruder?*
- *Ich habe zwei Brüder und eine Schwester.*
- *Lebt deine Schwester in diesem Haus?*
- *Nein, das tut sie nicht. Sie lebt weit weg in einer anderen Stadt.*
- *Und wo leben deine Brüder?*
- *Meine Brüder leben mit mir zusammen.*

6

- *Was sind das für Dinge auf der Couch?*
- *Das sind meine Dinge.*
- *Soll ich dir helfen, deine Dinge ins Auto zu laden?*
- *Ja, bitte.*

7

- *Schau' dir mein Tattoo an!*
- *Ich mag dein Tattoo nicht.*
- *Aber ich mag es. Es ist das schönste Tattoo auf der ganzen Welt!*

in the world.

8

- The air here stinks. Smell it.
- Yes. The air is very stinky here.
- There are a lot of old cars and buses here. So the air is disgusting.
- Yes. Everything around smells. It is a very stinky place.

9

- Is this your newspaper, young man?
- Yes, it is. Why do you ask?
- I want to look at it. Can I?
- Of course not! Maybe you would also like to look at a porn magazine?

10

- Let's sit on the couch.
- Okay. At last we can sit down.
- Look under the table! Somebody is lying there.
- This is my colleague. He is trying to hide from the police.
- Why? Did he commit a crime?
- Yes, he has. He committed a crime.
- What crime did he commit?
- My colleague robbed the Imperial Bank.
- He robbed the bank?
- Exactly.
- Let’s handcuff him.
- Okay.

11

- I want to get a position as a teller at a bank.
- There may be a vacancy for a teller at the Imperial Bank.
- I have been trying to get exactly this position all month.
- The manager of the Imperial Bank is my brother. If you want, I’ll direct you to him.
- Yes, please direct me to him.

12

- Look. Is this your colleague smelling the flowers?
- No, it’s not. This is the owner of the house.
- Can you tell me about the owner of the house? Is he a good person?

8

- Die Luft hier stinkt. Ich kann es riechen.
- Ja. Die Luft hier stinkt.
- Hier gibt es viele alte Autos und Busse. Deshalb ist die Luft widerlich.
- Ja. Alles hier stinkt. Es ist ein sehr übel riechender Ort.

9

- Ist das deine Zeitung, junger Mann?
- Ja, das ist es. Warum fragen Sie?
- Ich möchte sie mir ansehen. Darf ich?
- Natürlich nicht! Vielleicht möchten sie sich auch eine Pornozeitschrift ansehen?

10

- Setzen wir uns auf die Couch.
- In Ordnung. Endlich können wir uns setzen.
- Schau’ unter den Tisch! Dort liegt jemand!
- Das ist mein Kollege. Er versucht sich vor der Polizei zu verstecken.
- Warum? Hat er ein Verbrechen begangen?
- Ja, das hat er. Er hat ein Verbrechen begangen.
- Was für ein Verbrechen hat er begangen?
- Mein Kollege hat die Kaiserliche Bank ausgeraubt.
- Er hat die Bank ausgeraubt?
- Genau.
- Legen wir ihm Handschellen an.
- In Ordnung.

11

- Ich möchte eine Stelle als Kassierer in einer Bank bekommen.
- Es gibt vielleicht eine freie Stelle als Kassierer in der Kaiserlichen Bank.
- Ich habe schon das ganze Monat lang versucht genau diese Stelle zu bekommen.
- Der Manager der Bank ist mein Bruder. Wenn du willst, kann ich dich zu ihm bringen?
- Ja, bitte bring' mich zu ihm.

12

- Schau’. Ist das dein Kollege, der an den Blumen riecht?
- Nein, das ist er nicht. Das ist der Besitzer des Hauses.
- Kannst du mir etwas über den Besitzer des

- Of course, I'll tell you about him. He is the strangest person in the world.
- Strange?
- Exactly!
- Why?
- He likes to throw plates from the second floor into the garden.
- Really?
- I saw it myself! And he jumps on the bed every day.
- I like jumping on the bed too!

Hauses erzählen? Ist er ein guter Mensch?
- Natürlich werde ich dir etwas über ihn erzählen. Er ist der seltsamste Mensch auf der Welt.
- Seltsam?
- Genau!
- Warum?
- Er wirft gerne Teller aus dem zweiten Stock in den Garten.
- Wirklich?
- Ich habe es selbst gesehen! Und er springt jeden Tag auf seinem Bett.
- Ich springe auch gerne auf dem Bett!

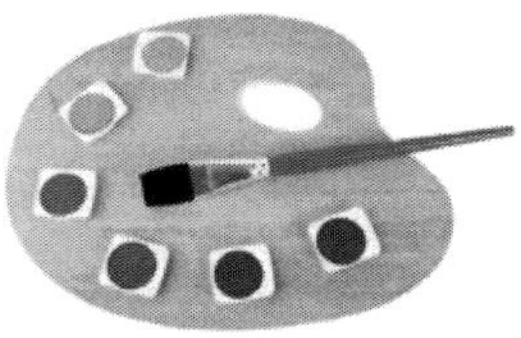

8

A New Job
Ein neuer Auftrag

A

Words
Vokabeln

1. a bit [ə bɪt] - ein bisschen
2. already [ɔ:l'redi] - schon
3. appreciate [ə'pri:ʃieɪt] - zu schätzen wissen
4. be afraid [bi ə'freɪd] - Angst haben
5. clear [klɪə] - klar
6. cold [kəʊld] - kalt
7. dangerous ['deɪndʒərəs] - gefährlich
8. dear [dɪə] - lieb
9. denim shirt ['denɪm ʃɜ:t] - Jeansshirt, das
10. dressed [drest] - angezogen
11. drink [drɪŋk] - trinken
12. electrician [ɪˌlek'trɪʃn̩] - Elektriker, der
13. find [faɪnd] - finden
14. fine [faɪn] - gut
15. friend [frend] - Freund, der
16. grass [grɑ:s] - Gras, das
17. help [help] - helfen
18. himself [hɪm'self] - sich selbst
19. insist [ɪn'sɪst] - beharren
20. jeans [dʒi:nz] - Jeans, die
21. juice [dʒu:s] - Saft, der
22. kid [kɪd] - Kind, das
23. listen ['lɪsn̩] - zuhören
24. more [mɔ:] - mehr
25. night [naɪt] - Nacht, die
26. nonsense ['nɒnsns] - Unsinn, der
27. offer ['ɒfə] - anbieten
28. pay [peɪ] - zahlen
29. profession [prə'feʃn̩] - Beruf, der
30. quickly ['kwɪkli] - schnell
31. Saturday ['sætədi] - Samstag, der
32. say ['seɪ] - sagen
33. seven o'clock ['sevn̩ ə'klɒk] - sieben Uhr

34. simple [ˈsɪmpl̩] - einfach
35. sleep [sliːp] - schlafen
36. such [sʌtʃ] - solche, solcher, solches
37. t-shirt [ˈtiː ʃɜːt] - T-Shirt, das
38. water [ˈwɔːtə] - gießen
39. wife [waɪf] - Frau, die
40. wine [waɪn] - Wein, der

B

A New Job

It's Saturday. It's seven o'clock in the evening. It is cloudy and a little bit cold outside. A strong wind is blowing.
A short man is watering the grass near house number 156 on Van Gogh Avenue. He is dressed in jeans and a denim shirt. His name is Alexander Hephaestus. He is an electrician by profession. John Vega goes out of the house. He is dressed in jeans and a t-shirt. He sits down at a small table on the grass. There are some bottles of juice, water and wine on the table.
"Come and sit with me, Alexander," John Vega says. Alexander comes and sits down.
"Help yourself, my dear friend," John offers him, "Have some juice or water."
"Thank you, John," Hephaestus answers. He pours some water for himself and drinks.
"Thank you for helping me. I really appreciate your help," Mr. Vega says.
"You're my friend, so I'm here, John," Alexander answers.
"How are your wife and kids doing?" John Vega says.
"Thank you. They're fine," Alexander answers.
"Listen, I need your help in the bank again," John Vega says.
"I can't. You know that," his friend answers.
"It's a very simple little job. You can do it quickly and get a thousand dollars," Mr. Vega says.

Ein neuer Auftrag

Es ist Samstag. Es ist sieben Uhr abends. Draußen ist es bewölkt und ein bisschen kalt. Ein starker Wind weht.
Ein kleiner Mann gießt das Gras neben dem Haus Nummer 156 der Van Gogh Avenue. Er trägt Jeans und ein Jeansshirt. Sein Name ist Alexander Hephaestus. Er ist Elektriker von Beruf.
John Vega verlässt das Haus. Er trägt Jeans und ein T-Shirt. Er setzt sich an einen kleinen Tisch im Gras. Es gibt einige Flaschen Saft, Wasser und Wein auf dem Tisch.
„Komm' und setz' dich zu mir, Alexander", sagt John Vega. Alexander kommt und setzt sich.
„Bedien' dich, mein Lieber. Nimm' dir etwas Saft oder Wasser", bietet John ihm an.
„Danke, John", antwortet Hephaestus. Er schenkt sich selbst etwas Wasser ein und trinkt.
„Danke, dass du mir hilfst. Ich weiß deine Hilfe wirklich zu schätzen", sagt Herr Vega.
„Du bist mein Freund und deshalb bin ich hier, John", antwortet Alexander.
„Wie geht es deiner Frau und deinen Kindern?", sagt John Vega.
„Danke. Es geht ihnen gut", antwortet Alexander.
„Hör' mal, ich brauche noch einmal deine Hilfe in der Bank", sagt John Vega.
„Das kann ich nicht tun. Das weißt du", antwortet sein Freund.
„Es ist ein sehr einfacher kleiner Auftrag. Du kannst ihn sehr schnell erledigen und du bekommt eintausend Dollar", sagt Herr Vega.
„Ich mag das nicht machen. John, ich habe

"I don’t want to do it. John, I'm afraid. This is very dangerous," Alexander answers.
"It's not dangerous and you know it! You've already done such work, " John insists.
"You know that I can’t. If the police finds out..." Alexander Hephaestus says.
"The police won’t know! Do you want more money? I'll give you two thousand! And don’t say that you can’t! Is that clear?" John shouts.
"I'm afraid, John. I can’t sleep at night!" Alexander says.
"Nonsense! I pay a lot of money for a small job! And you are saying that you can’t sleep at night! Come in Tuesday morning. Got it? And don’t say that you can’t. That is all," Mr. Vega says.
"But John…" Alexander says, but John Vega gets up and goes into the house. Alexander Hephaestus gets up and goes home.

Angst. Das ist sehr gefährlich“, antwortet Alexander.
„Es ist nicht gefährlich und das weißt du! Du hast solche Arbeiten schon erledigt“, John besteht darauf.
„Du weißt, dass ich nicht kann. Wenn die Polizei herausfindet... “, sagt Alexander Hephaestus.
„Die Polizei wird nichts herausfinden! Willst du mehr Geld? Ich werde dir zweitausend Dollar geben! Aber sag’ nicht, dass du es nicht tun kannst! Ist das klar? “, schreit John.
„Ich habe Angst, John. Ich kann nachts nicht schlafen! “, sagt Alexander.
„Unsinn! Ich zahle sehr viel Geld für einen sehr kleinen Auftrag! Und du sagst, dass du nachts nicht schlafen kannst! Komm’ am Dienstagmorgen! Verstanden? Und sag’ nicht, dass du es nicht tun kannst. Das ist alles“, sagt Herr Vega.
„Aber John... “, sagt Alexander. Aber John Vega steht auf und geht ins Haus. Alexander Hephaestus steht auf und geht nach Hause.

C

New Vocabulary Review

1

- Is today Saturday or Friday?
- Today is Saturday.
- Is it sunny outside?
- It is cloudy and a little cold outside.

2

- Are you afraid of robbers?
- I am not afraid of robbers!
- Got it. Give me your money!
- I don't have any money. Young man, do you want an interesting crossword puzzle and five years of free time to solve it?

3

- What is your profession?
- I’m a driver. And you?
- I’m a policeman. And this man is a nasty thief.

Wiederholung des neuen Vokabulars

1

- *Ist heute Samstag oder Freitag?*
- *Heute ist Samstag.*
- *Ist es draußen sonnig?*
- *Draußen ist es bewölkt und ein bisschen kalt.*

2

- *Hast du Angst vor Einbrechern?*
- *Ich habe keine Angst vor Einbrechern.*
- *Verstanden. Gibt mir dein Geld!*
- *Ich habe kein Geld. Junger Mann, wollen sie ein interessantes Kreuzworträtsel und fünf Jahre Zeit, um es zu lösen?*

3

- *Welchen Beruf hast du?*
- *Ich bin Fahrer. Und du?*
- *Ich bin Polizist. Und dieser Mann ist ein widerlicher Dieb.*

- Is a disgusting thief a profession?
- A disgusting thief is probably a diagnosis.

4

- Do you want a little wine?
- Why only a little wine? I want a lot of wine!
- Really? I want a lot of wine too! But there is no wine.
- And what do you have?
- There is a mineral water. Do you want some?
- No, I don't.
- But I insist.
- Thanks, I don't want any.

5

- Why are you leaving?
- I have to take care of some business.
- What business?
- It is not your business.

6

- My jeans are very expensive.
- That's nothing! And I have a denim shirt.
- That's nothing! And I have a lot of children.
- That's nothing! And I have a lot of money!
- Are you a millionaire?
- Well, no. I work with money. I'm a teller!

7

- Look, my wife is wearing a new t-shirt.
- Is she wearing only a t-shirt?
- No, she's not. She is wearing jeans, too.

8

- Who is standing near your house?
- This is the police. Our furniture was stolen.
- Was the furniture new?
- Well, no. The furniture was old.
- Was it very old?
- Yes. The chair was two hundred, and the bed was three hundred years old.

9

- Is it dangerous to sleep on the grass in the garden at night?
- Of course not!
- Are you sure?

- Ist es ein Beruf ein widerlicher Dieb zu sein?
- Ein widerlicher Dieb zu sein ist wahrscheinlich eine Diagnose.

4

- Magst du ein bisschen Wein?
- Warum nur ein bisschen Wein? Ich mag viel Wein!
- Wirklich? Ich mag auch viel Wein. Aber es gibt keinen Wein.
- Und was gibt es?
- Es gibt Mineralwasser. Magst du?
- Nein, ich mag keines.
- Aber ich bestehe darauf.
- Danke, ich mag trotzdem keines.

5

- Warum gehst du?
- Ich muss mich um einige Geschäfte kümmern.
- Welche Geschäfte?
- Das ist nicht deine Sache.

6

- Meine Jeans sind sehr teuer.
- Das ist doch nichts! Ich habe ein Jeansshirt.
- Das ist doch nichts! Ich habe viele Kinder.
- Das ist doch nichts! Ich habe viel Geld!
- Bist du ein Millionär?
- Nun ja, nein. Ich arbeite mit Geld. Ich bin Kassierer!

7

- Schau', meine Frau trägt ein neues T-Shirt.
- Trägt sie nur ein T-Shirt?
- Nein. Sie trägt auch Jeans.

8

- Wer steht neben deinem Haus?
- Das ist die Polizei. Unsere Möbel wurden gestohlen.
- Waren die Möbel neu?
- Nun ja, nein. Die Möbel waren alt.
- Waren sie sehr alt?
- Ja. Der Stuhl war zweihundert und das Bett dreihundert Jahre alt.

9

- Ist es gefährlich nachts im Garten auf dem Gras zu schlafen?
- Natürlich nicht!
- Bist du dir sicher?

- Of course! Take a gun and some handcuffs with you, and you can sleep in the garden. If you are afraid to sleep on the grass, then sleep in a tree.

- Natürlich! Nimm' eine Waffe und Handschellen mit, und du kannst im Garten schlafen. Wenn du Angst hast auf dem Gras zu schlafen, dann schlaf' auf einem Baum.

10

- Here is some water, some juice and some wine. Help yourself, please.
- Thanks. And you?
- I help myself too. Well, do you like it?
- Yes, very much. Is it all yours?
- No, it is not.
- Not? Who is its owner?
- I don't know. The wine is good, isn't it?

10

- Hier sind Wasser, Saft und Wein. Bedien' dich, bitte.
- Danke. Und du?
- Ich nehme mir auch etwas. Nun ja, magst du es?
- Ja, sehr. Gehört das alles dir?
- Nein, das gehört nicht alles mir.
- Nicht? Wer ist der Besitzer?
- Ich weiß es nicht. Der Wein ist gut, oder?

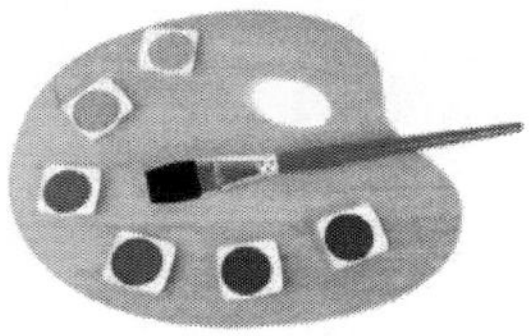

9

Personal Meeting
Ein privates Treffen

A

Words
Vokabeln

1. add [æd] - hinzufügen
2. agitation [ˌædʒɪˈteɪʃn̩] - Aufregung, die
3. anyway [ˈeniweɪ] - sowieso
4. be glad [bi glæd] - sich freuen
5. buy [baɪ] - kaufen
6. card [kɑːd] - Karte, die
7. carefully [ˈkeəfəli] - sorgfältig
8. demand [dɪˈmɑːnd] - fordern
9. dial [ˈdaɪəl] - wählen
10. expensive [ɪkˈspensɪv] - teuer
11. follow [ˈfɒləʊ] - folgt
12. foot [fʊt] - Fuß, der
13. found [faʊnd] - gefunden
14. garbage [ˈgɑːbɪdʒ] - Müll, der
15. gift [gɪft] - Geschenk, das
16. girl [gɜːl] - Mädchen, das; junge Frau, die
17. give a lift [gɪv ə lɪft] - jemanden (im Auto) mitnehmen
18. happy to [ˈhæpi tuː] - etwas gerne tun
19. important [ɪmˈpɔːtnt] - wichtig
20. indignantly [ɪnˈdɪgnəntli] - empört
21. information [ˌɪnfəˈmeɪʃn̩] - Information, die
22. inspect [ɪnˈspekt] - untersuchen
23. invite [ɪnˈvaɪt] - einladen
24. keep [kiːp] - behalten
25. lock [lɒk] - Schloss, das
26. long [lɒŋ] - lange
27. meeting [ˈmiːtɪŋ] - Treffen, das
28. mine [maɪn] - meine, meiner, meines
29. not care [nɒt keə] - jemandem ist etwas egal
30. opening [ˈəʊpənɪŋ] - Öffnen, das
31. our [ˈaʊə] - unser, unsere
32. passenger [ˈpæsɪndʒə] - Passagier, der
33. passenger compartment [ˈpæsɪndʒə kəmˈpɑːtmənt] - Passagierraum, der

34. pause [pɔ:z] - Pause, die
35. personal [ˈpɜ:sənl̩] - privat
36. place [ˈpleɪs] - Ort, der
37. pocket [ˈpɒkɪt] - Hosen-, Jackentasche, die
38. practice [ˈpræktɪs] - üben
39. protest [prəˈtest] - protestieren
40. return [rɪˈtɜ:n] - zurückkehren
41. rubbish [ˈrʌbɪʃ] - Müll, der
42. sell [sel] - verkaufen
43. sidewalk [ˈsaɪdwɔ:k] - Bürgersteig, der
44. silent [ˈsaɪlənt] - still
45. six [sɪks] - sechs
46. steal [sti:l] - stehlen
47. stolen [ˈstəʊlən] - gestohlen
48. stop [stɒp] - stoppen
49. Sunday [ˈsʌndi] - Sonntag, der
50. surprised [səˈpraɪzd] - überrascht
51. telephone [ˈtelɪfəʊn] - Handy, das
52. tomorrow [təˈmɒrəʊ] - morgen
53. way [ˈweɪ] - Weg, der
54. wish [wɪʃ] - wünschen
55. with pleasure [wɪð ˈpleʒə] - mit Vergnügen
56. would [wʊd] - würde
57. wrong [rɒŋ] - falsch

B

Personal Meeting

It is Sunday. It is about nine o'clock in the morning. It is cool and foggy outside. A light wind is blowing.
Paul Rost is going to the bank. The bank is near so he goes on foot. A car stops near the sidewalk. Lisa Pandora is sitting in the car.
"Good morning, Paul," she says.
"Good morning, Lisa," Paul answers.
"Are you going to our bank?" she asks.
"Yes, Lisa," Paul says.
"I can give you a lift to the bank. Would you like that?" the girl offers.
"Thank you. With pleasure," the detective gets into the car.
"Someone stole my phone out of the car last night," Lisa says.
"Really?" the detective is surprised.
"Yes. Through the window," Lisa adds.
"Is the telephone expensive?" the detective asks.
"No, it's not. The phone is not new. But there is some information that should not get into the wrong hands," Lisa says. Paul carefully inspects the passenger compartment. He picks up something from

Ein privates Treffen

Es ist Sonntag. Es ist etwa neun Uhr morgens. Draußen ist es kalt und neblig. Ein leichter Wind weht.
Paul Rost geht zur Bank. Die Bank ist in der Nähe, deshalb geht er zu Fuß. Ein Auto bleibt neben dem Bürgersteig stehen. Lisa Pandora sitzt in dem Auto.
„Guten Morgen, Paul", sagt sie.
„Guten Morgen, Lisa", antwortet Paul.
„Gehen Sie zu unserer Bank?", fragt sie.
„Ja, Lisa", sagt Paul.
„Ich kann Sie zur Bank mitnehmen. Möchten Sie?", bietet die junge Frau an.
„Danke. Mit Vergnügen", der Detektiv steigt in das Auto ein.
„Jemand hat mein Handy letzte Nacht aus dem Auto gestohlen", sagt Lisa.
„Wirklich?", der Detektiv ist überrascht.
„Ja. Durch das Fenster", fügt Lisa hinzu.
„Ist das Handy teuer?", fragt der Detektiv.
„Nein, das ist es nicht. Das Handy ist nicht neu, aber es enthält einige Informationen, die nicht in die falschen Hände geraten sollten", sagt Lisa. Paul untersucht den Passagierraum sorgfältig. Er hebt etwas vom Boden auf.
„Ist das Ihre Bankkarte?", fragt er.

the floor.
"Is it your bank card?" he asks.
"No, it's not mine," Lisa replies. Paul pulls out his phone.
"What is the phone number of the stolen phone?" Paul asks. Ms. Pandora tells the number and the detective dials it.
"Speaking," a man's voice answers.
"You've got my phone. Can you give it back to me?" Paul asks. A pause follows. Then the man replies: "Your phone is rubbish. I don't need it. So I can sell it back to you."
"Sell it back to me?" the detective says in surprise. "But you did not buy it," he protests.
"I don't care. It probably has some important information if you want to get this garbage back so much?" the thief asks. "Am I right?" he adds. Lisa is looking at Paul in agitation.
"This is my friend's gift. It is dear to me as a gift," Paul says/ "Well, how much do you want?" the detective asks.
"Five hundred dollars!" the man demands.
"But this phone is rubbish. You have just said it!" the detective replies indignantly. Lisa takes Paul's hand nervously.
"Well, as you wish!" the man says.
"Okay. I'll give you five hundred dollars," the detective says looking at Lisa, "By the way, I found a bank card in the name of Roman Kowalski in the car. Do you know him?" Paul asks. The man keeps silent for a minute. Then he says: "Give me the card. I know this man."
"I'll sell it to you for six hundred dollars," the detective says.
"Keep it! There is no money on the card anyway!" the voice shouts indignantly through the phone.
"Okay, Rom Kowalski, I think the police will be happy to take it," Paul says.
"Okay, I'll give you five hundred dollars! Give it to me!" the thief asks.

„Nein, das ist nicht meine", antwortet Lisa. Paul nimmt sein Handy heraus.
„Wie lautet die Telefonnummer des gestohlenen Handys?", fragt Paul. Frau Pandora gibt ihm die Nummer und der Detektiv wählt sie.
„Am Apparat", antwortet die Stimme eines Mannes.
„Sie haben mein Telefon. Können Sie es mir zurückgeben?", fragt Paul. Eine Pause folgt. Dann antwortet der Mann: „Ihr Handy ist Mist. Ich brauche es nicht. Ich kann es Ihnen zurückverkaufen."
„Zurückverkaufen?", fragt der Detektiv überrascht. „Aber Sie haben es nicht gekauft", protestiert er.
„Das ist mir egal. Es enthält wahrscheinlich wichtige Informationen, wenn Sie diesen Müll so sehr zurückhaben wollen?", fragt der Dieb. „Habe ich Recht?", fügt er hinzu. Lisa schaut Paul aufgeregt an.
„Es ist das Geschenk eines Freundes. Es bedeutet mir viel, weil es ein Geschenk war", sagt Paul.
„Nun ja, wie viel wollen Sie?", fragt der Detektiv.
„Fünfhundert Dollar!", fordert der Mann.
„Aber das Telefon ist Müll. Sie haben das gerade gesagt!", antwortet der Detektiv empört. Lisa nimmt nervös Pauls Hand.
„Nun ja, wie Sie wollen", sagt der Mann.
„In Ordnung. Ich gebe Ihnen fünfhundert Dollar", sagt der Detektiv und schaut Lisa an. „Übrigens, ich habe im Auto eine Bankkarte auf den Namen Roman Kowalski gefunden. Kennen Sie ihn?", fragt Paul.
Der Mann ist eine Minute lang still. Dann sagt er: „Geben Sie mir die Karte. Ich kenne diesen Mann."
„Ich verkaufe sie ihnen für sechshundert Dollar", sagt der Detektiv.
„Behalten Sie sie! Da ist sowieso kein Geld auf der Karte!", schreit die Stimme empört durch das Telefon.
„In Ordnung, Rom Kowalski, ich glaube, die Polizei wird sie gerne haben wollen", sagt Paul.

"Well, you convinced me," the detective smiles and adds, "Can you come to the Imperial Bank in ten minutes?"
"Yes, I can! I'll be there in ten minutes! Don't give the card to the police!" the man asks. The thief comes to the bank ten minutes later and gives the phone back.
"I don't need money! Give me the card!" he asks. Paul quickly handcuffs the thief.
"Here's your card," he puts the card in the thief's pocket, "I'll take you to a place where you can practice opening locks with your card for a long time," he adds and hands the thief over to the police. Then he returns to the bank.
"Paul, thank you very much for your help," Lisa says, "Can I invite you to dinner tomorrow night?"
"Sure. I'll be very glad," the detective answers.
"You already know my phone, right?" Lisa smiles.
"Yes, I do," Paul answers.
"Then give me a call tomorrow at five o'clock, okay?" Lisa asks.
"Sure," Paul answers.

„In Ordnung, ich gebe Ihnen fünfhundert Dollar! Geben Sie sie mir!“, bittet der Dieb.
„Nun ja, Sie haben mich überzeugt“, der Detektiv lächelt und fügt hinzu: „Können Sie in zehn Minuten zur Kaiserlichen Bank kommen?“
„Ja, das kann ich. Ich bin in zehn Minuten dort! Geben Sie die Karte nicht der Polizei!“, bittet der Mann. Der Dieb kommt zehn Minuten später zur Bank und gibt das Handy zurück.
„Ich brauche das Geld nicht! Geben Sie mir die Karte“, bittet er. Paul legt dem Dieb schnell Handschellen an.
„Hier ist Ihre Karte“, er steckt die Karte in die Hosentasche des Diebes. „Ich werde Sie an einen Ort bringen, wo Sie sehr lange üben können, Schlösser mit Ihrer Karte zu öffnen“, fügt er hinzu und übergibt den Dieb der Polizei. Dann kehrt er zur Bank zurück.
„Paul, vielen Dank für Ihre Hilfe“, sagt Lisa. „Darf ich Sie morgen Abend zum Abendessen einladen?“
„Sicher. Ich würde mich sehr freuen“, antwortet der Detektiv.
„Sie haben bereits meine Telefonnummer, richtig?“, Lisa lächelt.
„Ja, ich habe sie“, antwortet Paul.
„Dann rufen Sie mich morgen um fünf Uhr an, in Ordnung?“, bittet Lisa.
„Sicher“, antwortet Paul.

C

New Vocabulary Review

1

- Is today Sunday or Saturday?
- Today is Sunday.
- What time is it?
- It's about nine o'clock.
- By the way, is it hot or cold outside?
- It is cool outside.

2

- Do you like the job at a bank?
- Not very much. But I do important work. And I have to work carefully.

Wiederholung des neuen Vokabulars

1

- *Ist heute Sonntag oder Samstag?*
- *Heute ist Sonntag.*
- *Wie spät ist es?*
- *Es ist etwa neun Uhr.*
- *Übrigens, ist es draußen heiß oder kalt?*
- *Draußen ist es kalt.*

2

- *Magst du den Job bei der Bank?*
- *Nicht sehr. Aber ich leiste wichtige Arbeit. Und ich muss sorgfältig arbeiten.*

- Do you have important financial information?
- What do you mean?
- I mean private financial information about the bank's clients.
- Yes, I do. That's part of my work.
- Sell me the private financial information about the bank's clients.
- I think my husband could help you.
- What is your husband?
- He is a policeman.

3

- Why is this man protesting?
- The bank lost his private financial documents.
- Are they important documents?
- No, they're not important at all.
- Who exactly lost it?
- I did.

4

- Here is your financial documents and money.
- Thank you.
- Take a look, is everything alright with your documents?
- Wait a minute... But where is my money?
- I'm asking, is everything alright with your documents?
- The documents are alright. But where is my money?
- I'm responsible for documents only. The manager of the bank is responsible for the money.
- And where is he?
- He was fired a month ago.

5

- Do you know when the bank opens, miss?
- The bank opens at nine o'clock in the morning.
- And when does it close?
- It closes at five o'clock in the evening.
- And what are you going to do after work?
- I don't know yet. Maybe, I'll go to a café. Why?
- Can I invite you to dinner?

- Hast du wichtige finanzielle Informationen?
- Was meinst du damit?
- Ich meine geheime Informationen über die Finanzen der Bankkunden.
- Ja, die habe ich. Das ist Teil meiner Arbeit.
- Verkauf' mir die geheimen Informationen über die Finanzen der Bankkunden.
- Ich glaube mein Ehemann könnte dir helfen.
- Was macht dein Ehemann?
- Er ist Polizist.

3

- Warum protestiert dieser Mann?
- Die Bank hat seine geheimen Bankunterlagen verloren.
- Sind es wichtige Unterlagen?
- Nein, sie sich überhaupt nicht wichtig.
- Wer genau hat sie verloren?
- Ich habe sie verloren.

4

- Hier sind ihre Bankunterlagen und ihr Geld.
- Danke.
- Sehen Sie nach, ist mit Ihren Unterlagen alles in Ordnung?
- Warten Sie kurz... Wo ist mein Geld?
- Ich habe gerade gefragt, ob mit Ihren Unterlagen alles in Ordnung ist?
- Die Unterlagen sind in Ordnung. Aber wo ist mein Geld?
- Ich bin nur für die Unterlagen verantwortlich. Der Bankmanager ist für das Geld verantwortlich.
- Und wo ist er?
- Er wurde vor einem Monat gefeuert.

5

- Wissen Sie, wann die Bank öffnet?
- Die Bank öffnet um neun Uhr morgens.
- Und wann schließt sie?
- Sie schließt um fünf Uhr abends.
- Und was machen Sie nach der Arbeit?
- Das weiß ich noch nicht. Vielleicht gehe ich in ein Café. Warum?
- Darf ich Sie zum Abendessen einladen?
- Ich würde sehr gerne mit Ihnen gemeinsam zu Abend essen. Übrigens, darf ich unseren Manager mitnehmen?

- I will gladly have dinner with you. By the way, can I take our manager with us?
- Why?
- He is inviting me to dinner, too!

6

- By the way, Mr. manager, this client is requesting his money back.
- Tell him his money is alright.
- What do you mean?
- I mean his money has been stolen and the police is working with it.

7

- By the way, do you have a map of the city?
- Yes, I do. Would you like to look at it?
- No, I don't. I want to show you the street where my money was stolen from my pocket.
- Really? When did it happen?
- It happened two days ago and I'm very angry.
- Did you tell the police about it?
- No, I didn't.
- Why?
- I've already stolen some money from other people.

8

- By the way, do you go to work on foot or by bus?
- I go on foot when it's cold or raining and by bus when it's warm and sunny.
- That's strange. Why?
- There are too many people on the bus when it's cold or raining, and I can't get on it.
- And when it's warm and sunny?
- Then there are too many people on the sidewalk.

9

- By the way, isn't this client surprised, that his money was stolen from our bank?
- Yes, Mr. manager, he is vey surprised and angry!
- Really? Should we invite him to dinner?
- I think he will want to invite you himself.

- Warum?
- Er lädt mich auch zum Abendessen ein!

6

- Herr Manager, dieser Kunde möchte übrigens sein Geld zurück.
- Sagen Sie ihm, seinem Geld geht es gut.
- Was meinen Sie?
- Ich meine, dass sein Geld gestohlen wurde und dass die Polizei damit arbeitet.

7

- Übrigens, hast du einen Stadtplan?
- Ja, ich habe einen. Möchtest du einen Blick darauf werfen?
- Nein, möchte ich nicht. Aber ich möchte dir die Straße zeigen, in der das Geld aus meiner Tasche gestohlen wurde.
- Wirklich? Wann ist das passiert?
- Es ist vor zwei Tagen passiert und ich bin sehr wütend.
- Hast du die Polizei informiert?
- Nein, ich habe sie nicht informiert.
- Warum?
- Ich habe bereits von anderen Leuten Geld gestohlen.

8

- Übrigens, gehst du zu Fuß zur Arbeit oder fährst du mit dem Bus?
- Wenn es kalt ist oder regnet, gehe ich zu Fuß, und wenn es warm und sonnig ist, fahre ich mit dem Bus.
- Das ist seltsam. Warum?
- Wenn es kalt ist oder regnet, sind zu viele Leute im Bus und ich kann nicht einsteigen.
- Und wenn es warm und sonnig ist?
- Dann sind zu viele Leute auf dem Bürgersteig.

9

- Übrigens, ist dieser Kunde nicht überrascht, dass sein Geld aus unserer Bank gestohlen wurde?
- Ja, Herr Manager, er ist sehr überrascht und wütend.
- Wirklich? Sollten wir ihn zum Abendessen einladen?
- Ich glaube, er wird Sie selbst einladen

- Are you sure?
- Yes, I do. Here he is coming with a gun and handcuffs.
- Help!

wollen.
- Sind Sie sich sicher?
- Ja, das bin ich. Hier kommt er gerade mit einer Waffe und Handschellen.
- Hilfe!

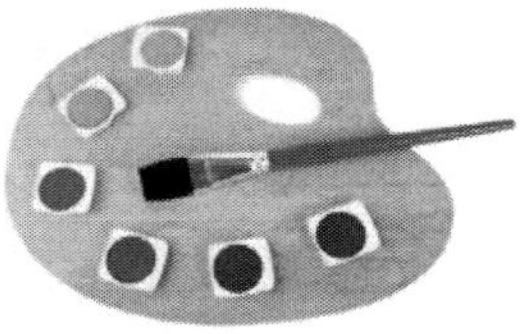

10

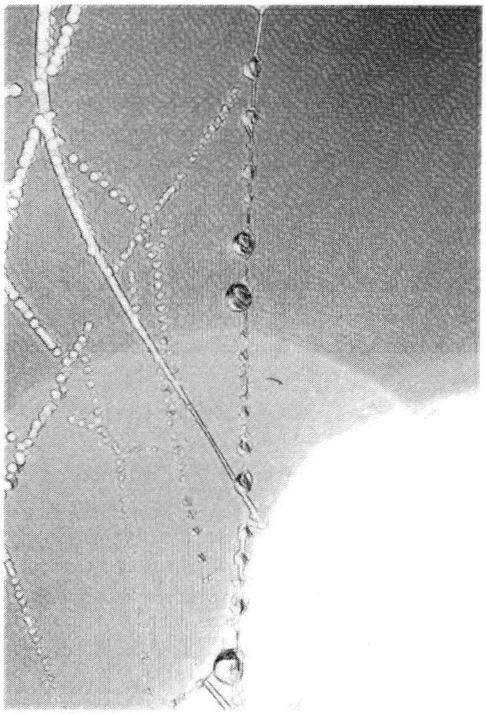

One More Night
Noch eine Nacht

A

Words
Vokabeln

1. above [əˈbʌv] - über, oberhalb
2. ace [eɪs] - Ass, das
3. ace pilot [eɪs ˈpaɪlət] - Spitzenpilot, der
4. action [ˈækʃn̩] - Vorgehen, das
5. airplane [ˈeəpleɪn] - Flugzeug, das
6. almost [ˈɔːlməʊst] - fast
7. altitude [ˈæltɪtjuːd] - Höhe, die
8. attacking [əˈtækɪŋ] - angreifend
9. badly [ˈbædli] - schlecht
10. because [bɪˈkɒz] - weil
11. begin [bɪˈɡɪn] - beginnen
12. behind [bɪˈhaɪnd] - hinter
13. below [bɪˈləʊ] - unter, unterhalb
14. beside [bɪˈsaɪd] - neben
15. between [bɪˈtwiːn] - zwischen
16. blood [blʌd] - Blut, das
17. blue [bluː] - blau
18. burning [ˈbɜːnɪŋ] - brennend
19. catapult [ˈkætəpʌlt] - Schleudersitz, der
20. children [ˈtʃɪldrən] - Kinder, die
21. cloud [klaʊd] - Wolke, die
22. cobweb [ˈkɒbweb] - Spinnennetz, das
23. consciousness [ˈkɒnʃəsnəs] - Bewusstsein, das
24. coordinate [ˌkəʊˈɔːdɪneɪt] - koordinieren

25. dream [dri:m] - Traum, der
26. drive [draɪv] - fahren
27. drop [drɒp] - Tropfen, der
28. end [end] - enden
29. enemy [ˈenəmi] - Feind, der
30. everywhere [ˈevrɪweə] - überall
31. excellently [ˈeksələntli] - ausgezeichnet
32. explosion [ɪkˈspləʊʒn̩] - Explosion, die
33. eye [aɪ] - Auge, das
34. face [feɪs] - Gesicht, das
35. falling [ˈfɔ:lɪŋ] - fallend
36. feel [fi:l] - fühlen
37. feet [fi:t] - Fuß
38. fight [faɪt] - Kampf, der
39. fighter plane [ˈfaɪtə pleɪn] - Kampfflugzeug, das
40. fish [fɪʃ] - Fisch, der
41. fly [flaɪ] - fliegen
42. fourth [fɔ:θ] - vierte, vierter, viertes
43. front [frʌnt] - vorne
44. glitter [ˈglɪtə] - glitzern
45. glittering [ˈglɪtərɪŋ] - glitzernd
46. gone [gɒn] - verschwunden
47. hang [hæŋ] - hängen
48. head [hed] - Kopf, der
49. height [haɪt] - Höhe, die
50. high [haɪ] - hoch
51. hit [hɪt] - Treffer, der
52. horror [ˈhɒrə] - Horror, der
53. immediately [ɪˈmi:dɪətli] - sofort
54. kill [kɪl] - töten
55. launch [lɔ:ntʃ] - abschießen
56. less [les] - weniger
57. make [meɪk] - machen
58. may [meɪ] - können
59. meter [ˈmi:tə] - Meter, der
60. moon [mu:n] - Mond, der
61. moonlight [ˈmu:nlaɪt] - Mondschein, der
62. must [mʌst] - muss
63. next [nekst] - nächste, nächster, nächstes
64. nice [naɪs] - schön
65. nightmare [ˈnaɪtmeə] - Alptraum, der
66. one [wʌn] - ein, eine
67. only [ˈəʊnli] - nur
68. opened [ˈəʊpənd] - geöffnet
69. parachute [ˈpærəʃu:t] - Fallschirm, der
70. pass [pɑ:s] - streichen
71. patrol [pəˈtrəʊl] - patrouillieren
72. pink [pɪŋk] - gerötet
73. pizza [ˈpi:tsə] - Pizza, die
74. plane [pleɪn] - Flugzeug, das
75. policeman [pəˈli:smən] - Polizist, der
76. porch [pɔ:tʃ] - Veranda, die
77. quiet [ˈkwaɪət] - ruhig
78. radar [ˈreɪdɑ:] - Radar, der
79. rapid [ˈræpɪd] - schnell
80. ready [ˈredi] - bereit
81. reality [rɪˈælɪti] - Wirklichkeit, die
82. red [red] - rot
83. remain [rɪˈmeɪn] - bleiben
84. rocket [ˈrɒkɪt] - Rakete
85. rotate [rəʊˈteɪt] - rotieren
86. rotation [rəʊˈteɪʃn̩] - Rotation, die
87. second [ˈsekənd] - Sekunde, die
88. show [ʃəʊ] - zeigen
89. side by side [saɪd baɪ saɪd] - nebeneinander
90. signal [ˈsɪgnəl] - Signal, das
91. silence [ˈsaɪləns] - Stille, die
92. sky [skaɪ] - Himmel, der
93. sleep [sli:p] - schlafen
94. slowly [ˈsləʊli] - langsam
95. smoke [sməʊk] - Rauch, der
96. speed [spi:d] - Geschwindigkeit, die
97. star [stɑ:] - Stern, der
98. stare [steə] - starren
99. still [stɪl] - immer noch
100. sweat [swet] - Schweiß, der
101. swoop [swu:p] - Sturzflug, der
102. task [tɑ:sk] - Aufgabe, die
103. tear [ˈtɪə] - reißen
104. their [ðeə] - ihr, ihre
105. third [θɜ:d] - dritte, dritter, drittes
106. three [θri:] - drei
107. threw [θru:] - warf
108. today [təˈdeɪ] - heute
109. tree [tri:] - Baum, der
110. true [tru:] - wahr

111. twelve [twelv] - zwölf
112. upwards [ˈʌpwədz] - nach oben
113. vertically [ˈvɜːtɪkḷi] - vertikal
114. vibrate [vaɪˈbreɪt] - vibrieren
115. wrap [ræp] - umwickeln

B

One More Night

The sky is blue. The sky is everywhere. Paul Rost is in a fighter plane. He is alone. He looks to the right and to the left. The sky is everywhere. There are some clouds below and some stars above. The plane vibrates a little bit. It is almost quiet inside the plane. All the noise remains behind. A few minutes of silence between the stars and clouds. His airfield is far away. It is very far away. Paul is at the altitude of thirty thousand feet above the ground. He patrols the sky. It is a simple task if there are no enemy airplanes. Paul Rost hears a signal. The radar shows a strange airplane. The silence ends. Paul flies the plane down to meet the enemy. The radar shows the second plane, then the third, then the fourth. He must go. Paul swoops down to the ground. The enemies swoop down too. They begin attacking. He can't get away. The fight begins. The enemies coordinate their actions badly, so Paul begins attacking too. Paul sees that shells are flying close by. He goes to the right and sees a plane in front of him. Paul launches a rocket and immediately goes up. He sees some smoke from the explosion down behind him. This one is ready. He flies almost vertically upwards. But what is that? An enemy plane flies vertically upwards beside him too. The pilot is looking at Paul. He is very close. The pilot flies his plane excellently. He is a true ace. They look eye to eye. The time almost stops. Paul understands that the

Noch eine Nacht

Der Himmel ist blau. Überall ist Himmel. Paul Rost ist in einem Kampfflugzeug. Er ist alleine. Er sieht nach rechts und nach links. Überall ist Himmel. Unterhalb gibt es einige Wolken und oberhalb einige Sterne. Das Flugzeug vibriert ein bisschen. Es ist fast ganz ruhig im Inneren des Flugzeugs. Der ganze Lärm bleibt dahinter zurück. Einige Minuten Stille zwischen den Sternen und den Wolken. Sein Flugfeld ist weit entfernt. Es ist sehr weit entfernt. Paul ist in einer Höhe von dreißigtausend Metern über dem Boden. Er patrouilliert den Himmel. Das ist eine einfache Aufgabe, wenn es keine feindlichen Flugzeuge gibt. Paul Rost hört ein Signal. Der Radar zeigt ein seltsames Flugzeug. Die Stille endet. Paul fliegt das Flugzeug nach unten um den Feind zu treffen. Das Radar zeigt ein zweites Flugzeug, dann ein drittes, dann ein viertes. Er muss verschwinden. Paul fliegt im Sturzflug auf den Boden zu. Die Feinde fliegen auch im Sturzflug. Sie beginnen anzugreifen. Er kann nicht entkommen. Der Kampf beginnt. Die Feinde koordinieren ihr Vorgehen schlecht, also beginnt Paul auch anzugreifen. Paul sieht, dass Raketen nahe vorbeifliegen. Er wendet nach rechts und sieht ein Flugzeug genau vor ihm. Paul schießt eine Rakete ab und fliegt sofort nach oben. Er sieht einigen Rauch unterhalb, von der Explosion hinter ihm. Das Flugzeug ist fertig. Er fliegt fast vertikal nach oben. Aber was ist das? Ein feindliches Flugzeug fliegt neben ihm auch vertikal nach oben. Der Pilot sieht Paul an. Er ist sehr nahe. Der Pilot fliegt sein Flugzeug ausgezeichnet. Er ist ein echter Spitzenpilot. Sie sehen sich in die Augen. Die Zeit bleibt beinahe stehen. Paul

pilot wants to kill him. He sees it in his face. Planes fly up side by side to the hight of twenty thousand meters. Where are the other enemies? He looks at the radar. He feels a hit at this moment. The plane is gone. He falls down. Paul sees his plane burning and falling down. The catapult threw him out of the plane. He falls down. He cannot open the parachute. It's too high. The parachute can be opened only at the height of six thousand meters or less. High speed begins to rotate him. It's very dangerous. He may lose consciousness. He tries to stop the rotation, but he can't do it. Because of the rapid rotation blood goes up to the head. He sees all red in his eyes. The height is twelve thousand meters. He opens the parachute. The parachute wraps around him. He falls and rotates. The sky—the clouds, the clouds—the sky, the sky—the clouds... He tears the parachute with his hands and... sits up in his bed. Some sweat runs down his face. He looks at his hands, then at the floor of the room. He must get up. He gets up and walks to the window. The nightmare goes away slowly..

Paul Rost goes out on the porch. There are some stars and the moon in the black sky. It is quiet in the garden. Paul lights up a cigarette and sits down on the porch. Some cobwebs hang from the trees down to the ground. Some water drops on the cobwebs glitter in the moonlight. Is he still sleeping? Paul passes his hand over his face. Then he opens his eyes again. It is reality. Some cobwebs and drops are glittering in the moonlight. It's very nice. But this horror three minutes ago was almost reality too. A police car drives past the house. The policeman sees Paul in the garden. The car stops. The policeman gets out of the car, comes up and sits down next to Paul. He doesn't

versteht, dass der Pilot ihn töten will. Er sieht es in seinem Gesicht. Die Flugzeuge fliegen nebeneinander hinauf bis zu einer Höhe von zwanzigtausend Metern. Wo sind die anderen Feinde? Er sieht auf den Radar. In diesem Moment spürt er einen Treffer. Das Flugzeug ist verschwunden. Er fällt hinunter. Paul sieht sein Flugzeug brennen und hinunterfallen. Der Schleudersitz hat ihn aus dem Flugzeug katapultiert. Er fällt hinunter. Er kann den Fallschirm nicht öffnen. Es ist zu hoch. Der Fallschirm kann nur in einer Höhe von sechstausend Metern oder weniger geöffnet werden. Durch die Geschwindigkeit beginnt er zu rotieren. Es ist sehr gefährlich. Er kann das Bewusstsein verlieren. Er versucht die Rotation zu stoppen, aber er schafft es nicht. Durch die schnelle Rotation schießt ihm das Blut in den Kopf. Er hat nur noch rot vor seinen Augen. Die Höhe beträgt zwölftausend Meter. Er öffnet den Fallschirm. Der Fallschirm wickelt sich um ihn. Er fällt und rotiert. Der Himmel - die Wolken, die Wolken - der Himmel, der Himmel - die Wolken,... Er reißt mit seinen Händen am Fallschirm und... setzt sich in seinem Bett auf. Schweiß rinnt über sein Gesicht. Er schaut auf seine Hände, dann auf den Boden des Zimmers. Er muss aufstehen. Er steht auf und geht zum Fenster. Der Alptraum verschwindet langsam...

Paul Rost geht hinaus auf die Veranda. Einige Sterne und der Mond sind am schwarzen Himmel zu sehen. Im Garten ist es ruhig. Paul zündet sich eine Zigarette an und setzt sich auf die Veranda. Einige Spinnennetze hängen von den Bäumen hinunter auf den Boden. Einige Wassertropfen auf den Spinnennetzen glitzern im Mondschein. Schläft er immer noch? Paul streicht mit seiner Hand über sein Gesicht. Dann öffnet er die Augen wieder. Es ist die Wirklichkeit. Einige Spinnennetze und Tropfen glitzern im Mondschein. Es ist sehr schön. Aber der Horror vor drei Minuten war auch fast Wirklichkeit. Ein Polizeiauto fährt an seinem Haus vorbei. Der Polizist sieht Paul im Garten. Das Auto bleibt stehen. Der Polizist steigt aus,

say anything. He lights up a cigarette too. They sit and stare at the sky. The sky begins to turn pink.
"The dreams don't let you sleep again?" the policeman asks.
"Yes, a little bit," Paul answers, "How is Anna and children?" he asks.
"They are fine. Come over tomorrow and see for yourself. I mean today. Anna will make a pizza with red fish," the policeman says.
"Thank you, Andrew," Paul says, "I can't today. I have a meeting."
"Come tomorrow or the day after tomorrow," Andrew says.
"Thank you, friend. Of course I'll come," Paul answers.

kommt näher und setzt sich zu Paul. Er sagt nichts. Er zündet sich auch eine Zigarette an. Sie sitzen und starren in den Himmel. Der Himmel beginnt sich zu röten.
„Lassen dich die Träume schon wieder nicht schlafen?", fragt der Polizist.
„Ja, ein bisschen", antwortet Paul. „Wie geht es Anna und den Kindern?", fragt er.
„Es geht ihnen gut. Komm' morgen vorbei und überzeuge dich selbst. Ich meine heute. Anna wird eine Pizza mit Rotbarsch machen", sagt der Polizist.
„Danke, Andrew", sagt Paul. „Heute kann ich nicht, ich habe ein Treffen."
„Komm' morgen oder übermorgen", sagt Andrew.
„Danke, mein Freund. Ich werde natürlich kommen", antwortet Paul.

C

New Vocabulary Review

1

- Is it today Monday or Sunday?
- Today is Sunday.
- And what time is it now?
- It's almost nine o'clock now.
- By the way, is it hot or cool outside?
- It's cold outside.

2

- Look at this car. The driver is a true ace!
- But he drives the car too dangerously!
- What speed! This ace wants to go up vertically!
- He probably wants to attack the tree. He needs a catapult and a parachute.

3

- Do you know what this explosion at the bank is?
- The manager is opening a safe.
- Did he try to open the safe with a key?
- He opens the safe with a key during working hours. But now he isn't at work.

Wiederholung des neuen Vokabulars

1

- *Ist heute Montag oder Sonntag?*
- *Heute ist Sonntag.*
- *Und wie spät ist es jetzt?*
- *Es ist jetzt fast neun Uhr.*
- *Übrigens, ist es draußen heiß oder kalt?*
- *Es ist kalt draußen.*

2

- *Schau' dir dieses Auto an. Der Fahrer ist ein richtiges Ass!*
- *Aber er fährt mit dem Auto viel zu gefährlich!*
- *Was für eine Geschwindigkeit! Dieses Ass möchte vertikal hinauffahren!*
- *Er möchte wahrscheinlich einen Baum angreifen. Er braucht ein Katapult und einen Fallschirm.*

3

- *Weißt du, was das für eine Explosion in der Bank ist?*
- *Der Manager öffnet den Safe.*
- *Hat er versucht den Safe mit einem Schlüssel zu öffnen?*

4

- There are a lot of tall trees here. It is very beautiful here.
- There is a moon and some stars in the sky!
- True. And some clouds are flying slowly above the city.
- What a beautiful night.
- Look! The sky has already started to turn pink.
- Yeah, the night is coming to an end.
- Hey, you two! The morning has already begun and we haven't robbed this bank yet! Take the boxes with money and put them into the car. Hurry up!
- Okay, Mr. manager.
- Don't call me a manager, idiots! What if someone hears?
- Okay, Mr. Vega.
- Why do I have to work with these idiots?

5

- Do you want to smoke?
- I don’t smoke, thanks.
- And I’ll smoke.
- One can’t smoke here.
- Why?
- It’s dangerous. There are some rockets in these boxes.
- Let’s launch a rocket!

6

- Here is a pizza with red fish. Help yourself!
- Why does it stink?
- I don’t know. I cooked pizza for the first time.
- I don’t want it then. Thanks.
- Why? Help yourself! I'll be very glad!
- No, thank you.
- But I insist!

7

- By the way, when will we go to a café, today or tomorrow?
- We will go to a café the day after tomorrow.
- Why the day after tomorrow? I want to go today or tomorrow!
- Today and tomorrow you will eat the pizza

- Während der Arbeitszeit öffnet er den Safe mit einem Schlüssel. Aber jetzt arbeitet er nicht.

4

- Hier gibt es viele große Bäume. Es ist sehr schön hier.
- Der Mond und einige Sterne sind am Himmel!
- Stimmt. Und einige Wolken fliegen langsam über die Stadt.
- Was für eine schöne Nacht.
- Schau! Der Himmel hat schon begonnen sich zu röten.
- Ja, die Nacht geht zu Ende.
- Hey, ihr beiden! Es ist schon Morgen und wir haben diese Bank immer noch nicht ausgeraubt! Nehmt die Kisten mit Geld und bringt sie ins Auto. Macht schnell!
- In Ordnung, Herr Manager.
- Nennt mich nicht Manager, Idioten. Was ist, wenn uns jemand hört?
- In Ordnung, Herr Vega.
- Warum muss ich mit diesen Idioten arbeiten?

5

- Willst du rauchen?
- Ich rauche nicht, danke.
- Ich werde rauchen.
- Man darf hier nicht rauchen.
- Warum?
- Es ist gefährlich. In diesen Kisten sind Raketen.
- Lass' uns eine Rakete abschießen!

6

- Hier ist eine Pizza mit Rotbarsch. Bedien' dich!
- Warum stinkt sie?
- Ich weiß nicht. Ich habe zum ersten Mal Pizza gemacht.
- Dann mag ich sie nicht. Danke.
- Warum? Bedien' dich! Es würde mich sehr freuen!
- Nein, danke.
- Aber ich bestehe darauf!

7

- Übrigens, wann gehen wir in ein Café, heute oder morgen?
- Wir gehen übermorgen in ein Café.

that you made yourself!
- And you?
- And I'll be very glad!

8

- By the way, do you know that the police must always patrol streets by day and at night?
- Is it necessary at night?
- Yes, it is. Somebody steals furniture at night.

9

- We have to coordinate our actions well. I'll try to persuade the clients to put their money in our bank.
- And what will I do?
- And you will tell them why they can't get their money back.

- Warum übermorgen? Ich möchte heute oder morgen gehen!
- Heute und morgen wirst du die Pizza essen, die du selbst gemacht hast!
- Und du?
- Und ich werde mich sehr freuen.

8

- Weißt du übrigens, dass die Polizei Tag und Nacht durch die Straßen patrouillieren muss?
- Ist das in der Nacht notwendig?
- Ja, das ist es. Jemand stiehlt in der Nacht Möbel.

9

- Wir müssen unser Vorgehen gut koordinieren. Ich werde versuchen die Kunden zu überreden, ihr Geld in unserer Bank anzulegen.
- Und was werde ich machen?
- Und du wirst ihnen erklären, warum sie ihr Geld nicht zurückbekommen können.

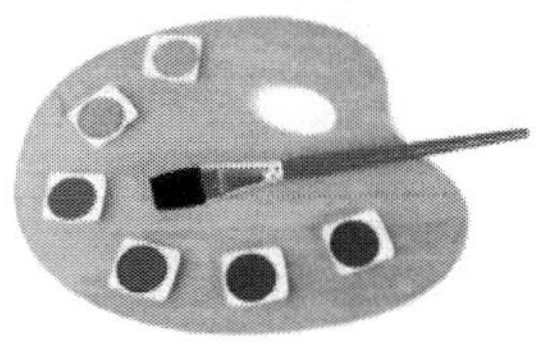

11

Meeting

Das Treffen

A

Words

Vokabeln

1. acted [ˈæktɪd] - gehandelt
2. ad [æd] - Anzeige, die
3. agree [əˈgriː] - mit etwas einverstanden sein
4. all the same [ˌɔːl ðə ˈseɪm] - trotzdem
5. also [ˈɔːlsəʊ] - auch
6. arrival [əˈraɪvl̩] - Ankunft, die
7. believe [bɪˈliːv] - glauben
8. best [best] - der, die, das beste
9. better [ˈbetə] - besser
10. big deal [bɪg diːl] - keine große Sache
11. completely [kəmˈpliːtli] - ganz
12. congratulation [kənˌgrætʃʊˈleɪʃn̩] - Gratulation, die
13. cook [kʊk] - Koch, der
14. cook [kʊk] - kochen
15. could [kʊd] - könnte
16. Dalmatian [ˌdælˈmeɪʃn̩] - Dalmatiner, der
17. deaf [def] - taub
18. definitely [ˈdefɪnətli] - auf jeden Fall
19. eat [iːt] - essen
20. entire [ɪnˈtaɪə] - gesamt
21. envelope [ˈenvələʊp] - Briefkuvert, das
22. finish [ˈfɪnɪʃ] - beenden
23. food [fuːd] - Essen, das
24. for instance [fər ˈɪnstəns] - zum Beispiel
25. gave [geɪv] - gab
26. given [gɪvn̩] - gegeben
27. great [ˈgreɪt] - großartig
28. guy [gaɪ] - Typ, der
29. house-cleaning [ˈhaʊsˌkliːnɪŋ] - Reinigungsdienst, der

30. Indian Ocean [ˈɪndɪən ˈəʊʃn̩] - indische Ozean, der
31. invite [ɪnˈvaɪt] - einladen
32. Italian [ɪˈtæljən] - italienisch
33. it's a pity [ɪts ə ˈpɪti] - es ist schade
34. joke [dʒəʊk] - Witz, der
35. kid [kɪd] - Spaß machen
36. kind [kaɪnd] - Art, die
37. know [nəʊ] - wissen
38. learn [lɜːn] - erfahren
39. lottery [ˈlɒtəri] - Lotterie, die; Gewinnspiel, das
40. maybe [ˈmeɪbiː] - vielleicht
41. menu [ˈmenjuː] - Speisekarte, die
42. naive [naɪˈiːv] - naiv
43. order [ˈɔːdə] - bestellen
44. pet [pet] - streicheln
45. placed [ˈpleɪst] - gesetzt
46. pleased [pliːzd] - erfreut
47. politely [pəˈlaɪtli] - freundlich
48. pretty [ˈprɪti] - hübsch
49. refuse [rɪˈfjuːz] - ablehnen
50. remove [rɪˈmuːv] - entfernen
51. return [rɪˈtɜːn] - zurückkommen
52. sad [sæd] - traurig
53. service [ˈsɜːvɪs] - Dienst, der
54. shore [ʃɔː] - Küste, die
55. smile [smaɪl] - lächeln
56. sometimes [ˈsʌmtaɪmz] - manchmal
57. soon [suːn] - bald
58. spaghetti [spəˈgeti] - Spaghetti, die
59. suggest [səˈdʒest] - vorschlagen
60. take [teɪk] - nehmen
61. talk [ˈtɔːk] - reden
62. tasty [ˈteɪsti] - lecker
63. Thanks. [θæŋks] - Danke.
64. travel [ˈtrævl̩] - reisen
65. truly [ˈtruːli] - wirklich
66. vacation [vəˈkeɪʃn̩] - Urlaub, der
67. visit [ˈvɪzɪt] - besuchen
68. waiter [ˈweɪtə] - Kellner, der
69. week [wiːk] - Woche, die
70. whose [huːz] - wessen
71. wisely [ˈwaɪzli] - weise
72. won [wʌn] - gewonnen
73. worker [ˈwɜːkə] - Arbeiter, der
74. worried [ˈwʌrɪd] - besorgt

B

Meeting

Paul calls Lisa at five o'clock in the evening.
Lisa answers the call, saying "Hello."
"Hi Lisa, this is Paul," Paul says.
"Hi Paul, this is Lisa," Lisa replies.
"We can meet and go to a cafe right now. Do you agree?" Paul asks.
"I agree. Could you stop by the bank to pick me up?" Lisa asks.
"Yes. I will pick you up in ten minutes," Paul agrees.
"Okay, see you soon," Lisa says. Paul meets Lisa at the bank and they go to a cafe.
"Paul, do you like Italian cooking?" Lisa

Das Treffen

Paul ruft Lisa um fünf Uhr an.
Lisa nimmt den Anruf an und sagt: „Hallo."
„Hi Lisa, hier ist Paul", sagt Paul.
„Hi Paul, hier ist Lisa", antwortet Lisa.
„Wir können uns gleich treffen und in ein Café gehen. Bist du einverstanden?", fragt Paul.
„Ich bin einverstanden. Kannst du bei der Bank vorbeikommen und mich abholen?", fragt Lisa.
„Ja. Ich hole dich in zehn Minuten ab", stimmt Paul zu.
„In Ordnung, bis gleich", sagt Lisa. Paul trifft Lisa bei der Bank und sie gehen los.
„Paul, magst du italienisches Essen?", fragt Lisa.
„Pizza und Spaghetti?", sagt Paul lächelnd.

asks.
“Pizza and spaghetti?” Paul smiles, “Yes, I like it.”
“Let's go to cafe Verona,” Lisa suggests.
Paul agrees: “Let's go.”
They arrive at the cafe and go inside. There are a few people at the cafe. They sit down by the window. The waiter brings them a menu. They order food and drinks. The waiter brings them their order. They sit, eat, and talk.
"Thank you for returning my phone," says Lisa.
"Big deal. That guy is just an idiot," Paul replies.
"All the same, I think that you acted very wisely. By the way, how do you like this pizza?" Lisa asks.
"It's great. I make pizza sometimes, but it isn't as tasty. The cook did a great job," Paul says.
"Really, you can make pizza? I'd like to try it," Lisa smiles.
"Come for a visit, and I'll make the very best pizza," Paul replies.
"Thanks so much, Paul. I will definitely come. And in that case, I also want to invite you for a visit. Right now," says Lisa.
Paul is surprised: "Right now?"
"Why not? Finish your pizza and let's go!" Lisa answers.
Lisa is a very pretty young woman, and that is why Paul Rost is very worried.
"Thank you, but maybe another time? For instance, tomorrow?" he refuses politely.
"Don't refuse! Let's go right now!" she says, smiling. "I will give you my pizza, and you will tell me, whose is better!"
They pay the waiter and leave the cafe. The drive to Lisa's house takes about ten minutes. Lisa opens the door and they go into the house. Inside the house there is a dog.
"Paul, meet Smoky," Lisa says.

„Ja, das mag ich.“
„Dann lass’ uns in das Café Verona gehen“, schlägt Lisa vor.
Paul stimmt zu: „Lass’ uns dorthin gehen.“
Sie kommen zu dem Café und gehen hinein. Wenige Leute sind in dem Café. Sie setzen sich ans Fenster. Der Kellner bringt ihnen die Speisekarte. Die bestellen Essen und Getränke. Der Kellner bringt ihnen ihre Bestellung. Sie sitzen, essen und reden.
„Danke, dass du mein Telefon zurückbekommen hast“, sagt Lisa.
„Keine große Sache. Dieser Typ ist ein Idiot“, antwortet Paul.
„Trotzdem, ich finde, dass du sehr weise gehandelt hast. Übrigens, wie findest du deine Pizza?“, fragt Lisa.
„Großartig. Manchmal mache ich Pizza, aber sie ist nicht so lecker. Der Koch hat gute Arbeit geleistet“, sagt Paul.
„Wirklich, du kannst Pizza machen? Ich würde sie gerne kosten“, sagt Lisa lächelnd.
„Komm’ mich einmal besuchen und ich werde die beste Pizza machen“, antwortet Paul.
„Danke sehr, Paul. Ich werde auf jeden Fall kommen. Und in diesem Fall möchte ich dich auch auf einen Besuch einladen. Jetzt gleich“, sagt Lisa.
Paul ist überrascht: „Jetzt gleich?“
„Warum nicht? Iss’ deine Pizza auf und lass’ uns gehen!“, antwortet Lisa.
Lisa ist eine sehr hübsche junge Frau und deshalb ist Paul Rost sehr besorgt.
„Danke, aber vielleicht ein anderes Mal? Morgen zum Beispiel?“, lehnt er freundlich ab.
„Sag’ nicht Nein! Lass’ uns jetzt gleich gehen!“, sagt sie und lächelt. „Ich gebe dir meine Pizza und du sagst mir, welche besser ist!“
Sie zahlen den Kellner und verlassen das Café. Die Fahrt zu Lisas Haus dauert etwa zehn Minuten. Lisa öffnet die Tür und sie betreten das Haus. Im Haus gibt es einen Hund.
„Paul, das ist Smoky“, sagt Lisa.
Paul streichelt den Hund. „Hi, Smoky“, sagt er.

Paul pets the dog: "Hi, Smoky," he says. "Smoky is a Dalmatian. This is my second dog. The first one was also a Dalmatian, but she was deaf," Lisa says with a sad smile.
"Your dog was completely deaf?" Paul asks.
"Yes, she was completely deaf. I later learned that one in ten Dalmatians is deaf. I gave her away," Lisa says.
"Where did you take her?" Paul asks.
"I placed an ad in the newspaper and they took her away," Lisa replies.
"It's a pity. I would have taken her, if I'd known," Paul says.
"But I wouldn't have given her to you," says Lisa. Paul looks at her in surprise. Lisa laughs.
"I'm kidding," she says, "You're so naive sometimes."
"All people are naive sometimes, aren't they?" Paul asks.
"By the way!" Lisa runs up to the table and picks up some kind of an envelope, "Look, I won a lottery! I got a vacation for two on the shore of the Indian Ocean!"
"You won a lottery? Cool! Congratulations, Lisa," Paul says.
"And ... I would like to invite you, Paul, to travel with me to the Indian Ocean," says Lisa.
Paul looks at Lisa. This is truly a big surprise. He is very pleased.
"I am very pleased. But this is probably another a joke?" Paul can't believe it.
"No. This time I'm serious. I'm inviting you to come with me to the Indian Ocean," Lisa says, looking at Paul.
"If you're not kidding, Lisa, I agree. I'll be very happy to go with you," agrees Paul.
In the evening, Paul calls the house-cleaning service and asks them to thoroughly clean his house.
"I am going away for a week the day after tomorrow. Please clean my house before

„Smoky ist ein Dalmatiner. Er ist mein zweiter Hund. Der erste war auch ein Dalmatiner, aber sie war taub“, sagt Lisa und lächelt traurig.
„Dein Hund war ganz taub?“, fragt Paul.
„Ja, sie war ganz taub. Ich habe später erfahren, dass einer von zehn Dalmatinern taub ist. Ich habe sie weggegeben“, sagt Lisa.
„Wohin hast du sie gebracht?“, fragt Paul.
„Ich habe eine Anzeige in die Zeitung gesetzt und sie haben sie abgeholt“, antwortet Lisa.
„Das ist schade. Ich hätte sie genommen, wenn ich es gewusst hätte“, sagt Paul.
„Aber ich hätte sie dir nicht gegeben“, sagt Lisa. Paul sieht sie überrascht an. Lisa lacht. „Das war ein Scherz“, sagt sie. „Manchmal bist du sehr naiv.“
„Alle Leute sind manchmal naiv, nicht wahr?“, fragt Paul.
„Übrigens!“, Lisa rennt zu dem Tisch und nimmt eine Art Briefkuvert. „Schau, ich habe bei einem Gewinnspiel gewonnen! Einen Urlaub für zwei an der Küste des indischen Ozeans!“
„Du hast in einem Gewinnspiel gewonnen? Cool! Gratuliere, Lisa“, sagt Paul.
„Und... Ich würde dich gerne einladen, Paul, mit mir an den indischen Ozean zu fahren“, sagt Lisa.
Paul schaut Lisa an. Das ist wirklich eine große Überraschung. Er ist sehr erfreut.
„Ich freue mich sehr. Aber das ist wahrscheinlich noch ein Witz?“ Paul kann es nicht glauben.
„Nein. Diesmal meine ich es ernst. Ich lade dich ein, mit mir an den indischen Ozean zu fahren“, sagt Lisa und schaut Paul an.
„Wenn du das ernst meinst, Lisa, dann bin ich einverstanden. Ich würde mich sehr freuen, mit dir wegzufahren“, stimmt Paul zu.
Am Abend ruft Paul den Reinigungsdienst an und bittet ihn, sein Haus sorgfältig zu reinigen.
„Ich fahre übermorgen für eine Woche weg. Bitte reinigen sie mein Haus bevor ich zurückkomme. Und... da ist ein seltsamer Geruch... Könnten Sie diesen Geruch

my arrival. And... there's some kind of smell here ... Could you remove that smell?" Paul asks.
"Of course, we will clean the entire house and remove the smell," the house-cleaning worker replies.

entfernen?", fragt Paul.
„Natürlich, wir werden das gesamte Haus reinigen und den Geruch entfernen", antwortet der Arbeiter der Reinigungsfirma.

C

New Vocabulary Review

1

- Is today Monday or Tuesday?
- Today is Monday.
- And what time is it?
- It is about one o'clock.
- By the way, it is hot or cool outside?
- It is cold but sunny outside.

2

- I want to go to the ocean shore!
- Let's go next week.
- But I want to go to the ocean shore tomorrow!
- There is no money right now.
- You are a bank manager and you have no money? That is very strange.
- Well, alright. Tomorrow I'll take some money from the bank safe, and we'll go the day after tomorrow.

3

- This bus driver is very polite.
- Really?
- Yes. When a girl with a dog entered the bus, he politely asked her to leave the bus.
- And she agreed?
- Probably not. Look, the driver is now running away from her dog!

4

- I like naive customers.
- Why, Mr. Manager?
- They believe every word I say. It's just great!

5

- This food smells so delicious!

Wiederholung des neuen Vokabulars

1

- Ist heute Montag oder Dienstag?
- Heute ist Montag.
- Und wie spät ist es?
- Es ist etwa ein Uhr.
- Übrigens, ist es heiß oder kalt draußen?
- Draußen ist es kalt, aber sonnig.

2

- Ich möchte an die Küste des Ozeans fahren!
- Lass' uns nächste Woche fahren.
- Aber ich möchte morgen an die Küste des Ozeans fahren!
- Es gibt gerade kein Geld.
- Du bist der Bankmanager und du hast kein Geld? Das ist sehr seltsam.
- Nun ja, in Ordnung. Morgen nehme ich ein bisschen Geld aus dem Safe der Bank und wir fahren übermorgen.

3

- Der Busfahrer ist sehr höflich.
- Wirklich?
- Ja. Als ein Mädchen mit einem Hund in den Bus eingestiegen ist, hat er sie freundlich gebeten den Bus zu verlassen.
- Und sie war einverstanden?
- Wahrscheinlich nicht. Schau', der Fahrer rennt gerade vor dem Hund davon!

4

- Ich mag naive Kunden.
- Warum, Herr Manager?
- Sie glauben jedes Wort, das ich sage. Das ist einfach großartig!

5

- Dieses Essen riecht so lecker!

- Want some? Help yourself. Here.
- Thank you.
- You're welcome.
- This food is very tasty. And you, why aren't you eating?
- I don't eat this food. This food is for my dog.

6

- Finally, the bank returned my money!
- How much money did they return?
- I do not know. They gave me a lot of their office furniture. Now I have to sell it and get the money.
- What's the name of that bank?
- Why do you want it? Do you want to put your money there?
- No. I don't want to end up there.

7

- Why is this man worried?
- He won a lot of money in the lottery!
- And why are you so sad?
- This man is my colleague.

8

- Hello. Is this the restaurant?
- Yes. How can I help you?
- I want to reserve a small table for this evening.
- For what time?
- For eight o'clock. And please make a pizza with red fish.
- Are you alone?
- No. There are two of us - me and my dog.
- But dogs aren't allowed in our restaurant.
- Do not worry. We won't go inside. We'll eat outside by the door.

9

- Ma'am, can I pet your dog?
- Of course you can, young man. Don't be afraid. This is a Dalmatian.
- I'm not afraid of dogs. If a dog begins to attack, you need to yell. Then it will run away.
- That won't help you. My Dalmatian is

- Willst du etwas? Bedien' dich. Hier.
- Danke.
- Gern geschehen.
- Dieses Essen schmeckt sehr gut. Und du, warum isst du nichts?
- Ich esse dieses Essen nicht. Dieses Essen ist für meinen Hund.

6

- Die Bank hat das Geld endlich zurückgegeben!
- Wie viel Geld haben sie zurückgegeben?
- Ich weiß es nicht. Sie haben mir viele ihrer Büromöbel gegeben. Jetzt muss ich sie verkaufen und dann bekomme ich das Geld.
- Wie heißt diese Bank?
- Warum willst du das wissen? Möchtest du dein Geld dort anlegen?
- Nein. Ich möchte dort nie landen.

7

- Warum ist dieser Mann besorgt?
- Er hat viel Geld in der Lotterie gewonnen!
- Und warum bist du so traurig?
- Dieser Mann ist mein Kollege.

8

- Hallo. Spreche ich mit dem Restaurant?
- Ja. Wie kann ich Ihnen helfen?
- Ich möchte einen kleinen Tisch für heute Abend reservieren.
- Für wie viel Uhr?
- Für acht Uhr. Und bitte machen Sie Pizza mit Rotbarsch.
- Kommen Sie alleine?
- Nein. Wir sind zu zweit - ich und mein Hund.
- Aber Hunde sind in unserem Restaurant nicht erlaubt.
- Keine Sorge, wir gehen nicht hinein. Wir essen draußen bei der Tür.

9

- Darf ich Ihren Hund streicheln?
- Natürlich dürfen Sie, junger Mann. Haben Sie keine Angst. Es ist ein Dalmatiner.
- Ich habe keine Angst vor Hunden. Wenn ein Hund beginnt anzugreifen, muss man schreien. Dann rennt er weg.
- Das wird Ihnen nicht helfen. Mein

deaf.

10

- Do you want to try some spaghetti?
- Yes. I really like spaghetti!
- Then make some for both of us.
- Are you serious?
- Yes. I'm not kidding.
- But the wife is supposed to cook, not the husband!
- And what is a husband supposed to do?
- An intelligent husband is supposed to lie on the couch and watch TV!
- Hey, intelligent husband, do you want a great surprise?
- Yes!
- You should clean the house.
- But I do not agree! I'm not a house-cleaner.
- If you refuse, I won't cook. I'm not a cook.

11

- I want to place an advertisement in the newspaper.
- What kind of advertisement?
- I'm giving away an intelligent husband to a good home.
- But I'm your husband!
- Why would I want you? You refuse to clean and cook. You only agree to lie on the couch and watch TV.
- But I can do many things!
- Really? What kind of things, for example?
- For example, I can blow up safes and rob houses.
- But you already blew up a safe once. After that, no one lay on the couch for five years!
- It's too bad that you don't understand me.
- Where should I place the advertisement - under the rubric of "Dogs" or "Things for the home?"

Dalmatiner ist taub.

10

- *Magst du Spaghetti kosten?*
- *Ja. Ich mag Spaghetti sehr gerne!*
- *Dann mach' welche für uns beide.*
- *Meinst du das ernst?*
- *Ja. Ich meine das ernst.*
- *Aber die Ehefrau soll kochen, nicht der Ehemann!*
- *Und was soll der Ehemann machen?*
- *Ein intelligenter Ehemann soll auf der Couch liegen und fernsehen!*
- *Hey, intelligenter Ehemann, magst du eine große Überraschung haben?*
- *Ja!*
- *Du solltest das Haus reinigen.*
- *Ich bin aber nicht einverstanden! Ich bin kein Reinigungsmann.*
- *Wenn du dich weigerst, werde ich nicht kochen. Ich bin keine Köchin.*

11

- *Ich werde eine Anzeige in der Zeitung aufgeben.*
- *Welche Art von Anzeige?*
- *Ich gebe einen intelligenten Ehemann an ein gutes Zuhause ab.*
- *Aber ich bin dein Ehemann!*
- *Warum sollte ich dich wollen? Du weigerst dich zu putzen und zu kochen. Du bist nur einverstanden auf der Couch zu liegen und fernzusehen.*
- *Aber ich kann viele Dinge machen!*
- *Wirklich? Welche Art von Dingen, zum Beispiel?*
- *Zum Beispiel kann ich Safes in die Luft sprengen und Häuser ausrauben.*
- *Aber du hast bereits einmal einen Safe in die Luft gesprengt. Danach ist fünf Jahre lang keiner auf der Couch gelegen!*
- *Es ist so schlimm, dass du mich nicht verstehst.*
- *Wo soll ich die Anzeige aufgeben - in der Kategorie „Hunde“ oder „Dinge fürs Haus“?*

12

Now or Never

Jetzt oder nie

A

Words

Vokabeln

1. alarm [ə'lɑ:m] - Alarm, der
2. always ['ɔ:lweɪz] - immer
3. bag [bæg] - Tasche, die
4. bill [bɪl] - Geldschein, der
5. cabbage ['kæbɪdʒ] - Kohl, der
6. cashier [kæ'ʃɪə] - Kassierer, der
7. caught ['kɔ:t] - gefangen
8. cheat [tʃi:t] - betrügen
9. cheated ['tʃi:tɪd] - betrogen
10. check [tʃek] - überprüfen
11. conclude [kən'klu:d] - abschließen
12. continue [kən'tɪnju:] - weitermachen
13. corridor ['kɒrɪdɔ:] - Korridor, der
14. exchange [ɪk'stʃeɪndʒ] - austauschen
15. explain [ɪk'spleɪn] - erklären
16. fake [feɪk] - gefälscht
17. fix [fɪks] - reparieren
18. God [gɒd] - Gott, der
19. hundred-dollar ['hʌndrəd 'dɒlə] - hundert Dollar
20. instead [ɪn'sted] - anstatt
21. interest ['ɪntrəst] - interessieren
22. justify ['dʒʌstɪfaɪ] - rechtfertigen
23. longer ['lɒŋgə] - länger
24. loudly ['laʊdli] - laut
25. love [lʌv] - lieben
26. misfortune [ˌmɪs'fɔ:tʃu:n] - Unglück, das
27. never ['nevə] - niemals
28. office ['ɒfɪs] - Büro, das
29. onto ['ɔntu] - auf
30. picture ['pɪktʃə] - Bild, das
31. plan [plæn] - planen
32. plead [pli:d] - flehen
33. put ['pʊt] - stecken
34. quietly ['kwaɪətli] - ruhig
35. rabbit ['ræbɪt] - Kaninchen, das
36. registered ['redʒɪstəd] - registriert
37. regular ['regjʊlə] - normal
38. safe [seɪf] - Safe, der
39. spend [spend] - ausgeben
40. system ['sɪstəm] - System, das
41. terrible ['terəbl̩] - schrecklich
42. tonight [tə'naɪt] - heute Nacht
43. tool [tu:l] - Werkzeug, das
44. us [əz] - uns

45. work [ˈwɜːk] - arbeiten

B

Now or Never

It is Tuesday morning and Alexander Hephaestus, an electrician, is putting his tools in his bag. His wife comes up to him and watches him.
"Where are you going?" she says.
"I'm going to do this one thing," Alexander answers.
"Are you planning to help Vega again?" his wife asks. Alexander Hephaestus doesn't reply. He remains silent and continues to put his tools in his bag. His wife takes him by the arm.
"Please, Alexander, don't go to Vega. A terrible misfortune will happen to you. Think about our children," she pleads.
"Vega demands me to do this job," Alexander says.
"Did you tell him that you no longer do this kind of work?" she asks.
"He demands that I do it. I can't do anything about it. I must go and do the job! Do you understand?" he shouts.
"Don't go! Please, think of me and the children! What will happen to us if you get caught by the police?" his wife pleads.
"And you should think of what Vega would do, if I don't do this job!" Alexander shouts.
"Vega always cheats you! You're a naive idiot! And he is also an idiot! What did you get for the last job?" the woman shouts.
"He took ten thousand dollars out of the bank. Then they exchanged them for five thousand clean dollars. And he gave me two thousand," Alexander justifies himself.

Jetzt oder nie

Es ist Dienstagmorgen und Alexander Hephaestus, ein Elektriker, packt sein Werkzeug in seine Tasche. Seine Frau kommt und beobachtet ihn.
„Wohin gehst du?“, sagt sie.
„Ich muss diese eine Sache machen“, antwortet Alexander.
„Planst du Vega noch einmal zu helfen?“, fragt seine Frau. Alexander Hephaestus antwortet nicht. Er bleibt still und packt weiter sein Werkzeug in seine Tasche. Seine Frau nimmt ihn am Arm.
„Bitte, Alexander, geh' nicht zu Vega. Ein schreckliches Unglück wird dir passieren. Denk' an unsere Kinder“, fleht sie.
„Vega verlangt von mir den Auftrag zu erledigen“, sagt Alexander.
„Hast du ihm gesagt, dass du diese Art von Arbeit nicht länger machst?“, fragt sie.
„Er verlangt es von mir. Ich kann nichts dagegen tun. Ich muss hingehen und den Auftrag erledigen! Verstehst du?“, schreit er.
„Geh' nicht! Bitte, denk' an mich und an die Kinder! Was soll aus uns werden, wenn dich die Polizei erwischt?“, fleht seine Frau.
„Und du solltest daran denken, was Vega tun würde, wenn ich diesen Auftrag nicht erledige!“, schreit Alexander.
„Vega betrügt dich immer! Du bist ein naiver Idiot! Und er ist auch ein Idiot! Wie viel hast du für den letzten Auftrag bekommen?“, schreit die Frau.
„Er hat zehntausend Dollar aus der Bank genommen. Dann haben sie sie gegen fünftausend saubere Dollar getauscht. Und er hat mir zweitausend gegeben“, rechtfertigt sich Alexander.
„Er hat zehntausend Dollar für fünftausend

"He exchanged ten thousand dollars for five thousand clean dollars?" she asks.
"The stolen money was registered at the bank. You can't spend it. Don't you know that?" Alexander says.
"Are you sure he gave you dollar bills? Does it really say on the dollar bill, 'We Love Cabbage' instead of 'In God We Trust?'" she protests.
"They cheated him when he exchanged the stolen money for clean money," Alexander justifies himself.
"He was cheated because he is an idiot! Do you think I could buy food for our children with these dollars? We love cabbage?" she protests.
Alexander Hephaestus is silent.
"Please, Alexander, don't go. A terrible misfortune could happen to you," she pleads again. Alexander Hephaestus takes his bag of tools and leaves.

The electrician Alexander Hephaestus arrives at the bank. He goes to the bank manager, John Vega.
"Hello, Mr. Vega," the electrician greets the manager.
"Good morning," the manager greets the electrician, "We are having problems with the alarm system again. Can you fix it today?"
"I first need to check why it isn’t working," replies the electrician. The manager and the electrician go to the safe. The manager opens the safe, and they go inside. The electrician starts checking the alarm. Then he says: "I need one hour to do everything."
"We don’t have that much time. I give you half an hour to do everything," the manager says quietly. "Begin, Alexander," he finishes and goes into his office. Five minutes later Lisa Pandora, a cashier, comes into the manager’s office.

Dollar getauscht?“, fragt sie.
„Das gestohlene Geld war in der Bank registriert. Man kann es nicht ausgeben. Weißt du das nicht?“, sagt Alexander.
„Bist du dir sicher, dass er dir Dollarscheine gegeben hat? Heißt es auf den Dollarscheinen wirklich ‚Wir lieben Kohl’ anstelle von ‚Auf Gott vertrauen wir’?“, protestiert sie.
„Sie haben ihn betrogen, als er das gestohlene Geld in sauberes Geld umgetauscht hat“, rechtfertigt sich Alexander.
„Er wurde betrogen, weil er ein Idiot ist! Glaubst du, ich könnte mit diesen Dollarnoten Essen für unsere Kinder kaufen? Wir lieben Kohl?“, protestiert sie.
Alexander Hephaestus ist still.
„Bitte, Alexander, geh’ nicht. Dir könnte ein schreckliches Unglück passieren“, fleht sie noch einmal.
Alexander Hephaestus nimmt seine Werkzeugtasche und geht.

Der Elektriker Alexander Hephaestus kommt zur Bank. Er geht zum Bankmanager John Vega.
„Hallo, Herr Vega“, der Elektriker begrüßt den Manager.
„Guten Morgen“, der Manager begrüßt den Elektriker. „Wir haben schon wieder Probleme mit dem Alarmsystem. Können Sie es heute reparieren?“
„Ich muss zuerst herausfinden, warum es nicht funktioniert“, antwortet der Elektriker. Der Manager und der Elektriker gehen zum Tresorraum. Der Manager öffnet den Tresorraum und sie gehen hinein. Der Elektriker beginnt den Alarm zu überprüfen. Dann sagt er: „Ich brauche eine Stunde um alles zu machen.“
„Wir haben nicht so viel Zeit. Ich gebe dir eine halbe Stunde um alles zu machen“, sagt der Manager leise. „Fang’ an, Alexander“, sagt er abschließend und geht in sein Büro.

"Good morning, Mr. Vega," the cashier greets the manager.
"Good morning, Ms. Pandora," the manager greets Lisa Pandora, "How are you?" he asks.
"Thank you. I'm fine. But it looks like you are having problems!" the cashier says loudly and throws a bill onto the table, "Why does it say, 'We love cabbage?' instead of 'In God We Trust' on this hundred dollar bill? And why is there a picture of a rabbit on it instead of Ben Franklin?" she protests.
"Quiet, quiet, Lisa. Please," John Vega pleads. He walks to the door, opens it and looks out into the corridor. There's no one there. Then he closes the door and goes back to the table: "I can explain everything. They cheated me when I exchanged money for clean bills. They gave me fake bills," the bank manager justifies himself.
"John Vega, I am not interested in your problems," Lisa Pandora insists, "I need regular bills, not fake ones. Give me my money!" she says loudly, and throws the fake bills with the rabbits onto the table.
"Please, be quiet, Lisa," Vega pleads again, "I'll do everything. Take these fake bills away," the manager says quietly and removes the fake money from the table, "Lisa, listen. The electrician Alexander Hephaestus is here. He is fixing the alarm," the manager says quietly, "Tonight the alarm won't work. I could take a lot of money out of the safe. And it won't be the money with the rabbits, Lisa. These will be real hundred-dollar bills," Vega says quietly, "Now go to work. I'll do everything," he concludes. The cashier Lisa Pandora doesn't reply. She gets up and leaves the manager's office.

Fünf Minuten später kommt Lisa Pandora, eine Kassiererin, in das Büro des Managers.
„Guten Morgen, Herr Vega“, die Kassiererin begrüßt den Manager.
„Guten Morgen, Frau Pandora“, der Manager begrüßt Lisa Pandora. „Wie geht es Ihnen?“, fragt er.
„Danke. Mir geht es gut. Aber es sieht so aus, als ob wir Probleme hätten!“, sagt die Kassiererin laut und wirft eine Banknote auf den Tisch, „Warum steht ‚Wir lieben Kohl‘ anstelle von ‚Auf Gott vertrauen wir‘ auf diesem Hundertdollarschein? Und warum ist da ein Bild eines Kaninchens anstelle von Ben Franklin?“, protestiert sie.
„Ruhig bitte, ruhig, Lisa. Bitte“, fleht John Vega. Er geht zur Tür, öffnet sie und schaut auf den Korridor. Es ist niemand da. Dann schließt er die Tür und geht zurück zum Tisch: „Ich kann alles erklären. Ich wurde betrogen, als ich das Geld für saubere Banknoten eintauschen wollte. Sie haben mir Falschgeld gegeben“, rechtfertigt sich der Bankmanager.
„John Vega, deine Probleme interessieren mich nicht“, sagt Lisa Pandora beharrlich. „Ich brauche normale Banknoten, keine gefälschten. Gib' mir das Geld“, sagt sie laut, und wirft das Falschgeld mit den Kaninchen auf den Tisch.
„Bitte, Lisa, sei' ruhig“, fleht Vega noch einmal. „Ich werde mich um alles kümmern. Gib' dieses Falschgeld weg“, sagt der Manager leise und nimmt das Falschgeld vom Tisch. „Lisa, hör' zu, der Elektriker Alexander Hephaestus ist hier. Er macht den Alarm zurecht“, sagt der Manager leise. „Heute Nacht wird der Alarm nicht funktionieren. Ich könnte eine Menge Geld aus dem Safe nehmen. Und es wird kein Geld mit Kaninchen sein, Lisa. Es werden richtige Hundertdollarscheine sein“, sagt Vega leise. „Geh' jetzt arbeiten. Ich kümmere mich um alles“, sagt er abschließend. Die Kassiererin Lisa Pandora antwortet nicht. Sie steht auf

und verlässt das Büro des Managers.

C

New Vocabulary Review

1

- Is it Tuesday or Wednesday?
- Today is Tuesday.
- Do you know what time is it?
- I will check my phone. Exactly two o'clock.
- Thank you. By the way, is it dry or raining outside?
- It is dry, but cold and windy outside.

2

A conversation with a bank cashier:
- What kind of bills would you like - large or small?
- Give me a few large ones and a few small ones.
- Do you like bills with pictures of rabbits?
- What?
- We are out of hundred-dollar bills with pictures of Ben Franklin. But the bank manager brought other kinds of hundred-dollar bills. What kind do you like better - with pictures of rabbits or dogs?

3

- By the way, do you know that a great misfortune happened to him?
- Really? What happened to him?
- His wife gave him away to a good home.
- Where?
- He lives in a big house now. They don't have a dog, so he protects the house and the garden.
- And they know that he is the robber?
- Probably not.

4

- Mr. manager, customers say that our bank is cheating them.

Wiederholung des neuen Vokabulars

1

- Ist es Dienstag oder Mittwoch?
- Heute ist Dienstag.
- Weißt du wie spät es ist?
- Ich werde auf meinem Telefon nachsehen. Genau zwei Uhr.
- Danke. Übrigens, regnet es draußen oder ist es trocken?
- Draußen ist es trocken, aber kalt und windig.

2

Ein Gespräch mit einem Kassierer:
- Welche Art von Banknoten hätten Sie gerne - kleine oder große?
- Geben Sie mir einige große und einige kleine.
- Möchte Sie Banknoten mit Bildern von Kaninchen?
- Was?
- Uns sind die Hundertdollarscheine mit Bildern von Ben Franklin ausgegangen. Aber der Bankmanager hat andere Hundertdollarscheine gebracht. Welche möchte Sie lieber - mit Bildern von Kaninchen oder von Hunden?

3

- Weißt du übrigens, dass ihm ein großes Unglück passiert ist?
- Wirklich? Was ist ihm passiert?
- Seine Frau hat ihn an ein gutes Zuhause abgegeben.
- Wo?
- Er lebt jetzt in einem großen Haus. Sie haben keinen Hund, deshalb beschützt er das Haus und den Garten.
- Und sie wissen, dass er ein Einbrecher ist?
- Wahrscheinlich nicht.

4

- Herr Manager, Kunden sagen, dass unsere

- You know that we never cheat our customers.
- Of course, Mr. manager.
- Think about it. We work in a normal way. We have a normal staff.
- You can't put it any better, Mr. manager. Our employees are just great!
- Our bank is registered everywhere.
- Exactly, Mr. manager.
- Listen, why should we cheat them, if they bring their own money themselves?
- I agree with you.
- We have a new alarm system.
- Completely new, Mr. manager.
- Okay, now turn it off. Let's go into the safe. Maybe there is something interesting in there.
- I already turned off the alarm, Mr. manager.
- Well done!

5

- Listen, I cleaned the house last Saturday.
- And I made a pizza yesterday morning.
- I repaired the TV last Thursday.
- I cooked spaghetti with red fish the night before yesterday.
- Then why should I go for wine to the store?
- Because I don't drink wine. And you do!

6

- I think that these bills are fake.
- And I don't think so. Why do you think so?
- Are there really pictures of Bill Gates on dollar bills?
- This isn't Bill Gates.
- Who is it, then?
- I don't know. Maybe some president. But it isn't Bill Gates. I'm sure.
- And why is this bill red?

Bank sie betrügt.
- Sie wissen, dass wir unsere Kunden nie betrügen.
- Natürlich, Herr Manager.
- Denken Sie darüber nach. Wir arbeiten ganz normal. Wir haben normale Angestellte.
- Sie könnten es nicht besser sagen, Herr Manager. Unsere Angestellten sind einfach großartig!
- Unsere Bank ist überall gemeldet.
- Genau, Herr Manager.
- Hören Sie, warum sollten wir sie betrügen, wenn sie selbst ihr eigenes Geld bringen?
- Ich stimme ihnen zu.
- Wir haben ein neues Alarmsystem.
- Ganz neu, Herr Manager.
- In Ordnung, schalten Sie es ab. Lassen sie uns in den Tresorraum gehen. Vielleicht gibt es dort etwas Interessantes.
- Ich habe den Alarm bereits abgeschaltet, Herr Manager.
- Gut gemacht!

5

- Hör' mal, ich habe das Haus letzten Samstag gereinigt.
- Und ich habe gestern früh eine Pizza gemacht.
- Ich habe den Fernseher letzten Donnerstag repariert.
- Ich habe vorgestern Abend Spaghetti mit Rotbarsch gekocht.
- Warum sollte ich dann in den Laden gehen um Wein zu kaufen?
- Weil ich keinen Wein trinke. Und du schon!

6

- Ich glaube, dass diese Banknoten gefälscht sind.
- Und ich glaube das nicht. Warum denkst du das?
- Sind wirklich Bilder von Bill Gates auf Dollarnoten?
- Das ist nicht Bill Gates.
- Wer ist es denn dann?
- Ich weiß es nicht. Vielleicht irgendein Präsident. Aber das ist nicht Bill Gates. Ich

- Yes. That is truly strange. All the other dollar bills are regular, blue, and only this one is red.

bin mir sicher.
- Und warum ist die Banknote rot?
- Ja. Das ist wirklich seltsam. Alle die anderen Dollarscheine sind normal, blau, und nur diese hier ist rot.

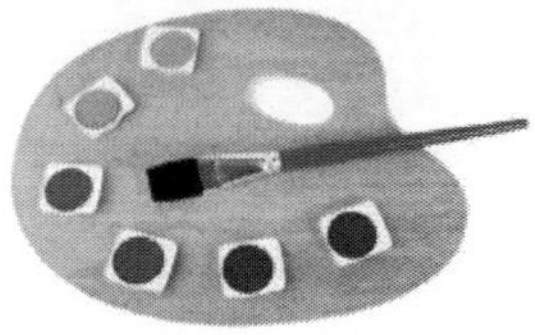

13

Hello, Exotics!
Hallo, Exoten!

A

Words
Vokabeln

1. across [əˈkrɒs] - gegenüber
2. act [ækt] - handeln
3. airport [ˈeəpɔːt] - Flughafen, der
4. along [əˈlɒŋ] - entlang
5. any [ˈeni] - irgendein, irgendeine
6. bar [bɑː] - Bar, die
7. battle [ˈbætl̩] - Kampf, der
8. be on board [bi ɒn bɔːd] - in einem Flugzeug mitfliegen
9. both [bəʊθ] - beide
10. breeze [briːz] - Briese, die
11. bribed [braɪbd] - bestochen
12. brilliant [ˈbrɪlɪənt] - brilliant
13. chair [tʃeə] - Stuhl, der
14. contain [kənˈteɪn] - beinhalten
15. control [kənˈtrəʊl] - Kontrolle, die
16. country [ˈkʌntri] - Land, das
17. custom [ˈkʌstəm] - Zoll, der
18. dad [dæd] - Papa, der
19. die [daɪ] - sterben
20. disappeared [ˌdɪsəˈpɪəd] - verschwunden
21. double [ˈdʌbl̩] - doppelt
22. dress [dres] - Kleid, das
23. earn [ɜːn] - verdienen
24. ended [ˈendɪd] - geendet
25. euphoric [juːˈfɒrɪk] - euphorisch
26. exact [ɪɡˈzækt] - genau
27. excited [ɪkˈsaɪtɪd] - begeistert
28. exciting [ɪkˈsaɪtɪŋ] - spannend
29. exotic [ɪɡˈzɒtɪk] - exotisch
30. exotic [ɪɡˈzɒtɪk] - Exot, der
31. experience [ɪkˈspɪərɪəns] - Erfahrung, die
32. family [ˈfæməli] - Familie, die
33. father [ˈfɑːðə] - Vater, der

34. fifteen [ˌfɪfˈtiːn] - fünfzehn
35. finger [ˈfɪŋɡə] - Finger, der
36. fool [fuːl] - Idiot, der
37. former [ˈfɔːmə] - ehemalige, ehemaliger, ehemaliges
38. furniture [ˈfɜːnɪtʃə] - Möbel, die
39. green [ɡriːn] - grün
40. guess [ɡes] - erraten
41. help [help] - helfen
42. hotel [ˌhəʊˈtel] - Hotel, das
43. hour [ˈaʊə] - Stunde, die
44. illegally [ɪˈliːɡəli] - illegal
45. in embarrassment [ɪn ɪmˈbærəsmənt] - verlegen
46. in fact [ɪn fækt] - in Wahrheit
47. inquire [ɪnˈkwaɪə] - sich erkundigen
48. inspection [ɪnˈspekʃn̩] - Überprüfung, die
49. intersection [ˌɪntəˈsekʃn̩] - Kreuzung, die
50. is called [ɪz kɔːld] - heißt
51. land [lænd]- landen
52. lie [laɪ] - liegen
53. life [laɪf] - Leben, das
54. line [laɪn] - Linie, die
55. loader [ˈləʊdə] - Belader, der
56. local [ˈləʊkl̩] - örtlich
57. locked [lɒkt] - verschlossen
58. luggage [ˈlʌɡɪdʒ] - Gepäck, das
59. member [ˈmembə]- Mitglied, das
60. message [ˈmesɪdʒ] - Nachricht, die
61. military [ˈmɪlɪtri] - militärisch
62. million [ˈmɪlɪən] - Million, die
63. millionaire [ˌmɪlɪəˈneə] - Millionär, der
64. mob [mɒb] - Mob, der
65. mother [ˈmʌðə] - Mutter, die
66. music [ˈmjuːzɪk] - Musik, die
67. myself [maɪˈself] - ich selbst
68. North Africa [nɔːθ ˈæfrɪkə] - Nordafrika, das
69. note [nəʊt] - bemerken
70. once [wʌns] - einmal
71. overlooking [ˌəʊvəˈlʊkɪŋ] - mit Blick auf
72. pack [pæk] - packen
73. paper [ˈpeɪpə] - Papier, das
74. passport [ˈpɑːspɔːt] - Reisepass, der
75. pay attention [peɪ əˈtenʃn̩] - beachten
76. pretend [prɪˈtend] - vorgeben
77. prison [ˈprɪzn̩] - Gefängnis, das
78. provider [prəˈvaɪdə] - Anbieter, der
79. reasonably [ˈriːznəbli] - vernünftig
80. recent [ˈriːsnt] - kürzlich
81. reflect [rɪˈflekt] - nachdenken
82. report [rɪˈpɔːt] - berichten
83. respond [rɪˈspɒnd] - antworten
84. rest [rest] - Rest, der
85. ride [raɪd] - fahren
86. ruler [ˈruːlə] - Herrscher, der
87. sea [siː] - Meer, das
88. search [sɜːtʃ] - suchen
89. sent [sent] - versendet
90. shower [ˈʃaʊə] - Dusche, die
91. SIM card [ˈsɪm kɑːd] - SIM-Karte, die
92. soldier [ˈsəʊldʒə] - Soldat, der
93. sound [saʊnd] - Geräusch, das
94. spin [spɪn] - drehen
95. sports bag [spɔːts bæɡ] - Sporttasche, die
96. stay [steɪ] - bleiben
97. store [stɔː] - Laden, der
98. sudden [ˈsʌdn̩] - plötzlich
99. suitcase [ˈsuːtkeɪs] - Koffer, der
100. super-thief [ˈsuːpə θiːf] - Super-dieb, der
101. switched [swɪtʃt] - getauscht
102. take [teɪk] - bringen
103. taxi [ˈtæksi] - Taxi, das
104. terrace [ˈterəs] - Terrasse, die
105. text [tekst] - Text, der
106. text message [tekst ˈmesɪdʒ] - Textnachricht, die
107. than [ðæn] - als
108. therefore [ˈðeəfɔː] - daher
109. try [traɪ] - versuchen
110. unkindly [ʌnˈkaɪndli] - unfreundlich
111. urgently [ˈɜːdʒəntli] - dringend
112. view [vjuː] - Blick, der
113. wait [weɪt] - warten

114. waterbed ['wɔːtəbed] - Wasserbett, das
115. without [wɪð'aʊt] - ohne
116. worry ['wʌri] - sich Sorgen machen
117. yet [jet] - noch

B

Hello, Exotics!

Paul Rost and Lisa Pandora arrive at the airport. Paul's friend, Andrew, drives them there in his car. They go inside. Paul has a large sports bag. Lisa has two large suitcases. Paul helps her with the suitcases. They are heavy, but he pretends that they are light for him.
"Are the suitcases heavy, Paul?" Lisa asks.
"Not at all," Paul answers, and points his finger: "We need to go there."
The staff of the customs and passport control know Paul Rost. Therefore, they pass through customs and passport control without an inspection. Andrew and the staff wish him a good vacation. Paul and Lisa get on the plane.
A few hours later their plane lands. Everywhere there are beautiful and exotic views. They arrive at the hotel and register.
"You have a terrace overlooking the sea and a large double waterbed," says a hotel staff member.
"Double bed?" Lisa smiles and looks at Paul. Paul looks out the window in embarrassment.
"Paul, could you please buy me a SIM card for the local phone service provider? I urgently need to call my mother," Lisa asks, "I'll wait for you in the room, okay?" she adds.
"Of course, Lisa," Paul agrees, and addresses a hotel staff member: "Where can I buy a SIM card for the local phone service provider?" he inquires.
"Go out of the hotel and turn left. Walk to the intersection and turn left again. There is

Hallo, Exoten!

Paul Rost und Lisa Pandora treffen am Flughafen ein. Pauls Freund, Andrew, führt sie in seinem Auto dorthin. Sie gehen hinein. Paul hat eine große Sporttasche. Lisa hat zwei große Koffer. Paul hilft ihr mit ihren Koffern. Sie sind schwer, aber er gibt vor, dass er sie leicht findet.
„Sind die Koffer schwer, Paul?“, fragt Lisa.
„Gar nicht“, antwortet Paul und streckt seinen Finger aus. „Wir müssen dorthin gehen.“
Die Mitarbeiter des Zolls und der Passkontrolle kennen Paul Rost. Daher kommen sie durch die Zoll- und Passkontrolle ohne überprüft zu werden. Andrew und die Mitarbeiter wünschen ihm einen schönen Urlaub. Paul und Lisa steigen ins Flugzeug ein.
Ein paar Stunden später landet ihr Flugzeug. Überall gibt es eine schöne und exotische Aussicht. Sie kommen im Hotel an und melden sich an.
„Sie haben eine Terrasse mit Meerblick und ein großes Wasserbett für zwei“, sagt ein Mitarbeiter des Hotels.
„Ein Doppelbett?“, Lisa lächelt und sieht Paul an. Paul schaut verlegen aus dem Fenster.
„Paul, könntest du mir bitte eine SIM-Karte des örtlichen Telefonanbieters kaufen? Ich muss dringend meine Mutter anrufen“, bittet Lisa. „Ich werde im Zimmer auf dich warten, in Ordnung?“, fügt sie hinzu.
„Natürlich, Lisa“, ist Paul einverstanden und wendet sich an den Hotelmitarbeiter. „Wo kann ich eine SIM-Karte des örtlichen Telefonanbieters kaufen?“, erkundigt er sich.
„Verlassen Sie das Hotel und gehen Sie nach links. Gehen Sie bis zur Kreuzung und wieder

a store called just SIM Card," the staff member replies.
Paul goes to the store, and Lisa goes up to the hotel room. Fifteen minutes later, Paul returns to the hotel and goes up to the hotel room. On the table there is a note: "I'm in the shower. I'll come out soon."
Paul smiles and walks over to the chair. Lisa's dress is on the chair. He takes the dress and sits in the chair. Paul hears the sound of water and music in the bathroom. He smells the dress. His head begins to spin.
"It's all so sudden," Paul thinks. "A week ago I didn't even know Lisa. And now I am with her in this exotic country." He goes out to the terrace. Everywhere there are green trees and flowers. Far below, there is the blue sea. A light breeze blows from the sea. Paul feels euphoric from the smell of the sea. Ten minutes later he returns to the room and goes to the bathroom door. He knocks on the door: "Lisa, will you be much longer?" he asks. There is no answer. "Are you okay?" he asks, and knocks again.
Then he knocks once again, loudly. There is no answer. He tries to open the door, but it is locked. He calls the hotel staff and asks them to come to his room urgently. A minute later, staff members come in and open the door. There is no one in the bathroom. Paul looks at the staff. The staff members look at Paul. Paul searches for his and Lisa's things. His sports bag is on the floor. Lisa's luggage is gone. Only her dress lies on the chair. Paul sees that the staff is trying to hide their smiles.
He leaves the hotel and walks into a bar across the street. He sits down, drinks mineral water and begins to reflect. A man sits down next to him, and puts down his hand on the bar. Paul looks at the hand and sees a tattoo that says: "Do not waste time!" Paul looks up and sees the furniture

nach links. Dort ist ein Laden der einfach SIM Card heißt", antwortet der Mitarbeiter.
Paul geht zum Laden und Lisa hinauf in das Hotelzimmer. Fünfzehn Minuten später kommt Paul ins Hotel zurück und geht in das Zimmer hinauf. Auf dem Tisch ist eine Nachricht: „Ich bin in der Dusche. Ich komme bald heraus."
Paul lächelt und geht zu dem Stuhl. Lisas Kleid liegt auf dem Stuhl. Er nimmt das Kleid und setzt sich auf den Stuhl. Paul hört das Geräusch von Wasser und Musik im Badezimmer. Er riecht an dem Kleid. Sein Kopf beginnt sich zu drehen.
„Es ist alles so plötzlich", denkt Paul. „Vor einer Woche habe ich Lisa nicht einmal gekannt. Und jetzt bin ich mit ihr hier in diesem exotischen Land." Er geht auf die Terrasse. Überall sind grüne Bäume und Blumen. Weit entfernt ist das blaue Meer. Vom Meer weht eine leichte Briese. Vom Geruch des Meeres bekommt Paul ein euphorisches Gefühl. Zehn Minuten später geht er zurück ins Zimmer und zur Tür des Badezimmers. Er klopft an die Tür: „Lisa, brauchst du noch lang?", fragt er. Niemand antwortet. „Bist du in Ordnung?", fragt er und klopft noch einmal.
Dann klopft er noch einmal, laut. Niemand antwortet. Er versucht die Tür zu öffnen, aber sie ist verschlossen. Er ruft bei den Hotelmitarbeitern an und bittet sie dringend in sein Zimmer zu kommen. Eine Minute später kommen Angestellte herein und öffnen die Tür. Niemand ist im Badezimmer. Paul sieht die Mitarbeiter an. Die Mitarbeiter sehen Paul an. Paul sucht seine und Lisas Dinge. Seine Sporttasche ist auf dem Boden. Lisas Gepäck ist verschwunden. Nur ist Kleid liegt auf dem Stuhl. Paul sieht, dass die Mitarbeiter versuchen ihr Lächeln zu verbergen.
Er verlässt das Hotel und geht in eine Bar gegenüber. Er setzt sich, trinkt Mineralwasser und beginnt nachzudenken. Ein Mann setzt sich neben ihn und stützt seine Hand auf die Bar. Paul schaut die Hand an und sieht ein Tattoo: „Keine Zeit zu verlieren!" Paul blickt auf und

thief.
"Hi," the thief says.
"Oh, super-thief ... How are you? " Paul asks, looking at him in surprise.
"My name is Peter Ashur. Listen. You're a good guy. I want to help you. Don't worry because of Lisa. She is riding a bus to another town," he says.
"So the two of you work together?" the detective smiles unkindly.
"She is taking the suitcases to John Vega, who is waiting for her in a hotel," the thief quickly continues, not paying attention to Paul's words. "She thinks that there is money in her suitcases. I don't know how much. But, in fact, the money is in these suitcases," the thief points down with his hand. Paul looks down and sees Lisa's suitcases. The thief quickly continues: "I bribed the loaders at the airport here and they switched the bags. She has the exact the same suitcases, but they contain paper instead of money," Ashur smiles.
"Sometimes you act reasonably," the detective says in surprise, "Now you probably want to live here as a millionaire?" he adds.
"That isn't important right now. Can you help me?" Peter Ashur asks.
"You want me to help you load furniture again?" Rost asks.
"My father is in the Hal Hut prison. It isn't far from here. He is an old man. He doesn't want to die in prison. But he will stay in prison for the rest of his life if I don't help him," Ashur says.
"Why is he in prison? He also likes the smell of other people's furniture?" Paul asks.
"My father didn't do anything wrong. He was given twenty years in prison, and he only sent out text messages with jokes about the rulers of this country," Peter Ashur says.
"I should have guessed that you're from a

sieht den Möbeldieb.
„Hi", sagt der Dieb.
„Oh, Super-Dieb... Wie geht es dir?", fragt Paul und sieht ihn überrascht an.
„Mein Name ist Peter Ashur. Hör' zu. Du bist ein guter Typ. Ich werde dir helfen. Mach' dir keine Sorgen wegen Lisa. Sie fährt mit dem Bus in eine andere Stadt", sagt er.
„Also arbeitet ihr beide zusammen?", der Detektiv lächelt unfreundlich.
„Sie bringt die Koffer zu John Vega, der in einem Hotel auf sie wartet", fährt der Dieb schnell fort ohne Pauls Worte zu beachten. „Sie glaubt, dass Geld in ihren Koffern ist. Ich weiß nicht wie viel. Aber, in Wahrheit, ist das Geld in diesen Koffern", der Dieb zeigt mit seiner Hand nach unten. Paul schaut hinunter und sieht Lisas Koffer. Der Dieb fährt schnell fort: „Ich habe die Belader hier am Flughafen bestochen und sie haben die Koffer ausgetauscht. Sie hat genau die gleichen Koffer, aber mit Papier statt mit Geld", sagt Ashur lächelnd.
„Manchmal handelst du vernünftig", sagt der Detektiv überrascht. „Und jetzt willst du wahrscheinlich hier als Millionär leben?", fügt er hinzu.
„Das ist jetzt nicht wichtig. Kannst du mir helfen", fragt Peter Ashur.
„Ich soll dir noch einmal helfen Möbel zu verladen?", fragt Rost.
„Mein Vater ist im Hal Hut Gefängnis. Das ist nicht weit von hier. Er ist ein alter Mann. Er möchte nicht im Gefängnis sterben. Aber er wird für den Rest seines Lebens im Gefängnis bleiben, wenn ich ihm nicht helfe", sagt Ashur.
„Warum ist er im Gefängnis? Gefällt ihm auch der Geruch von den Möbeln anderer Leute?", fragt Paul.
„Mein Vater hat nichts falsch gemacht. Er wurde zu zwanzig Jahren Gefängnis verurteilt und er hat nur Textnachrichten mit Witzen über die Herrscher dieses Landes versendet", sagt Peter Ashur.
„Ich hätte erraten sollen, dass du aus einer genialen Familie stammst. Wie willst du, dass

brilliant family. How do you want me to help you?" Paul Rost asks.
"I have to find a good airplane pilot. I have to take my father out of this country," Ashur says.
"Where do you want to take your father?" Paul asks.
"I want to take not only my father but a few other people to North Africa tonight. I can fly a plane, but there are battles over there and I don't have any military experience. But you are a former military pilot and you can do this job. I'll pay you two hundred thousand dollars. What do you say?" Ashur offers.
"I have to fly a plane to North Africa? Do you think that I'm an idiot just like you?" Paul protests.
"Yes," the man says and takes a drink of water, "I bribed the staff of the local airport. I want to take my dad out of here on this plane. And you can earn a lot of money," Ashur insists.
"I'll be a great fool if I believe you. And... It would be better for you if we never meet again," Paul Rost says. He gets up and leaves.
"You idiot! I will do this job myself and keep all the money!" the man shouts after him.
Paul goes to the hotel and packs his things. Then he makes a phone call.
"Hi, Paul! How is your vacation?" Andrew says on the other end of the line.
"A lot more exciting than you might think," Paul responds.
"You don't sound excited," his friend notes, "Maybe this has to do with the recent bank robbery? Don't you know about it yet? It happened the night before you left. John Vega disappeared along with four million dollars from the bank."
"Lisa Pandora and John Vega stole that money. They are both here, but I don't know where they are. By the way, the

ich dir helfe?", fragt Paul Rost.
„Ich muss einen guten Flugzeugpiloten finden. Ich muss meinen Vater aus diesem Land herausbringen", sagt Ashur.
„Wohin willst du deinen Vater bringen?", fragt Paul.
„Ich möchte nicht nur meinen Vater, sondern auch einige andere Leute heute Nacht nach Nordafrika bringen. Ich kann ein Flugzeug fliegen, aber dort gibt es Kämpfe und ich habe keine militärische Erfahrung. Aber du bist ein ehemaliger Militärpilot und kannst diese Aufgabe erledigen. Ich werde dir zweihunderttausend Dollar zahlen. Was sagst du dazu?", bietet Ashur an.
„Ich soll ein Flugzeug nach Nordafrika fliegen? Glaubst du, ich bin so ein Idiot wie du?", protestiert Paul.
„Ja", sagt der Mann und nimmt einen Schluck Wasser. „Ich habe die Mitarbeiter am örtlichen Flughafen bestochen. Ich möchte meinen Vater hier mit dem Flugzeug wegbringen. Und du kannst viel Geld verdienen", beharrt Ashur.
„Ich wäre ein großer Idiot, wenn ich dir glauben würde. Und... Es wäre besser für dich, wenn wir uns nie wieder über den Weg laufen würden", sagt Paul Rost. Er steht auf und geht.
„Du Idiot! Dann mache ich den Job selbst und behalte das ganze Geld!", ruft ihm der Mann nach.
Paul geht ins Hotel und packt seine Sachen. Dann tätigt er einen Telefonanruf.
„Hi Paul, wie ist dein Urlaub?", sagt Andrew am anderen Ende der Leitung.
„Viel spannender als du vielleicht denkst", antwortet Paul.
„Du klingst nicht begeistert", bemerkt sein Freund. „Hat das vielleicht etwas mit dem Banküberfall kürzlich zu tun? Hast du noch nichts davon gehört? Es geschah in der Nacht bevor du abgereist bist. John Vega ist zusammen mit vier Millionen Dollar aus der Bank verschwunden."
„Lisa Pandora und John Vega haben das Geld gestohlen. Beide sind hier, aber ich weiß nicht

stolen money was in the suitcases that I helped Lisa Pandora carry. I also have some information about North Africa. A plane will fly illegally from here to North Africa. There will be some people on board. Maybe soldiers or the mob. And there will also be two idiots from our country. One of them will probably fly the airplane. Report this to the authorities. If you need more information, I'll try to find out," Paul says.
"It's a pity that your vacation ended so quickly. I'll call you soon. See you later, and don't be sad," Andrew says.
"I'm fine. See you," concludes Paul, calls a taxi, and rides to the airport.

genau wo sie sind. Das gestohlene Geld war übrigens in den Koffern, mit denen ich Lisa Pandora beim Tragen half. Ich habe auch einige Informationen über Nordafrika. Ein Flugzeug wird von hier illegal nach Nordafrika fliegen. Einige Leute werden mitfliegen. Vielleicht Soldaten oder Mob. Und es werden auch zwei Idioten aus unserem Land dabei sein. Einer von ihnen wird wahrscheinlich das Flugzeug fliegen. Berichte den Behörden davon. Wenn du mehr Informationen brauchst, werde ich versuchen sie zu bekommen", sagt Paul.
„Es ist schade, dass dein Urlaub so schnell geendet hat. Ich rufe dich bald an. Bis bald und sei' nicht traurig", sagt Andrew.
„Mir geht es gut. Bis bald", sagt Paul abschließend, ruft ein Taxi und fährt zum Flughafen.

C

New Vocabulary Review

1

- Is it Wednesday or Thursday today?
- Today is Wednesday.
- Do you know what time is it?
- I will check my phone. Exactly three o'clock.
- Thank you. By the way, is it dry or raining outside?
- It is raining, but it isn't cold outside.

2

- Do you know that the airport is closed because of the fog?
- Really? And the planes don't fly?
- Of course they don't fly. The fog is so thick that even the birds walk.

3

- One of our former clients wants to meet with you, Mr. manager.
- What does he want?
- He says that he has a surprise for you.
- Is it a good or a bad surprise?

Wiederholung des neuen Vokabulars

1

- Ist heute Mittwoch oder Dienstag?
- Heute ist Mittwoch.
- Weißt du wie spät es ist?
- Ich werde auf meinem Telefon nachsehen. Genau drei Uhr.
- Danke. Übrigens, regnet es draußen oder ist es trocken?
- Draußen regnet es, aber es ist nicht kalt.

2

- Weißt du, dass der Flughafen wegen Nebels geschlossen ist?
- Wirklich? Und die Flugzeuge fliegen nicht?
- Natürlich fliegen sie nicht. Der Nebel ist so dicht, dass sogar die Vögel zu Fuß gehen.

3

- Einer unserer früheren Kunden möchte Sie treffen, Herr Manager.
- Was will er?
- Er sagt, dass er eine Überraschung für sie hat.

- Judging at his face, I would say that it probably isn't good.
- How much time is there until the end of the day?
- Twenty minutes, Mr. manager.
- Okay. I'm leaving.
- Where are you going, Mr. manager? The door is over there.
- Today, I'd better leave through the window. After all, we're on the ground floor!

4

- What a pleasant light breeze from the sea!
- Yes, and the sea view is also very beautiful.
- Okay, enough. It's time to pack and load boxes.
- What do you think, Mr. manager, the customs officer didn't guess that we ship these boxes illegally?
- Of course he guessed.
- What should we do now? This is a big problem for us.
- Don't worry. I bribed him.
- Mr. manager, the other customs officers came.
- What for?
- They also want to be bribed. Give them money!
- Okay, I will. What a pleasant country. Here, everyone is euphoric and has a good appetite!

5

- What is your cell-phone service provider?
- I don't know.
- And what kind of a cell-phone do you have?
- I don't know.
- Does your phone have one SIM card or two?
- Why do you ask?
- I'm just interested.
- And I'm not interested.

- Ist es eine gute oder eine böse Überraschung?
- Seinem Gesicht nach zu urteilen, würde ich sagen, dass es wahrscheinlich keine gute ist.
- Wie lange dauert es noch bis der Tag vorbei ist?
- Zwanzig Minuten, Herr Manager.
- In Ordnung. Ich gehe.
- Wohin gehen Sie, Herr Manager? Die Tür ist dort drüben.
- Heute gehe ich besser durch das Fenster. Immerhin sind wir im Erdgeschoß.

4

- Was für eine angenehme leichte Briese vom Meer!
- Ja, und der Blick auf das Meer ist auch sehr schön.
- In Ordnung, genug. Es ist Zeit die Kisten zu packen und zu verladen.
- Was meinen Sie, Herr Manager, hat der Zollbeamte nicht vermutet, dass wir diese Kisten illegal versenden?
- Natürlich hat er es vermutet.
- Was sollen wir dann machen? Das ist ein großes Problem für uns.
- Keine Sorge. Ich habe ihn bestochen.
- Herr Manager, die anderen Zollbeamten sind da.
- Was wollen sie?
- Sie wollen auch bestochen werden. Geben Sie ihnen Geld!
- In Ordnung, das werde ich. Was für ein angenehmes Land. Jeder hier ist euphorisch und hat ein gutes Verlangen.

5

- Was für einen Handyprovider hast du?
- Ich weiß es nicht.
- Und was für ein Handy hast du?
- Ich weiß es nicht.
- Hat dein Handy eine oder zwei SIM-Karten?
- Warum fragst du?
- Ich interessiere mich nur dafür.
- Und ich interessiere mich nicht dafür.

14

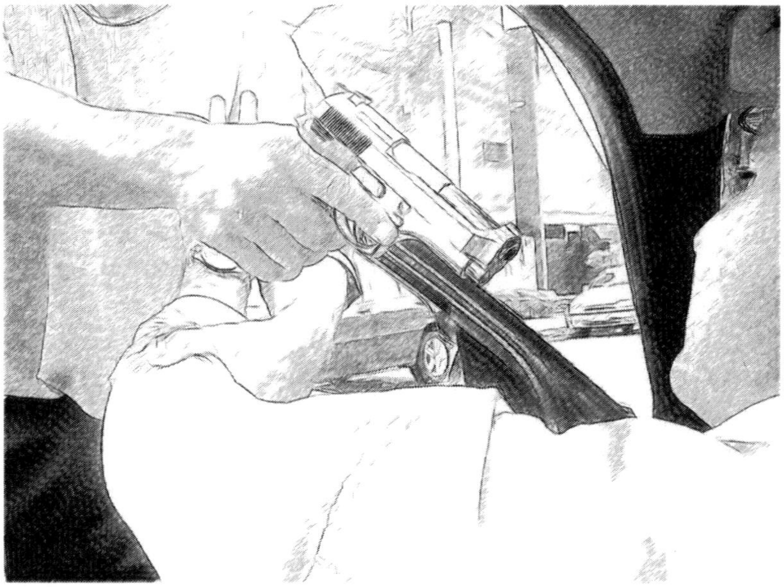

Where is my Money?
Wo ist mein Geld?

A

Words
Vokabeln

1. angry [ˈæŋgri] - wütend
2. approached [əˈprəʊtʃt] - auf jemanden zukommen
3. arrived [əˈraɪvd] - kam an
4. asked [ɑːskt] - fragte
5. be shocked [bi ʃɒkt] - schockiert sein
6. block [ˈblɒk] - Häuserblock, der
7. cab [kæb] - Taxi, das
8. came [keɪm] - kam
9. carried [ˈkærɪd] - trug
10. cell [sel] - Zelle, die
11. checked [tʃekt] - überprüfte
12. chest [tʃest] - Brust, die
13. cleaner's [ˈkliːnəz] - Reinigung
14. closed [kləʊzd] - schloss
15. clothes [kləʊðz] - Kleidungsstücke, die
16. decided [dɪˈsaɪdɪd] - entschied
17. dirty [ˈdɜːti] - schmutzig
18. done [dʌn] - getan
19. driver [ˈdraɪvə] - Fahrer, der
20. dry [draɪ] - trocken
21. easy [ˈiːzi] - einfach
22. eaten [ˈiːtn̩] - gegessen
23. enough [ɪˈnʌf] - genug
24. fell [fel] - fiel
25. fly [flaɪ] - fliegen
26. grabbed [græbd] - hielt fest
27. had [hæd] - hatte
28. handcuffed [ˈhændkʌft] - legte Handschellen an

29. hire [ˈhaɪə] - anheuern
30. jail [dʒeɪl] - Gefängnis, das
31. jail cell [dʒeɪl sel] - Gefängniszelle, die
32. knew [njuː] - wusste
33. knocked [nɒkt] - klopfte
34. leg [leg] - Bein, das
35. listen [ˈlɪsn̩] - hören
36. looked [lʊkt] - schaute
37. made [meɪd] - machte
38. mistake [mɪˈsteɪk] - Fehler, der
39. moved [muːvd] - bewegte
40. neatly [ˈniːtli] - ordentlich
41. ordinary [ˈɔːdɪnri] - normal
42. park [pɑːk] - Park, der
43. picked up [pɪkt ʌp] - nahm
44. pointed [ˈpɔɪntɪd] - zeigte
45. porter [ˈpɔːtə] - Gepäckträger, der
46. pulled [pʊld] - zog
47. purse [pɜːs] - Handtasche, die
48. radio [ˈreɪdɪəʊ] - Radio, das
49. raised [reɪzd] - hob
50. ran [ræn] - rannte
51. realized [ˈrɪəlaɪzd] - erkannte
52. replied [rɪˈplaɪd] - antwortete
53. rise [raɪz] - aufsteigen
54. rob [rɒb] - überfallen
55. sat [sæt] - saß
56. shouted [ˈʃaʊtɪd]- schrie
57. smiled [smaɪld] - lächelte
58. smoke [sməʊk] - rauchen
59. sniffed [snɪft] - roch
60. steak [steɪk] - Steak, das
61. stood [stʊd] - stand
62. stopped [stɒpt] - stoppte
63. stunned [stʌnd] - griff mit einem Elektroschocker an
64. Taser [ˈteɪzə] - Elektroschocker, der
65. think [θɪŋk] - denken
66. thought [ˈθɔːt] - dachte
67. tip [tɪp] - Trinkgeld, das
68. traffic [ˈtræfɪk] - Verkehr, der
69. transported [trænsˈpɔːtɪd] - transportierte
70. vagabond [ˈvægəbɒnd] - Vagabund, der
71. van [væn] - Transporter, der
72. walked [ˈwɔːkt] - ging
73. wallet [ˈwɒlɪt] - Brieftasche, die
74. went [went] - ging
75. which [wɪtʃ] - welche, welcher, welches
76. yelled [jeld] - schrie

B

Where is my Money?

Lisa Pandora arrived in another town by bus. She came to the hotel "Karma", and went up to the second floor. Lisa came up to the door of room number ten and stopped. She gave the porter a tip, and he left. Lisa came close to the door, then took a Taser out of her purse and put it in her pocket. She knocked on the door. John Vega opened the door. He quickly went out to the corridor, took the suitcases and carried them into the room. Lisa also went into the room and closed the door.
"Did everything go well? Is Rost still

Wo ist mein Geld?

Lisa Pandora kam mit dem Bus in einer anderen Stadt an. Sie kam zum Hotel „Karma“ und ging hinauf in den zweiten Stock. Lisa ging zur Tür des Zimmers Nummer Zehn und blieb stehen. Sie gab dem Gepäckträger Trinkgeld und er ging. Lisa näherte sich der Tür, nahm einen Elektroschocker aus ihrer Handtasche und steckte sie in ihre Jackentasche. Sie klopfte an die Tür. John Vega öffnete die Tür. Er trat schnell auf den Flur, nahm die Koffer und trug sie ins Zimmer. Lisa ging auch in das Zimmer und schloss die Tür.
„Ist alles gut gegangen? Wartet Rost immer

waiting outside the bathroom?" John Vega smiled.
"Everything went okay. I think that Rost has already gone home. His vacation is over," Pandora replied.
John Vega put the suitcases on the floor and opened them. Packs of money lay neatly in the suitcase.
"There is enough money here to hire two hundred soldiers. Now we can fly to North Africa," he picked up one pack and opened it. Ordinary paper fell to the floor.
"What is this?" John Vega opened another pack. In it there was also regular paper.
Pandora was shocked.
"You switched the suitcases!" she shouted at Vega. John Vega's face was red and angry. He went up to Pandora and shouted at her.
"Where is my money? Give me my money!" he grabbed her by the hair and hit her on the head with a suitcase, "Give me my money!" he shouted.
Pandora fell to the floor. She stunned Vega in the leg with her Taser. He fell to the floor. Pandora stunned him again and again with her Taser.
"Here's your money, you idiot! Here's some more! And here's more!" Pandora stunned Vega again and again in the face and chest. Smoke began to rise from John Vega. He lay on the floor and no longer moved. Then Pandora walked to the suitcases. She looked at the paper.
"Only Peter Ashur could have done this! Only he knew about the money," she took her purse and looked at Vega. He lay with his eyes closed. Smoke was still rising from him. Pandora took the passport and wallet out of his pocket and put them in her purse. She left the room and quickly walked to the elevator.
After about ten minutes, Vega opened his eyes. He looked around. Then he slowly got up and sat on a chair. He realized that

noch vor der Badezimmertür?", John Vega lächelte.
„Alles ist in Ordnung. Ich glaube, dass Rost bereits nach Hause gefahren ist. Sein Urlaub ist vorbei", antwortete Pandora.
John Vega stellte die Koffer auf den Boden und öffnete sie. Geldstapel lagen schön geordnet im Koffer.
„Hier ist genug Geld um zweihundert Soldaten anzuheuern. Jetzt können wir nach Nordafrika fliegen", er nahm einen Stapel und öffnete ihn. Normales Papier fiel zu Boden.
„Was ist das?" John Vega öffnete einen anderen Stapel. Er enthielt auch normales Papier.
Pandora war schockiert.
„Du hast die Koffer getauscht!", rief sie Vega zu. John Vegas Gesicht war rot und wütend. Er näherte sich Pandora und schrie sie an.
„Wo ist mein Geld? Gib' mir mein Geld!", er hielt sie an den Haaren fest und schlug ihr mit einem Koffer auf den Kopf. „Gib' mir mein Geld!", schrie er.
Pandora fiel auf den Boden. Sie griff Vega mit dem Elektroschocker am Bein an. Er fiel zu Boden. Pandora griff ihn mit ihrem Elektroschocker wieder und wieder an.
„Hier ist dein Geld, du Idiot! Und hier! Und hier!", Pandora griff Vega wieder und wieder mit dem Elektroschocker im Gesicht und auf der Brust an. Rauch begann von John Vega aufzusteigen. Er lag am Boden und bewegte sich nicht länger. Dann ging Pandora zu den Koffern. Sie schaute sich das Papier an.
„Nur Peter Ashur konnte das gemacht haben! Nur er wusste von dem Geld", sie nahm ihre Handtasche und schaute Vega an. Er lag mit geschlossenen Augen da. Rauch stieg immer noch von ihm auf. Pandora nahm seinen Reisepass und seine Brieftasche aus seiner Brusttasche und steckte sie in ihre Handtasche. Sie verließ das Zimmer und ging schnell zum Aufzug.
Etwa zehn Minuten später öffnete Vega seine Augen. Er sah sich um. Dann stand er langsam auf und setzte sich auf einen Stuhl. Er bemerkte,

his wallet and passport were gone.
"I will kill you, Pandora," he shouted. Vega pulled a gun out of his pocket and checked it. Then he put it back in his pocket and left the room. He went outside and looked around. He didn't know what to do next. He couldn't go back home because the police was looking for him. Without money and without a passport, he was now like a vagabond. He walked down the street, thinking what to do. The money was gone. Back home, the police was looking for him. Everything was lost. Now he was even ready to rob a store or bank. A van was stopped at the traffic lights. He realized that it was a bank's van, which transported money. He walked by slowly, looking at the driver. The window of the driver's cab was open. In the cab were a few bags. The driver was smoking and listening to the radio. Vega looked around, then pulled out his gun and walked up to the van.
"Give me the bag!" he yelled and pointed the gun at the driver. The driver looked at the gun. Then he looked around, picked up a bag and gave it to Vega.
"Sit still!" Vega shouted and ran away. He ran three or four blocks. Then he ran into a park and sat under a tree. He was very happy. To rob - that's so easy! He opened the bag and pulled something out. It wasn't money. These were some kind of dirty, smelly clothes. He threw the bag on the ground. He realized that he had robbed a dry cleaners' van. He made another mistake. Vega decided to return to the hotel.
"Hands up!" behind him stood two policemen. They pointed their guns on him. Vega raised his hands, and they handcuffed him. The police took him to the local jail. There were a few other people in the jail cell. One of them approached him and sniffed his clothes.

dass seine Brieftasche und sein Reisepass verschwunden waren.
„Ich werde dich umbringen, Pandora“, schrie er. Vega zog eine Pistole aus seiner Jackentasche und überprüfte sie. Dann steckte er sie zurück in seine Jackentasche und verließ das Zimmer. Er ging nach draußen und sah sich um. Er wusste nicht, was er als nächstes tun sollte. Er konnte nicht zurück nach Hause, weil er von der Polizei gesucht wurde. Ohne Geld und ohne Reisepass war er nun wie ein Vagabund. Er ging die Straße hinunter und überlegte, was er tun sollte. Das Geld war verschwunden. Zu Hause wurde er immer noch von der Polizei gesucht. Alles war verloren. Jetzt war er sogar bereit einen Laden oder eine Bank zu überfallen. Ein Transporter wurde an der Ampel angehalten. Er erkannte, dass es ein Banktransporter war, der Geld transportierte. Er ging langsam vorbei und sah den Fahrer an. Das Fenster des Führerhauses war offen. Im Führerhaus lagen einige Taschen. Der Fahrer rauchte gerade und hörte Radio. Vega sah sich um, zog seine Pistole und ging auf den Transporter zu.
„Gib’ mir die Tasche!“, schrie er und richtete die Pistole auf den Fahrer. Der Fahrer schaute die Waffe an. Dann sah er sich um, nahm eine Tasche und gab sie Vega.
„Bleib’ sitzen!“, schrie Vega und rannte davon. Er rannte drei oder vier Häuserblocks weit. Dann rannte er in einen Park und setzte sich unter einen Baum. Er war sehr glücklich. Ausrauben - das war so einfach! Er öffnete die Tasche und zog etwas heraus. Es war kein Geld. Es waren einige schmutzige, übel riechende Kleidungsstücke. Er warf die Tasche auf den Boden. Er bemerkte, dass er den Transporter einer Reinigung ausgeraubt hatte. Er hatte noch einen Fehler gemacht.
Vega entschied, zurück ins Hotel zu gehen.
„Hände hoch!“, hinter ihm standen zwei Polizisten. Sie richteten ihre Pistolen auf ihn. Vega hob seine Hände und sie legten ihm Handschellen an. Die Polizisten brachten ihn in das örtliche Gefängnis. Einige andere Leute

"Did you eat a steak?" he asked, "Do you have some left? I haven't eaten in two days."
"I'll kill you Pandora ..." John Vega thought, "And you, Peter Ashur - I'll kill you too."

waren in der Gefängniszelle. Einer von ihnen kam auf ihn zu und roch an seiner Kleidung. „Hast du ein Steak gegessen?“, fragte er. „Hast du noch etwas übrig? Ich habe seit zwei Tagen nichts gegessen.“
„Ich werde Pandora umbringen...“, dachte John Vega. „Und du, Peter Ashur - dich werde ich auch umbringen.“

C

New Vocabulary Review

1

- Is it Thursday or Friday today?
- It is Thursday today.
- Do you know what time is it?
- I will check my phone. It's ten minutes to four.
- Thank you. By the way, is it windy outside?
- It is cold, but it isn't windy outside.

2

- I was robbed!
- Who robbed you?
- This dirty bum robbed me!
- How did he do it?
- He pulled the wallet out of my pocket.
- What was in your wallet?
- My passport and money.
- Why is there smoke coming out of this dirty bum's head?
- I stunned him with a Taser.

3

- Give me some water, please.
- There isn't any water.
- Then give me some juice, please.
- There isn't any juice either.
- Give me a steak!
- There is no steak. Would you like to smoke or drink some wine? Or maybe you would like to listen to the radio?
- No, some other time. You have a wonderful cafe.
- Thank you. Everyone says so. And we

Wiederholung des neuen Vokabulars

1

- Ist heute Donnerstag oder Freitag?
- Heute ist Donnerstag.
- Weißt du wie spät es ist?
- Ich werde auf meinem Telefon nachsehen. Es ist zehn Minuten vor vier.
- Danke. Übrigens, ist es draußen windig?
- Draußen ist es kalt, aber nicht windig.

2

- Ich wurde ausgeraubt!
- Wer hat dich ausgeraubt?
- Dieser gemeine Penner hat mich ausgeraubt!
- Wie hat er das gemacht?
- Er hat die Brieftasche aus meiner Hosentasche gezogen.
- Und was war in deiner Brieftasche?
- Mein Reisepass und Geld.
- Warum raucht der Kopf dieses gemeinen Penners?
- Ich habe ihn mit meinem Elektroschocker angegriffen.

3

- Gib' mir bitte etwas Wasser.
- Es gibt kein Wasser.
- Dann gib' mir bitte etwas Saft.
- Es gibt auch keinen Saft.
- Gib' mir ein Steak!
- Es gibt kein Steak. Würden Sie gerne rauchen oder Wein trinken? Oder vielleicht Radio hören?
- Nein, ein anderes Mal. Sie haben ein großartiges Café.

are very pleased.

4

- I'm shocked!
- What happened?
- My computer keeps making mistakes!
- What kind of mistakes does your computer make?
- It is always wrong! And it takes a long time to think!
- Interesting. What is your computer thinking about?
- I'm also interested. What a strange computer!

5

- Do I have a nice chest?
- Yes. But why is it dirty?
- It isn't dirty. That's a tattoo.
- Let me get a better look.

6

- Is the hotel hiring new staff?
- Yes. This hotel needs staff for room cleaning.
- Do they also need a cook?
- Yes, they also need a cook. Are you neat?
- Yes, I'm very neat!
- What can you cook?
- I can cook an ordinary pizza.
- Is that all?
- I can cook an unusual pizza, too. And I do it neatly!

7

- Whose clothes are these?
- These are a young woman's clothes.
- And where is the young woman herself?
- She is in the sea.
- I am a porter from the hotel. Tell her that I'll take her purse and clothes to her room. Ah-ah-ah!
- What happened?
- Something stunned me!
- It's a Taser. The young woman left it under her clothes.

8

- Whose passport is this?

- Danke. Jeder sagt das. Und es freut uns so.

4

- Ich bin schockiert!
- Was ist passiert?
- Mein Computer macht ständig Fehler!
- Was für Fehler macht dein Computer?
- Er ist immer falsch! Und er braucht so lange um nachzudenken!
- Interessant. Worüber denkt dein Computer nach?
- Ich finde das auch interessant. Was für ein seltsamer Computer!

5

- Habe ich eine schöne Brust?
- Ja. Aber warum ist sie dreckig?
- Sie ist nicht dreckig. Das ist ein Tattoo.
- Lass' mich einen besseren Blick darauf werfen.

6

- Stellt das Hotel neue Mitarbeiter ein?
- Ja. Dieses Hotel braucht Mitarbeiter für die Zimmerreinigung.
- Brauchen sie auch einen Koch?
- Ja, sie brauchen auch einen Koch. Sind Sie ordentlich?
- Ja, ich bin sehr ordentlich.
- Was können Sie kochen?
- Ich kann gewöhnliche Pizzen machen.
- Ist das alles?
- Ich kann auch ungewöhnliche Pizzen machen. Und ich mache es ordentlich!

7

- Wem gehören diese Kleidungsstücke?
- Das sind die Kleidungsstücke einer jungen Frau.
- Und wo ist die junge Frau selbst?
- Sie ist im Meer.
- Ich bin ein Gepäckträger des Hotels. Sagen Sie ihr, dass ich ihre Handtasche und ihre Kleidungsstücke auf ihr Zimmer bringe. Ah-ah-ah!
- Was ist passiert?
- Etwas hat mir einen Schock versetzt.
- Das ist ein Elektroschocker. Die junge Frau hat ihn unter ihren Kleidungsstücken liegen

- This is my passport, Mr. customs officer.
- Whose box is this?
- This box belongs to that young man. He asked me to carry it through customs.
- What's in the box?
- Newspapers and a radio, Mr. customs officer.
- Are you sure?
- That's what he told me.
- Let's open it together and check.
- Let's.
- What are these pills and guns?
- I don't know, Mr. customs officer. You have to ask that young man.
- Young man, are these your pills and guns?
- Of course not!
- Can I go now, Mr. customs officer?
- Yes. Go. This police officer will take you where you need to go.

9

- Why were you transporting pills and guns?
- A young man asked me to do so, Mr. policeman.
- Did he give you money for it?
- No. He just asked. He said that there were newspapers and a radio.
- Why did you agree?
- Probably because I am a kind idiot.

gelassen.

8

- Wessen Reisepass ist das?
- Das ist mein Reisepass, Herr Zollbeamter.
- Wessen Kiste ist das?
- Diese Kiste gehört diesem jungen Mann. Er hat mich gebeten, sie durch den Zoll zu tragen.
- Was ist in der Kiste?
- Zeitungen und ein Radio, Herr Zollbeamter.
- Sind Sie sich sicher?
- Das hat er mir gesagt.
- Machen wir sie gemeinsam auf und schauen nach.
- Ja, machen wir das.
- Was sind das für Tabletten und Waffen?
- Ich weiß es nicht, Herr Zollbeamter. Sie müssen diesen jungen Mann fragen.
- Junger Mann, sind das ihre Tabletten und Waffen?
- Natürlich nicht!
- Kann ich jetzt gehen, Herr Zollbeamter?
- Ja. Gehen Sie. Dieser Polizist wird sie dorthin bringen, wo sie hingehen müssen.

9

- Warum haben Sie Tabletten und Waffen transportiert?
- Ein junger Mann hat mich gebeten das zu tun, Herr Polizist.
- Hat er ihnen Geld dafür gegeben?
- Nein. Er hat nur gefragt. Er sagte, dass es Zeitungen und ein Radio wären.
- Warum haben Sie zugestimmt?
- Wahrscheinlich weil ich ein netter Idiot bin.

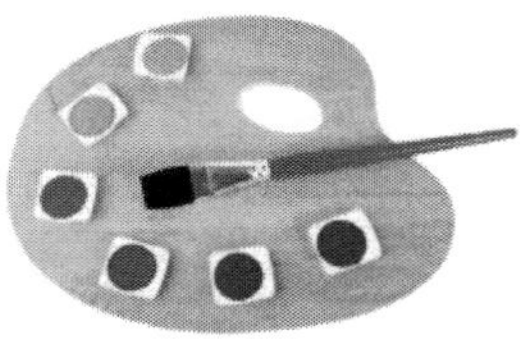

15

The Trial

Die Verhandlung

A

Words

1. agreed [əˈgriːd] - stimmte zu
2. arrest [əˈrest] - festnehmen
3. arrested [əˈrestɪd] - nahmen fest
4. at least [ət liːst] - zumindest
5. beat [biːt] - schlagen
6. blow up [bləʊ ʌp] - in die Luft sprengen
7. body [ˈbɒdi] - Körper, der
8. bomb [bɒm] - Bombe, die
9. bon appetit [ˈbɔnˈæpɪtaɪt] - guten Appetit
10. bow [baʊ] - verbeugen
11. bowed [baʊd] - verbeugte
12. butt [bʌt] - Hintern, der
13. cage [keɪdʒ] - Käfig, der
14. capital [ˈkæpɪtəl] - Hauptstadt, die
15. client [ˈklaɪənt] - Klient, der
16. climbed [klaɪmd] - kletterte
17. colorful [ˈkələrfəl] - bunt
18. conduct [kənˈdʌkt] - durchführen
19. confiscation [ˌkɒnfɪˈskeɪʃn̩] - Einziehung, die
20. consult [kənˈsʌlt] - beraten
21. continued [kənˈtɪnjuːd] - setzte fort
22. convict [kənˈvɪkt] - Strafgefangene, der
23. courtroom [ˈkɔːtruːm] - Gerichtssaal, der
24. death [deθ] - Tod, der

25. decision [dɪˈsɪʒn̩] - Entscheidung, die
26. declared [dɪˈkleəd] - verkündete
27. defendant [dɪˈfendənt] - Angeklagte, der
28. defender [dɪˈfendə] - Verteidiger, der
29. defense [dɪˈfens] - Verteidigung, die
30. defense counsel [dɪˈfens ˈkaʊnsl̩] - Verteidiger, der
31. driven [ˈdrɪvn̩] - gefahren
32. drove [drəʊv] - fuhr
33. engine [ˈendʒɪn] - Motor, der
34. entered [ˈentəd] - betrat
35. everyone [ˈevrɪwʌn] - jeder
36. experiment [ɪkˈsperɪmənt] - Experiment, das
37. exploited [ɪkˈsplɔɪtɪd] - ausgebeutet
38. feed [fiːd] - Essen bekommen
39. full [fʊl] - voll
40. get up [ˈget ʌp] - erhob sich
41. held [held] - gehalten
42. honor [ˈɒnə] - Ehre, die
43. hungry [ˈhʌŋgri] - hungrig
44. in disgust [ɪn dɪsˈgʌst] - angewidert
45. interest [ˈɪntrəst] - Interesse, das
46. investigative [ɪnˈvestɪgətɪv] - Ermittlungs-
47. investigative experiment [ɪnˈvestɪgətɪv ɪkˈsperɪmənt] - Ermittlungsexperiment, das
48. judge [dʒʌdʒ] - Richter, der
49. jumped [dʒʌmpt] - sprang
50. justified [ˈdʒʌstɪfaɪd] - rechtfertigte
51. lawyer [ˈlɔːjə] - Anwalt, der
52. leader [ˈliːdə] - Führer, der
53. let [let] - lassen
54. lick [lɪk] - ablecken
55. licked [lɪkt] - leckte ab
56. maniac [ˈmeɪnɪæk] - Verrückte, der
57. needed [ˈniːdɪd] - brauchte
58. nose [nəʊz] - Nase, die
59. offered [ˈɒfəd] - bot an
60. officer [ˈɒfɪsə] - Beamte, der
61. organization [ˌɔːgənaɪˈzeɪʃn̩] - Organisation, die
62. paint [peɪnt] - streichen
63. part [pɑːt] - Teil, der
64. penalty [ˈpenlti] - Strafe, die
65. possible [ˈpɒsəbl̩] - möglich
66. promised [ˈprɒmɪst] - versprochen
67. property [ˈprɒpəti] - Eigentum, das
68. prosecutor [ˈprɒsɪkjuːtə] - Staatsanwalt, der
69. prove [pruːv] - beweisen
70. provided [prəˈvaɪdɪd] - erbracht
71. punish [ˈpʌnɪʃ] - bestrafen
72. punishment [ˈpʌnɪʃmənt] - Strafe, die
73. road [rəʊd] - Straße, die
74. said [ˈsed] - gesagt
75. saw [sɔː] - sah
76. scoundrel [ˈskaʊndrəl] - Schurke, der
77. scratched [skrætʃt] - kratzte
78. security [sɪˈkjʊərɪti] - Sicherheit, die
79. sentence [ˈsentəns] - Strafe, die
80. severe [sɪˈvɪə] - hart
81. sexual [ˈsekʃʊəl] - sexuell
82. sexually [ˈsekʃʊəli] - sexuell
83. showed [ʃəʊd] - zeigte
84. since [sɪns] - seit
85. sleepy [ˈsliːpi] - schläfrig
86. slept [slept] - schlief
87. smelled [smeld] - roch
88. started [ˈstɑːtɪd] - startete
89. steal [stiːl] - stehlen
90. striped [straɪpt] - gestreift
91. substance [ˈsʌbstəns] - Substanz, die
92. suggested [səˈdʒestɪd] - schlug vor
93. terrorist [ˈterərɪst] - Terrorist, der
94. threatened [ˈθretn̩d] - bedrohte
95. tired [ˈtaɪəd] - müde
96. toad [təʊd] - Kröte, die
97. told [təʊld] - sagte
98. tourist [ˈtʊərɪst] - Tourist, der
99. trial [ˈtraɪəl] - Verhandlung, die
100. turned [tɜːnd] - drehte sich um
101. victoriously [vɪkˈtɔːrɪəsli] - triumphierend
102. wall [wɔːl] - Mauer, die
103. winked [wɪŋkt] - zwinkerte
104. yard [jɑːd] - Hof, der
105. yawned [jɔːnd] - gähnte

B

The Trial

"If you give me something to eat, then I'll let you lick this toad," someone in the prison cell suggests to John Vega.
"What toad?" John Vega said in surprise.
"I'm hungry, because they almost never feed us here. If you give me some food, I'll let you lick this toad's butt," the man continued.
"Why would I lick this toad's butt?" Vega didn't understand.
"This toad has some kind of substance there on the butt that lets you see colorful dreams day and night," the man showed the toad to Vega. He licked the green butt and smiled, "Cool. Want some? Here," he offered.
"Thank you, lick it yourself, and ... bon appetit," Vega turned away in disgust.
A security guard approached the cell door and pulled the keys out of his pocket.
"Come out, scoundrel!" the guard said loudly, opening the door. Several people stood up and walked to the door, "Not you. You. Get up and leave," he pointed to Vega. Vega got up and walked out of the cell. The guard closed the door.
"Go straight down this corridor! Walk up to the door, then stop!" he ordered. Vega walked down the corridor and up to the door. He stopped. The guard knocked on the door and opened it.
"Go in!" he told to John Vega. Vega entered a large room. There were two large cages. A man sat inside one of the cages. The guard opened the other cage.
"Go in!" he ordered again. Vega entered the cage and looked around. In the room were a few tables with people sitting behind them. Vega realized that it was a

Die Verhandlung

„Wenn du mir etwas zu essen gibst, dann lasse ich dich diese Kröte ablecken", schlägt jemand in der Gefängniszelle John Vega vor.
„Was für eine Kröte?", fragte John Vega überrascht.
„Ich bin hungrig, weil wir hier kaum etwas zu Essen bekommen. Wenn du mir etwas zu Essen gibst, lasse ich dich den Hintern dieser Kröte ablecken", setzte der Mann fort.
„Warum sollte ich den Hintern dieser Kröte ablecken?", Vega verstand es nicht.
„Diese Kröte hat irgendeine Substanz hier an ihrem Hintern, damit kannst du Tag und Nacht bunte Träume haben", der Mann zeigte Vega die Kröte. Er leckte den grünen Hintern ab und lächelte: „Cool. Magst du? Hier", bot er an.
„Danke, leck' ihn selber ab, und... guten Appetit", Vega drehte sich angewidert um.
Ein Gefängniswärter näherte sich der Zelle und nahm die Schlüssel aus seiner Hosentasche.
„Komm' raus, du Schurke!", sagte der Beamte laut und öffnete die Tür. Einige Leute standen auf und gingen zur Tür. „Nicht du. Du. Steh' auf und komm' heraus", er zeigte auf Vega. Vega stand auf und ging aus der Zelle. Der Wärter schloss die Tür.
„Geh' diesen Flur entlang! Geh' bis zur Tür und bleib' stehen!", befahl er. Vega ging den Flur entlang und bis zur Tür. Er blieb stehen. Ein Gefängniswärter klopfte an der Tür und öffnete sie.
„Geh' hinein", sagte er zu John Vega. Vega betrat ein großes Zimmer. Darin standen zwei große Käfige. Ein Mann saß in einem der Käfige. Der Wärter öffnete den anderen Käfig.
„Geh' hinein!", befahl er noch einmal. Vega ging in den Käfig und sah sich um. Im Zimmer standen einige Tische, an denen Menschen saßen. Vega wurde klar, dass es ein Gerichtssaal war. In der

courtroom. Near the window, two workers were painting the wall. There was a strong smell of paint in the room. The workers were dressed in striped clothes, and Vega realized that they were convicts.
"Your honor," declared one of the people, getting up, "I demand a severe punishment for this scoundrel," he pointed with disgust at the man in the other cage. "He promised five women jobs at a shop, but instead he sexually exploited them. I, as a prosecutor, demand a sentence of 190 years in prison or the death penalty!"
"What does the defense say?" the judge asked.
"Your honor, these women had been sexually exploited for many years before he offered them this job. At least two of them had provided sexual services to tourists in the capital," said the defender, bowed and sat down.
"190 years in prison and the death penalty are too severe punishment for him, since they had already provided sexual services," the judge looked at the man in the cage and scratched his nose. "Here is my decision! 95 years in prison and the confiscation of his property!" he said. A security guard approached the cage and opened the door. The man came out of the cage.
"Thank the judge for his decision and bow to him!" the guard ordered.
"Thank you, Your Honor," the man said, bowed, and walked out of the courtroom.
"Your honor," said the prosecutor, getting up, "This scoundrel robbed the dry cleaners' van. He threatened the driver with a gun. He took a bag of dirty clothes. The police officers who arrested him saw that he opened the bag and was sniffing the dirty clothes. We believe that he is the one who steals the clothes that

Nähe des Fensters strichen zwei Arbeiter die Mauer. Das Zimmer roch stark nach Farbe. Die Arbeiter hatten gestreifte Kleidung an und Vega wurde klar, dass es sich um Strafgefangene handelte.
„Euer Ehren“, verkündete eine der Personen und erhob sich, „ich fordere eine harte Strafe für diesen Schurken“. Er zeigte angewidert auf den Mann im anderen Käfig. „Er hat fünf Frauen Arbeit in einem Laden versprochen, aber er hat sie stattdessen sexuell ausgebeutet. Ich, als Staatsanwalt, fordere eine Strafe von 190 Jahren Gefängnis oder die Todesstrafe!“
„Was sagt die Verteidigung?“, fragte der Richter.
„Euer Ehren, diese Frauen wurden schon viele Jahre lang sexuell ausgebeutet, bevor er ihnen diesen Job anbot. Zumindest zwei von ihnen haben in der Hauptstadt sexuelle Dienste für Touristen erbracht“, sagte der Verteidiger, verbeugte sich und setzte sich hin.
„190 Jahre im Gefängnis oder die Todesstrafe ist eine zu harte Strafe für ihn, da die Frauen bereits sexuelle Dienste erbracht hatten“, der Richter schaute den Mann im Käfig an und kratzte sich an der Nase. „Hier ist meine Entscheidung! 95 Jahre im Gefängnis und die Einziehung seines Besitzes!“, sagte er. Ein Wärter näherte sich dem Käfig und öffnete die Tür. Der Mann kam aus dem Käfig heraus.
„Danken Sie dem Richter für seine Entscheidung und verbeugen Sie sich vor ihm!“, befahl der Wärter.
„Danke, euer Ehren“, sagte der Mann, verbeugte sich und verließ den Gerichtssaal.
„Euer Ehren“, sagte der Staatsanwalt und erhob sich, „dieser Schurke hat den Reinigungstransporter ausgeraubt. Er hat den Fahrer mit einer Pistole bedroht. Er nahm eine Tasche mit dreckigen Kleidungsstücken. Die Polizisten, die ihn festgenommen haben, haben gesehen, dass er die Tasche aufgemacht hat und an den dreckigen Kleidungsstücken gerochen hat. Wir glauben, dass es derjenige ist, der Kleidungsstücke stiehlt, die Frauen zum Trocken

women hang out to dry. This maniac has been active in our city for two months! I demand 350 years in prison as a punishment for him!"
"I protest!" Vega shouted, "I came to your town just two days ago!" he justified himself.
"Silence! What does the defense say?" the judge asked.
"Your honor, can we consult with our client?" the defender asked.
"Go ahead, but do it quickly," the judge asked and yawned.
The defender went to the cage where Vega was sitting. Vega came up to him.
"Help me. I'll pay you," he said quietly to the defender.
"In our country it is possible to punish just one part of the body," the defender replied quietly, " Since you held a gun and smelled the dirty clothes using only your right hand, then we can punish just the hand," he continued.
Vega looked at his defender: "What do you mean?" he asked nervously.
"I mean that the judge can punish just your right hand," the defender smiled and winked victoriously.
"Enough! It's almost dinner time and I'm tired," the judge said, "So, what does the defense say?" the judge asked again.
"Since the defendant had a gun and smelled dirty clothes with his right hand, then I ask only to punish the hand," the lawyer said, and bowed.
"Wait a minute!" Vega shouted, "I demand to conduct an investigative experiment!"
"What for?" the judge said in surprise and scratched his head. Everyone looked at Vega with interest.
"I can prove that I wasn't the one who robbed the dry cleaners' van!" Vega suggested.
"Then who did it?" the prosecutor was

aufhängen. Dieser Verrückte hat schon zwei Monate lang in unserer Stadt gewütet! Ich fordere 350 Jahre Gefängnisstrafe für ihn!“
„Ich protestiere“, schrie Vega. „Ich bin erst vor zwei Tagen in Ihre Stadt gekommen!“, rechtfertigte er sich.
„Ruhe! Was sagt die Verteidigung?“, fragte der Richter.
„Euer Ehren, dürfen wir uns mit unserem Klienten beraten?“, fragte der Verteidiger.
„Machen Sie, aber schnell“, bat der Richter und gähnte.
Der Verteidiger kam zu dem Käfig in dem Vega saß. Vega näherte sich ihm.
„Helfen Sie mir. Ich werde Sie bezahlen“, sagte er leise zu dem Verteidiger.
„In unserem Land ist es möglich nur einen Teil des Körpers zu bestrafen“, antwortete der Verteidiger leise. „Da Sie die Waffe nur mit Ihrer rechten Hand gehalten haben und die Kleidungsstücke in Ihrer rechten Hand hielten, um an ihnen zu riechen, können wir nur die rechte Hand bestrafen“, setzte er fort.
Vega sah den Verteidiger an. „Was meinen Sie?“, fragte er nervös.
„Ich meine, dass der Richter nur Ihre rechte Hand bestrafen kann“, der Verteidiger lächelte und zwinkerte triumphierend.
„Genug! Es ist Zeit für das Abendessen und ich bin müde“, sagte der Richter. „Also, was sagt die Verteidigung?“, fragte der Richter noch einmal.
„Da der Angeklagte die Waffe nur mit seiner rechten Hand gehalten hat und die Kleidungsstücke in seiner rechten Hand hielt, um an ihnen zu riechen, fordere ich, nur die rechte Hand zu bestrafen“, sagte der Anwalt und verbeugte sich.
„Warten Sie eine Minute!“, schrie Vega. „Ich verlange, einen Ermittlungsversuch durchzuführen!“
„Wozu?“, sagte der Richter überrascht und kratzte sich am Kopf. Alle sahen Vega interessiert an.
„Ich kann beweisen, dass ich nicht derjenige war, der den Reinigungstransporter überfallen hat!“,

surprised. Everyone looked at Vega. The workers stopped painting and also looked with interest at Vega.
"The driver of the dry cleaners' van is the leader of a dangerous terrorist organization. He gave me a gun and made me do it! There is a bomb in his van! He wants to blow up the police station and the prison! I'll show you, Your Honor! Can we conduct an investigative experiment?" Vega shouted.
"Yes," the judge agreed, "Quickly, conduct an investigative experiment and also arrest the driver! Arrest all the terrorists! Quickly! "
The guards took Vega to the prison yard. A truck stood in the yard. The driver sat in the truck and slept. The judge, defense counsel, prosecutor, and the workers who were painting the walls looked down from the prison windows.
"Here is that scoundrel!" Vega shouted to the judge and grabbed the driver by the hair. "We got you, scoundrel! Disgusting terrorist!" he shouted.
The sleepy driver began to shout in horror: "Help! He wants to rob me again! Help! Police!"
Several police officers grabbed the driver and threw him to the ground. Vega jumped on the driver and began beating him.
"Look, your honor! Here's that disgusting terrorist!" he shouted, "There is a bomb in the van! Look!" he quickly climbed into the car, grabbed one of the bags and threw it on the ground in disgust,
"Bomb!" Vega shouted. Everyone stopped and looked at the bag.
"There are five more bombs in the van! I have to drive the van out of the jail!" Vega started the engine and drove quickly down the road. One of the guards carefully opened the bag on the ground. Of course, it was full of dirty clothes.

schlug Vega vor.
„Wer hat es dann getan?“, der Staatsanwalt war überrascht. Alle sahen Vega an. Die Arbeiter hörten auf zu streichen und schauten Vega auch interessiert an.
„Der Fahrer des Reinigungstransporters ist der Führer einer gefährlichen terroristischen Organisation. Er gab mir die Waffe und zwang mich, es zu tun! Es ist eine Bombe in seinem Transporter! Er möchte die Polizeiwache und das Gefängnis in die Luft sprengen! Ich werde es Ihnen zeigen, euer Ehren! Können wir einen Ermittlungsversuch durchführen?“, schrie Vega.
„Ja“, stimmte der Richter zu. „Schnell, führt einen Ermittlungsversuch durch und nehmt den Fahrer fest! Nehmt alle Terroristen fest! Schnell!“
Die Wächter brachten Vega in den Gefängnishof. Ein Lastwagen stand im Hof. Ein Fahrer saß im Lastwagen und schlief. Der Richter, der Verteidiger, der Staatsanwalt und die Arbeiter, welche die Wände strichen, sahen von den Gefängnisfenstern aus zu.
„Hier ist der Schurke!“, schrie Vega dem Richter zu und hielt den Fahrer an den Haaren fest. „Wir haben dich, Schurke! Widerlicher Terrorist!“, schrie er.
Der schläfrige Fahrer begann entsetzt zu schreien: „Hilfe! Er will mich noch einmal überfallen! Hilfe! Polizei!“
Einige Polizisten schnappten den Fahrer und warfen ihn zu Boden. Vega sprang auf den Fahrer und begann ihn zu schlagen.
„Sehen Sie, euer Ehren! Hier ist dieser widerliche Terrorist!“, schrie er. „Eine Bombe ist im Transporter! Sehen Sie!“, er kletterte schnell in den Lastwagen, schnappte eine der Taschen und warf sie angewidert auf den Boden.
„Bombe!“, schrie Vega. Alle hielten inne und schauten auf die Tasche.
„Da sind noch fünf weitere Bomben im Transporter! Ich muss den Transporter aus dem Gefängnis hinausfahren!“, Vega startete den Motor und fuhr schnell die Straße entlang. Einer der Wärter öffnete vorsichtig die Tasche auf dem

"After him!" the judge shouted, "Arrest him, quickly! Idiots!"
John Vega drove like he'd never driven before. Now, he just needed to get Peter Ashur. And he knew where to find him.

Boden. Natürlich war sie voll dreckiger Kleidungsstücke.
„Ihm nach!“, schrie der Richter. „Nehmt ihn fest, schnell! Idioten!“
John Vega fuhr so schnell, wie er noch nie zuvor gefahren war. Jetzt musste er zu Peter Ashur gelangen. Und er wusste, wo er ihn finden konnte.

C

New Vocabulary Review

1

- Could you tell me, is it Friday or Saturday today?
- I think it's Friday today. I'm not sure.
- Do you know what time it is?
- I will check my phone. Five minutes to five.
- Thank you. By the way, is it warm outside?
- It is cool but sunny outside. It will probably be hot later.

2

- What are you hanging?
- I'm hanging laundry to dry.
- You shouldn't hang laundry near a bus stop.
- I always hang it here.
- It is better to hang laundry in the garden behind the house.

3

- I want to thank you for finally finding my documents.
- You'd better thank the manager. He was the one who blew up the safe and found them.
- Why didn't he open the safe with a key?
- He lost the key two months ago.

4

- Do you know how to get to the zoo?
- No, I don't know. Sorry.
- Wait. I can tell you how to get there. First, go straight up to the traffic light.

Wiederholung des neuen Vokabulars

1

- Könnten Sie mir sagen, ob heute Freitag oder Samstag ist?
- Ich glaube heute ist Freitag. Ich bin mir nicht sicher.
- Wissen Sie wie spät es ist?
- Ich werde auf meinem Telefon nachsehen. Es ist fünf Minuten vor fünf.
- Danke. Übrigens, ist es draußen warm?
- Draußen ist es kalt, aber sonnig. Es wird wahrscheinlich später heiß werden.

2

- Was hängst du gerade auf?
- Ich hänge die Wäsche zum Trocknen auf.
- Du solltest die Wäsche nicht in der Nähe der Bushaltestelle aufhängen.
- Ich hänge sie immer hier auf.
- Es ist besser die Wäsche im Garten hinter dem Haus aufzuhängen.

3

- Ich wollte mich bei dir bedanken, weil du endlich meine Unterlagen gefunden hast.
- Du solltest besser dem Manager danken. Er war derjenige, der den Safe gesprengt hat und sie gefunden hat.
- Warum hat er den Safe nicht mit dem Schlüssel geöffnet?
- Er hat den Schlüssel vor zwei Monaten verloren.

4

- Weißt du, wie man zum Zoo kommt?
- Nein, das weiß ich nicht. Tut mir leid.
- Warte. Ich kann dir sagen wie man dorthin kommt. Zuerst gehst du geradeaus bis zur Ampel.

Then right up to the hotel. The zoo is behind the hotel.
- Yes, thank you ...
- Not at all. Bye!
- Wait a minute ... And when is your cage open? I'll come to watch them feed you and I'll bring you a banana.

5

- So, Mr. manager, I have to sentence you for a confiscation of property.
- Please don't, Mr. judge. I won't do it anymore. I promise you.
- What does the defense say?
- Your honor, my client steals everything in sight. He already stole the prison guard's key and the guard-dog's saucer. He can't control himself. My client shouldn't be punished. He is probably a kleptomaniac. He should be examined by a doctor.
- I see. Have him examined by a doctor. And where's my phone? You are a scoundrel, Mr. manager! A scoundrel and a maniac! Mr. prosecutor, what do you think?
- He should be punished severely, your honor! He just stole my newspaper. I demand the death penalty. And let's punish him right now!

6

- Where were you when you heard the first explosion?
- I was just two steps away from the bank, Mr. Judge.
- And where were you when you heard the second and third explosions?
- Oh, by that time I was already three blocks away!

7

- Mister, why are you winking at me?
- I'm not winking at you, miss. Calm down.
- No need to calm me down! Why are you winking at someone else and not at me?

Dann bis zum Hotel. Der Zoo ist hinter dem Hotel.
- Ja, danke...
- Gern geschehen! Tschüss!
- Warte kurz... Und wann ist dein Käfig zugänglich? Ich werde kommen um zu sehen, wie sie dich füttern und ich werde dir eine Banane bringen.

5

- Also, Herr Manager, Sie werden verurteilt und ihr Eigentum wird beschlagnahmt.
- Bitte nicht, Herr Richter. Ich werde es nicht mehr tun. Ich verspreche es Ihnen.
- Was sagt die Verteidigung?
- Euer Ehren, mein Klient stiehlt alles in seiner Nähe. Er hat bereits den Schlüssel des Gefängniswärters gestohlen und den Napf des Hundes des Wärters. Er kann sich selbst nicht kontrollieren. Mein Klient sollte nicht bestraft werden. Er ist wahrscheinlich ein Kleptomane. Er sollte von einem Arzt untersucht werden.
- Ich verstehe. Lassen Sie ihn von einem Arzt untersuchen. Und wo ist mein Telefon? Sie sind ein Schurke, Herr Manager! Ein Schurke und ein Verrückter! Herr Staatsanwalt, was denken Sie?
- Er sollte hart bestraft werden, euer Ehren! Er hat gerade meine Zeitung gestohlen. Ich fordere die Todesstrafe. Lassen Sie ihn uns jetzt gleich bestrafen!

6

- Wo waren Sie, als Sie die erste Explosion gehört haben?
- Ich war nur zwei Schritte entfernt von der Bank, Herr Richter.
- Und wo waren Sie, als Sie die zweite und dritte Explosion gehört haben?
- Oh, zu der Zeit war ich bereits drei Häuserblocks entfernt!

7

- Mein Herr, warum zwinkern Sie mir zu?
- Ich zwinkere Sie nicht an. Beruhigen Sie sich.
- Ich habe keinen Grund mich zu beruhigen. Warum zwinkern Sie jemand anderen an und nicht mich?

8

- Schau' keine anderen Frauen an! Schau' nur

8

- Don't look at other women! Look only at me.
- But they're all looking at me. Is it my fault that I'm so sexy?
- Take the finger out of your nose and they won't look at you.

9

- Miss, can you do me a favor?
- No, I can't.
- Oh, please.
- No.
- I beg you!
- What kind of a favor, maniac?
- Stop banging your foot on my chair.

10

- Take this maniac to room number five.
- Doctor, I protest! I am a truck and not a maniac! I need to drive to the garage! Let me go!
- Calm down, patient. We believe that you are a truck just because you licked the butt of a toad.
- I want to consult with the prosecutor!
- Okay. Take him to the prosecutor. The prosecutor is in room number four.

mich an.

- Aber sie schauen mich alle an. Ist es meine Schuld, dass ich so sexy bin?
- Nimm' den Finger aus deiner Nase und sie werden aufhören dich anzuschauen.

9

- Junge Frau, darf ich Sie um einen Gefallen bitten?
- Nein, das geht nicht.
- Bitte.
- Nein.
- Ich flehe Sie an.
- Welche Art von Gefallen, Verrückter?
- Hören Sie damit auf, mit Ihrem Fuß an meinen Stuhl zu klopfen.

10

- Bringen Sie diesen Verrückten in das Zimmer Nummer fünf.
- Herr Doktor, ich protestiere! Ich bin ein Lastwagen und kein Verrückter! Ich muss in die Garage fahren! Lassen Sie mich gehen!
- Beruhigen Sie sich, Patient. Wir glauben, dass Sie nur ein Lastwagen sind, weil Sie den Hintern einer Kröte abgeleckt haben.
- Ich möchte mit dem Staatsanwalt sprechen!
- In Ordnung. Bringen Sie ihn zum Staatsanwalt. Der Staatsanwalt ist in Zimmer Nummer vier.

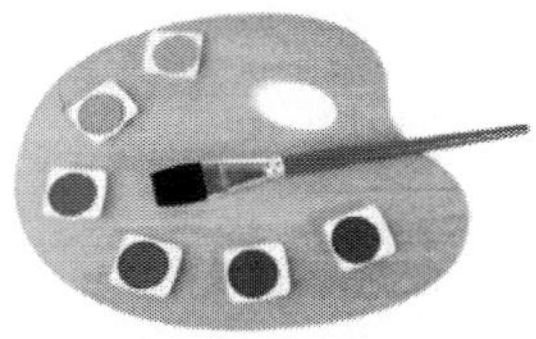

16

The Weapon of the Khans

Die Waffe der Khans

A

Words

1. advised [əd'vaɪzd] - geraten
2. against [ə'genst] - gegen
3. alcohol ['ælkəhɒl] - Alkohol, der
4. attacked [ə'tækt] - attackiert
5. barrel ['bærəl] - Fass, das
6. be able to [bi 'eɪbl̩ tu:] - etwas tun können
7. beat [bi:t] - schlagen
8. broke [brəʊk] - brachen
9. business ['bɪznəs] - Geschäft, das
10. closer ['kləʊsə] - näher
11. conclude [kən'klu:d] - abschließen
12. crazy ['kreɪzi] - verrückt
13. create [kri:'eɪt] - erzeugen
14. cried [kraɪd] - schrie
15. crush [krʌʃ] - zerquetschen
16. crushed [krʌʃt] - zerquetschte
17. daddy ['dædi] - Papa
18. demanded [dɪ'mɑ:ndɪd] - forderte
19. destroyed [dɪ'strɔɪd] - zerstört
20. direction [dɪ'rekʃn̩] - Richtung, die
21. do the trick [də ðə trɪk] - funktionieren
22. drag [dræg] - ziehen
23. dragged [drægd] - zog
24. drank [dræŋk] - trank
25. drunk [drʌŋk] - getrunken, betrunken
26. drunken ['drʌŋkən] - betrunken
27. each [i:tʃ] - jede, jeder, jedes
28. elephant ['elɪfənt] - Elefant, der
29. empty ['empti] - leer

30. enjoy [ɪnˈdʒoɪ] - etwas gerne tun
31. escape [ɪˈskeɪp] - fliehen
32. factory [ˈfæktəri] - Fabrik, die
33. farm [fɑːm] - Farm, die
34. field [fiːld] - Feld, das
35. fifty [ˈfɪfti] - fünfzig
36. filled [fɪld] - erfüllte
37. followed [ˈfɒləʊd] - folgten
38. gas [gæs] - Gas, das
39. gate [geɪt] - Tor, das
40. gaze [geɪz] - Blick, der
41. hard [hɑːd] - hart
42. heard [hɜːd] - hörte
43. huge [hjuːdʒ] - riesig
44. idea [aɪˈdɪə] - Idee, die
45. injured [ˈɪndʒəd] - verletzt
46. inquired [ɪnˈkwaɪəd] - fragte nach
47. insisted [ɪnˈsɪstɪd] - beharrte
48. khan [kɑːn] - Khan
49. killed [kɪld] - getötet
50. landed [ˈlændɪd] - landeten
51. law [lɔː] - Gesetz, das
52. leaped [liːpt] - sprang
53. led [led] - führte
54. liqueur [lɪˈkjʊə] - Alkohol, der
55. loud [laʊd] - laut
56. lowered [ˈlaʊəd] - senkten
57. mad [mæd] - verrückt
58. mass [mæs] - Masse, die
59. met [met] - traf
60. ministry [ˈmɪnɪstri] - Ministerium, das
61. on top of [ɒn tɒp ɒv] - auf
62. overturned [ˌəʊvəˈtɜːnd] - kippten um
63. pain [peɪn] - Schmerz, der
64. pale [peɪl] - blass
65. parking lot [ˈpɑːkɪŋ lɒt] - Parkplatz, der
66. pressed [prest] - gedrückt
67. protested [prəˈtestɪd] - protestierte
68. push [pʊʃ] - stoßen
69. rang [ræŋ] - klingelte
70. reach [riːtʃ] - ereichen
71. reinforcement [ˌriːɪnˈfɔːsmənt] - Verstärkung, die
72. reinforcement team [ˌriːɪnˈfɔːsmənt tiːm] - Verstärkungsteam, das
73. relative [ˈrelətɪv] - Verwandte, der
74. repeated [rɪˈpiːtɪd] - wiederholte
75. returned [rɪˈtɜːnd] - kehrte zurück
76. roared [rɔːd] - trompetete
77. roaring [ˈrɔːrɪŋ] - trompetend
78. rose [rəʊz] - stand auf
79. run [rʌn] - rennen
80. screen [skriːn] - Bildschirm, der
81. shoot [ʃuːt] - schießen
82. sight [saɪt] - Sicht, die
83. son [sʌn] - Sohn, der
84. sped [sped] - raste
85. spilled [spɪld] - verschüttet
86. stepped [stept] - stieg
87. stick [stɪk] - Stock, der
88. stroked [strəʊkt] - streichelte
89. team [tiːm] - Team, das
90. themselves [ðəmˈselvz] - sie selbst
91. toward [təˈwɔːd] - zu
92. traffic jam [ˈtræfɪk dʒæm] - Stau, der
93. trouble [ˈtrʌbl̩] - Schwierigkeiten, die
94. trunk [trʌŋk] - Rüssel, der
95. unbelievable [ˌʌnbɪˈliːvəbl̩] - unglaublich
96. understood [ˌʌndəˈstʊd] - verstanden
97. until [ʌnˈtɪl] - bis
98. use [ˈjuːs] - nutzen
99. weapon [ˈwepən] - Waffe, die
100. wheel [wiːl] - Lenkrad, das

B

The Weapon of the Khans

On the way to the airport, Paul got into a traffic jam. His cab also stopped in the

Die Waffe der Khans

Auf dem Weg zum Flughafen kam Paul in einen Stau. Das Taxi blieb auch im Stau stehen. Er sah

traffic jam. He looked around and saw, on the right, a long, high wall with a big gate. Above the gate it said Hal Hut.
"What's that on the right?" Paul asked.
"That's the Hal Hut prison," the cab driver said, "And that's an elephant farm," he pointed to the left.
Paul looked where the driver had pointed. He saw huge elephants there. A few elephants were running across the field. They raised their trunks and roared.
"There's something wrong with the elephants," the driver said. Paul's phone rang.
"Yes," he answered.
"Paul, this is Andrew. Can you talk?" Paul heard.
"Yes, I'm in a taxi, on my way to the airport," Paul replied to Andrew.
"The guys from the head office have asked you to take care of the airplane that will be flying to North Africa. They need all the information that you have. If you can get on the plane, the Ministry of Defense will create a reinforcement team. Which idiots from our country are going to be there?" asked Andrew.
"Two relatives - a dad and his son, both are in trouble with the law. I'll try to get on the plane as the pilot. I'll call again as soon as I have more information," Paul said.
"Understood. Hang in there. North Africa - that's more serious right now than our local thieves and drunks," Andrew said.
"Okay. See you," Paul concluded. He suddenly saw that people were getting out of the stopped cars in front of him and running away. His taxi driver also jumped out of the car and ran away. Paul looked ahead and saw that the elephants were running from the left toward road. Roaring, they ran up to the cars and overturned them with their trunks to clear the way. Then they ran across the road and

sich um und sah eine lange, hohe Mauer mit einem großen Tor rechts von ihm. Über dem Tor stand Hal Hut.
„Was ist das rechts von uns?“, fragte Paul.
„Das ist das Hal Hut Gefängnis“, sagte der Taxifahrer. „Und das ist eine Elefantenfarm“, er zeigte nach links.
Paul schaute dorthin, wohin der Fahrer gezeigt hatte. Er sah dort große Elefanten. Einige Elefanten rannten über ein Feld. Sie hoben ihre Rüssel und trompeteten.
„Etwas stimmt mit den Elefanten nicht“, sagte der Fahrer. Pauls Handy klingelte.
„Ja“, antwortete er.
„Paul, hier ist Andrew. Kannst du sprechen?“, hörte Paul.
„Ja, ich bin in einem Taxi, auf dem Weg zum Flughafen“, antwortete Paul Andrew.
„Die Leute aus der Zentrale wollen dich bitten, dass du dich um das Flugzeug kümmerst, dass nach Nordafrika fliegen soll. Sie brauchen alle Informationen, die du hast. Wenn du es schaffst in das Flugzeug zu kommen, wird das Verteidigungsministerium ein Verstärkungsteam zusammenstellen. Welche Idioten aus unserem Land werden dabei sein?“, fragte Andrew.
„Zwei Verwandte - ein Vater und sein Sohn, beide haben Schwierigkeiten mit dem Gesetz. Ich werde versuchen als Pilot in das Flugzeug zu kommen. Ich rufe dich an sobald ich mehr Informationen habe“, sagte Paul.
„Verstanden. Halt' durch! Nordafrika - das ist viel ernster als unsere örtlichen Diebe und Betrunkenen“, sagte Andrew.
„In Ordnung. Bis bald“, sagte Paul abschließend. Er sah plötzlich, dass die Leute aus den geparkten Autos vor ihm ausstiegen und wegrannten. Sein Taxifahrer sprang auch aus dem Auto und rannte weg. Paul schaute nach vorne und sah, dass die Elefanten von links auf die Straße rannten. Trompetend rannten sie zu den Autos und kippten sie mit ihren Rüsseln um, um den Weg freizumachen. Dann rannten sie über die Straße, genau auf einen Lastwagen zu. Paul stieg schnell aus und sah, dass zwei

ran right toward some truck. He got out quickly and saw that two huge elephant were running toward his taxi. One of them picked up a taxi with his trunk and overturned it. A man was riding the other elephant. Roaring, the elephant ran past Rost. A man shouted loudly and beat the elephant with a stick on the back. Paul looked at his face. For a moment their eyes met. Unbelievable! The man on top of the elephant was Peter Ashur! The man with the tattoo "Do not waste time!" knows how to create problems for himself and others. Shouting, he led the elephant to the truck that stood to the right of the prison wall. The other elephants followed him. Paul smelled a strong smell of alcohol, which filled the air. The elephants ran up to the truck, raised their trunks and lowered them into the truck. Paul ran up closer so that he could see better. Something had spilled around the truck. It was probably liqueur because the smell there was very strong. The elephants drank from the barrels on the truck. Other elephants, running up from behind, couldn't reach barrels because there was no more room. They started to beat and crush the elephants near the truck. A fight broke out. The smell of alcohol made the elephants crazy and, roaring, they beat and pushed each other. The elephants that already had a drink of liqueur, could no longer control themselves. They beat and pushed everything in sight. All this crazy mass crushed and pushed the truck so hard that it pressed on the wall of the prison until it broke down with a loud noise. Paul saw a few prison cells. The people in them looked at the mad elephants with horror. Ashur leaped from the elephant, ran there and cried: "Daddy, it's me, Peter! Jump over here!" At this moment a huge elephant pushed another elephant, and it fell near Ashur. Ashur wanted to jump

Elefanten auf das Taxi zu rannten. Einer von ihnen hob ein Taxi mit seinem Rüssel hoch und kippte es um. Ein Mann ritt auf dem anderen Elefanten. Trompetend rannte der Elefant an Rost vorbei. Ein Mann schrie laut und schlug den Elefanten mit einem Stock auf den Rücken. Paul schaute sich sein Gesicht an. Einen kurzen Moment lang trafen sich ihre Augen. Unglaublich! Der Mann auf dem Rücken des Elefanten war Peter Ashur! Der Mann mit dem Tattoo ‚Keine Zeit zu verlieren!', wusste wie man sich selbst und andere in Schwierigkeiten bringt. Mit seinem Geschrei führte er den Elefanten zu dem Lastwagen, der rechts von der Gefängnismauer stand. Die anderen Elefanten folgen ihm. Paul roch einen starken Geruch nach Alkohol, der die Luft erfüllte. Die Elefanten rannten zu dem Lastwagen, hoben ihre Rüssel und senkten sie in den Lastwagen. Paul rannte näher, um besser sehen zu können. Etwas war um den Lastwagen herum verschüttet. Wahrscheinlich war es Alkohol, da es einen sehr starken Geruch hatte. Die Elefanten tranken aus den Fässern auf dem Lastwagen. Andere Elefanten, die von hinten angelaufen kamen, konnten die Fässer nicht erreichen, weil es keinen Platz mehr gab. Sie fingen an, die Elefanten, die in der Nähe des Lastwagens waren, zu schlagen und zu zerquetschen. Ein Feuer brach aus. Der Geruch von Alkohol machte die Elefanten wahnsinnig und trompetend schlugen und stießen sie sich gegenseitig. Die Elefanten, die bereits Alkohol getrunken hatten, konnten sich nicht länger kontrollieren. Sie schlugen und stießen alles, was sich in Sichtweite befand. Die ganze verrückte Masse quetschte und stieß den Lastwagen so fest, dass es gegen die Gefängnismauer gedrückt wurde und mit einem lauten Geräusch zerbrach. Paul sah einige der Gefängniszellen. Die Menschen blickten mit Entsetzen auf die verrückten Elefanten. Ashur sprang von dem Elefant, rannte hin und schrie: „Papa, ich bin's, Peter! Spring hier her!" In diesem Moment stieß ein großer Elefant einen

back, but he fell to the ground and the elephant crushed his hand. Ashur cried out in pain. A man jumped down from his prison cell on the second floor and landed right between the elephants. For a second or two he disappeared and Paul thought that the elephants had killed him. But then he rose from the ground and ran to Ashur. "My son," he shouted, grabbed Ashur and dragged him away from the elephants. Other people began to jump from the prison cells to the ground. A few of them were immediately injured by the elephants. But many were able to escape. Paul ran up to Ashur and helped his father to drag him away. They dragged Ashur to one of the empty cars. They got inside. Paul sat behind the wheel and started the engine. Prison guards ran out from the prison gates. They began shooting at the people who ran out of prison and at the elephants. Paul stepped on the gas and the car sped off. He drove along the side of the road to the point where the traffic jam ended. He returned to the road and drove down the road at high speed. He looked at Ashur. His eyes were closed. The injured arm was pressed against the body. His old father stroked his head and repeated: "My son... my son... "
Ashur opened his eyes and looked around. Once again, he met Paul's gaze.
"Two hundred thousand is not enough money to run between drunken elephants and fly a plane over North Africa," Paul protested, "Give me half the money!" he demanded.
"You're a good guy, Paul. That's why I will add another fifty thousand, so you'll get two hundred and fifty thousand," Ashur offered.
Paul looked at him. Peter Ashur's face was very pale. It was clear that he was in a lot of pain.
"Three hundred and fifty thousand, or we

anderen und dieser stürzte neben Ashur. Ashur wollte zurückspringen, aber er fiel zu Boden und der Elefant zerquetschte seine Hand. Ashur schrie vor Schmerzen. Ein Mann sprang aus seiner Gefängniszelle im zweiten Stock und landete genau zwischen den Elefanten. Er verschwand eine oder zwei Sekunden lang und Paul dachte, dass die Elefanten ihn getötet hätten. Aber dann stand er auf und rannte zu Ashur. „Mein Sohn", schrie er, packte Ashur und zog ihn von den Elefanten weg. Andere Leute begannen, aus ihren Gefängniszellen auf den Boden zu springen. Einige von ihnen wurden sofort von den Elefanten verletzt. Aber viele konnten fliehen. Paul rannte zu Ashur und half dessen Vater Ashur wegzuziehen. Sie zogen Ashur zu einem der leeren Autos. Sie stiegen ein. Paul setzte sich hinter das Lenkrad und startete den Motor. Gefängniswärter kamen aus dem Gefängnistor gerannt. Sie begannen auf die Leute, die aus dem Gefängnis liefen, und auf die Elefanten zu schießen. Paul stieg aufs Gas und das Auto raste davon. Er fuhr neben der Straße entlang bis dorthin, wo der Stau endete. Er kehrte auf die Straße zurück und fuhr die Straße in hoher Geschwindigkeit entlang. Er schaute Ashur an. Seine Augen waren geschlossen. Der verletzte Arm war gegen den Körper gedrückt. Sein alter Vater streichelte seinen Kopf und wiederholte: „Mein Sohn... mein Sohn..."
Ashur öffnete die Augen und sah sich um. Einmal mehr traf sich sein Blick mit dem Blick Pauls.
„Zweihunderttausend ist nicht genug Geld um zwischen betrunkenen Elefanten zu laufen und ein Flugzeug nach Nordafrika zu fliegen", protestierte Paul. „Gib' mir doppelt so viel Geld!", forderte er.
„Du bist ein guter Typ, Paul. Deshalb werde ich fünfzigtausend drauflegen, also wirst du zweihundertfünfzigtausend bekommen", bot Ashur an.
Paul schaute ihn an. Peter Ashurs Gesicht war sehr bleich. Es war klar, dass er große Schmerzen hatte.

go straight to the police, Peter," Paul insisted.

"I enjoy doing business with you," Ashur agreed. "I agree. We have to pick up the suitcases with the money from a parking lot. The plane leaves at five o'clock from the airport Arena 1. We should be there at four o'clock. I'll give you directions," he said. Paul's phone rang in his pocket. Paul took it out, looked at the screen and turned it off.

"By the way, who advised you to use the elephants?" Paul inquired.

"Last year, the elephants attacked a liqueur factory," Ashur's dad said. "The factory was near the prison. They drank a lot of liquor and destroyed everything in sight. That's why I suggested the idea of using drunken elephants to Peter. And it did the trick, didn't it?" he smiled.

"Yes, Khans' weapon still works well against walls," Paul said and put the phone back in his pocket.

„Dreihundertfünfzigtausend, oder wir fahren direkt zur Polizei, Peter", beharrte Paul.

„Ich mache gerne Geschäfte mit dir", stimmte Ashur zu. „Ich bin einverstanden. Wir müssen die Koffer mit dem Geld von einem Parkplatz abholen. Das Flugzeug fliegt um fünf Uhr vom Flughafen Arena 1. Wir sollten um vier Uhr dort sein. Ich werde dir den Weg zeigen", sagte er. Pauls Handy läutete in seiner Jackentasche. Er nahm es heraus, schaute auf den Bildschirm und schaltete es aus.

„Wer hat dir übrigens geraten, die Elefanten zu nutzen?", fragte Paul nach.

„Letztes Jahr haben die Elefanten eine Alkoholfabrik attackiert", sagte Ashurs Vater. „Die Fabrik war in der Nähe des Gefängnisses. Sie haben viel Alkohol getrunken und alles in Sichtweite zerstört. Deshalb habe ich Peter vorgeschlagen, betrunkene Elefanten zu verwenden. Und es hat funktioniert, nicht wahr?", er lächelte.

„Ja, die Waffe der Khans funktioniert immer noch gut gegen Mauern", sagte Paul und steckte das Handy zurück in seine Jackentasche.

C

New Vocabulary Review

1

- Could you tell me, is it Saturday or Sunday today? (literally: Do not you know…?)
- I think it's Saturday today. I'm not sure.
- Do you know what time it is?
- I will check my phone. Five minutes to six.
- Thank you. By the way, is it cold outside?
- It isn't cold but it's windy. It will probably be cold later.

2

- Look, this man is running around the parking lot like a madman. He probably can't find his car.
- He had just robbed a bank. And his car

Wiederholung des neuen Vokabulars

1

- *Könnten Sie mir sagen, ob heute Samstag oder Sonntag ist?*
- *Ich glaube, heute ist Samstag. Ich bin mir nicht sicher.*
- *Wissen Sie wie spät es ist?*
- *Ich werde auf meinem Telefon nachsehen. Es ist fünf vor sechs.*
- *Danke. Übrigens, ist es draußen kalt?*
- *Es ist nicht kalt, aber windig. Später wird es wahrscheinlich kalt werden.*

2

- *Schau, dieser Mann rennt wie ein Verrückter auf dem Parkplatz herum. Er kann wahrscheinlich sein Auto nicht finden.*
- *Er hat gerade eine Bank ausgeraubt. Und*

was also stolen.

3

- Mister, why are you so pale? Are you in pain? Do you feel ill?
- It hurts me to watch this man buy himself a new car.

4

- They say that he is in trouble with the law.
- Really? What does he do?
- He illegally licks toads' butts.
- Is that against the law?
- Yes, it's against the law.

5

- Look! There is a traffic jam on the road!
- What happened?
- A drunken driver drove to the curb and injured several people at the bus stop.
- Drunk drivers should be killed!
- I think so too!

6

- The police cleared the road. Now there is no longer a traffic jam and we can drive.
- And where is the drunk driver who injured the people at the bus stop?
- Family members of the wounded, mad with grief, want to execute him. That's why the police took him to jail.
- I hope he never gets out of there. He's just a nasty scoundrel.

7

- The Ministry of Defense buys a lot of weapons each year.
- The weapons are necessary for national defense.
- Yes, but I think that half of that money should be given to hospitals.

sein Auto wurde auch gestohlen.

3

- Warum sind Sie so blass? Haben Sie Schmerzen? Fühlen Sie sich krank?
- Es tut mir weh, zu sehen, wie dieser Mann sich ein neues Auto kauft.

4

- Sie sagen, dass er Schwierigkeiten mit dem Gesetz hat.
- Wirklich? Was macht er?
- Er leckt illegal Hintern von Kröten ab.
- Verstößt das gegen das Gesetz?
- Ja, das verstößt gegen das Gesetz.

5

- Schau! Da ist ein Stau auf der Straße.
- Was ist passiert?
- Ein betrunkener Fahrer ist auf den Randstein gefahren und hat mehrere Leute an der Bushaltestelle verletzt.
- Betrunkene Fahrer sollten getötet werden!
- Das finde ich auch!

6

- Die Polizei hat die Straße geräumt. Es gibt keinen Stau mehr und wir können fahren.
- Und wo ist der betrunkene Fahrer, der die Leute an der Bushaltestelle verletzt hat?
- Familienmitglieder der Verletzten, verrückt vor Leid, wollen ihn hinrichten. Deshalb hat ihn die Polizei ins Gefängnis gebracht.
- Ich hoffe, er kommt dort nie heraus. Er ist ein widerlicher Schurke.

7

- Das Verteidigungsministerium kauft jedes Jahr viele Waffen.
- Die Waffen sind wichtig für die nationale Verteidigung.
- Ja, aber ich glaube, dass Spitäler die Hälfte des Geldes bekommen sollten.

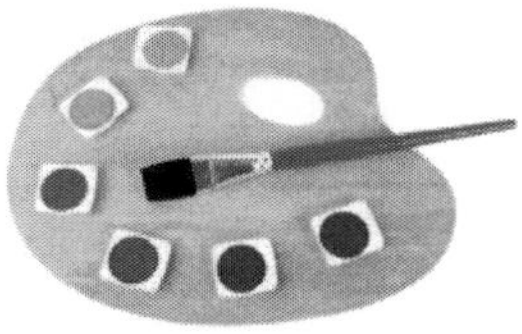

17

One-Way Ticket
Ohne Rückfahrt

A

Words

1. added [ˈædɪd] - fügte hinzu
2. aircraft [ˈeəkrɑːft] - Flugzeug, das
3. apart [əˈpɑːt] - auseinander
4. appearance [əˈpɪərəns] - Aussehen, das
5. appeared [əˈpɪəd] - tauchte auf
6. Arab [ˈærəb] - Araber, der
7. avoid [əˈvɔɪd] - vermeiden
8. basic [ˈbeɪsɪk] - grundlegend
9. box [bɒks] - Kiste, die
10. cargo plane [ˈkɑːgəʊ pleɪn] - Transportflugzeug, das
11. change [tʃeɪndʒ] - ändern
12. clothing [ˈkləʊðɪŋ] - Bekleidung, die
13. collision [kəˈlɪʒn̩] - Kollision, die
14. combat [ˈkɒmbæt] - Kampf, der
15. consultant [kənˈsʌltənt] - Berater, der
16. continue [kənˈtɪnjuː] - fortsetzen
17. co-pilot [ˈkopaɪlət] - Kopilot, der
18. depart [dɪˈpɑːt] - abfliegen
19. diamond [ˈdaɪəmənd] - Diamant, der
20. different [ˈdɪfrənt] - andere, anderer, anderes

21. dreamed [dri:md] - geträumt
22. during [ˈdjʊərɪŋ] - während
23. economy [ɪˈkɒnəmi] - Wirtschaft, die
24. emotion [ɪˈməʊʃn̩] - Gefühl, das
25. entrance [ɪnˈtrɑ:ns] - Einfahrt, die
26. entrance permit [ɪnˈtrɑ:ns pəˈmɪt] - Einfahrtserlaubnis, die
27. equipment [ɪˈkwɪpmənt] - Ausrüstung, die
28. European [ˌjʊərəˈpɪən] - europäisch
29. excited [ɪkˈsaɪtɪd] - aufgeregt
30. experienced [ɪkˈspɪərɪənst] - erfahren
31. fall apart [fɔ:l əˈpɑ:t] - auseinanderfallen
32. fashionable [ˈfæʃnəbl̩] - modisch
33. fewer [ˈfju:ə] - weniger
34. flew [flu:] - flog
35. forced [fɔ:st] - zwangen
36. forty [ˈfɔ:ti] - vierzig
37. frightened [ˈfraɪtn̩d] - verängstigt
38. genie [ˈdʒi:ni] - Flaschengeist, der
39. gesticulate [dʒeˈstɪkjʊleɪt] - gestikulieren
40. glance [glɑ:ns] - Blick, der
41. hanger [ˈhæŋə] - Hangar, der
42. hatch [hætʃ] - Luke, die
43. heat [hi:t] - Hitze, die
44. higher [ˈhaɪə] - höher
45. hurt [hɜ:t] - verletzt
46. injury [ˈɪndʒəri] - Verletzung, die
47. intently [ɪnˈtentli] - konzentriert
48. international [ˌɪntəˈnæʃn̩əl] - international
49. interrupted [ˌɪntəˈrʌptɪd] - unterbrach
50. jacket [ˈdʒækɪt] - Jacke, die
51. junk [dʒʌŋk] - Schrott, der
52. kilometer [kəˈlɑ:mətə] - Kilometer, der
53. landing gear [ˈlændɪŋ gɪə] - Landevorrichtung, die
54. laughed [lɑ:ft] - lachte
55. leaving [ˈli:vɪŋ] - losfliegen
56. lifted [ˈlɪftɪd] - hob
57. lovely [ˈlʌvli] - großartig
58. lower [ˈlaʊə] - niedriger
59. madman [ˈmædmən] - Verrückte, der
60. matter [ˈmætə] - einen Unterschied machen
61. mile [maɪl] - Meile, die
62. missile [ˈmɪsaɪl] - Rakete, die
63. navigator [ˈnævɪgeɪtə] - Navigator, der
64. noticed [ˈnəʊtɪst] - bemerkte
65. oh [əʊ] - oh
66. one-way [ˌwʌnˈweɪ] - einfache Fahrt, die
67. passed [pɑ:st] - flog vorbei
68. patted [ˈpætɪd] - klopfte
69. per [pɜ:] - pro
70. permit [pəˈmɪt] - Erlaubnis, die
71. piece [pi:s] - Stück, das
72. pregnant [ˈpregnənt] - schwanger
73. roar [rɔ:] - Dröhnen, das
74. runway [ˈrʌnweɪ] - Startbahn
75. sadly [ˈsædli] - traurig
76. sand [sænd] - Sand, der
77. seat [si:t] - Sitz, der
78. shoot [ʃu:t] - schießen
79. shoulder [ˈʃəʊldə] - Schulter, die
80. slightly [ˈslaɪtli] - leicht
81. steer [stɪə] - Kurs angeben
82. step away [step əˈweɪ] - sich entfernen
83. stupid [ˈstju:pɪd] - dumm
84. surface [ˈsɜ:fɪs] - Oberfläche, die
85. take-off [ˈteɪk ɒf] - abheben
86. ticket [ˈtɪkɪt] - Fahrkarte, die
87. touched [tʌtʃt] - berührte
88. transferred [trænsˈfɜ:d] - versetzt
89. uniform [ˈju:nɪfɔ:m] - Uniform, die
90. usually [ˈju:ʒəli] - normalerweise
91. wave [weɪv] - Welle, die
92. white [waɪt] - weiß
93. whom [hu:m] - wem, wen
94. wide [waɪd] - breit
95. wildly [ˈwaɪldli] - wild
96. wing [wɪŋ] - Flügel, der

B

One-Way Ticket

The Arena 1 airport was located out of town. Paul Rost drove up to the gate. A security guard approached and asked for an entrance permit. Ashur showed him a document and the guard let them enter the airport.
"We need hangar number 21," Ashur said. By now, his arm hurts less. They drove to hangar number 21 and got out of the car.
"Wait here," Ashur ordered. He took two suitcases out of the car and walked into the hangar.
A minute later he came out and told Rost and his father to follow him.
"These are very serious people. Don't ask them any questions, okay?" he asked Rost. Rost didn't answer.
They went into the hangar. There was a Douglas DC-3 plane there. Three people stood near the plane. One of them told Ashur's father to step away and go to the boxes near the airplane. Then he looked at Rost and Ashur. The man was about forty years old. He had an Arab appearance.
"These are consultants in..." Ashur began, but the Arab interrupted him:
"Consultants in international economy." All three men smiled. "Look at this map," he continued, "the airplane should land in this place on a road. Will you be able to do that?" he showed Rost the map. Paul Rost looked at the map.
"If the road is wide enough, then I don't think there will be any problems," Rost said. He looked at the other two men. They looked European. Both were more than fifty years old. One of them pointed at the map and said, "There won't be any

Ohne Rückfahrt

Der Flughafen Arena 1 lag außerhalb der Stadt. Paul Rost fuhr bis zum Tor. Ein Sicherheitsbeamter näherte sich und fragte nach einer Einfahrtserlaubnis. Ashur zeigte ihm ein Dokument und der Beamte ließ sie in den Flughafen.
„Wir brauchen Hangar 21“, sagte Ashur. Sein Arm schmerzte bereits weniger. Sie fuhren zu Hanger 21 und stiegen aus dem Auto aus.
„Wartet hier“, befahl Ashur. Er nahm zwei Koffer aus dem Auto und ging in den Hangar. Eine Minute später kam er heraus und sagte zu Rost und seinem Vater, dass sie ihm folgen sollten.
„Das sind sehr gefährliche Leute. Stellt ihnen keine Fragen, in Ordnung?“, bat er Rost. Rost antwortete nicht.
Sie gingen in den Hangar. Dort stand ein Flugzeug vom Typ Douglas DC-3. Drei Personen standen in der Nähe des Flugzeugs. Einer von ihnen sagte zu Ashurs Vater, dass er sich weiter entfernen sollte und zu den Kisten in der Nähe des Flugzeuges gehen sollte. Dann sah er Rost und Ashur an. Der Mann war etwa vierzig Jahre alt. Er sah arabisch aus.
„Das sind Berater...“, begann Ashur, aber der Araber unterbrach ihn. „Internationale Wirtschaftsberater.“ Alle drei Männer lächelten. „Sehen Sie sich diese Karte an“, fuhr er fort. „Das Flugzeug sollte an diesem Ort auf einer Straße landen. Können Sie das?“, er zeigte Rost die Karte. Paul Rost sah sich die Karte an.
„Wenn die Straße breit genug ist, glaube ich nicht, dass es irgendwelche Probleme geben wird“, sagte Rost. Er schaute die anderen beiden Männer an. Sie sahen europäisch aus. Beiden waren älter als fünfzig Jahre. Einer von ihnen zeigte auf die Karte und sagte „Es wird keine Probleme geben? Sehen Sie sich erst diese Raketenlager an. Wie werden Sie sie umgehen?“

problems? First look at these missile compounds. How are you going to get around them?"
"I will keep the aircraft at a height of ten meters," Rost said, looking intently at the map. "This old piece of junk will fly only two hundred and fifty kilometers per hour. At such a speed and an altitude of ten meters - that's the dream of every fighter on the ground with a surface to air missile in his hands," the Arab pointed his finger in Rost's face, "Ashur said that you were an experienced combat pilot. But you don't know basic things. Why did you come here?" the man began to gesticulate wildly and Paul noticed that he had a gun under his jacket, "Who did you bring, Ashur? You said that he was a combat pilot."
Ashur wanted to say something, but another person began to speak.
"What kind of plane did you fly?" he said.
"At first a fighter plane. Then, after an injury I was transferred to cargo planes. I flew planes through fire from the ground. And usually at a height of from ten to thirty meters. Fighters on the ground can shoot down a plane even at an altitude of five thousand meters and at speeds of fifteen hundred miles an hour, too. But the lower you fly, the fewer missiles they shoot at you. If there are enough heat shells, then the missiles are not so dangerous," Rost looked at the plane, "This DC-3 is so old it could fall apart in the air. Then the rockets won't matter," he smiled. One of the men smiled. The Arab exchanged glances with him. Then he patted Rost on the shoulder, "Okay, kid, you're in business. My name is Aladdin. You know, sometimes they ask me where's my genie. Then I say that my genie is in this thing!" the Arab pulled out his gun and held it to Rost's face, "So,

„Ich werde das Flugzeug in einer Flughöhe von zehn Metern halten“, sagte Rost und schaute konzentriert auf die Karte. „Dieser alte Rosthaufen wird nur zweihundertfünfzig Kilometer pro Stunde fliegen. Bei dieser Geschwindigkeit und einer Höhe von zehn Metern - das ist der Traum eines jeden Soldaten, der über Boden-Luft-Raketen verfügt“, der Araber hielt Rost seinen Finger ins Gesicht. „Ashur sagte, Sie seien ein erfahrener Kampfpilot. Aber Sie wissen die grundlegenden Dinge nicht. Warum sind Sie hierher gekommen?“, der Mann begann aufgeregt zu gestikulieren und Paul bemerkte, dass er eine Waffe unter seiner Jacke hatte. „Wen hast du hierhergebracht, Ashur? Du hast gesagt, er sei ein Kampfpilot.“
Ashur wollte etwas sagen, aber jemand anderer begann zu sprechen.
„Was für ein Flugzeug sind Sie geflogen?“, sagte er.
„Zuerst ein Kampfflugzeug. Dann, nach der Verletzung, wurde ich zu Transportflugzeugen versetzt. Ich flog die Flugzeuge durch den Beschuss vom Boden. Und normalerweise in einer Höhe von zehn bis dreißig Metern. Soldaten am Boden können sogar Flugzeuge in einer Höhe von fünftausend Metern und mit einer Geschwindigkeit von fünfzehntausend Stundenkilometern abschießen. Aber je niedriger man fliegt, desto weniger Raketen schießen sie ab. Wenn wir genug Abfangraketen haben, sind die Raketen nicht so gefährlich“, Rost schaute auf das Flugzeug.
„Diese DC-3 ist so alt, dass sie in der Luft auseinanderfallen könnte. Dann machen auch die Raketen keinen Unterschied mehr“, er lächelte. Einer der Männer lächelte. Der Araber tauschte Blicke mit ihm. Dann klopfte er Rost auf die Schulter: „Ok, wir sind im Geschäft. Mein Name ist Aladdin. Weißt du, manchmal werde ich gefragt, wo mein Flaschengeist ist. Dann antworte ich, dass mein Flaschengeist dieses Ding hier ist!“, der Araber zog seine Waffe und hielt sie in Rosts Gesicht. „Also, es ist besser zu

it's better to do as I say and not ask any stupid questions. Then you and Ashur will see the sky in diamonds," Aladdin smiled, "Get into the plane and check the equipment. The airplane must depart in two hours," he added.
Rost got into the plane. There were about thirty men on board. There were also a few boxes. He went into the cabin. Peter Ashur took the co-pilot's seat. His father took the navigator's seat. Paul began to check the equipment. The plane was so old that some of the equipment didn't work. Some of it was missing completely. Aladdin entered the cabin.
"Oh, we have a great navigator!" he patted Ashur's father on the shoulder, "What's in your suitcases?" he asked Ashur.
"Nothing... just some clothes. I robbed a clothing store... for pregnant women," Ashur said.
"You want to look fashionable? I see," Aladdin smiled, "How is it going, pilot?" he turned to Rost, "Can you fly this old piece of junk to Libya?" he said.
"To Libya? I'm sure I could, but I would be surprised if it doesn't fall apart during landing," Paul said.
"Let it fall apart on landing. This airplane is flying in only one way," the Arab said and laughed like a madman. When the Arab left the cab, Paul Rost exchanged glances with Ashur.
"We have lovely employers, Peter," Paul said.
"They pay good money. I don't care about the rest," said Ashur and looked outside. Two men in police uniforms entered the hanger. The Arab and the two other "consultants" came up to them and began to talk about something with emotion. Then the "consultants" took out guns and forced the policemen to lie on the ground. They took the policemen's

tun, was ich sage und keine dummen Fragen zu stellen. Sonst werden Ashur und du den Himmel voller Diamanten sehen." Aladdin lächelte.
„Geht in das Flugzeug und überprüft die Geräte. Das Flugzeug muss in zwei Stunden abfliegen", fügt er hinzu.
Rost stieg ins Flugzeug. Es waren etwa dreißig Männer an Board. Es gab auch einige Kisten. Er ging in das Cockpit. Peter Ashur setzte sich auf den Platz des Kopiloten. Sein Vater setzte sich auf den Sitz des Navigators. Paul begann die Geräte zu überprüfen. Das Flugzeug war so alt, dass einige der Geräte nicht mehr funktionierten. Einige fehlten ganz. Aladdin kam in das Cockpit.
„Oh, wir haben einen großartigen Navigator", er klopfte Ashurs Vater auf die Schulter. „Was ist in euren Koffern?", fragte er Ashur.
„Nichts... nur Kleidung. Ich habe einen Bekleidungsladen ausgeraubt... für schwangere Frauen", sagte Ashur.
„Du willst modisch aussehen? Ich verstehe", sagte Aladdin mit einem Lächeln. „Wie geht's dem Piloten?", er wandte sich an Rost. „Kannst du diesen Schrotthaufen nach Libyen fliegen?", sagte er.
„Nach Libyen? Ich bin mir sicher, dass ich das könnte, aber ich wäre überrascht, wenn das Ding bei der Landung nicht auseinanderfallen würde", sagte Paul.
„Lass' es bei der Landung auseinanderfallen. Dieses Flugzeug fliegt nur in eine Richtung", sagte der Araber und lachte wie ein Verrückter. Als der Araber das Cockpit verließ, tauschten Paul Rost und Ashur Blicke.
„Wir haben großartige Arbeitgeber, Peter", sagte Paul.
„Sie zahlen gutes Geld. Der Rest ist mir egal", sagte Ashur und sah nach draußen. Zwei Männer in Polizeiuniformen kamen in den Hangar. Der Araber und die anderen beiden „Berater" gingen zu ihnen und begannen aufgeregt mit ihnen zu sprechen. Dann zogen die „Berater" ihre Waffen und zwangen die Polizisten sich auf den Boden zu legen. Sie

weapons and handcuffed them. Aladdin quickly got on the plane and walked into the cabin.
"We are leaving right now," he said loudly, "Quickly, let's go!"
"But the plane isn't ready yet. I haven't checked the engines," Paul replied.
"You will check them in the air! Take off, quickly!" the Arab cried.
"Okay, let's take off," Rost agreed and started the engines. The hangar filled with smoke and roaring.
"Open the door!" Aladdin cried. Several people came out of the plane and opened the doors of the hangar. Then they got back into the plane and closed the hatch. The airplane drove out of the hangar, turned to the runway and began to pick up speed. Several police cars pulled up to the hangar. Then they turned and followed the airplane down the runway.
"Take off! Take off!" Aladdin cried. In front of them another airplane appeared. It was taking off from the same runway, but in a different direction. Rost lifted the plane slightly off the ground, turned, and began changing direction to avoid a collision. The other aircraft also turned and, changing direction, passed them with a roar. People on the beach heard the roar and then saw that the plane's wing almost touched the sea as it turned, trying to fly higher. Rost saw the frightened look on the faces of Ashur and his father.
"All is well. We are continuing the take-off. Check the landing gear," he told Ashur. With a roar, the plane flew higher and higher. Paul sadly looked down at the beach. There, blue waves broke on the white sand. Then he looked at Ashur and his father, both of whom looked frightened. This wasn't the vacation he had dreamed of. Aladdin walked into the cabin.
"Let me steer, pilot," he smiled, "Go up

nahmen die Waffen der Polizisten und legten ihnen Handschellen an. Aladdin stieg schnell ins Flugzeug und kam ins Cockpit.
„Wir fliegen jetzt gleich los“, sagte er laut. „Schnell, lasst uns abfliegen!“
„Aber das Flugzeug ist noch nicht startbereit. Ich habe die Motoren noch nicht überprüft“, antwortete Paul.
„Du kannst sie in der Luft überprüfen! Schnell, heb' ab!“, schrie der Araber.
„In Ordnung, wir heben ab“, stimmt Rost zu und startete die Motoren. Der Hangar füllte sich mit Rauch und Dröhnen.
„Öffnet das Tor!“, schrie Aladdin. Einige Leute stiegen aus dem Flugzeug aus und öffneten das Tor des Hangars. Dann stiegen sie wieder ein und schlossen die Luke. Das Flugzeug fuhr aus dem Hangar, drehte sich zur Startbahn und begann Geschwindigkeit aufzunehmen. Einige Polizeiautos kamen am Hangar an. Dann wendeten sie und verfolgten das Flugzeug auf der Startbahn.
„Heb' ab! Heb' ab!“, schrie Aladdin. Vor ihnen taucht ein anderes Flugzeug auf. Es startete von derselben Startbahn, aber in die andere Richtung. Rost hob das Flugzeug leicht vom Boden, wendete und begann die Richtung zu ändern, um eine Kollision zu vermeiden. Das andere Flugzeug wendete auch, änderte seine Richtung, und flog mit einem Dröhnen an ihnen vorbei. Die Leute am Strand hörten das Dröhnen und sahen, dass der Flugzeugflügel beinahe das Meer berührte, als es wendete und versuchte, höher zu fliegen. Rost sah die verängstigten Gesichter von Ashur und dessen Vater.
„Alles ist ok. Wir setzen den Abflug fort. Überprüf' die Landevorrichtung“, sagte er zu Ashur. Mit einem Dröhnen flog das Flugzeug höher und höher. Paul blickte traurig auf den Strand zurück. Dort brachen sich die blauen Wellen am weißen Sand. Dann schaute er zu Ashur und dessen Vater, die beide verängstigt aussahen. Das war nicht der Urlaub, von dem er geträumt hatte. Aladdin kam in das Cockpit.
„Lass' mich den Kurs angeben, Pilot“, sagte er

to five thousand feet and straight to Libya!"

lächelnd. „Gehe auf tausendfünfhundert Meter und flieg' direkt nach Libyen!“

C

New Vocabulary Review

1

- Could you tell me, is it Sunday or Monday today?
- I think it's Sunday today. I'm not sure.
- Do you know what time it is?
- I will check my phone. It's twenty minutes past eight.
- Thank you. By the way, is it hot outside?
- It isn't hot but it's windy. It will probably be cool later.

2

- What are these hangars?
- There are airplanes inside.
- Civilian or military?
- In general, military airplanes, but some of them are cargo planes.
- Look! A plane is taking off and making a turn in the air!

3

- I want to change something in my life.
- Why?
- I don't like my life. I'm tired.
- What exactly do you mean? Your work? Your personal life?
- I want to change everything.
- If you change everything, but it doesn't get better, what then?
- I don't know.
- You have to go to a consultant for problems in one's personal life.

4

- A while ago, I dreamed of going to the Indian Ocean.
- Did your dream come true?
- Yes. Now I live in India. But I don't want to live here anymore.
- And what do you want?
- I want to go home and start my own

Wiederholung des neuen Vokabulars

1

- *Könnten Sie mir sagen, ob heute Sonntag oder Montag ist?*
- *Ich glaube, heute ist Sonntag. Ich bin mir nicht sicher.*
- *Wissen Sie wie spät es ist?*
- *Ich werde auf meinem Telefon nachsehen. Es ist zwanzig Minuten nach acht.*
- *Danke. Übrigens, ist es draußen heiß?*
- *Es ist nicht heiß, aber windig. Später wird es wahrscheinlich kalt werden.*

2

- *Was sind das für Hangars?*
- *Im Inneren sind Flugzeuge.*
- *Zivile oder militärische?*
- *Generell militärische, aber einige sind Transportflugzeuge.*
- *Schau! Ein Flugzeug hebt ab und wendet in der Luft!*

3

- *Ich möchte etwas in meinem Leben ändern.*
- *Warum?*
- *Ich mag mein Leben nicht. Ich bin müde.*
- *Was meinst du genau? Deine Arbeit? Dein Privatleben?*
- *Ich mag alles verändern.*
- *Wenn du alles änderst, aber nichts besser wird, was machst du dann?*
- *Ich weiß es nicht.*
- *Du solltest zu einem Lebensberater gehen.*

4

- *Vor einiger Zeit habe ich davon geträumt an den indischen Ozean zu fahren.*
- *Ist dein Traum wahr geworden?*
- *Ja. Ich lebe jetzt in Indien. Aber ich mag hier nicht mehr leben.*
- *Und was willst du?*
- *Ich möchte nach Hause zurückgehen und meine*

business.
- Do you have enough money to start a business?
- Yes. I have a little bit.

5

- Tell me please, which way should I go to get to the station?
- Go to the right around this building and walk straight down the street. The station will be a hundred meters away.

6

- Where is the bank manager?
- He went outside.
- But I was near the door and didn't see him.
- He left through the window.
- But does he usually come in and leave through a window?
- No. He usually uses the door.

7

- We have an international team at work.
- Really? Where are your co-workers from?
- They are from Europe, America, Africa, and Asia.

8

- What would happen if a plane's wing touched the wing of another plane?
- Both aircraft would crash.

9

- Which jacket should I wear today? I want to look fashionable.
- You always look fashionable in a jacket. You can wear any jacket except for the red one.

10

- Tell me, please, is the sea far from here?
- It is five hundred kilometers away.
- What a large beach! What is it called?
- The Sahara desert.

11

- What is this thing on the airplane?
- This is the landing gear. The plane drives down the runway on the landing gear. Go through and find your seat, passenger.

eigene Firma gründen.
- Hast du genug Geld, um eine Firma zu gründen?
- Ja. Ich habe ein wenig Geld.

5

- Sagen Sie mir bitte, welchen Weg ich nehmen muss, um zum Bahnhof zu gelangen?
- Gehen Sie rechts an diesem Gebäude vorbei und dann gerade die Straße entlang. Der Bahnhof ist dann etwa hundert Meter entfernt.

6

- Wo ist der Bankmanager?
- Er ist nach draußen gegangen.
- Aber ich war in der Nähe der Tür und habe ihn nicht gesehen.
- Er ist durch das Fenster geklettert.
- Kommt und geht er normalerweise durch das Fenster?
- Nein. Normalerweise benutzt er die Tür.

7

- Ich arbeite in einem internationalen Team.
- Wirklich? Woher kommen deine Kollegen?
- Sie kommen aus Europa, Amerika, Afrika und Asien.

8

- Was würde passieren, wenn der Flügel eines Flugzeugs den Flügel eines anderen berühren würde?
- Beide Flugzeuge würden abstürzen.

9

- Welche Jacke soll ich heute anziehen? Ich möchte modisch aussehen.
- Du siehst mit einer Jacke immer modisch aus. Du kannst alle Jacken anziehen, bis auf die rote.

10

- Können Sie mir bitte sagen, ob das Meer weit entfernt von hier ist?
- Es ist fünfhundert Kilometer entfernt.
- Was für ein breiter Strand. Wie heißt er?
- Die Wüste Sahara.

11

- Was ist das für ein Ding auf dem Flugzeug?
- Das ist die Vorrichtung für die Landung. Das Flugzeug fährt auf der Landevorrichtung die Landebahn entlang. Gehen Sie weiter und finden

- I see. And what is this thing?
- Those are the instruments. The pilot uses the instruments during the flight.
- That's clear. And who is that, in the uniform?
- That's the navigator. He tells the pilot the locations of the airport and the airplane, and where he needs to fly. Take a seat, the passenger. Here is your seat.
- That's clear. Thank you. When I was little, I also wanted to become a navigator.
- Why a navigator?
- Such a beautiful word - navigator!
- And what did you become?
- I became a military engineer. I make missiles that shoot down military planes.
- So your profession is also related to airplanes?
- Yes. You could say that now I kill navigators. And you know what? I find that interesting, too!
- If you're a rocket engineer, why don't you know what landing gear is?
- Of course I know what landing gear is, but... Have you seen my little green toad?

Sie Ihren Sitzplatz, Passagier.
- Ich verstehe. Und was ist das für ein Ding?
- Das sind die Instrumente. Die Piloten benutzen die Instrumente während des Fluges.
- Das ist klar. Und wer ist das, in der Uniform?
- Das ist der Navigator. Er sagt dem Piloten die Lage der Flughäfen und des Flugzeugs, und wohin er fliegen muss. Setzen Sie sich, Passagier. Hier ist Ihr Sitzplatz.
- Das ist klar. Danke. Als ich klein war, wollte ich auch Navigator werden.
- Warum ein Navigator?
- Das ist so ein schönes Wort - Navigator!
- Und was sind Sie geworden?
- Ich bin Militäringenieur geworden. Ich stelle Raketen her, die Militärflugzeuge abschießen.
- Also hat Ihr Beruf auch mit Flugzeugen zu tun?
- Ja. Man könnte sagen, dass ich jetzt Navigatoren umbringe. Und wissen Sie was? Ich finde das auch interessant!
- Wenn Sie ein Raketeningenieur sind, warum wissen Sie dann nicht, was die Landevorrichtung ist?
- Natürlich weiß ich, was die Landevorrichtung ist, aber... Haben Sie meine kleine grüne Kröte gesehen?

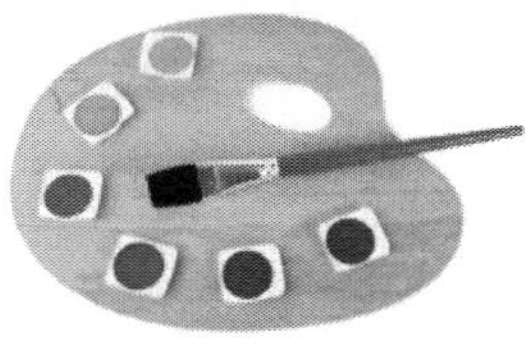

18

A Sky in Diamonds

Der Himmel voll Diamanten

A

Words

1. appear [ə'pɪə] - tauchen auf
2. cabin ['kæbɪn] - Cockpit, das
3. camel ['kæməl] - Kamel, das
4. camp [kæmp] - Lager, das
5. cart [kɑ:t] - Karren, der
6. change [tʃeɪndʒ] - ändern
7. changed [tʃeɪndʒd] - änderte
8. column ['kɒləm] - Säule, die
9. commanded [kə'mɑ:ndɪd] - kommandierte
10. crouched [kraʊtʃt] - kauert nieder
11. descended [dɪ'sendɪd] - zu Boden sinken
12. desert [dɪ'zɜ:t] - Wüste, die
13. deserted [dɪ'zɜ:tɪd] - verlassen
14. drink [drɪŋk] - trinken
15. dust [dʌst] - Staub, der
16. economics [ˌi:kə'nɒmɪks] - Wirtschaft, die
17. everybody ['evrɪbɒdi] - alle
18. expect [ɪk'spekt] - erwarten
19. exploded [ɪk'spləʊdɪd] - explodierte
20. female ['fi:meɪl] - weiblich
21. flare [fleə] - Flamme, die
22. forgot [fə'gɒt] - vergas
23. forward ['fɔ:wəd] - vorwärts
24. happily ['hæpɪli] - glücklich
25. hold [həʊld] - halten
26. horizon [hə'raɪzn̩] - Horizont, der
27. hugged [hʌgd] - umarmte
28. I am sorry ['aɪ əm 'sɒri] - es tut mir leid

29. incorrectly [ˌɪnkəˈrektli] - falsch
30. intersected [ˌɪntəˈsektɪd] - kreuzte
31. keep [kiːp] - etwas weiter tun
32. kissed [kɪst] - küsste
33. launch [lɔːntʃ] - abfeuern
34. launched [lɔːntʃt] - abgefeuert
35. loaded [ˈləʊdɪd] - eingeladen
36. looked closely [lʊkt ˈkləʊsli] - beobachtete genau
37. low [ləʊ] - niedrig
38. managed [ˈmænɪdʒd] - schaffte
39. missed [mɪst] - nicht treffen
40. mouth [maʊθ] - Mund, der
41. notice [ˈnəʊtɪs] - bemerken
42. obvious [ˈɒbvɪəs] - offensichtlich
43. paratrooper [ˈpærətruːpə] - Fallschirmjäger, der
44. planned [plænd] - geplant
45. powered [ˈpaʊəd] - -betrieben
46. prepared [prɪˈpeəd] - bereitete vor
47. raise [reɪz] - hochheben, hochziehen
48. rarely [ˈreəli] - selten
49. revenge [rɪˈvendʒ] - Rache, die
50. rode [rəʊd] - fuhr
51. searched [sɜːtʃt] - suchten
52. solar [ˈsəʊlə] - Solar-
53. solar panel [ˈsəʊlə ˈpænl̩] - Solarmodul, das
54. somewhere [ˈsʌmweə] - irgendwo
55. stared [steəd] - starrte
56. stretched [stretʃt] - erstreckte
57. tail [teɪl] - Schweif, der
58. tent [tent] - Zelt, das
59. thermal [ˈθɜːml̩] - thermisch
60. trip [trɪp] - Reise, die
61. vehicles [ˈviːɪkl̩z] - Fahrzeuge, die
62. visible [ˈvɪzəbl̩] - sichtbar
63. waited [ˈweɪtɪd] - wartete
64. watched [wɒtʃt] - sah zu, sah an
65. wept [wept] - weinte
66. whole [həʊl] - ganz
67. without stopping [wɪðˈaʊt ˈstɒpɪŋ] - ohne Pause
68. wore parachutes [wɔː ˈpærəʃuːts] - Fallschirme angelegt
69. worked [wɜːkt] - funktionierte
70. yellow [ˈjeləʊ] - gelb

B

A Sky in Diamonds

Somewhere in the desert was a small camp. A few camels were drinking water. A small tent stood nearby. Next to the tent, a man was sitting near the fire. Suddenly they heard a roar. The man looked in that direction. An airplane passed very low overhead with a terrible roar. Camels ran in different directions. A man ran out of the tent by the fire.
"What kind of airplane is it?" he asked.
"It's very big!" another cried.
"Where is the missile?" the man cried from the tent. The other one opened one of the boxes on the ground, picked up a

Der Himmel voll Diamanten

Irgendwo in der Wüste war ein kleines Lager. Einige Kamele tranken Wasser. Ein kleines Zelt stand in der Nähe. Neben dem Zelt saß ein Mann, in der Nähe des Feuers. Plötzlich hörten sie ein Dröhnen. Der Mann schaute in die Richtung des Dröhnens. Ein Flugzeug flog mit einem schrecklichen Dröhnen sehr niedrig vorbei. Die Kamele rannten in verschiedene Richtungen. Ein Mann rannte aus dem Zelt in der Nähe des Feuers.
„Was für eine Art Flugzeug ist das?“, fragte er.
„Es ist sehr groß!“, schrie ein anderer.
„Wo ist die Rakete?“, schrie der Mann aus dem Zelt. Der andere öffnete eine der Kisten

missile and gave it to him. The man who ran out of the tent placed it on his shoulder, closed one eye, and launched it. But he launched it incorrectly. The rocket shot out of the other side and hit the boxes on the ground. A big explosion set off a huge column of fire and smoke into the air.
Aladdin got ready to shoot down the missile with a thermal shell. He stood in a large open hatch at the back of the airplane. When he saw the explosion on the ground, he looked at Ashur, who stood nearby with the same kind of shell.
"He hit it! He hit it!" he shouted and laughed. At that moment another missile took off and almost hit the plane. But Ashur quickly launched a thermal shell and the missile hit the shell and exploded. The explosion threw the Arab on his back, but he quickly got up and prepared another thermal missile. Two more missiles were shot. Aladdin and Ashur launched thermal shells and the missiles exploded again. One more person got in the hatch with a thermal shell and began helping them.
In the cabin, Rost looked out the window.
"If you see a missile compound, tell me right away," he shouted to Ashur's father. The old man also began to look out the window. At that time, Aladdin quickly walked into the cabin.
"It's time to drop the paratroopers! Go up to four hundred meters!" he ordered.
Paul Rost turned and saw that the people on the plane were putting on parachutes and taking weapons out of the boxes.
"I'm going up to four hundred!" he said and began to raise the plane.
The Arab looked out the window and

auf dem Boden, nahm eine Rakete und gab sie ihm. Der Mann, der aus dem Zelt gerannt war, legte sie auf seine Schulter, schloss ein Auge und feuerte sie ab. Aber er hatte sie falsch abgefeuert. Die Rakete kam auf der falschen Seite heraus und traf die Kisten auf dem Boden. Eine große Explosion setzte eine riesige Feuer- und Rauchsäule in die Luft frei.
Aladdin bereitete sich vor, die Rakete mit einer thermischen Abfangrakete abzuschießen. Er stand in einer großen offenen Luke im Heckteil des Flugzeugs. Als er die Explosion am Boden sah, schaute er Ashur an, der neben ihm stand und auch eine Abfangrakete hielt.
„Er hat getroffen! Er hat getroffen“, schrie er und lachte. In diesem Moment flog eine andere Rakete los und traf beinahe das Flugzeug. Aber Ashur feuerte schnell eine thermische Abfangrakete ab, die Rakete traf die Abfangrakete und explodierte. Die Explosion warf den Araber zu Boden, aber er stand schnell wieder auf und bereitete eine weitere Abfangrakete vor. Zwei weitere Raketen wurden abgeschossen. Aladdin und Ashur schossen Abfangraketen ab und die Raketen explodierten wieder. Eine andere Person kam mit einer thermischen Abfangrakete in die Luke und begann ihnen zu helfen.
Im Cockpit schaute Rost aus dem Fenster.
„Wenn du ein Raketenlager siehst, sag' mir sofort Bescheid“, schrie er Ashurs Vater zu. Der alte Mann begann auch aus dem Fenster zu schauen. In diesem Moment kam Aladdin schnell in das Cockpit.
„Es ist Zeit, die Fallschirmjäger hinauszulassen! Flieg' in eine Höhe von vierhundert Meter!“, befahl er.
Paul Rost drehte sich um und sah, dass einige Leute im Flugzeug Fallschirme anlegten und Waffen aus den Kisten nahmen.
„Ich steige auf vierhundert Meter!“, sagte er und begann das Flugzeug hochzuziehen.

commanded the paratroopers to jump. The paratroopers began to jump out of the plane. But the ground missiles were being shot again. Ashur kept firing the thermal shells without stopping. All the paratroopers jumped out. Only the "consultants on international economics" and Aladdin were left on the plane. They wore parachutes.
"Thanks for your work!" shouted the Arab to Ashur, "And here's your money!" He raised his gun and began shooting. Ashur managed to hide behind a box. The Arab yelled and jumped out of the plane. The "consultants" jumped after him. Ashur looked into the open hatch. But another rocket appear and he again grabbed the thermal shells and began launching them. His father ran out of the cab toward him.
"What happened, Peter? Where is everybody? Who was shooting?" he asked.
"It was Aladdin. He wanted to pay me for my work, but he missed," Peter Ashur said, "Take the thermal shells and launch them! Quickly!"
His father began launching the thermal shells. Ashur ran into the cabin.
"Paul, you have to land the plane or fly higher! They are shooting a lot of missiles at us!" he cried.
"We are going to land!" Paul said.
"Hi, Ashur!" they heard a female voice.
Ashur and Rost turned and saw Lisa Pandora. She stood behind them, holding a gun.
"Sit down, Ashur!" Pandora cried.
Ashur sat down. She pointed the gun in his face. It was obvious that she really wanted to have her revenge.
"Hi. You look great, Lisa," Ashur smiled.
"John Vega says hello," Pandora said.

Der Araber sah aus dem Fenster und kommandierte den Fallschirmjägern zu springen. Die Fallschirmjäger begannen aus dem Flugzeug zu springen. Aber die Bodenraketen wurden erneut abgefeuert. Ashur schoss ohne Pause Abfangraketen ab. Alle Fallschirmjäger sprangen hinaus. Nur die „internationalen Wirtschaftsberater“ und Aladdin waren noch im Flugzeug. Sie hatten Fallschirme angelegt.
„Danke für deine Arbeit!“, schrie der Araber zu Ashur. „Und hier ist dein Geld!“ Er hob seine Waffe und begann zu schießen. Ashur schaffte es, sich hinter einer Kiste zu verstecken. Der Araber schrie und sprang aus dem Flugzeug. Die „Berater“ sprangen hinter ihm her. Ashur blickte auf die offene Luke. Aber eine andere Rakete tauchte auf und er schnappte die Abfangraketen und begann sie abzufeuern. Sein Vater rannte aus dem Cockpit zu ihm.
„Was ist passiert, Peter? Wo sind alle? Wer hat geschossen?“, fragte er.
„Das war Aladdin. Er wollte mich für meine Arbeit bezahlen, aber er hat nicht getroffen“, sagte Peter Ashur. „Nimm' die Abfangraketen und schieß' sie ab! Schnell!“
Sein Vater begann die Abfangraketen abzuschießen. Ashur rannte in das Cockpit.
„Paul, du musst das Flugzeug landen oder höher fliegen! Sie schießen sehr viele Raketen auf uns!“, schrie er.
„Wir landen!“, sagte Paul.
„Hallo, Ashur!“, sie hörten eine Frauenstimme.
Ashur und Rost drehten sich um und sahen Lisa Pandora. Sie stand hinter ihnen und hielt eine Waffe in der Hand.
„Setz' dich, Ashur!“, schrie Pandora. Ashur setzte sich. Sie richtete die Waffe auf sein Gesicht. Es war offensichtlich, dass sie sich wirklich rächen wollte.
„Hallo. Du siehst toll aus, Lisa“, sagte Ashur lächelnd.
„John Vega lässt grüßen“, sagte Pandora.

"Vega ... I'm glad that he ..." began Ashur, but Pandora interrupted.
"Paul, I'm sorry that I acted that way. Ashur made me do it," she pointed a gun at Ashur.
"Me?" Ashur said in surprise.
"Ashur planned it all," Lisa continued, "the bank robbery, and our trip together. He even loaded your furniture to get a closer look at you. Then he said that you were the right man for the job."
"What furniture? Paul, don't believe her!" Ashur asked.
At that moment, a missile hit the tail of the plane.
"Dad!" Ashur cried and ran out of the cabin.

„Vega... Ich bin froh, dass er...", begann Ashur, aber Pandora unterbrach ihn.
„Paul, es tut mir leid, dass ich so gehandelt habe. Ashur hat mich dazu gezwungen", sie richtete die Waffe auf Ashur.
„Ich?", sagte Ashur überrascht.
„Ashur hat alles geplant", setzte Lisa fort. „Der Banküberfall und unsere gemeinsame Reise. Er hat sogar deine Möbel aufgeladen, um dich besser kennenzulernen. Dann meinte er, du wärst der richtige Mann für diesen Job."
„Welche Möbel? Paul, glaub' ihr nicht!", bat Ashur.
In diesem Moment traf eine Rakete den Heckteil des Flugzeugs.
„Papa!", schrie Ashur und rannte aus dem Cockpit.

Somewhere in the desert, a road passed through the sand. It intersected with another road. At this intersection was a traffic light. Vehicles very rarely drove down this road. But the traffic light always worked. Since it was powered by solar panels, it only worked during the day. A cart pulled by a camel stood at the intersection. A family sat in the cart. A father, a mother and four children looked at the traffic light with interest. The light was green, but the father, who held the camel's reigns, didn't know exactly which light meant you could go. So he waited for the light to change. At this time, they heard a terrible roar.
On the left a big plane landed on the other road. Smoke was rising from its tail and its left wing. The plane drove down the road up to the intersection and stopped. The plane was missing its tail and the top of the cabin. Some people were visible inside the cabin. They sat and watched the cart with wide eyes. The traffic light for the cart

Irgendwo in der Wüste führte einer Straße durch den Sand. Sie kreuzte sich mit einer anderen Straße. An dieser Kreuzung gab es eine Ampel. Es fuhren selten Fahrzeuge auf dieser Straße. Aber die Ampel funktionierte immer. Da sie mit einem Solarmodul betrieben wurde, funktionierte sie nur untertags. Ein Karren, der von einem Kamel gezogen wurde, stand an der Kreuzung. Eine Familie saß in dem Karren. Ein Vater, eine Mutter und vier Kinder schauten neugierig auf die Ampel. Das Licht zeigte Grün, aber der Vater, der die Zügel des Kamels hielt, wusste nicht genau bei welchem Licht er fahren durfte. Also wartete er darauf, dass sich das Licht änderte. In diesem Moment hörten sie ein schreckliches Dröhnen.
Links auf der anderen Straße landete ein großes Flugzeug. Rauch stieg von seinem Heckteil und von seinem linken Flügel auf. Das Flugzeug fuhr die Straße entlang bis zur Kreuzung und stoppte. Der Heckteil des Flugzeugs und das Dach des Cockpits fehlten. Man konnte einige Menschen im Cockpit sehen. Sie saßen und sahen den Karren mit großen Augen an. Die Ampel

changed to red, but the father didn't notice this. He stared at the plane with his mouth wide open. The wife shouted something at him. Then he looked at the traffic light, he saw the red light, and shouted at the camel. The camel slowly rode forward. The whole family watched as the people on the plane began to climb down to the ground.
The cart drove away. Ashur, his dad, Pandora, and Paul Rost climbed down from the plane and looked around. All around there was yellow sand. The yellow sand-filled desert stretched to the horizon. Both roads were completely deserted. Only the cart with the family slowly rode away from the intersection.
"Dad, now you're free!" Ashur said happily and hugged his father.
"I have been waiting for this moment for five years. Thank you my son," the old man wept and kissed his son.
"I think it's time to leave," Ashur said, and ran to the plane. He took the suitcases out of the plane. Lisa closely looked at Ashur.
"I noticed that they forgot to pay you, Peter. Your employers jumped out of the plane so quickly that they forgot to give you the money," Paul said to Peter.
"You never know what to expect from these ..." Ashur searched for words.
"... consultants," Rost suggested, "I did my job. You have to pay me three hundred fifty thousand dollars."
"I would be happy to pay Paul, but ..." Ashur looked at Pandora then at Rost. Suddenly, the plane exploded. People crouched down in surprise. Several flares shot out of the plane and slowly descended to the ground.
"A sky made of diamonds," Paul said slowly, "As Aladdin promised."
Ashur's father raised his hand toward

änderte sich für den Karren auf Rot, aber der Vater bemerkte das nicht. Er starrte das Flugzeug mit offenem Mund an. Die Frau schrie ihm etwas zu. Dann schaute er auf die Ampel, sah das rote Licht, und schrie das Kamel an. Das Kamel begann sich langsam vorwärts zu bewegen. Die ganze Familie sah zu, wie die Leute begannen aus dem Flugzeug auf den Boden zu klettern.
Der Karren fuhr davon. Ashur, sein Vater, Pandora und Paul Rost kletterten aus dem Flugzeug und sahen sich um. Überall um sie herum war gelber Sand. Die gelbe sandgefüllte Wüste erstreckte sich bis zum Horizont. Beide Straßen waren komplett verlassen. Nur der Karren mit der Familie entfernte sich langsam von der Kreuzung.
„Papa, jetzt bist du frei!“, sagte Ashur glücklich und umarmte seinen Vater.
„Ich habe fünf Jahre lang auf diesen Moment gewartet. Danke, mein Sohn“, der alte Mann weinte und küsste seinen Sohn.
„Ich glaube, es ist Zeit zu gehen“, sagte Ashur und rannte zum Flugzeug. Er nahm die Koffer aus dem Flugzeug. Lisa beobachtete Ashur genau.
„Ich habe gemerkt, dass sie vergessen haben, dich zu bezahlen, Peter. Deine Arbeitgeber sind so schnell aus dem Flugzeug gesprungen, dass sie vergessen haben, dir das Geld zu geben“, sagte Paul zu Peter.
„Man weiß nie, was man erwarten kann von diesen...“, Ashur suchte nach dem passenden Wort.
„... Beratern“, schlug Rost vor. „Ich habe meinen Job erledigt. Du musst mir dreihundertfünfzigtausend Dollar zahlen.“
„Ich würde dich gerne zahlen, Paul, aber...“, Ashur sah Pandora an und danach Rost. Auf einmal explodierte das Flugzeug. Die Leute kauerten sich vor Überraschung nieder. Einige Flammen schossen aus dem Flugzeug und sanken langsam zu Boden.
„Ein Himmel voller Diamanten“, sagte Paul langsam. „Wie es Aladdin versprochen

the road. Far away, above the yellow desert sand rose a column of sand and dust.
"Who could it be?" Ashur said nervously. But no one answered.
A minute later they could not only see the column of sand and dust, but hear the roar of engines. Several cars drove toward them at high speed right through the sand.

hatte."
Ashurs Vater hob seine Hand in Richtung der Straße. Weit weg, über dem gelben Sand, stieg eine Säule von Sand und Staub auf.
„Wer könnte das sein?", sagte Ashur nervös. Aber keiner antwortete.
Eine Minute später konnten sie die Säule aus Sand und Staub nicht länger sehen, aber dafür hörten sie das Dröhnen von Motoren. Einige Autos fuhren quer durch den Sand schnell auf sie zu.

C

New Vocabulary Review

1

- Could you tell me, is it Tuesday or Monday today?
- I think it's Monday today. I'm not sure.
- Do you know what time it is?
- I will check my phone. It's eight thirty.
- Thank you. By the way, is it raining outside?
- It isn't raining, but it's windy and cloudy. It will probably rain soon.

2

- Salesman, do you have phone batteries?
- What kind of phone do your have?
- I have a Samsung.
- There are no Samsung batteries, but we have ones for Motorola. Would you like them?
- Will it work with a Samsung?
- I don't know.
- Then I don't want them.
- Maybe you would like Sony, Nokia or Viewsonic batteries?
- And will they work with a Samsung?
- I don't know. You should buy them and try.
- No, thank you.

3

- Salesman, could you please tell me: are these jeans for men or women?

Wiederholung des neuen Vokabulars

1

- Könnten Sie mir sagen, ob heute Dienstag oder Montag ist?
- Ich glaube, heute ist Montag. Ich bin mir nicht sicher.
- Wissen Sie wie spät es ist?
- Ich werde auf meinem Telefon nachsehen. Es ist acht Uhr dreißig.
- Danke. Übrigens, regnet es draußen?
- Es regnet nicht, aber es ist windig und bewölkt. Später wird es wahrscheinlich regnen.

2

- Verkäufer, haben sie Handyakkus?
- Was für ein Handy haben Sie?
- Ich habe ein Samsung.
- Wir haben keine Samsung Akkus, aber wir haben welche für Motorola. Wollen Sie sie haben?
- Funktionieren sie mit einem Samsung?
- Das weiß ich nicht.
- Dann will ich sie nicht.
- Vielleicht hätten Sie gerne Akkus für Sony, Nokia oder Viewsonic?
- Und funkionieren sie mit einem Samsung?
- Das weiß ich nicht. Sie sollten sie kaufen und ausprobieren.
- Nein, danke.

3

- Verkäufer, könnten sie mir bitte sagen, ob diese

- These are women's jeans. What kind do you need?
- I need men's jeans.
- These are women's jeans, but they look just like men's. Try them on!
- No, thank you.

4

- Yesterday I didn't go to work.
- Why?
- I called my employer and said that I was very ill. Then I went to a bar to drink some liqueur. I sat there all day. In the evening, my employer suddenly came in and saw me!
- And what did you tell him?
- I hugged him and thanked him for coming to visit me at a difficult time.
- Yes? And what did he say?
- He apologized for not having brought me flowers.
- What a good employer! What are you reading?
- This is a newspaper. I'm looking for a new job. I was fired.

5

- Could you please tell me how to get to the town center?
- Go up these stairs. On the left you will see a beautiful yellow building. That's a hotel. There will be a street near the hotel, but you shouldn't go there.
- I see.
- On the right you'll see an old building. It is very old. Simply a piece of junk! But don't go there either.
- That's clear. And where should I go?
- And where do you need to go? Tell me again.
- Now I already know where I need to go. Thank you.

6

- A cart is a terrible means of transportation!
- Yes. An airplane is much better than a cart.

Jeans für Männer oder für Frauen sind?
- Das sind Jeans für Frauen. Was für eine Art brauchen Sie?
- Ich brauche Jeans für Männer.
- Das sind Jeans für Frauen, aber sie sehen genauso aus wie Jeans für Männer. Probieren Sie sie an!
- Nein, danke.

4

- Gestern bin ich nicht arbeiten gegangen.
- Warum?
- Ich habe meinen Arbeitgeber angerufen und gesagt, dass ich sehr krank bin. Dann bin ich in eine Bar gegangen und habe viel Alkohol getrunken. Ich bin dort den ganzen Tag gesessen. Am Nachmittag kam auf einmal mein Arbeitgeber herein und hat mich gesehen!
- Und was hast du ihm gesagt?
- Ich habe ihn umarmt und mich dafür bedankt, dass er mich in so einer schwierigen Zeit besuchen kommt.
- Ja? Und was hat er gesagt?
- Er hat sich dafür entschuldigt, dass er keine Blumen mitgebracht hat.
- Was für ein toller Arbeitgeber! Was liest du gerade?
- Das ist eine Zeitung. Ich suche einen neuen Job. Ich wurde gefeuert.

5

- Könnten Sie mir bitte sagen, wie ich in das Stadtzentrum komme?
- Gehen Sie diese Treppen hinauf. Links werden Sie ein schönes gelbes Gebäude sehen. Das ist ein Hotel. In der Nähe des Hotels gibt es eine Straße, aber Sie sollte nicht dorthin gehen.
- Ich verstehe.
- Rechts werden Sie ein altes Gebäude sehen. Es ist sehr alt. Einfach ein Haufen Müll! Aber gehen Sie auch dort nicht hin.
- Das ist klar. Und wohin soll ich gehen?
- Und wohin wollen Sie gehen? Sagen Sie es mir noch einmal.
- Jetzt weiß ich schon wohin ich gehen muss. Danke.

- That's true. And the plane is much faster than a cart.
- Yes, yes. But the cart is quieter than the plane.
- Exactly.
- And the cart doesn't need a runway for take-off.
- That's clear. But the most important thing is that they don't make us camels pull airplanes!
- Exactly.

6

- Ein Karren ist ein schreckliches Fortbewegungsmittel.
- Ja. Ein Flugzeug ist viel besser als ein Karren.
- Das ist wahr. Und ein Flugzeug ist viel schneller als ein Karren.
- Ja, ja. Aber ein Karren ist leiser als ein Flugzeug.
- Genau.
- Und ein Karren braucht keine Startbahn um abzuheben.
- Das ist klar. Aber das wichtigste ist, dass sie uns Kamele keine Flugzeuge ziehen lassen!
- Genau.

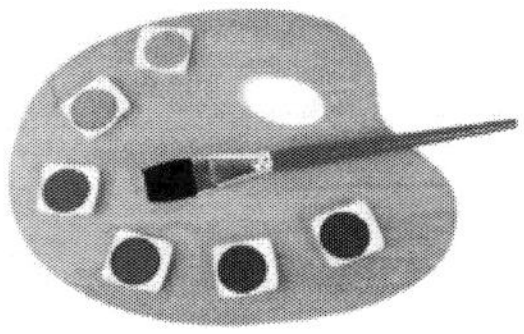

19

Ashur Makes a Career Change

Ashur macht einen Karrierewechsel

A

Words

1. antelope [ˈæntɪləʊp] - Antilope, die
2. bandage [ˈbændɪdʒ] - bandagieren
3. blast [blɑːst] - Explosion, die
4. border [ˈbɔːdə] - Grenze, die
5. brought [ˈbrɔːt] - brachten
6. career [kəˈrɪə] - Karriere, die
7. crashed [kræʃt] - abgestürzt
8. cry [kraɪ] - schreien
9. danger [ˈdeɪndʒə] - Gefahr, die
10. darling [ˈdɑːlɪŋ] - Liebling
11. examine [ɪgˈzæmɪn] - untersuchen
12. forgive [fəˈgɪv] - vergeben
13. forgiven [fəˈgɪvn̩] - vergeben
14. hallway [ˈhɔːlweɪ] - Flur, der
15. heart [hɑːt] - Herz, das
16. herd [hɜːd] - Herde, die
17. machine [məˈʃiːn] - Maschine, die
18. medical [ˈmedɪkl̩] - medizinisch
19. medicine [ˈmedsn̩] - Medikamente, die
20. nurse [nɜːs] - Krankenschwester, die
21. often [ˈɒfn̩] - oft
22. patient [ˈpeɪʃnt] - Patient, der
23. pleaded [ˈpliːdɪd] - flehte
24. pose (a danger) [pəʊz ə ˈdeɪndʒə] - eine Gefahr darstellen
25. quick [kwɪk] - schnell
26. reception [rɪˈsepʃn̩] - Empfang, der
27. shock [ʃɒk] - Schock, der
28. shoot-out [ˈʃuːtaʊt] - Schießerei, die
29. shot [ʃɒt] - angeschossen
30. squeezed [skwiːzd] - drückte
31. terms [tɜːmz] - Begriffe, die
32. tie [taɪ] - fesseln
33. tied [taɪd] - fesselten
34. won't [wəʊnt] - wird nicht
35. worse [wɜːs] - schlimmer
36. wounded [ˈwuːndɪd] - Verwundete, der
37. zoologist [zuːˈɒlədʒɪst] - Zoologe, der

B

Ashur Makes a Career Change

Ashur started looking for a place to hide his suitcases.
"Help me! We need to hide suitcases," he pleaded. But no one moved. It was obvious that the cars would reach the airplane in less than a minute. Paul Rost looked at his phone. There was not reception. Two cars drove up to them. Another car drove up to the cart with the family. Several men with machine guns jumped off the cars and ran to the cart. They asked the man something and then forced him to get into the car. The woman and the children began to shout. The father ran toward them. One of the men shot him and the man fell to the ground. The woman and children continued to scream and cry. The men tied the hands of Ashur, his father, and Rost, and put them in the car. Paul Rost looked sadly at the plane. Things are getting worse and worse. Now they're in very serious trouble. And the phone isn't working. He looked at the wounded man. He was wounded in the leg and could not get up. Two men tied him up and put him in the car.
"Who is the pilot of this airplane?" one of the men asked Paul Rost.
"We are doctors. We can help you. Do you have any wounded?" Lisa Pandora said loudly.
"I'm asking you, who is the pilot?" shouted the man, and raised the machine gun.
"The plane crashed and exploded. Everyone on the plane was killed," Pandora answered for Paul Rost.
"Who are you? What are you doing here?" another man asked.
"We are doctors from the organization Doctors without Borders. We must help

Ashur macht einen Karrierewechsel

Ashur fing an einen Ort zu suchen, um seine Koffer zu verstecken.
„Helft mir! Wir müssen die Koffer verstecken“, flehte er. Aber keiner bewegte sich. Es war offensichtlich, dass die Autos in weniger als einer Minute beim Flugzeug ankommen würden. Paul Rost sah sein Handy an. Es gab keinen Empfang. Zwei Autos fuhren zu ihnen. Ein anderes Auto fuhr dem Karren mit der Familie nach. Einige Männer mit Maschinenpistolen sprangen von dem Auto und rannten zum Karren. Sie fragten den Mann etwas und zwangen ihn danach in das Auto zu steigen. Die Frau und die Kinder begannen zu schreien. Der Vater rannte auf sie zu. Einer der Männer schoss ihn an und er fiel zu Boden. Die Frau und die Kinder schrien immer noch und weinten. Die Männer fesselten Ashur, seinen Vater, und Rost und steckten sie in ein Auto. Paul Rost blickte traurig auf das Flugzeug zurück. Die Dinge wurden immer schlimmer. Jetzt waren sie in wirklich großen Schwierigkeiten. Und das Handy funktioniert nicht. Er sah zum verwundeten Mann. Er war am Bein verletzt und konnte nicht aufstehen. Zwei Männer fesselten ihn und steckten ihn in ein Auto.
„Wer ist der Pilot des Flugzeugs?“, fragte einer der Männer Paul Rost.
„Wir sind Ärzte. Wir können Ihnen helfen. Haben Sie Verletzte?“, sagte Lisa Pandora laut.
„Ich frage Sie, wer ist der Pilot?“, schrie der Mann und hob sein Maschinengewehr.
„Das Flugzeug ist abgestürzt und explodiert. Alle im Flugzeug wurde getötet“, antwortete Pandora für Paul Rost.
„Wer seid Ihr? Was macht Ihr hier?“, fragte ein anderer Mann.

wounded people. Our car was stopped at this traffic light when suddenly that plane crashed. The plane fell right onto our car. Our driver and five other doctors were killed in the blast. I and two other doctors ran away from the car just in time," Pandora pointed to Rost and Ashur's father, "And this patient also managed to run out," Lisa pointed to Peter Ashur. "Do you have any wounded?" she added.
"He doesn't look like the patient," noted the man with the machine gun.
"He's a zoologist. A bomb killed a herd of antelopes that he had been studying for two years right in front of him," Pandora said, looking at Ashur, "Now, he often falls to the ground, shouting 'my antelopes'," she looked at Ashur again. Ashur sat on the ground and shouted, "My antelopes!"
"We have to take him to the hospital or he could die of shock," Pandora continued, "We also need to tie his hands because he poses a danger to himself and to others," she concluded.
The man with the gun looked at the plane, then at the cart: "You will go with us to our camp. We have many wounded people. They need urgent care," he looked at Ashur, "We don't need any zoologists. He won't go with us," the man added.
"Oh my antelopes! Oh my antelopes!" Ashur said quickly, "I need my doctor," he grabbed his father's hand and his father sat down beside him, "Oh my antelopes! Oh my suitcases," Ashur pointed to the bags.
"No," Pandora cried, "There is medicine and equipment in the suitcases. We must take them with us!" she demanded. The man with the machine gun took the bags and put them in the car.
"Oh my antelopes!" Ashur cried and climbed into the car, "I urgently need to go to the hospital!"
But the men dragged him away from the car and threw him to the ground. Ashur

„Wir sind Ärzte der Organisation Ärzte ohne Grenzen. Wir helfen Verletzten. Unser Auto blieb an der Ampel stehen, als auf einmal das Flugzeug abstürzte. Das Flugzeug fiel genau auf unser Auto. Unser Fahrer und fünf Ärzte wurden bei der Explosion getötet. Ich und zwei andere Ärzte rannten gerade rechtzeitig von dem Auto weg“, Pandora zeigte auf Rost und Ashurs Vater. „Und dieser Patient hat es auch geschafft, wegzurennen“, Lisa zeigte auf Ashur. „Haben Sie Verwundete?“, fügte sie hinzu.
„Er sieht nicht aus wie ein Patient“, merkte der Mann mit dem Maschinengewehr an.
„Er ist ein Zoologe. Eine Bombe tötete genau vor ihm eine Herde Antilopen, die er zwei Jahre lang studiert hatte“, sagte Pandora und blickte Ashur an. „Jetzt fällt er oft zu Boden und schreit ‚meine Antilopen'“, sie blickte erneut auf Ashur. Ashur setzte sich auf den Boden und schrie: „Meine Antilopen!“
„Wir müssen ihn in ein Spital bringen, oder er könnte an dem Schock sterben“, fuhr Pandora fort. „Wir müssen auch seine Arme fesseln, denn er stellt eine Gefahr für sich selbst und für andere dar“, sagte sie abschließend.
Der Mann mit der Waffe schaute zum Flugzeug, dann zum Karren: „Ihr kommt mit uns zu unserem Lager. Wir haben viele Verletzte. Sie brauchen dringend Versorgung.“ Er sah Ashur an: „Wir brauchen keine Zoologen. Er wird nicht mit uns mitkommen“, fügte der Mann hinzu.
„Oh, meine Antilopen! Oh, meine Antilopen!“, sagte Ashur schnell. „Ich brauche meinen Arzt“, er ergriff die Hand seines Vaters und sein Vater setzte sich neben ihn. „Oh, meine Antilopen! Oh, meine Koffer“, Ashur zeigte auf die Taschen.
„Nein“, schrie Pandora. „In den Koffern sind Medikamente und Ausrüstung. Wir müssen sie mitnehmen!“, forderte sie. Der Mann mit dem Maschinengewehr nahm die Taschen und steckte sie ins Auto.
„Oh, meine Antilopen!“, schrie Ashur und kletterte ins Auto. „Ich muss dringend ins

looked Pandora in the eye. But Pandora turned and looked at Paul Rost. Then she got in a car beside the wounded man and began to bandage his leg. All the people got into the cars and drove off.
About half an hour later, the cars stopped and a shoot-out began. There were loud cries. Everyone lay down on the floor of the car. Less than a minute later the car drove off again and in another five minutes they drove into the city. The cars stopped near a small building. Paul Rost and Lisa Pandora were led into the building. It was a hospital.
"Hey, doctor! Come here! Quickly!" the man with the gun shouted, "There are many wounded here. You must help them."
"There is medicine and equipment in the suitcases," Pandora said, "Please bring them here."
They brought in the suitcases and put them in the room. Lisa Pandora began to examine the patients. She said something to the nurse, using several medical terms. Paul looked at her in surprised. She smiled. "I have a medical education, Paul," she put her hand on his, "Haven't you forgiven me yet? My heart tells me that you are still thinking about me. Please forgive me! I am very sorry about what I did. I enjoyed spending time with you," Lisa squeezed his hand and looked into Paul's eyes.
"Doctor! Quick! We have many wounded!" the nurse cried, and Lisa followed her into the hallway. Before she left, she looked sadly into Paul's eyes. Paul Rost also looked at Lisa, and then out the window. On the street shooting broke out again. A few wounded entered the room from the hallway. Lisa and the nurse began to examine them. Paul helped them as best as he could. Suddenly Lisa cried, "Where are the suitcases?"
Paul looked up and saw that the suitcases weren't in the room. He looked out the

Spital!“
Aber die Männer zogen ihn weg vom Auto und warfen ihn auf den Boden. Ashur schaute Pandora in die Augen. Aber Pandora drehte sich weg und schaute zu Paul Rost. Dann stieg sie zu dem verwundeten Mann ins Auto und begann sein Bein zu bandagieren. Alle Leute stiegen in die Autos und fuhren davon.
Etwa eine halbe Stunde später blieb das Auto stehen und eine Schießerei begann. Es gab laute Schreie.
Jeder legte sich auf den Boden der Autos. Weniger als eine Minute später fuhr das Auto wieder los und fünf Minuten später fuhren sie in die Stadt. Die Autos stoppten in der Nähe eines kleinen Gebäudes. Paul Rost und Lisa Pandora wurden in das Gebäude geführt. Es war ein Spital.
„Hey, Arzt! Komm' her! Schnell!“, schrie der Mann mit der Waffe. „Hier gibt es viele Verwundete. Du musst ihnen helfen.“
„In den Koffern sind Medikamente und Ausrüstung“, sagte Pandora. „Bitte bring' sie her.“
Sie brachten die Koffer und stellten sie ins Zimmer. Lisa Pandora begann die Patienten zu untersuchen. Sie sagte etwas zu einer Krankenschwester und benutzte verschiedene medizinische Begriffe. Paul sah sie überrascht an. Sie lächelte.
„Ich habe eine medizinische Ausbildung, Paul“, sie legte ihre Hände auf seine. „Hast du mir noch nicht vergeben? Mein Herz sagt mir, dass du immer noch an mich denkst. Bitte vergib' mir! Was ich getan habe, tut mir sehr leid. Ich habe sehr gerne Zeit mit dir verbracht“, Lisa drückte seine Hand und schaute Paul in die Augen.
„Arzt! Schnell! Wir haben viele Verwundete!“, schrie die Krankenschwester und Lisa folgte ihr auf den Flur. Bevor sie ging, schaute sie Paul traurig in die Augen. Paul Rost schaut Lisa auch an, und danach aus dem Fenster. Auf der Straße brach wieder eine Schießerei aus. Einige Verwundete kamen aus dem Flur in das

window and saw that one of the wounded men ran into the street with the suitcases, threw them into one of the cars and quickly got into it. Before he got into his car, he looked at them and smiled. It was, of course, Ashur.
"He stole the medicine and equipment!" Pandora cried. She wanted to run out of room, but Paul grabbed her by the arm.
"Please, Lisa, don't! Stay here! Let Ashur take the money!" he asked.
"Never! Paul, darling, help me get the money back!" she asked.
"Do not go, Lisa. Please stay here ..." Paul Rost asked, but Lisa ran away. She ran outside, got into one of the cars and followed Ashur.

Zimmer. Lisa und die Krankenschwester begannen sie zu untersuchen. Paul versuchte so gut zu helfen wie es ging. Plötzlich schrie Lisa: „Wo sind die Koffer?“
Paul schaute auf und sah, dass die Koffer nicht im Zimmer waren. Er schaute aus dem Fenster und sah, dass einer der Verwundeten mit den Koffern auf die Straße rannte, sie in eines der Autos warf und schnell einstieg. Bevor er einstieg, warf er noch einen Blick auf die Koffer und lächelte. Es war, natürlich, Ashur.
„Er hat die Medikamente und die Ausrüstung gestohlen!“, schrie Pandora. Sie wollte aus dem Zimmer rennen, aber Paul hielt sie am Arm fest.
„Bitte, Lisa, nicht! Bleib' hier! Lass' Ashur das Geld nehmen!“, bat er.
„Niemals! Paul, Liebling, hilf' mir das Geld zurückzubekommen!“, bat sie.
„Geh' nicht, Lisa. Bitte, bleib' hier...“, bat Paul Rost, aber Lisa rannte davon. Sie rannte nach draußen, stieg in eines der Autos und folgte Ashur.

C

New Vocabulary Review

1

- Could you tell me, is it Tuesday or Wednesday?
- I think it's Tuesday. I'm not sure.
- Do you know what time it is?
- I will check my phone. It's five minutes to ten.
- Thank you. By the way, is it windy outside?
- It isn't windy, but it's cloudy. It will probably get cold soon.

2

- Can a doctor cure a sick person with just look?
- Nonsense! Of course he can't.
- Yes he can! Yesterday I didn't want to go to school. I told the doctor that my tail hurts.

Wiederholung des neuen Vokabulars

1

- *Könnten Sie mir sagen, ob heute Dienstag oder Mittwoch ist?*
- *Ich glaube, heute ist Dienstag. Ich bin mir nicht sicher.*
- *Wissen Sie wie spät es ist?*
- *Ich werde auf meinem Telefon nachsehen. Es ist fünf vor zehn.*
- *Danke. Übrigens, ist es draußen windig?*
- *Es ist nicht windig, aber es ist bewölkt. Es wird wahrscheinlich bald kalt werden.*

2

- *Kann ein Arzt einen Patienten nur durch einen Blick heilen?*
- *Unsinn! Das kann er natürlich nicht.*
- *Ja, das kann er! Gestern wollte ich nicht in die Schule gehen. Ich habe dem Arzt gesagt,*

The doctor gave me such a look that I immediately went to school!
- But you don't have a tail!
- You know that. But how did the doctor guess?

3

- I now regret that I didn't study well in school. If I'd studied well, I would be a manager now.
- And I don't regret that! If I'd studied well, I'd be working outside in the cold now instead of sitting in someone else's warm apartment and drinking coffee!
- Okay, I already stole all the good stuff. Finish drinking your coffee and let's go. The owner could be here at any moment.

4

- Who fired the shot, son?
- I fired it, Dad.
- Why?
- I wanted to conduct an experiment.
- What kind of experiment?
- I wanted to hit the bird that was sitting next to our camel.
- Did you hit it?
- Yes.
- The bird?
- No, the camel.
- What will we do now, my son?
- Now I'm going to treat it, Dad.
- No. No more experiments! I will treat the camel, and you'll pull our wagon!

5

- What's faster: an antelope or a camel?
- If a person is behind them, the antelope will run faster.
- And if there is also a tiger next to the person?
- Then the man will run faster than both the camel and the antelope!

dass mein Schweif weh tut. Der Arzt hat mich mit so einem Blick angesehen, dass ich sofort in die Schule gegangen bin.
- Aber du hast keinen Schweif!
- Du weißt das. Aber woher wusste der Arzt das?

3

- Jetzt bereue ich es, dass ich in der Schule nicht gut aufgepasst habe. Hätte ich mehr gelernt, wäre ich jetzt ein Manager.
- Und ich bereue das nicht! Hätte ich mehr gelernt, würde ich jetzt draußen in der Kälte arbeiten, anstatt in der Wohnung von jemand anderem zu sitzen und Kaffee zu trinken!
- In Ordnung, ich habe schon alle die guten Sachen gestohlen. Trink' deinen Kaffee aus und lass' uns gehen. Der Besitzer könnte jeden Moment zurück sein.

4

- Wer hat den Schuss abgegeben, Sohn?
- Ich habe geschossen, Papa.
- Warum?
- Ich wollte ein Experiment durchführen.
- Was für eine Art von Experiment?
- Ich wollte den Vogel treffen, der neben unserem Kamel gesessen ist.
- Hast du getroffen?
- Ja.
- Den Vogel?
- Nein, das Kamel.
- Was sollen wir jetzt machen, mein Sohn?
- Jetzt werde ich es behandeln, Papa.
- Nein. Keine Experimente mehr! Ich werde das Kamel behandeln und du wirst unseren Wagen ziehen!

5

- Was ist schneller: eine Antilope oder ein Kamel?
- Wenn ein Mensch hinter ihnen ist, wird die Antilope schneller rennen.
- Und wenn auch ein Tiger neben dem Menschen ist?
- Dann wird der Mensch schneller rennen als beide, als das Kamel und als die Antilope!

20

A Stone's Throw from Fate

Ein Steinwurf des Schicksals

A

Words

1. agreement [əˈgriːmənt] - Vereinbarung, die
2. alive [əˈlaɪv] - lebendig
3. appointed [əˈpɔɪntɪd] - ernannt
4. assistant [əˈsɪstənt] - Assistent, der
5. ate [et] - aß
6. authority [ɔːˈθɒrəti] - Autorität, die
7. become [bɪˈkʌm] - werden
8. building [ˈbɪldɪŋ] - Gebäude, das
9. cabinet [ˈkæbɪnət] - Kabinett, das
10. capitalism [ˈkæpɪtəlɪzəm] - Kapitalismus, der
11. capture [ˈkæptʃə] - einnehmen
12. certain [ˈsɜːtn̩] - sicher
13. closets [ˈklɒzɪts] - Schränke, die
14. coat [kəʊt] - Mantel, der
15. condemnation [ˌkɒndemˈneɪʃn̩] - Verurteilung, die
16. conspiracy [kənˈspɪrəsi] - Verschwörung, die
17. covered [ˈkʌvəd] - bedeckte
18. damaged [ˈdæmɪdʒd] - beschädigt
19. democratic [ˌdeməˈkrætɪk] - demokratisch
20. devil [ˈdevl̩] - Teufel, der
21. dictatorship [dɪkˈteɪtəʃɪp] - Diktatur, die
22. disconnect [ˌdɪskəˈnekt] - ausschalten
23. divide [dɪˈvaɪd] - aufteilen
24. equally [ˈiːkwəli] - zu gleichen Teilen
25. evil [ˈiːvl̩] - böse
26. except [ɪkˈsept] - bis auf
27. faster [ˈfɑːstə] - schneller
28. fate [feɪt] - Schicksal, das
29. felt [felt] - fühlte
30. fired [ˈfaɪəd] - abgefeuert

31. fire [ˈfaɪə] - feuern
32. gain [geɪn] - gewinnen
33. game [geɪm] - Spiel, das
34. gear [gɪə] - Gang, der
35. government [ˈgʌvənmənt] - Regierung, die
36. greatly [ˈgreɪtli] - sehr
37. healthcare [ˈhelθˌker] - Gesundheitswesen, das
38. heavily [ˈhevɪli] - schwer
39. in advance [ɪn ədˈvɑːns] - im Voraus
40. info [ˈɪnfəʊ] - Information, die
41. Islam [ɪzˈlɑːm] - Islam, der
42. kill [kɪl] - töten
43. king [kɪŋ] - König, der
44. lead [liːd] - führen
45. learn [lɜːn] - lernen
46. losers [ˈluːzəz] - Verlierer, die
47. master [ˈmɑːstə] - Herr, der
48. mechanically [mɪˈkænɪkl̩i] - mechanisch
49. medal [ˈmedl̩] - Medaille, die
50. middle [ˈmɪdl̩] - Mitte, die
51. minister [ˈmɪnɪstə] - Minister, der
52. mom [mɒm] - Mutter, die
53. neighboring [ˈneɪbərɪŋ] - benachbart
54. noted [ˈnəʊtɪd] - merkte an
55. occupy [ˈɒkjʊpaɪ] - einnehmen
56. oil [ɔɪl] - Öl, das
57. opportunities [ˌɒpəˈtjuːnɪtɪz] - Möglichkeiten, die
58. otherwise [ˈʌðəwaɪz] - anders
59. point [pɔɪnt] - zeigen
60. possibly [ˈpɒsəbli] - möglicherweise
61. post [pəʊst] - Posten, der
62. power [ˈpaʊə] - Macht, die
63. president [ˈprezɪdənt] - Präsident, der
64. Prime minister [praɪm ˈmɪnɪstə] - Premierminister, der
65. province [ˈprɒvɪns] - Provinz, die
66. raced [reɪst] - raste
67. realize [ˈrɪəlaɪz] - merken
68. receiver [rɪˈsiːvə] - Hörer, der
69. religion [rɪˈlɪdʒən] - Religion, die
70. resist [rɪˈzɪst] - Widerstand leisten
71. revolution [ˌrevəˈluːʃn̩] - Revolution, die
72. ring [rɪŋ] - läuten
73. ruled [ruːld] - regierte
74. satellite [ˈsætəlaɪt] - Satellit, der
75. seemed [siːmd] - schien
76. seriously [ˈsɪərɪəsli] - ernst
77. shoes [ʃuːz] - Schuhe, die
78. signaled [ˈsɪgnəld] - deutete
79. slow [sləʊ] - langsam
80. slow motion [sləʊ ˈməʊʃn̩] - Zeitlupe, die
81. state [steɪt] - Staat, der
82. stone [stəʊn] - Stein, der
83. suffering [ˈsʌfərɪŋ] - Leiden, das
84. support [səˈpɔːt] - unterstützen
85. switch [swɪtʃ] - schalten
86. talented [ˈtæləntɪd] - talentiert
87. teacher [ˈtiːtʃə] - Lehrer, der
88. towards [təˈwɔːdz] - zu
89. toys [tɔɪz] - Spielzeug, das
90. war [wɔː] - Krieg, der

B

A Stone's Throw from Fate

Lisa drove after Peter Ashur. A shooting broke out on the street. Paul stood and looked out the window. Everything that happened seemed like a dream. Suddenly he felt that he was left alone in the middle

Ein Steinwurf des Schicksals

Lisa fuhr Peter Ashur nach. Eine Schießerei ging auf der Straße los. Paul stand und schaute aus dem Fenster. Alles, das passierte, schien ein Traum zu sein. Auf einmal fühlte er, dass er Mitten in Afrika allein gelassen wurde. Die Zeit

of Africa. Time had stopped and he stood still. People around him lay and looked at him. Doctors were helping them, but he didn't notice anyone. He suddenly asked himself what he was doing there, in a small town in the middle of the Sahara. At this moment the door opened and a man walked in. Everyone immediately looked at him. Muammar Gaddafi walked slowly into the middle of the room. His head and arm were bandaged. His face showed suffering, but he didn't pay attention to it. In his gaze were authority and power. The man who ruled the country for more than forty years was still ready to fight. He looked at people in the room and signaled with his hand to his assistant. His assistant walked up to him and opened a box that he held in his hands. Gaddafi took a medal out of the box and put it on one of the doctors.
"There is a conspiracy to gain control over Libyan oil and to occupy Libyan land," he said, looking at the doctors, "Women should get ready for war in their own homes. Women must learn to place bombs in closets, bags, shoes, children's toys." He picked up another medal and put it on another doctor," Gaddafi is not an ordinary president who could just leave - he is the leader of the revolution. I am an international leader, the teacher of all the rulers of the Arab world, and the king of Africa's kings." Muammar Gaddafi took out a gun and raised it above his head. He went up to Paul Rost: "The Devil is in capitalism, in dictatorship. These are all evil forces, trying to take men under their control." At that moment, Rost's phone rang. Rost mechanically took out the phone, but Gaddafi took the phone from him and continued speaking into the receiver: "There isn't a single democratic state in the whole world except for Libya. And there is only one religion - Islam. All who believe otherwise - are just losers,"

hatte angehalten und er stand still. Die Leute um ihn lagen und schauten ihn an. Ärzte halfen ihm, aber er bemerkte niemanden. Er fragte sich auf einmal, was er hier machte, in einer kleinen Stadt mitten in der Sahara. In diesem Moment öffnete sich die Tür und ein Mann kam herein. Jeder schaute ihn sofort an. Muammar Gaddafi ging langsam in die Mitte des Raumes. Er trug einen Verband um seinen Kopf und seinen Arm. Sein Gesicht zeigte Leiden, aber er achtete nicht darauf. In seinem Blick lagen Autorität und Macht. Der Mann, der das Land seit mehr als vierzig Jahren regierte, war immer noch bereit zu kämpfen. Er blickte die Menschen im Zimmer an und deutete mit seiner Hand seinem Assistenten. Sein Assistent kam zu ihm und öffnete die Kiste, die er in seinen Händen hielt. Gaddafi nahm eine Medaille heraus und verlieh sie einem der Ärzte.
„Es gibt eine Verschwörung, um die Kontrolle über libysches Öl zu gewinnen und das libysche Land einzunehmen", sagte er und blickte auf die Ärzte. „Frauen sollten sich auf den Krieg in ihren Häusern vorbereiten. Frauen müssen lernen, Bomben in Schränken, Taschen, Schuhen und in Kinderspielzeug zu verstecken." Er nahm eine weitere Medaille und verlieh sie einem anderen Arzt. „Gaddafi ist kein gewöhnlicher Präsident, der einfach gehen könnte - er ist der Revolutionsführer. Ich bin ein internationaler Führer, der Lehrer aller Herrschenden in der arabischen Welt, und der König der afrikanischen Könige." Muammar Gaddafi nahm eine Waffe und hob sie über seinen Kopf. Er ging zu Paul Rost: „Der Kapitalismus, die Diktatur, darin versteckt sich der Teufel. Das sind alles böse Mächte, die versuchen, Männer unter ihre Kontrolle zu bekommen." In diesem Moment läutete Rosts Handy. Rost nahm das Handy mechanisch heraus, aber Gaddafi nahm es ihm weg und sprach in den Hörer:
„Es gibt keinen einzigen demokratischen Staat in der Welt bis auf Libyen. Und es gibt nur eine einzige Religion - den Islam. Alle, die etwas

Gaddafi gave the phone back to Rost and put the gun away. He took a medal out of the box and put it on Paul. Gaddafi walked to the middle of the room: "For four months - four months! - You have been bombing our country and killing Libyans, and everyone is too afraid to say even one word of condemnation," he covered his face with his hands and stood like that for a few seconds. Then he lowered his hands and walked to the door. Before leaving he looked at people in the room: "If death is a man, then we must resist to the end, but if it is a woman, we should give in to her at the last moment," said Muammar Gaddafi and left the room. At that moment there was an explosion, and Rost fell to the floor. Then he got up slowly and walked out of the building. The building was heavily damaged by the explosion. He walked slowly down the street. From time to time, people ran down the street without looking at him. Someone nearby was firing a machine gun. He heard some kind of sound, but couldn't understand what it was. Sometimes smoke covered the street and he couldn't see anything. The sound was somewhere nearby. Then he turned his head and saw that a car stopped next to him. Lisa Pandora shouted something to him through the window. But everything seemed to be in slow motion, and he couldn't understand what she said. Lisa slowly got out of the car and ran towards him. She pushed him, and they both fell to the ground. From that moment everything happened very quickly. Lisa shouted something to him, machine guns fired nearby, the phone in his pocket rang without stopping.

"Run, Paul, run! Faster!" Lisa asked, grabbed him by the arm and dragged him to the car. Paul ran after her and got into the car. The car raced down the street. The phone rang without stopping.

anderes glauben - sind einfach nur Verlierer", Gaddafi gab Rost das Handy zurück und steckte die Waffe weg. Er nahm eine Medaille aus der Kiste und verlieh sie Paul. Gaddafi ging in die Mitte des Zimmers: „Vier Monate - vier Monate! - Ihr habt unser Land bombardiert und Libyer getötet, und jeder hat Angst auch nur ein verurteilendes Wort zu sprechen", er bedeckte sein Gesicht mit seinen Händen und stand einige Sekunden lang so da. Dann senke er seine Hände und ging zur Tür. Bevor er ging, sah er die Menschen im Zimmer an: „Wenn der Tod ein Mann ist, dann müssen wir bis zum Ende Widerstand leisten, aber wenn es eine Frau ist, dann sollten wir im letzten Moment aufgeben", sagte Muammar Gaddafi und verließ das Zimmer. In diesem Moment gab es eine Explosion und Rost fiel zu Boden. Dann stand er langsam auf und verließ das Gebäude. Das Gebäude war durch die Explosion stark beschädigt. Er ging langsam die Straße entlang. Von Zeit zu Zeit rannten Leute die Straße entlang, ohne ihn anzuschauen. In der Nähe feuerte jemand ein Maschinengewehr. Er hörte ein Geräusch, aber er wusste nicht genau, was es war. Rauch bedeckte die Straße und er konnte nichts sehen. Das Geräusch war irgendwo in der Nähe. Dann drehte er seinen Kopf und sah, dass ein Auto neben ihm stehen blieb. Lisa Pandora schrie ihm etwas durch das Fenster zu. Aber alles schien wie in Zeitlupe und er konnte nicht verstehen, was sie sagte. Lisa kam langsam aus dem Auto und rannte auf ihn zu. Sie stieß ihn und beide fielen zu Boden. Ab diesem Zeitpunkt geschah alles sehr schnell. Lisa schrie etwas, Maschinengewehre wurden in der Nähe abgefeuert, das Handy in seiner Jackentasche läutete ohne Unterbrechung.

„Renn', Paul, renn'! Schneller!", bat Lisa, packte ihn am Arm und zog ihn zum Auto. Paul rannte ihr nach und stieg ins Auto. Das Auto raste die Straße hinunter. Das Handy läutete ohne Unterbrechung.

„Paul, dein Handy läutet!", sagte Pandora. Paul nahm das Handy und antwortete. Es war

"Paul, your phone is ringing!" Pandora said.
Paul took out the phone and answered it. It was Andrew.
"Paul! Where are you? I hear shooting! Are you all right?" Andrew shouted at the other end.
"Yes, I'm alive," Paul said.
"Thanks for the info about the plane. It was the mob. They wanted to capture one of Libya's provinces. Almost all of them were killed immediately after landing. Can you hear me, Paul?" Andrew continued.
"Yes, I hear," Paul said.
"Don't disconnect the phone. We can see you on the satellite. Soon, our guys will take you home. Can you hear me?" Andrew shouted.
"Yes," Paul replied, and at that moment he noticed Ashur and his father on the floor. Ashur was badly injured. His father was helping him. Paul put the phone in his pocket.
"They fired on Ashur's car. I got them out of there. Otherwise they would have been killed," Lisa looked at Paul, "Who called?"
"My mom. She asked when I'm coming over for dinner," Rost replied.
Lisa put her hand on his.
"I like that you can joke even now," she smiled.
Their car raced across the sand at high speed. They left the town behind.
"Where are we going?" Paul asked.
"I don't care where. I just want to be with you," Pandora said, " Now we're driving to the neighboring province. I made an agreement with Ashur. We will divide the money equally, and I will be appointed as the prime minister," Pandora said.
Paul looked at her. He wasn't surprised by what she said. He just couldn't understand what she was talking about.
"Ashur has a few friends in this province. They are leading the revolution in this

Andrew.
„Paul! Wo bist du? Ich höre Schussgeräusche! Geht es dir gut?“, schrie Andrew am anderen Ende.
„Ja, ich lebe“, sagte Paul.
„Danke für die Informationen über das Flugzeug. Es war Mob. Sie wollten eine von Libyens Provinzen einnehmen. Fast alle von ihnen wurden gleich nach der Landung getötet. Kannst du mich hören, Paul?“, setzte Andrew fort.
„Ja, ich höre dich“, sagte Paul.
„Schalte dein Handy nicht aus. Wir können dich via Satellit sehen. Unsere Jungs werden dich bald nach Hause bringen. Kannst du mich hören?“, schrie Andrew.
„Ja“, antwortete Paul, und in diesem Moment bemerkte er Ashur und seinen Vater auf dem Boden. Ashur war schwer verletzt. Sein Vater half ihm. Paul steckte das Handy in seine Jackentasche.
„Sie haben Ashurs Auto beschossen. Ich habe sie herausgeholt. Sonst wären sie getötet worden“, Lisa sah Paul an. „Wer hat angerufen?“
„Meine Mutter. Sie hat gefragt, wann ich einmal zum Abendessen komme“, antwortete Rost.
Lisa legte ihre Hand auf seine.
„Ich mag es, dass du sogar jetzt Witze machen kannst“, sagte sie lächelnd.
Ihr Auto raste in hoher Geschwindigkeit über den Sand. Sie ließen die Stadt hinter sich.
„Wohin fahren wir?“, fragte Paul.
„Mir ist egal, wohin wir fahren. Ich möchte nur bei dir sein“, sagte Pandora. „Jetzt fahren wir gerade in die benachbarte Provinz. Ich habe eine Vereinbarung mit Ashur getroffen. Wir teilen das Geld zu gleichen Teilen auf und ich werde zur Premierministerin ernannt werden“, sagte Pandora.
Paul schaute sie an. Was sie sagte, überraschte ihn nicht. Er konnte nur nicht verstehen, wovon sie sprach.
„Ashur hat einige Freunde in dieser Provinz.

province," Pandora continued, "They want Ashur to be the president of the new country."
Paul was certain that nothing could surprise him. But he was greatly surprised by this news.
"Ashur will be the president of the new country?" he said.
"Yes, Ashur will be the president of the new country," she said to him. "Now Libya has many opportunities for talented people!"
"He was probably injured badly if he wants to be president," Rost noted.
"Yes, Ashur will be the president," Lisa said, switching the gears of the car, "And I will be the prime minister!" she added.
"Can I be the minister of healthcare in your cabinet?" Rost smiled, pointing to his doctor's coat.
"Possibly. We'll see," Lisa said. But she noticed the smile in his eyes and said, "Sometimes, we are much closer to our dreams than we think."
"When did you realize that your dream is to become a prime minister? I think that it was no more than an hour ago," Rost said.
"It isn't that simple, Paul," she looked at him seriously, "These kinds of things are planned in advance. I knew about it back when we ate pizza at my home. And even three months before that. John Vega, Peter Ashur and I planned it together. We took the money out of the bank in order to pay the soldiers. The soldiers have to support us in our new state. It's a big game with a lot of money, Paul. There is a lot of oil here. And this oil no longer has a strong master," she said.
"You, Ashur, and Vega were all well prepared. And what will be John Vega's post in your government in this new country?" asked Paul. Pandora looked at Paul, but answered nothing.

Sie führen die Revolution in dieser Provinz", setzte Pandora fort. „Sie wollen, dass Ashur der Präsident des neuen Landes wird."
Paul war sich sicher gewesen, dass ihn nichts überraschen könnte. Aber diese Neuigkeiten überraschten ihn sehr.
„Ashur wird der Präsident des neuen Landes?", sagte er.
„Ja, Ashur wird der Präsident des neuen Landes werden", sagte sie zu ihm. „Libyen hat jetzt viele Möglichkeiten für talentierte Leute!"
„Er wurde wahrscheinlich schwer verletzt, wenn er Präsident werden will", merkte Rost an.
„Ja, Ashur wird der Präsident werden", sagte Lisa und schaltete in einen anderen Gang. „Und ich werde die Premierministerin!", fügte sie hinzu.
„Kann ich der Gesundheitsminister in eurem Kabinett werden?", sagte Rost lächelnd und zeigte auf seinen Arztmantel.
„Möglicherweise. Wir werden sehen", sagte Lisa. Aber sie bemerkte das Strahlen in seinen Augen und sagte: „Manchmal sind wir unseren Träumen viel näher als wir denken."
„Wann hast du gemerkt, dass es dein Traum ist, Premierministerin zu werden? Ich glaube, das war vor weniger als einer Stunde", sagte Rost.
„Es ist nicht so einfach, Paul", sie schaute ihn ernst an. „Diese Art von Dingen werden im Voraus geplant. Ich wusste davon, als wir Pizza in meinem Haus aßen. Und so gar schon drei Monate davor. John Vega, Peter Ashur und ich haben es gemeinsam geplant. Wir nahmen das Geld aus der Bank um die Soldaten zu bezahlen. Die Soldaten müssen uns in unserem neuen Staat unterstützen. Es ist ein großes Spiel mit einer Menge Geld, Paul. Hier gibt es sehr viel Öl. Und dieses Öl hat keinen starken Herren mehr", sagte sie.
„Du, Ashur und Vega, ihr wart alle gut vorbereitet. Und was wird John Vegas Posten in eurer Regierung in diesem neuen Land?", fragte Paul. Lisa schaute Paul an, aber antwortete nichts.

C

New Vocabulary Review

1

- Could you tell me, is it Wednesday or Thursday today?
- I think it's Wednesday today. I'm not sure.
- Do you know what time it is?
- I will check my phone. It's almost fifteen minutes to three.
- Thank you. By the way, is it hot outside?
- It's hot but cloudy outside. I hope it will be cool soon.

2

- Our state doesn't need a dictator!
- I'm not a dictator. I am the leader of the revolution!
- But we want a different leader. And not just one, but ten or twenty.
- You don't understand that the rule must be strong. Ten leaders will fight one another.
- We want a democracy!
- Democracy kills all that's good! Democracy - it's the devil!
- We want freedom to do business!
- Business - that's capitalism. Capitalism - that's the devil's system! Look, we have free healthcare and education! Do you want to pay for healthcare and education?
- We want good healthcare and education!
- We have very good healthcare and education. I am an international leader! I am the king of kings! I order to arrest all of the losers who want capitalism and democracy.

3

- I have the opportunity to get a position in the Ministry of Healthcare.
- I didn't know that you have a medical

Wiederholung des neuen Vokabulars

1

- Könnten Sie mir sagen, ob heute Mittwoch oder Donnerstag ist?
- Ich glaube, heute ist Mittwoch. Ich bin mir nicht sicher.
- Wissen Sie wie spät es ist?
- Ich werde auf meinem Telefon nachsehen. Es ist fast fünfzehn Minuten vor drei.
- Danke. Übrigens, ist es draußen heiß?
- Draußen ist es heiß, aber bewölkt. Ich hoffe, es wird bald kalt werden.

2

- Unser Staat braucht keinen Diktator!
- Ich bin kein Diktator. Ich bin der Führer der Revolution!
- Aber wir wollen einen anderen Führer. Und nicht nur einen, sondern zehn oder zwanzig.
- Ihr versteht nicht, dass die Führung stark sein muss. Zehn Führer werden einander bekämpfen.
- Wir wollen Demokratie!
- Demokratie töten alles Gute! Demokratie - ist der Teufel!
- Wir wollen Geschäftsfreiheit!
- Geschäft - das ist Kapitalismus. Kapitalismus - das ist das System des Teufels! Schaut, wir haben ein freies Gesundheits- und Schulwesen! Wollt ihr für die Gesundheitsversorgung und die Schule zahlen?
- Wir wollen gute Gesundheitsversorgung und gute Schulen!
- Wir haben sehr gute Gesundheitsversorgung und sehr gute Schulen. Ich bin ein internationaler Führer! Ich bin der König der Könige! Ich befehle, alle Verlierer festzunehmen, die Kapitalismus und Demokratie wollen.

3

- Ich habe die Möglichkeit einen Posten im Gesundheitsministerium zu bekommen.
- Ich wusste nicht, dass du einen medizinischen Abschluss hast.

degree.
- I don't have a medical degree. I have friends in the Ministry of Healthcare.

4

- Dad, where are my toys?
- I don't know. Look under the table.
- Mom, where are my toys?
- I don't know. Look in the bathroom.
- I found them! The soldiers are fighting under the table, and the planes are bombing in the bathroom.

5

- Do you like having power over others?
- No, I don't like it at all. By the way, have you fulfilled all of my orders?

6

- Let the soldiers out on the sea shore.
- But our planes are bombing there, Mr. General.
- Then let them seize the airfield.
- But the airfield has been ours for a long time.
- Then let the soldiers go forward, fight and kill everyone in sight! War is war.
- Yes, Mr. General.

7

- In Russia, in the twentieth century, they confiscated all the property of the rich. Then they divided it equally among the poor.
- Was it a democracy?
- No, it was communism. Then all the rich were killed or put in prison.
- It was a dictatorship?
- Yes, it was wartime communism. Then they blew up the churches and wiped out religion.
- That was unfair.
- Yes, it was deadly for the state and the people.

- Ich habe keinen medizinischen Abschluss. Ich habe Freunde im Gesundheitsministerium.

4

- Papa, wo ist mein Spielzeug?
- Ich weiß es nicht. Schau' unter dem Tisch.
- Mama, wo ist mein Spielzeug?
- Ich weiß es nicht. Schau' im Badezimmer.
- Ich habe es gefunden! Die Soldaten kämpfen unter dem Tisch und die Flugzeuge bombardieren das Badezimmer.

5

- Magst du es, Macht über andere zu haben?
- Nein, ich mag das gar nicht. Übrigens, hast du meine Anordnungen schon ausgeführt?

6

- Lass' die Soldaten an der Meeresküste hinaus.
- Aber unsere Flugzeuge bombardieren dort, Herr General.
- Dann lass' sie das Flugfeld einnehmen.
- Aber das Flugfeld gehört uns schon seit langer Zeit.
- Dann lass' die Soldaten vorwärts marschieren, und jeden in Sichtweite bekämpfen und töten! Krieg ist Krieg.
- Ja, Herr General.

7

- In Russland, im zwanzigsten Jahrhundert, haben sie alle Besitztümer der Reichen beschlagnahmt. Dann haben sie sie zu gleichen Teilen unter den Armen aufgeteilt.
- War das eine Demokratie?
- Nein, das war Kommunismus. Danach wurden alle Reichen getötet oder ins Gefängnis geworfen.
- War das eine Diktatur?
- Ja, es war Kriegskommunismus. Danach haben sie Kirchen in die Luft gejagt und die Religion ausgelöscht.
- Das war ungerecht.
- Ja, das war für den Staat und die Menschen tödlich.

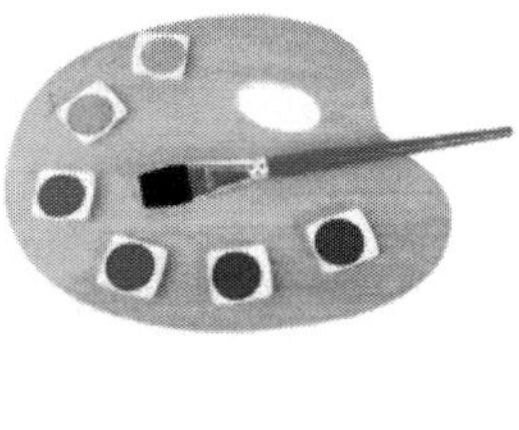

21

Just One Chance

Nur eine Chance

A

Words

1. affair [əˈfeə] - Beziehung, die
2. among [əˈmʌŋ] - inmitten
3. bandaged [ˈbændɪdʒd] - verbunden
4. be scared [bi skeəd] - Angst haben
5. became [bɪˈkeɪm] - wurde
6. bonus [ˈbəʊnəs] - Prämie, die
7. bottom [ˈbɒtəm] - unten
8. bouncing [ˈbaʊnsɪŋ] - springend
9. buried [ˈberɪd] - eingegraben
10. child [tʃaɪld] - Kind, das
11. color [ˈkʌlər] - Farbe, die
12. crowd [kraʊd] - Menge, die
13. deserve [dɪˈzɜːv] - verdienen
14. dozen [ˈdʌzn̩] - Dutzend, das
15. eagerly [ˈiːgəli] - gierig
16. east [iːst] - Osten, der
17. edge [edʒ] - Rand, der
18. energy [ˈenədʒi] - Energie, die
19. end [end] - Ende, das
20. fare [feə] - Fahrpreis, der
21. fear [fɪə] - Angst, die
22. fearfully [ˈfɪəfəli] - ängstlich
23. fight [faɪt] - kämpfen
24. fine [faɪn] - bestrafen
25. flag [flæg] - Fahne, die
26. greet [griːt] - begrüßen
27. group [gruːp] - Gruppe, die
28. hold [həʊld] - halten
29. hope [həʊp] - hoffen
30. language [ˈlæŋgwɪdʒ] - Sprache, die
31. leaflet [ˈliːflɪt] - Flugblatt, das
32. lotion [ˈləʊʃn̩] - Creme, die
33. monument [ˈmɒnjʊmənt] - Monument, das
34. move [muːv] - bewegen
35. native [ˈneɪtɪv] - heimatlich
36. native language [ˈneɪtɪv ˈlæŋgwɪdʒ] - Muttersprache, die

37. paid [peɪd] - bezahlt
38. platform [ˈplætfɔːm] - Podium, das
39. pour [pɔː] - schütten
40. recognized [ˈrekəgnaɪzd] - erkannte
41. rescue [ˈreskjuː] - retten
42. resemble [rɪˈzembl̩] - ähneln
43. rope [rəʊp] - Seil, das
44. rule [ruːl] - regieren
45. send [send] - schicken
46. shout [ʃaʊt] - schreien
47. skin [skɪn] - Haut, die
48. sometime soon [ˈsʌmtaɪm suːn] - bald einmal
49. spoke [spəʊk] - sprach
50. square [skweə] - Platz, der
51. stowaway [ˈstəʊəweɪ] - blinde Passagier, der
52. tanning lotion [ˈtænɪŋ ˈləʊʃn̩] - Sonnencreme, die
53. thankful [ˈθæŋkfəl] - dankbar
54. those [ðəʊz] - diese
55. topple [ˈtɒpl̩] - stürzen
56. tore up [ˈtɔːr ʌp] - zerrissen
57. travel [ˈtrævl̩] - reisen
58. traveled [ˈtrævl̩d] - reiste
59. tried [traɪd] - versuchte
60. two-story [tuː ˈstɔːri] - zweistöckig
61. waist [weɪst] - Hüfte, die
62. waved [weɪvd] - winkte
63. while [waɪl] - während
64. winner [ˈwɪnə] - Gewinner, der
65. wooden [ˈwʊdn̩] - aus Holz

B

Just One Chance

Paul Rost and Lisa Pandora drove at high speed across the Sahara. The wounded Peter Ashur lay in the back of the car, and his father sat next to him. Ashur's father became very nervous when he heard what his son was planning to do.
"You shouldn't do this, son," he said, looking at his son, "This game is too big and too dangerous. You already cheated John Vega and Lisa, and they will not forgive you for it."
"I will give Pandora a lot more than I took from her. And Vega is a fool and deserves what he got!" Ashur said, then got up and sat next to his father, "My friends already prepared everything. All they need now is me and my experience in international affairs!" Ashur saw the smile in Rost's eyes quickly got to his feet, "Yes, my experience. And you shouldn't smile, Paul," he pointed his finger at Paul, "When I become the

Nur eine Chance

Paul Rost und Lisa Pandora fuhren mit hoher Geschwindigkeit durch die Sahara. Der verletzte Peter Ashur lag auf dem Rücksitz und sein Vater saß neben ihm. Ashurs Vater wurde sehr nervös, als er hört, was sein Sohn gerade plante.

„Du solltest das nicht machen, Sohn", sagte er und schaute seinen Sohn an. „Dieses Spiel ist zu groß und zu gefährlich. Du hast bereits John Vega und Lisa betrogen und sie werden dir nicht vergeben."
„Ich werde Pandora viel mehr geben, als ich ihr genommen habe. Und Vega ist ein Idiot und verdient, was er bekommen hat!", sagte Ashur, richtete sich auf und setzte sich neben seinen Vater. „Meine Freunde haben bereits alles vorbereitet. Alles was sie jetzt brauchen bin ich und meine Erfahrung in internationalen Beziehungen!"
Ashur sah das Lächeln Rost und seinen schnellen Blick auf seine Füße, „Ja, meine

winner, you won't refuse the money and bonuses that I could give you and all my friends! That's why you have to help me now, when I need your and all my friends' help so much! It's our only chance! You, Paul, have to understand it!"
Paul Rost looked at Ashur very seriously, but said nothing.
"What's that?" Pandora asked. Paul looked out and saw something on the ground. It was moving. When they got closer, they realized what it was. These were the heads of two people buried in the ground. The people couldn't get out. Their hands must have been tied.
"Ashur! Peter, help me!" one of the heads cried and everyone recognized Aladdin. The other man was one of the consultants. His eyes were closed and he wasn't moving.
Rost came up to them, but Ashur shouted: "No, Paul, don't help them! They deserve what was done to them!" Then he exchanged glances with Pandora. Pandora got out of the car and pulled out a gun.
"Peter, we have to rescue them," Ashur's father said to his son.
"Okay, but not right now! We don't have time! We'll tell the people in town, and they will be arrested!" Ashur said to his father.
Rost sat down near Aladdin and said quietly: "How are you, consultant? Someone probably got very angry at you, since they buried you here. Do you want to rule the country and see the sky in diamonds?" Aladdin looked at them fearfully, "By the way, you haven't paid the fare for the trip and traveled to Libya as a stowaway," he said, pouring a little sand on Aladdin's head, "Now we'll have to fine you, stowaway," he looked at Pandora, "Lisa, how do we fine this

Erfahrungen. Und du solltest nicht lächeln, Paul", er zeigte mit seinem Finger auf Paul. „Wenn ich gewinne, wirst du das Geld und die Prämien nicht ablehnen, die ich dir und allen meinen Freunden geben könnte! Deshalb musst du mir jetzt helfen, ich brauche deine Hilfe und die Hilfe meiner Freunde so sehr! Es ist unsere einzige Chance! Paul, du musst das verstehen!"
Paul Rost sah Ashur sehr ernst an, aber er sagte nichts.
„Was ist das?", fragte Pandora. Paul sah hinaus und sah etwas auf dem Boden. Es bewegte sich. Als sie näher kamen, wurde ihnen klar, was es war. Es waren die Köpfe von zwei Menschen, die in den Boden eingegraben waren. Die Menschen konnten nicht heraus. Ihre Hände waren wahrscheinlich gefesselt.
„Ashur! Peter, hilf mir!", schrie einer der Köpfe und alle erkannten Aladdin wieder. Der andere Mann war einer der Berater. Seine Augen waren geschlossen und er bewegte sich nicht.
Rost ging zu ihnen, aber Ashur schrie: „Nein, Paul, hilf ihnen nicht! Sie verdienen, was sie bekommen haben!" Dann wechselte er Blicke mit Pandora. Pandora stieg aus dem Auto aus und zog ihre Waffe.
„Ashur, wir müssen sie retten", sagte Ashurs Vater zu seinem Sohn.
„In Ordnung, aber nicht jetzt! Wir haben keine Zeit! Wir werden es den Leuten in der Stadt erzählen und sie werden sie verhaften!", sagte Ashur zu seinem Vater.
Rost setzte sich neben Aladdin und sagte leise: „Wie geht es Ihnen, Berater? Jemand ist wahrscheinlich sehr böse auf Sie, sonst wären Sie hier nicht eingegraben worden. Wollen Sie das Land regieren und den Himmel voller Diamanten sehen?"
Aladdin sah sie voller Angst an.
„Sie haben den Fahrpreis für die Reise übrigens nicht bezahlt und sind als blinder Passagier ohne Ticket nach Libyen gereist",

stowaway?"
"Who holds the power in the province?" Pandora asked Aladdin, pointing the gun at him.
"A man by the name of Mermet holds the power in the north and the east," Aladdin said.
"How many people does he have?" Ashur continued.
"I don't know. Help me, Peter!" Aladdin asked.
"Of course, Aladdin. You helped me and I will help you. I'll send you a girl with mineral water and tanning lotion sometime soon," Ashur said, "And be thankful that I'm not fining you for traveling to Libya without a ticket," he said and showed Aladdin the machine gun, "I hope you see the sky in diamonds very soon!"
Rost and Pandora got back into the car and drove on. They drove about twenty kilometers when airplanes passed low overhead. At that moment they saw a crowd of people. In the middle of the Sahara desert stood a small two-story building and a few dozens of small houses around it. A large crowd of people stood in the square in front of the two-story building. Many of them were shouting and held flags. In the middle of the square was a platform. A few people on the platform were shouting something, and the crowd repeated what they shouted. Many of the people were covered in blood and some of them were bandaged. Some wore military uniforms. On the left stood a monument and several people tied to a rope to it tried to topple it. Several people tried to get in their way and a fight broke out. Women and children ran and shouted among those who were fighting. The people on the platform began to throw leaflets. Some grabbed them eagerly, while others tore

sagte er und ließ ein wenig Sand auf Aladdins Kopf herabfallen. „Jetzt müssen wir dich bestrafen, blinder Passagier“, er sah Pandora an. „Lisa, wie bestrafen wir diesen blinden Passagier?“
„Wer hat die Macht in dieser Provinz?“, fragte Pandora Aladdin und richtete die Waffe auf ihn.
„Ein Mann namens Mermet hat die Macht im Norden und Osten“, sagte Aladdin.
„Wie viele Leute hat er?“, fragte Ashur weiter.
„Ich weiß es nicht. Hilf mir, Ashur!“, bat Aladdin.
„Natürlich, Aladdin. Du hast mir geholfen und ich werde dir helfen. Ich werde dir bald eine Frau mit Mineralwasser und Sonnencreme vorbeischicken“, sagte Ashur. „Du kannst dankbar sein, dass ich dich nicht dafür bestrafe, ohne Ticket nach Libyen gereist zu sein“, sagte er und zeigte Aladdin das Maschinengewehr. „Ich hoffe, du wirst den Himmel bald voller Diamanten sehen!“
Rost und Pandora stiegen wieder ins Auto und fuhren weiter. Sie hatten zirka zwanzig Kilometer zurückgelegt, als Flugzeuge über ihren Köpfen vorbeiflogen. In diesem Moment sahen sie eine Menschenmenge. Mitten in der Wüste Sahara stand ein kleines zweistöckiges Gebäude und um das Gebäude herum mehrere dutzend kleine Häuser. Auf dem Platz vor dem zweistöckigen Gebäude gab es eine große Menschenmenge. Viele Menschen schrien und hielten Fahnen hoch. Mitten auf dem Platz gab es ein Podium. Einige Leute auf dem Podium schrien etwas und die Menge wiederholte es. Viele der Menschen waren voll Blut und einige hatten Verbände. Einige trugen Militäruniformen. Links stand ein Monument, einige Leute banden ein Seil daran und versuchten es zu stürzen. Einige Leute versuchten das zu verhindern und ein Feuer brach aus. Inmitten der Kämpfenden rannten und schrien Frauen und Kinder. Die Leute auf dem Podium begannen Flugblätter

them up. A woman in black grabbed her child and ran away from the square in fear. Pandora stopped the car when she saw a few people running toward them and shouting. She prepared the gun, but Ashur put his hand on her shoulder. "These are friends, Lisa. They are very happy to see us," Ashur said and got out of the car. He raised his hands, greeting the people, and walked toward them with a smile. Paul Rost got out of the car and picked up a leaflet. On it was Peter Ashur's face and some other person and at the bottom was a small piece of text in the local language. People ran up to Ashur, picked him up and carried him through the crowd. People shouted and waved their hands. They carried Ashur to the platform, and he began to shout something to the crowd in their native language. The crowd repeated Ashur's words. Paul now noticed that Ashur's hair and skin color resembled the locals'. Ashur began bouncing to the beat of his own words. And the crowd began bouncing in beat with Ashur. Stood among the shouting people, Rost suddenly felt the strong energy that came from the crowd. For a second he felt scared, and he began to look for Pandora in the crowd. Ashur shouted and jumped up one more time, and the wooden platform broke under his feet. He fell to his waist into the platform, but the other people immediately pulled him out and got him on his feet. Pandora stood on the edge of the square and spoke to a group of men. The men were armed, and Rost immediately realized who they were. Pandora and several other people from the group went into the building. Paul Rost looked around and followed them.

herunterzuwerfen. Einige griffen gierig danach, andere zerrissen sie. Eine schwarz gekleidete Frau packte ihr Kind und rannte ängstlich vom Platz. Pandora hielt das Auto an, als sie sah, dass einige Leute auf sie zu gerannt kamen und schrien. Sie bereitete die Waffe vor, aber Ashur legte seine Hand auf ihre Schulter.
"Lisa, das sind Freunde. Sie sind sehr glücklich uns zu sehen", sagte Ashur und stieg aus. Er hob seine Hand um die Leute zu begrüßen und ging lächelnd auf sie zu. Paul Rost stieg aus und hob eines der Flugblätter auf. Darauf war Peter Ashurs Gesicht und das einer anderen Person, und darunter stand ein kurzer Text in der Landessprache. Leute rannten zu Ashur, hoben ihn hoch und trugen ihn durch die Menge. Leute schrien und winkten. Sie trugen Ashur auf das Podium und er begann der Menge etwas in der Landessprache zuzurufen. Die Menge wiederholte Ashurs Worte. Paul bemerkte nun, dass Ashur und die Einheimischen eine ähnliche Haarfarbe und Hautfarbe hatten. Ashur begann zum Rhythmus seiner eigenen Worte zu springen. Und die Menge begann in Ashurs Rhythmus zu springen. Rost stand inmitten der schreienden Leute und fühlte plötzlich die starke Energie, die von der Menge kam. Er bekam kurz Angst und begann Pandora in der Menge zu suchen. Ashur schrie und sprang noch einmal, und das Holzpodium zerbrach unter seinen Füßen. Er fiel bis zu seiner Hüfte in das Podium, aber andere Leute zogen ihn sofort heraus und halfen ihm aufzustehen. Pandora stand an einem Ende des Platzes und sprach mit einer Gruppe von Männern. Die Männer waren bewaffnet und Rost erkannte sie sofort. Pandora und einige andere Leute aus der Gruppe gingen in das Gebäude. Paul Rost sah sich um und folgte ihnen.

C

New Vocabulary Review

1

- Could you tell me, is it Thursday or Friday?
- I think it's Thursday. I'm not sure.
- Do you know what time it is?
- I will check my phone. Exactly three o'clock.
- Thank you. By the way, is it cold outside?
- It is snowing and windy outside. But I hope that it will be warm soon.

2

- What is the fine for ticketless travel on the bus?
- The fine for ticketless travel on the bus is ten dollars.

3

- How many residents are there in this wooden two-story house?
- About thirty people live there. This is the only two-story house in this town.

4

- Why are these people fighting?
- This is a bus driver and a passenger. The driver wants to fine the passenger for ticketless travel.
- Why doesn't the stowaway pay the fine?
- Because he's greedy.
- Where is the police?
- There is no police in this small town.

5

- Mister, would you help me apply tanning lotion?
- Where?
- Here and here.
- With pleasure. Is this good?
- Yes, that's good. Only the lotion is very cold. Oh! Lady, why are you throwing pizza at me?
- Because it's my husband! Darling, come over here!

Wiederholung des neuen Vokabulars

1

- Können Sie mir sagen, ob heute Donnerstag oder Freitag ist?
- Ich glaube, heute ist Donnerstag. Ich bin mir nicht sicher.
- Wissen Sie wie spät es ist?
- Ich werde auf meinem Telefon nachsehen. Es ist genau drei Uhr.
- Danke. Übrigens, ist es draußen kalt?
- Draußen schneit es und es ist windig. Aber ich hoffe, dass es bald warm werden wird.

2

- Was ist die Strafe, wenn man ohne Ticket mit dem Bus reist?
- Die Strafe für eine Busfahrt ohne Ticket ist zehn Dollar.

3

- Wie viele Bewohner gibt es in diesem zweistöckigen Haus aus Holz?
- Es leben etwa dreißig Leute dort. Es ist das einzige zweistöckige Haus in dieser Stadt.

4

- Warum kämpfen diese Leute?
- Das sind ein Busfahrer und ein Passagier. Der Fahrer möchte den Passagier bestrafen, weil er ohne Ticket gereist ist.
- Warum zahlt der blinde Passagier die Strafe nicht?
- Weil er geizig ist.
- Wo ist die Polizei?
- In dieser kleinen Stadt gibt es keine Polizei.

5

- Können Sie mir bitte helfen die Sonnencreme aufzutragen?
- Wo?
- Hier und hier?
- Sehr gerne. Ist es gut so?
- Ja, das ist gut. Nur die Creme ist sehr kalt. Oh! Warum bewerfen Sie mich mit Pizza?
- Weil das mein Ehemann ist, der Sie eincremt! Schatz, komm her!

6

- What is this monument?
- This monument is for Lenin, the leader of the communist revolution in Russia.
- But there is no communism in Russia anymore.
- But this isn't Russia. This is Cuba.

7

- Why did you get angry, my dear?
- And why did you touch her?
- I just helped her apply sun-tanning lotion.
- But you applied ice cream instead of lotion!

8

- A lot of people were waving flags in the square.
- What kind of flags? The flags of the Communist or the Democratic party?
- The flags of a football club.

9

- Darling, you won't be angry with me?
- What's wrong, dear?
- I have been smoking in the car.
- I'm not angry, dear.
- And I was fined by the police for lighting a camp-fire in the city.
- How much?
- Twenty-five dollars.
- This is nonsense.
- Of course it's nonsense, dear. You wanted to buy a new car anyway.

10

- What is your native language?
- My native language is English.
- What is your hometown?
- My hometown is Carlsbad.
- Carlsbad in Germany?
- No, Carlsbad, U.S.A.

11

- I'm afraid, dear.
- Why are you afraid, my dear?
- I'm afraid to think of how much food I eat every day.

6

- *Was ist das für ein Monument?*
- *Dieses Monument ist Lenin gewidmet, dem Führer der kommunistischen Revolution in Russland.*
- *Aber es gibt in Russland keinen Kommunismus mehr.*
- *Aber das ist nicht Russland. Das ist Kuba.*

7

- *Warum bist du wütend auf mich, Liebste?*
- *Warum hast du sie berührt?*
- *Ich habe ihr nur geholfen, Sonnencreme aufzutragen.*
- *Aber du hast Eiscreme statt Sonnencreme aufgetragen!*

8

- *Eine Menge Leute auf dem Platz schwenkten Fahnen.*
- *Welche Art von Fahnen? Fahnen der kommunistischen oder der demokratischen Partei?*
- *Die Fahnen eines Fußballvereins.*

9

- *Schatz, wirst du wütend auf mich sein?*
- *Was ist los, Liebster?*
- *Ich habe im Auto geraucht.*
- *Ich bin nicht wütend, Liebster.*
- *Und ich wurde von der Polizei gestraft, weil ich in der Stadt ein Lagerfeuer angezündet habe.*
- *Wie teuer?*
- *Fünfundzwanzig Dollar.*
- *Das ist Unsinn.*
- *Natürlich ist das Unsinn, Liebste. Du wolltest sowieso ein neues Auto kaufen.*

10

- *Was ist deine Muttersprache?*
- *Meine Muttersprache ist Englisch.*
- *Was ist deine Heimatstadt?*
- *Meine Heimatstadt ist Carlsbad.*
- *Karlsbad in Deutschland?*
- *Nein, Carlsbad in den Vereinigten Staaten.*

11

- *Ich habe Angst, Liebster.*
- *Warum hast du Angst, meine Liebste?*
- *Ich habe Angst daran zu denken, wie viel ich*

12

- Let's bounce to the beat!
- Let's!
- Cool?
- Cool!
- Oh, the bed broke!
- Don't worry. This is my dad and mom's bed. Now let's go to my brother's bed!

13

- Who is speaking on the platform?
- This is the president's wife.
- Where's the president?
- He is also on the platform. He is standing next to his wife. Do you see that little guy?
- Will the president himself be speaking?
- Of course. If he can get to the microphone.

14

- When I drink this tea, I feel such energy on my tongue!
- That's because I poured Coca-Cola instead of water into the teapot by mistake. I'm sorry.

15

- Miss, give me a chance to get to know you.
- Okay, I'll give you only one chance. Just don't refuse it later, okay?
- Now I'm not sure.
- Don't say no to love, my dear.
- Help!

jeden Tag esse.

12

- *Lass uns zum Rhythmus springen!*
- *Lass es uns machen!*
- *Cool?*
- *Cool!*
- *Oh, das Bett ist gebrochen!*
- *Keine Sorge. Das ist das Bett meines Vaters und meiner Mutter. Lass uns jetzt zum Bett meines Bruders gehen!*

13

- *Wer spricht gerade auf dem Podium?*
- *Das ist die Frau des Präsidenten.*
- *Wo ist der Präsident?*
- *Er ist auch auf dem Podium. Er steht neben seiner Frau. Siehst du den kleinen Typ?*
- *Wird der Präsident auch selbst reden?*
- *Natürlich. Wenn er das Mikrophon erreicht.*

14

- *Wenn ich diesen Tee trinke, fühle ich so viel Energie auf meiner Zunge!*
- *Das ist weil ich unabsichtlich Coca-Cola anstatt Wasser in den Teekessel geschüttet habe. Es tut mir leid.*

15

- *Geben Sie mir bitte eine Chance Sie kennen zu lernen.*
- *In Ordnung. Ich gebe Ihnen eine einzige Chance. Aber lehnen Sie sie später nicht ab, in Ordnung?*
- *Jetzt bin ich mir nicht mehr sicher.*
- *Sagen Sie nicht Nein zur Liebe, mein Schatz.*
- *Hilfe!*

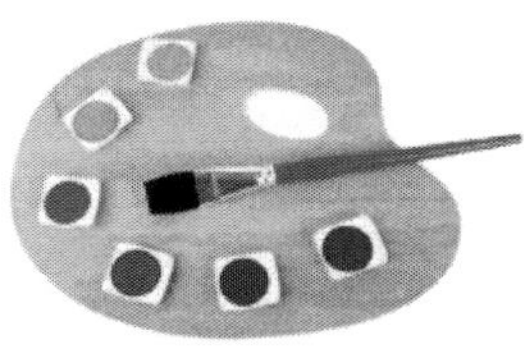

22

Life Doesn't Forgive Mistakes

Das Leben verzeiht keine Fehler

A

Words

1. abandon [əˈbændən] - verlassen
2. absolutely [ˈæbsəluːtli] - völlig
3. agitated [ˈædʒɪteɪtɪd] - aufgeregt
4. approach [əˈprəʊtʃ] - sich nähern
5. armed [ɑːmd] - bewaffnet
6. blocked [blɒkt] - versperrte den Weg
7. bodyguard [ˈbɒdɪgɑːd] - Bodyguard, der
8. bomb [bɒm] - bombardieren
9. bombed [bɒmd] - bombardierte
10. bonfire [ˈbɒnfaɪə] - Lagerfeuer, das
11. ceremoniously [ˌserɪˈməʊnɪəsli] - feierlich
12. circled [ˈsɜːkl̩d] - kreiste
13. citizen [ˈsɪtɪzən] - Bürger, der
14. cleanly [ˈkliːnli] - sauber
15. clutch [klʌtʃ] - klammern
16. coldness [ˈkəʊldnəs] - Kälte, die
17. commission [kəˈmɪʃn̩] - Kommission, die
18. connection [kəˈnekʃn̩] - Verbindung, die
19. coward [ˈkaʊəd] - Feigling, der
20. decisive [dɪˈsaɪsɪv] - entscheidend
21. disaster [dɪˈzɑːstə] - Katastrophe, die
22. dot [dɒt] - Punkt, der
23. dune [djuːn] - Düne, die
24. elections [ɪˈlekʃn̩z] - Wahlen, die

25. Europe [ˈjʊərəp] - Europa
26. ever [ˈevə] - jemals
27. fast [fɑːst] - schnell
28. finally [ˈfaɪnəli] - endlich
29. freedom [ˈfriːdəm] - Freiheit, die
30. frightening [ˈfraɪtn̩ɪŋ] - beängstigend
31. fulfill [fʊlˈfɪl] - erfüllen
32. future [ˈfjuːtʃə] - zukünftig
33. gestured [ˈdʒestʃəd] - gestikulierte
34. guarantee [ˌgærənˈtiː] - garantieren
35. gunman [ˈgʌnmən] - Bewaffnete, der
36. hand [hænd] - übergeben
37. handed [ˈhændɪd] - reichte
38. headquarter [ˈhedˌkwɔːtə] - Hauptquartier, das
39. helicopter [ˈhelɪkɒptə] - Helikopter, der
40. history [ˈhɪstr̩i] - Geschichte, die
41. importance [ɪmˈpɔːtns] - Bedeutung, die
42. informed [ɪnˈfɔːmd] - informierte
43. kiss [kɪs] - küssen
44. lit [lɪt] - anzündete
45. nation [ˈneɪʃn̩] - Nation, die
46. national [ˈnæʃnəl] - national
47. oversee [ˌəʊvəˈsiː] - überwachen
48. pair [peə] - Paar, das
49. passionate [ˈpæʃənət] - leidenschaftlich
50. passionately [ˈpæʃənətli] - leidenschaftlich
51. pillar [ˈpɪlə] - Säule
52. poor [pʊə] - arm
53. port [pɔːt] - Hafen, der
54. promise [ˈprɒmɪs] - Versprechen, das
55. pull [pʊl] - ziehen
56. rapidly [ˈræpɪdli] - schnell
57. receive [rɪˈsiːv] - erhalten
58. recognize [ˈrekəgnaɪz] - erkennen
59. refused [rɪˈfjuːzd] - weigerte sich
60. regime [reɪˈʒiːm] - Regime, das
61. salary [ˈsæləri] - Gehalt, das
62. save [seɪv] - retten
63. scream [skriːm] - schreien
64. shaved [ʃeɪvd] - rasiert
65. shining [ˈʃaɪnɪŋ] - glänzend
66. sign [saɪn] - unterschreiben
67. softly [ˈsɒftli] - leise
68. south [saʊθ] - Süden, der
69. stayed [steɪd] - blieb
70. stretch [stretʃ] - sich erstrecken
71. stubble [ˈstʌbl̩] - Stoppeln, die
72. superstar [ˈsuːpəstɑː] - Superstar, der
73. surrounded [səˈraʊndɪd] - umgeben
74. symbol [ˈsɪmbl̩] - Symbol, das
75. thin [θɪn] - dünn
76. through [θruː] - durch
77. tiny [ˈtaɪni] - klein
78. traditional [trəˈdɪʃn̩əl] - traditionell
79. unemployed [ˌʌnɪmˈplɔɪd] - arbeitslos
80. union [ˈjuːnɪən] - Union, die
81. vast [vɑːst] - riesig
82. village [ˈvɪlɪdʒ] - Dorf, das
83. well-groomed [wel ˈgruːmd] - gut angezogen
84. whispered [ˈwɪspəd] - flüsterte
85. within [wɪðˈiːn] - innerhalb
86. woke [wəʊk] - weckte

B

Life Doesn't Forgive Mistakes

Paul Rost entered the building. A man with a machine gun blocked his way, but Lisa Pandora saw him. She said something to one of the people, and he commanded the gunman to let Rost in. Rost came up to the room that Lisa Pandora had entered. The

Das Leben verzeiht keine Fehler

Paul Rost ging in das Gebäude. Ein Mann mit einem Maschinengewehr versperrte ihm den Weg, aber Lisa Pandora sah ihn. Sie sagte etwas zu einem der Männer und er kommandierte dem Bewaffneten Rost hereinzulassen. Rost ging bis zu dem Zimmer,

door opened slightly, and Rost saw that Pandora was handing over the money and signing some papers. She saw Paul and smiled nervously: "Paul, wait for me in the hallway," she said. The people with her looked at Rost and he felt the frightening coldness in their eyes.
In the evening, the people in the square lit bonfires. They sat around the fires while on the platform people spoke one after another. They all spoke about Peter Ashur as the leader of their new country. They said that there would be free schools and hospitals, that salaries will be as good as in Europe, and that poor and unemployed people will receive money from the state.
Rost was standing at the edge of the square when Lisa came up behind him and hugged him.
"Pa-ul," she whispered softly, "We're in the Sahara, but I'm cold. Let us go into the house. I prepared a bed for you," they went to a small house on the edge of town, "Do you know that all around us there are no cities and no villages within two hundred kilometers? And to the south the Sahara stretches for fifteen hundred kilometers. And all around there is nothing but sand dunes. And there's no water at all. Give me some water," she said. Paul Rost looked around for the water bottle, but Lisa took his face in her hands and turned it toward her, "No, don't look. Give me a drink, Paul." He wanted to look around again, but she didn't let him, "No, do not look. Give me a drink, give me... " she whispered passionately. He kissed her, and she also gave him a passionate kiss. The moon and the bonfires lit the town, which was like a tiny dot in the vast ocean of sand.
In the morning Lisa touched Paul's face with her hand and woke him up.
"Hi," she whispered.
"Hi," he whispered back. She showed him a small ring. Then she kissed his hand, and

das Lisa Pandora betreten hatte. Die Tür öffnete sich leicht und Rost sah, dass Pandora das Geld übergab und einige Papiere unterzeichnete. Sie sah Paul und lächelte nervös. „Paul, warte im Flur auf mich“, sagte sie. Die anderen Leute sahen Rost an und er fühlte eine beängstigende Kälte in ihren Augen.
Am Abend zündeten die Leute am Platz Lagerfeuer an. Sie saßen um die Feuer, während auf dem Podium nacheinander Leute sprachen. Sie alle sprachen über Peter Ashur, dem Führer ihres neuen Landes. Sie sagten, dass es kostenlose Schulen und Spitäler geben würde, dass die Gehälter so gut wie in Europa sein würden, und dass die armen und arbeitslosen Menschen Geld vom Staat erhalten würden.
Rost stand am Ende des Platzes, als Lisa von hinten auf ihn zukam und ihn umarmte.
„Paul“, flüsterte sie leise. „Wir sind in der Sahara, aber mir ist kalt. Lass uns in das Haus gehen. Ich habe ein Bett für dich vorbereitet“, sie gingen zu einem kleinen Haus am Ende der Stadt. „Weißt du, dass es in einem Umkreis von zweihundert Kilometern keine Städte und keine Dörfer gibt? Und die Sahara erstreckt sich fünfzehnhundert Kilometer in den Süden. Um uns ist nichts außer Sanddünen. Und es gibt überhaupt kein Wasser. Gib mir ein bisschen Wasser“, sagte sie. Paul Rost sah sich nach einer Wasserflasche um, aber Lisa nahm sein Gesicht in ihre Hände und drehte es zu ihr. „Nein, schau nicht. Gib mir zu trinken, Paul.“ Er wollte sich wieder umsehen, aber sie ließ ihn nicht. „Nein, schau nicht. Gib mir zu trinken, gib mir...“, flüsterte sie leidenschaftlich. Er küsste sie und sie gab ihm auch einen leidenschaftlichen Kuss. Der Mond und die Lagerfeuer erhellten die Stadt, die nur ein kleiner Punkt im riesigen Ozean aus Sand war.
Am Morgen berührte Lisa Pauls Gesicht mit ihrer Hand und weckte ihn auf.
„Hi“, flüsterte sie.
„Hi“, flüsterte er zurück. Sie zeigte ihm einen kleinen Ring. Dann küsste sie seine Hand und

put the ring on his finger.
"What is that?" he asked in surprise.
"It is a symbol of what is now between us. Don't ever take it off, okay?" she whispered.
"Okay," he whispered. At this moment, there were shouts and shots. John Vega entered the room with a machine gun, "Madam Prime Minister, your minister wants to get his salary," John Vega was difficult to recognize. He was very thin. His eyes were wide open like a madman's, "Your minister also wants to fire you, Lisa Pandora! Because you do not fulfill your promises!" he continued to shout. John Vega pointed his gun at Pandora, but two shots stopped him and he fell down. Behind him stood a man from Lisa Pandora's team.
"Thank you, Said," Pandora said, and got out of bed, "Today is a decisive day, Paul. Do not leave me, okay?" she said.
Ashur entered the room, and along with him entered four more people with guns and stood by the door. Rost realized that they were Ashur's bodyguards.
"Today, the European Union Commission will visit us," Ashur said, "Madam Pandora, you, as the future prime minister, have to show the commission that we guarantee absolutely democratic elections throughout our young nation." Peter Ashur ceremoniously handed Pandora some documents. Rost was surprised by the fact that Ashur acted like a real president. He was well-groomed and cleanly shaved. He wore the traditional national dress of the local people. Rost touched his stubble and looked at his dirty clothes. Ashur went up to Rost.
"The most important day has arrived, Mr. Rost. Today we begin the history of a new democratic state," Ashur raised his hands to show the importance of the moment and left the room. His bodyguards and Lisa

steckte den Ring an seinen Finger.
„Was ist das?“, fragte er überrascht.
„Das ist ein Symbol für das, was uns nun verbindet. Nimm ihn nie ab, in Ordnung?“, flüsterte sie.
„In Ordnung“, flüsterte er. In diesem Augenblick gab es Schreie und Schüsse. John Vega kam mit einer Maschinenpistole ins Zimmer. „Frau Premierminister, Ihr Minister möchte sein Gehalt haben“, es war schwer John Vega wiederzuerkennen. Er war sehr dünn. Seine Augen waren weit offen. „Ihr Minister möchte Sie auch feuern, Lisa Pandora! Weil Sie ihre Versprechen nicht erfüllen!“, er schoss weiter. John Vega richtete seine Waffe auf Pandora, aber zwei Schüsse stoppten ihn und er fiel zu Boden. Hinter ihm stand ein Mann aus Lisa Pandoras Team.
„Danke, Said“, sagte Pandora und stand aus dem Bett auf. „Heute ist ein entscheidender Tag, Paul. Verlass mich nicht, in Ordnung?“, sagte sie.
Ashur betrat das Zimmer, zusammen mit ihm kamen vier andere Personen mit Waffen und stellten sich neben die Tür. Rost wurde klar, dass es Ashurs Bodyguards waren.
„Heute wird uns die Europäische Kommission besuchen“, sagte Ashur. „Frau Pandora, Sie, als zukünftige Premierministerin, müssen der Kommission zeigen, dass wir in unserer jungen Nation völlig demokratische Wahlen garantieren.“ Peter Ashur reichte Pandora feierlich einige Unterlagen. Rost war überrascht von der Tatsache, dass Ashur sich wie ein echter Präsident verhielt. Er war gut angezogen und rasiert. Er trug die traditionelle Landeskleidung der Einheimischen. Rost berührte seine eigenen Stoppeln und sah auf seine dreckige Kleidung. Ashur kam zu Rost. „Der bedeutendste Tag ist gekommen, Herr Rost. Heute beginnen wir die Geschichte eines neuen demokratischen Staates“, Ashur hob seine Hände um zu zeigen, wie bedeutend dieser Moment war, und verließ das Zimmer. Seine Bodyguards und Lisa folgten ihm hinaus. Peter

followed him out. Peter Ashur's father stayed in the room. He threw himself at Paul Rost's feet and shouted: "Paul, save my son! He is going to get into big trouble! You are the only one here who hasn't gone mad for money!"
"But what can I do now?" Paul justified himself, pulling the old man to his feet, "Our people are supposed to get me out of here, and he could go too. But will he want to go?"
"Arrest him, Paul!" the old man cried, and showed Rost a pair of handcuffs, "Here are the handcuffs!"
"That's very hard to do now, when he's surrounded by so many armed men," Paul said, looking out the window.
"Oh, what a disaster, what a disaster..." the old man repeated, clutching his head in his hands.
In the square there were even more people. All of them were screaming and were very agitated.
"At night, they bombed the sea ports!" Ashur shouted from the platform, "The old regime doesn't want to give us freedom! Today the European Union Commission will visit us; it will oversee the democratic elections in our new country!"
An airplane flew over the town again and at that moment Rost's phone rang in his pocket.
"Yes," Rost said.
"Paul, it is dangerous to be there now! Our headquarters have been informed that the city will soon be bombed! Our guys will take you away in a helicopter any moment now," Andrew shouted through the receiver, "Be ready to run away at once!"
"What will happen to all these people?" Paul asked, looking at the women and children in the crowd.
"I don't know, Paul! No one knows!" Andrew replied.
At that moment the connection was lost

Ashurs Vater blieb im Zimmer. Er warf sich vor Paul Rosts Füße und schrie: „Paul, rette meinen Sohn! Er wird große Schwierigkeiten bekommen! Du bist der einzige hier, der nicht verrückt nach dem Geld geworden ist!“
„Aber was kann ich jetzt machen?“, rechtfertigte sich Paul und zog den alten Mann hoch. „Unsere Leute werden kommen um mich hier herauszuholen und er könnte mitkommen. Aber wird er gehen wollen?“
„Nimm ihn fest, Paul!“, schrie der alte Mann und zeigte Rost ein Paar Handschellen. „Hier sind die Handschellen!“
„Das ist jetzt sehr schwer, wenn er von so vielen bewaffneten Männern umgeben ist“, sagte Paul und sah aus dem Fenster.
„Oh, was für eine Katastrophe, was für eine Katastrophe...“, wiederholte der alte Mann und nahm seinen Kopf in seine Hände.
Auf dem Platz waren sogar noch mehr Menschen. Alle schrien und waren sehr aufgeregt.
„In der Nacht haben sie die Häfen bombardiert!“, schrie Ashur vom Podium aus. „Das alte Regime will uns die Freiheit nicht geben! Heute wird uns die Europäische Kommission besuchen; sie wird die demokratischen Wahlen in unserem neuen Land überwachen!“
Ein Flugzeug flog erneut über die Stadt und in diesem Augenblick läutete Rosts Handy in seiner Tasche.
„Ja“, sagte Rost.
„Paul, es ist gefährlich jetzt dort zu sein! Unser Hauptquartier wurde informiert, dass die Stadt bald bombardiert wird! Unsere Leute werden dich jeden Augenblick mit einem Hubschrauber herausholen“, schrie Andrew durch den Hörer. „Mach dich bereit sofort aufzubrechen!“
„Was wird mit all diesen Leuten passieren?“, fragte Paul und schaute zu den Frauen und Kindern in der Menge.
„Ich weiß es nicht, Paul! Niemand weiß es!“, antwortete Andrew.
In diesem Augenblick ging die Verbindung

and Paul saw a few dots in the sky to the right. They were rapidly approaching the city. At that moment, a helicopter with a blue flag on the side flew from behind the dunes and landed near the square. Nobody comes out of it and no one went in. Rost ran to the helicopter and opened the door. Two armed men were sitting in the helicopter.

"Paul Rost?" One of them asked, "Get in quickly! We have only one minute! They will start bombing this place right now!"

"I need to take more people with me!" Paul cried.

"It's only you! Quickly!" The people in the helicopter insisted.

"They are all from our country! You can't leave our citizens here now! It will be fast!" Paul shouted and ran to the square toward the platform. Lisa Pandora and Peter Ashur refused to fly.

"We are not cowards! We will fight!" Ashur protested from the platform.

"Get in the helicopter quickly!" Paul shouted to Ashur's father.

"I won't abandon him! He's my son! I must die with him," the old man replied.

Pandora looked at the dots in the sky. Now they were close and one could see that they were large military airplanes.

"Paul!" She shouted, ran to him, and grabbed his arm. Together, they ran to the helicopter and got in. The helicopter rose and circled over the city. The first bombs began to fall on the city. As the helicopter flew over the square, Rost saw that Ashur was standing on the platform and shouting something to people in the square. The first bombs fell on the square and people ran in different directions. But he did not leave. It was his shining moment. Ashur raised his hands above his head and gestured passionately. He was a superstar! His dream finally came true! He was ready to die, but did not want to give up his dream

verloren und Paul sah einige Punkte rechts am Himmel. Sie näherten sich rasch der Stadt. In diesem Augenblick flog ein Helikopter mit einer blauen Fahne an der Seite über die Dünen und landete in der Nähe des Platzes. Niemand kam heraus und niemand stieg ein. Rost rannte zum Helikopter und öffnete die Tür. Zwei bewaffnete Männer saßen im Helikopter.

„Paul Rost?“, fragte einer von ihnen. „Steigen Sie schnell ein! Wir haben nur eine Minute Zeit! Sie werden jetzt gleich beginnen diesen Ort zu bombardieren!“

„Ich muss mehr Leute mitnehmen!“, schrie Paul.

„Nur Sie! Schnell!“, beharrten die Männer im Helikopter.

„Sie sind alle aus unserem Land! Sie können unsere Bürger nicht hier zurücklassen! Es wird schnell gehen!“, schrie Paul und rannte auf den Platz und in Richtung des Podiums. Lisa Pandora und Peter Ashur weigerten sich zu fliegen.

„Wir sind keine Feiglinge! Wir werden kämpfen!“, protestierte Ashur auf dem Podium.

„Steig schnell in den Helikopter!“, schrie Paul Ashurs Vater zu.

„Ich werde ihn nicht verlassen! Er ist mein Sohn! Ich muss mit ihm sterben“, antwortete der alte Mann.

Pandora sah die Punkte am Himmel. Sie waren jetzt nahe und man konnte sehen, dass es große Militärflugzeuge waren.

„Paul!“, schrie sie, rannte zu ihm und packte seinen Arm. Zusammen rannten sie zum Helikopter und stiegen ein. Der Helikopter hob ab und kreiste über der Stadt. Die ersten Bomben begannen auf die Stadt zu fallen. Als der Helikopter über den Platz flog, sah Rost, dass Ashur auf dem Podium stand und den Leuten auf dem Platz etwas zurief. Die erste Bombe fiel auf den Platz und die Leute rannten in verschiedene Richtungen. Aber Ashur rannte nicht davon. Es war sein großer Moment. Ashur hob die Hände über seinen Kopf und gestikulierte leidenschaftlich. Er war ein

without a fight. It was the last thing Rost saw from the helicopter. The town disappeared in the smoke of the explosions. And soon only a pillar of smoke on the horizon pointed to the place where the town was.

Superstar! Sein Traum wurde endlich wahr! Er war bereit zu sterben, aber er wollte seinen Traum nicht ohne einen Kampf aufgeben. Das war das letzte, was Rost vom Helikopter aus sehen konnte. Die Stadt verschwand im Rauch der Explosionen. Und bald zeigte nur noch eine Rauchsäule am Horizont den Ort an, an dem die Stadt war.

C

New Vocabulary Review

1

- Could you tell me, is today still January or is it February already?
- I think that today is still January. I'm not sure.
- Could you tell me, what time is it?
- Let me look at my phone. Exactly five o'clock.
- Thank you. By the way, isn't it raining outside?
- It isn't raining but snowing outside and it's very cold.

2

- In this country, there are many poor and unemployed people.
- Do unemployed people receive financial support from the state?
- Yes, the state supports poor people by giving them money. But they pay a very small amount.
- Does the state give them free food and clothing?
- Yes, it gives a little to the disabled and families with many small children.

3

- Where does your future husband work?
- My future husband works in a women's prison, mom. And earlier he worked as a manager at a bank.
- Why did he changed jobs and went to prison, particularly a women's prison?
- He stole money from the bank, and his ex-

Wiederholung des neuen Vokabulars

1

- Können Sie mir sagen, ob heute noch Januar oder schon Februar ist?
- Ich glaube, dass heute noch Januar ist. Ich bin mir nicht sicher.
- Können Sie mir sagen, wie spät es ist?
- Lassen Sie mich auf meinem Telefon nachsehen. Es ist genau fünf Uhr.
- Danke. Übrigens, regnet es draußen?
- Draußen regnet es nicht, aber es schneit und es ist sehr kalt.

2

- In diesem Land gibt es viele arme und arbeitslose Menschen.
- Erhalten die arbeitslosen Menschen finanzielle Unterstützung vom Staat?
- Ja, der Staat unterstützt die armen Menschen, indem er ihnen Geld gibt. Aber sie bekommen nur einen sehr kleinen Betrag.
- Gibt der Staat ihnen kostenloses Essen und Kleidung?
- Ja, Menschen mit Behinderung und Familien mit vielen Kleinkindern bekommen ein wenig.

3

- Wo arbeitet dein zukünftiger Ehemann?
- Mein zukünftiger Ehemann arbeitet in einem Frauengefängnis, Mama. Und davor hat er als Manager in einer Bank gearbeitet.
- Warum hat er seinen Job gewechselt und ist in eine Gefängnis gegangen, warum vor allem in ein Frauengefängnis?
- Er hat aus der Bank Geld gestohlen und seine

wife said that she had done it. And they put her in jail. Now he sees her almost every day.
- And this fact doesn't bother you?
- No. First, because I am spending the money for which she is doing time. And, secondly, because we will soon steal a lot of food from the prison.
- I am afraid that his next wife will be eating the food that you're planning to steal.

4

- Dad, what better a helicopter or plane?
- They cannot be compared, son.
- Why not?
- The helicopter flies vertically. It is like an elevator. A plane flies horizontally. It can be compared to a camel.
- Then, what is easier to steer, an airplane or a camel, dad?

5

- If I become president, I guarantee that there will be freedom and work for all the citizens of our country.
- And if you don't become president?
- Then I guarantee that all the citizens of our country will be in prison and under a military dictatorship!
- That's too bad. Again, nothing will change.

6

- Is Turkey in Europe or in Asia?
- Geographically Turkey is in Asia, not Europe. But politically Turkey could enter the European Union.
- It means the Turks will become Europeans?
- Yes, it sounds incredible. But it might happen.

7

- Where are the salaries higher, in Europe or Asia?
- You can't compare it like that. In different countries there are different salaries for different professions.

8

- Hello. Where is your manager?

Exfrau hat gesagt, dass sie es gewesen sei. Sie haben sie ins Gefängnis gesteckt. Jetzt sieht er sie beinahe jeden Tag.
- Und diese Tatsache stört dich nicht?
- Nein. Erstens, weil ich das Geld ausgebe, für das sie im Gefängnis sitzt. Und, zweitens, weil wir bald sehr viel Essen aus dem Gefängnis stehlen werden.
- Ich befürchte, dass seine nächste Frau das Essen bekommen wird, dass du stehlen willst.

4

- Papa, was ist besser, ein Helikopter oder ein Flugzeug?
- Das kann man nicht vergleichen, Sohn.
- Warum nicht?
- Helikopter fliegen vertikal. Wie ein Aufzug. Flugzeuge fliegen horizontal. Vergleichbar mit einem Kamel.
- Und was ist dann einfacher zu lenken, Papa, ein Flugzeug oder ein Kamel?

5

- Ich garantiere, dass es für alle Bürger unseres Landes Freiheit und Arbeit geben wird, wenn ich Präsident werde.
- Und wenn du nicht Präsident wirst?
- Dann garantiere ich, dass alle Bürger unseres Landes im Gefängnis sitzen werden und es eine Militärdiktatur geben wird!
- Das ist schade. Es wird sich wieder nichts ändern.

6

- Gehört die Türkei zu Europa oder zu Asien?
- Geographisch gehört die Türkei zu Asien, nicht zu Europa. Aber politisch könnte die Türkei der Europäischen Union beitreten.
- Bedeutet das, dass Türken Europäer werden?
- Ja, das klingt unglaublich. Aber es könnte passieren.

7

- Wo sind die Gehälter höher, in Europa oder in Asien?
- Das kannst du so nicht vergleichen. In verschiedenen Ländern gibt es verschiedene Gehälter für verschiedene Berufe.

- It's me.
- Nice to meet you. How are you?
- Excellent! How may I help you?
- I'm with the commission for bank inspection.
- I'm sick!
- What? Are you ill?
- Yes. Call a doctor! I need a hospital!

9

- Mr. President, the people want to know the history of their country.
- No problem. Give them the history of our country.
- But what version of the history should I give, the one we had before the presidential election, or the one we had after them?
- The version in which I am a superstar and the symbol of our state!

10

- Mr. President, the citizens are agitated. There is no work and no food!
- Then speak on the radio. Give the citizens traditional hope and traditional guarantees! You are the prime minister. You have to know how to make promises!
- But the people don't want promises. They want reforms. Fifteen hundred people are standing in the square.
- Then arrest them! And don't bother me with such nonsense anymore!

11

- Mr. President, our citizens are coming here!
- Okay, I'll talk to them. Am I well-groomed and shaved?
- But they are armed!
- Then call my bodyguards! Where are the ministers?
- Your bodyguards ran away together with the ministers!
- Cowards! Then it's time for me to run away too. Where's my helicopter?
- The crowd in the square set the helicopter on fire!
- When the crowd comes in, tell them I'm a

8

- Hallo. Wo ist der Manager?
- Das bin ich.
- Schön Sie kennenzulernen. Wie geht es Ihnen?
- Großartig! Wie kann ich Ihnen helfen?
- Ich gehöre zur Kommission für Bankinspektionen.
- Ich bin krank!
- Was? Sie sind krank?
- Ja. Rufen Sie einen Arzt! Ich muss ins Spital!

9

- Herr Präsident, die Leute wollen die Geschichte ihres Landes wissen.
- Kein Problem. Erzählen Sie ihnen die Geschichte unseres Landes.
- Aber welche Version der Geschichte soll ich Ihnen erzählen, die Version vor den Präsidentenwahlen oder die danach?
- Die Version, in der ich ein Superstar bin und das Symbol unseres Staates!

10

- Herr Präsident, die Bürger sind aufgebracht. Es gibt keine Arbeit und nichts zu essen!
- Dann sprechen Sie im Radio. Geben Sie den Bürgern die traditionelle Hoffnung und die traditionellen Versprechungen! Sie sind der Premierminister. Sie müssen wissen, wie man Versprechungen macht!
- Aber die Leute wollen keine Versprechungen. Sie wollen Reformen. Fünfzehnhundert Menschen stehen auf dem Platz.
- Dann lassen Sie sie festnehmen! Und stören Sie mich nicht mehr mit solchem Unsinn!

11

- Herr Präsident, unsere Bürger kommen gerade hierher!
- In Ordnung, ich werde mit ihnen sprechen. Bin ich gut angezogen und rasiert?
- Aber sie sind bewaffnet!
- Dann ruf meine Bodyguards! Wo sind die Minister?
- Ihre Bodyguards sind zusammen mit den Ministern weggelaufen!
- Feiglinge! Dann ist es auch für mich Zeit,

cook. Okay, Prime Minister?
- Yes, sir, Mr. President.

12

- Prime Minister, look at the globe, is the border in the north or the south?
- One moment, Mr. President.
- Faster! The crowd is catching up with us.
- The globe only shows our country. There is no border, Mr. President.
- Do you have the globe of the world?
- No, it is our country's national Globe. It's your personal invention, Mr. President.

wegzulaufen. Wo ist mein Helikopter?
- Die Menge auf dem Platz hat den Helikopter angezündet!
- Wenn die Menge hereinkommt, sagen Sie ihnen, dass ich ein Koch sei. In Ordnung, Premierminister?
- Ja, Herr Präsident.

12

- Premierminister, sehen Sie sich den Globus an, liegt die Grenze im Norden oder im Süden?
- Einen Moment bitte, Herr Präsident.
- Schneller. Die Menge holt uns ein.
- Der Globus zeigt nur unser Land. Es gibt keine Grenze, Herr Präsident.
- Haben Sie den Globus mit der Weltkarte?
- Nein, es ist der nationale Globus unseres Landes. Es ist Ihre persönliche Erfindung, Herr Präsident.

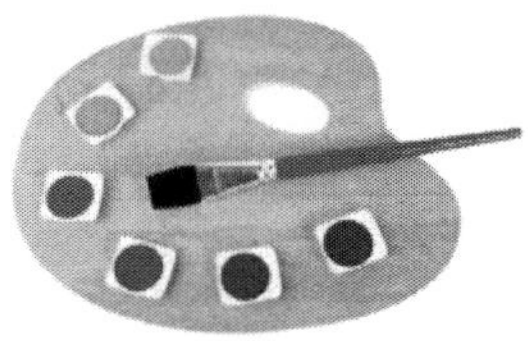

23

Crime and Punishment

Verbrechen und Strafe

A

Words

1. a couple of [ə ˈkʌpl̩ ɒv] - einige
2. according to [əˈkɔːdɪŋ tuː] - gemäß
3. amazement [əˈmeɪzmənt] - Verwunderung, die
4. angrily [angrəli] - wütend
5. awkwardly [ˈɔːkwədli] - verlegen
6. be awarded [bi əˈwɔːdɪd] - verliehen bekommen
7. beard [bɪəd] - Bart, der
8. boring [ˈbɔːrɪŋ] - langweilig
9. boy [ˌbɔɪ] - Junge, der
10. chocolate [ˈtʃɒklət] - Schokolade, die
11. classification [ˌklæsɪfɪˈkeɪʃn̩] - Klassifizierung, die
12. coldly [ˈkəʊldli] - kalt
13. commit [kəˈmɪt] - begehen
14. defended [dɪˈfendɪd] - verteidigte
15. either … or [ˈaɪðə ɔː] - entweder … or
16. electric [ɪˈlektrɪk] - elektrisch
17. exit [ˈeksɪt] - Ausgang, der
18. fairness [ˈfeənɪs] - Fairness, die
19. feel ashamed [fiːl əˈʃeɪmd] - sich schämen
20. finish [ˈfɪnɪʃ] - beenden

21. forever [fə'revə] - ewig
22. forget [fə'get] - vergessen
23. fruit [fru:t] - Obst, das
24. gently ['dʒentli] - sanft
25. goal [gəʊl] - Ziel, das
26. greeted ['gri:tɪd] - begrüßte
27. ice cream [aɪs kri:m] - Eiscreme, die
28. idea [aɪ'dɪə] - Vorstellung, die
29. in vain [ɪn veɪn] - umsonst
30. indescribable [ˌɪndɪ'skraɪbəbl̩] - unbeschreiblich
31. inmate ['ɪnmeɪt] - Insasse, der
32. mainly ['meɪnli] - überwiegend
33. prisoner ['prɪznə] - Gefangene, der
34. rain [reɪn] - Regen, der
35. relaxed [rɪ'lækst] - entspannte
36. screamed [skri:md] - schrie
37. shielded ['ʃi:ldɪd] - beschützte
38. soothed [su:ðd] - beruhigte
39. steal [sti:l] - stehlen
40. unfriendly [ˌʌn'frendli] - unfreundlich
41. vanilla [və'nɪlə] - Vanille, die
42. wiped [waɪpt] - wischte

B

Crime and Punishment

The helicopter was flying over the Sahara. Rost and Pandora sat in the helicopter in silence. Then she put her hand on his and smiled at him. Lisa pulled out a bag which she took with her to the helicopter from under the seat and opened it. There was money inside the bag. She smiled and winked at Paul.
"It's a little surprise for my boy," she said.
Paul took a pair of handcuffs out of his pocket. He showed Lisa the handcuffs, smiled and winked at her.
"What is it?" Lisa said in surprise.
"It's a little surprise for my girl. You will sit in jail for a few months, understand your mistakes and come out a different person," Paul said, and put the handcuffs on Lisa.
"What? Paul Rost, you're a scoundrel! Take them off immediately!" Lisa Pandora cried angrily.
"Don't worry. I promise that they'll give you no more than a couple of months," Paul promised.
"I don't want to go to jail! You go to jail! Scoundrel!" Lisa screamed angrily. But Paul just laughed.

Verbrechen und Strafe

Der Helikopter flog über die Sahara. Rost und Pandora saßen schweigend im Helikopter. Dann legte sie ihre Hand auf seine und lächelte ihn an. Lisa zog eine Tasche, die sie mit in den Helikopter genommen hatte, unter dem Sitz hervor und öffnete sie. In der Tasche war Geld. Sie lächelte und zwinkerte Paul zu.
„Es ist eine kleine Überraschung für meinen Liebsten“, sagte sie.
Paul nahm ein Paar Handschellen aus seiner Tasche. Er zeigte Lisa die Handschellen, lächelte sie an und zwinkerte ihr zu.
„Was ist das?“, sagte Lisa überrascht.
„Das ist eine kleine Überraschung für meine Liebste. Du wirst einige Monate im Gefängnis sitzen, deine Fehler verstehen und als ein neuer Mensch herauskommen“, sagte Paul und legte Lisa die Handschellen an.
„Was? Paul Rost, du bist ein Schurke! Nimm sie mir sofort wieder ab!“, schrie Lisa Pandora wütend.
„Keine Sorge. Ich verspreche dir, dass du nicht mehr als ein paar Monate bekommen wirst“, versprach Paul Rost.
„Ich möchte nicht ins Gefängnis! Du gehst ins Gefängnis! Schurke!“, schrie Lisa wütend. Aber Paul lachte nur.

"Don't worry, I'll bring you fruit and ice cream," he soothed Pandora.
"I don't want to know you anymore!" she protested.

A few weeks passed. Paul Rost returned to work. He was awarded a medal. Lisa Pandora was tried. Paul defended her, and she was given only four months in prison. But when he came to visit her in prison and brought her fruit and ice cream, the ice cream ended up on his head, and the fruit went flying down the hall. Paul left the prison all covered in ice cream and fruit. But he wasn't angry at Lisa, and a week later, he brought her fruit and ice cream again. This time, Lisa greeted him with a smile.
"How are you, Paul Rost?" she said, taking his hand. Paul relaxed and smiled at her.
"All is well, Lisa. I've missed you," he said, gently holding her hand with both his hands. She put her hand in his bag, and the ice cream ended up on his head again. The guard, who was standing in the room, shielded Paul from the angry Lisa with his body, and the fruit ended up on his head. The guard fell to the floor and Rost quickly ran out of room. As he walked down the hall to the prison door, Lisa Pandora's screams could be heard throughout the hall. A guard and a prisoner he was leading stopped and watched in amazement as Paul wiped ice cream off his face. Paul smiled awkwardly and said to them: "Crazy woman. Instead of vanilla ice cream, she wanted chocolate."
Finally, he came without the ice cream and fruit. Lisa Pandora sat and looked at him in silence.
"If you do not refuse the meetings, I hope ..." he was trying to find the right words, "Lisa, I think that I did the right thing. I

„Keine Sorge. Ich werde dir Obst und Eiscreme bringen", beruhigte er Pandora.
„Ich mag nichts mehr mit dir zu tun haben!", protestierte sie.

Einige Wochen vergingen. Paul Rost kehrte zu seiner Arbeit zurück. Ihm wurde eine Medaille verliehen. Lisa Pandora hatte eine Verhandlung. Paul verteidigte sie und sie bekam eine Gefängnisstrafe von nur vier Monaten. Aber als er sie ihm Gefängnis besuchte und ihr Obst und Eiscreme brachte, landete die Eiscreme auf seinem Kopf und das Obst flog den Flur hinunter. Paul verließ das Gefängnis voll mit Eiscreme und Obst. Aber er war nicht wütend auf Lisa und eine Woche später brachte er ihr wieder Eiscreme und Obst. Dieses Mal begrüßte Lisa ihn mit einem Lächeln.
„Wie geht es dir, Paul Rost?", sagte sie und nahm seine Hand. Paul entspannte sich und lächelte sie an.
„Alles ist in Ordnung, Lisa. Ich habe dich vermisst", sagte er und hielt ihre Hand behutsam in seinen beiden Händen. Sie steckte ihre andere Hand in seine Tasche und die Eiscreme landete wieder auf seinem Kopf. Der Gefängniswärter, der im Zimmer stand, beschützte Paul mit seinem Körper vor der wütenden Lisa und bekam das Obst auf den Kopf. Der Gefängniswärter fiel zu Boden und Rost rannte schnell aus dem Zimmer. Als er durch den Flur zum Gefängnisausgang ging, konnte er Lisa Pandoras Schreie im Flur hören. Ein Gefängniswärter und der Insasse, der von ihm geführt wurde, blieben stehen und schauten Paul verwundert zu, wie er sich die Eiscreme aus dem Gesicht wischte. Paul lächelte verlegen und sagte zu ihnen: „Verrückte Frauen. Statt Vanilleeis wollte sie Schokolade."
Er kam schließlich ohne Obst und Eiscreme. Lisa Pandora saß und schaute ihn schweigend an.
„Wenn du dich nicht weigerst, zu den Treffen zu kommen, hoffe ich, dass...", er versuchte die richtigen Worte zu finden. „Lisa, ich glaube, ich

want you to understand..." Paul gestured in agitation, but Lisa said nothing and just stared at him.
"I don't refuse the meetings only because it's boring to sit in a cell," she said to him coldly.
"Lisa, I understand why you are angry..." he began, but she interrupted him.
"Paul Rost, you don't understand many things. I tell you, but you don't hear anything, just like a deaf Dalmatian. You and I live in different worlds. You and I have very different interests and goals," she continued, "I gave you a chance to start a new and interesting life. What did you do? How did you thank me, Paul Rost? You took everything I had, and put me in jail. Why do you come to see me now? I don't need you. Forget about me forever, and never come here again!" Pandora finished, got up and left. Paul suddenly felt ashamed. He couldn't understand why he felt ashamed and in front of whom. After all, he didn't do anything wrong. He did all the right things! Paul touched his red face with his hand. He looked around the room. Some security guards and several inmates, who also had meetings, stopped talking and looked at him. Then they all went on with their business, and Paul Rost slowly stood up and walked toward the exit.

Another two months went by. Paul never went back to the prison. He mainly stayed at home and did nothing. Finally the day came when Lisa Pandora got out of prison. Paul Rost drove up to the prison doors in his own car and stopped. It was raining. The street was empty of people. Only one more car stood not far from the prison door. A man got out of the car and looked in Rost's direction. He stood in the rain and looked at Paul Rost's car. Rost looked closely at the man. The man had a beard

habe das Richtige getan. Ich möchte, dass du verstehst...“, Paul gestikulierte aufgeregt, aber Lisa antwortete nichts und starrte ihn nur an.
„Ich weigere mich nur nicht, zu den Treffen zu kommen, weil es langweilig ist in einer Zelle zu sitzen“, sagte sie kalt.
„Lisa, ich verstehe, warum du wütend bist...“, begann er, aber sie unterbrach ihn.
„Paul Rost, du verstehst viele Dinge nicht. Ich erkläre es dir, aber du hörst nichts, wie ein tauber Dalmatiner. Du und ich, wir leben in verschiedenen Welten. Du und ich, wir haben sehr verschiedene Interessen und Ziele.“ Sie sprach weiter: „Ich habe dir eine Chance gegeben, ein neues und interessantes Leben zu beginnen. Und was hast du gemacht? Wie hast du es mir gedankt, Paul Rost? Du hast alles genommen, was ich hatte, und mich ins Gefängnis gebracht. Warum kommst du jetzt um mich zu sehen? Ich brauche dich nicht. Vergiss mich, für immer, und komm nie wieder hier her!“, sagte Pandora abschließend, stand auf und ging. Paul schämte sich plötzlich. Er konnte nicht verstehen, warum es sich plötzlich schämte und vor wem. Immerhin hat er nichts Falsches getan. Er hat alles richtig gemacht! Paul berührte sein rotes Gesicht mit seiner Hand. Er sah sich im Zimmer um. Einige Gefängniswärter und einige Insassen, die auch Treffen hatten, hörten auf zu sprechen und sahen ihn an. Dann kümmerten sie sich wieder um ihre Angelegenheiten und Paul Rost stand langsam auf und ging in Richtung des Ausgangs.

Zwei weitere Monate vergingen. Paul ging nicht mehr in das Gefängnis. Er blieb überwiegend zu Hause und machte gar nichts. Schließlich kam der Tag, an dem Lisa Pandora aus dem Gefängnis entlassen wurde. Paul Rost fuhr mit seinem Auto bis zu dem Gefängnistor und blieb stehen. Es regnete. Auf der Straße waren keine Menschen. Nur ein weiteres Auto stand nicht weit von dem Gefängnistor. Ein Mann stieg aus und sah in die Richtung, in der Rost war. Er stand im Regen und sah Paul Rosts Auto an.

and long hair. He lit a cigarette and took off his glasses. This was Ashur! Rost got out of the car. They both stood in the rain and looked at each other. At that moment the door opened and Lisa Pandora walked outside. She saw Rost and Ashur. Lisa walked and then stopped right in the middle between them. Then she lit a cigarette and looked carefully first at Rost, then at Ashur. She threw down the cigarette and walked toward Rost. Lisa went up to Rost and stopped.
"Hi," Rost said. He didn't smiled at her and looked at her very seriously.
"You came in vain. You missed the chance I gave you," Lisa said, smiled and walked to Ashur's car. Ashur opened the car door for her, and closed it when she was inside. The car began to move, but Paul pulled out a gun and went out to the middle of the road. He pointed the gun at Ashur. Ashur stopped the car.
"What the matter? Do you want to arrest me for stealing furniture out of your house?" Ashur put on his glasses and continued, "According to your classification of fairness, I should either go to the electric chair or spend my life pouring water from the Mediterranean Sea on the sand of the Sahara desert. But in this country, I haven't committed any serious crime. For your furniture, they will give me no more than a year in prison. And this isn't what you want, right?" Ashur smiled and looked at Pandora, "Do you know what his furniture smells like? It's indescribable," he added.
Paul Rost lowered the gun and walked off the road.
"Don't be sad, Paul! Our friend might come to you and then your life won't be sad anymore," Ashur shouted from the window of the moving car waved to him in an unfriendly way.

Rost sah den Mann genau an. Der Mann trug einen Bart und hatte lange Haare. Er zündete sich eine Zigarette an und nahm seine Brille ab. Es war Ashur! Rost stieg aus. Beide standen im Regen und sahen sich an. In diesem Augenblick öffnete sich das Tor und Lisa Pandora ging nach draußen. Sie sah Rost und Ashur. Lisa ging nach vorne und blieb genau zwischen den beiden stehen. Dann zündete sie sich eine Zigarette an und schaute erst Rost und dann Ashur genau an. Sie warf ihre Zigarette auf den Boden und ging in die Richtung, in der Rost stand. Sie ging zu Rost und blieb stehen.
„Hi", sagte Rost. Er lächelte sie nicht an, er sah sie sehr ernst an.
„Du kommst umsonst. Du hast die Chance verpasst, die ich dir gegeben habe", sagte Lisa, lächelte und ging zu Ashurs Auto. Ashur öffnete die Autotür für sie und schloss sie, nachdem sie eingestiegen war. Das Auto begann loszufahren, aber Paul zog seine Waffe und ging mitten auf die Straße. Er richtete die Waffe auf Ashur. Ashur blieb stehen.
„Was ist los? Willst du mich festnehmen, weil ich Möbel aus deinem Haus gestohlen habe?", Ashur setzte seine Brille auf. Er sprach weiter: „Gemäß deinen Vorstellungen von Fairness, gehöre ich entweder auf den elektrischen Stuhl, oder ich sollte mein Leben damit verbringen, Wasser aus dem Mittelmeer auf den Sand der Wüste Sahara zu gießen. Aber in diesem Land habe ich kein schweres Verbrechen begangen. Für deine Möbel bekomme ich nicht mehr als ein Jahr Gefängnisstrafe. Und das ist es nicht, was du willst, richtig?" Ashur lächelte und sah Pandora an. „Weißt du, wie seine Möbel riechen? Es ist unbeschreiblich", fügte er hinzu.
Paul Rost senkte die Waffe und ging von der Straße.
„Sei nicht traurig, Paul! Vielleicht kommt dich unser Freund besuchen und dann wird dein Leben nicht mehr traurig sein", schrie Ashur aus dem Fenster des fahrenden Autos und winkte ihm unfreundlich zu.

C

New Vocabulary Review

1

- Could you tell me, is today still February or is it March already?
- Today is the twenty-eighth of February. Tomorrow is March first.
- Could you tell me, what time is it?
- Let me look at my phone. It is six thirty.
- Thank you. By the way, is it snowing outside?
- It probably snowed all night. It isn't snowing now, but it's very cold.

2

- When I walk with my dog, it protects me from hooligans.
- Is your dog big?
- It's very large and angry. A real killer!
- And, at home, does it behave calmly?
- It's OK. At home, I defend the refrigerator and the cat from it.

3

- You have ice cream on your beard, Mr. President.
- It's vanilla ice cream, my favorite.
- Should I wipe your beard?
- No! Now no one will recognize me.
- Brilliant, Mr. President!

4

- Hey girl, what is your dog's name?
- Her name is Barona.
- What a big dog.
- Oh, mister, my dog wants to run to you!
- Hold her!
- Barona, come here!
- Hold her, girl!
- I can't stop her!
- Help!

5

- Can I ask you one question?
- Just one? Well, ask.
- Do you know how to classify crimes?

Wiederholung des neuen Vokabulars

1

- Können Sie mir sagen, ob heute noch Februar oder schon März ist?
- Heute ist der achtundzwanzigste Februar. Morgen ist der erste März.
- Können Sie mir sagen, wie spät es ist?
- Lassen Sie mich auf meinem Telefon nachsehen. Es ist halb sieben.
- Danke. Übrigens, schneit es draußen?
- Es hat wahrscheinlich die ganze Nacht geschneit. Jetzt schneit es nicht, aber es ist sehr kalt.

2

- Wenn ich mit meinem Hund spazieren gehe, beschützt er mich vor Hooligans.
- Hast du einen großen Hund?
- Er ist sehr groß und wütend. Ein wirklicher Killer!
- Und verhält er sich zu Hause ruhig?
- Es ist in Ordnung. Zu Hause beschütze ich den Kühlschrank und die Katze vor ihm.

3

- Sie haben Eiscreme in ihrem Bart, Herr Präsident.
- Es ist Vanilleeis, meine Lieblingssorte.
- Soll ich ihnen den Bart abwischen?
- Nein! So wird mich niemand erkennen.
- Genial, Herr Präsident!

4

- Hey, wie heißt dein Hund?
- Ihr Name ist Barona.
- Das ist ein großer Hund.
- Oh, mein Hund möchte zu ihnen rennen!
- Halt sie fest!
- Barona, komm her!
- Halt sie fest!
- Ich kann sie nicht halten!
- Hilfe!

5

- Darf ich Ihnen eine Frage stellen?

- Of course. The crimes that you commit yourself— those aren't serious. But the crimes committed by other people—these are serious and dangerous.
- Clear. And do you commit crimes often?
- Well, no. Only when I'm in a bad mood.
- And when are you in a bad mood?
- What?
- I said, when are you in a bad mood?
- I'm in a bad mood when I get asked stupid questions!
- I understand. I have no more questions.
- What, your wonderful questions have already run out?
- Yes. Thank you. I'm leaving.
- And are you no longer interested in how I conduct myself with those who ask such wonderful questions?
- No! Let go! Help!

6

- Mister, how do you feel about thefts?
- Who? Me?
- Yes, you.
- I feel OK about them.
- So, you think it's OK that you took my bag?
- This is your bag? I didn't know. I thought it was that woman's bag. Sorry. You can take back your bag, there is nothing in it anyway.

7

- Hey, boy, don't throw fruit at people from the balcony!
- Here's a banana for you!
- Ouch! Aren't you ashamed?
- No, I'm still a little. Here's some chocolate ice cream for you!
- Ouch! I'll tell your parents everything. And this ice cream is not chocolate, but vanilla!
- Excuse me, please. I was wrong. Here's some chocolate ice cream for you!
- You have no shame, boy!

- Nur eine? Gut, fragen Sie.
- Wissen Sie, wie man Verbrechen klassifiziert?
- Natürlich. Die Verbrechen, die man selbst begeht - die sind nicht schwer. Aber die Verbrechen, die von anderen Menschen begangen werden - die sind schwer und gefährlich.
- Klar. Und begehen Sie oft Verbrechen?
- Naja, nein. Nur wenn ich in einer schlechten Stimmung bin.
- Und wann sind Sie in einer schlechten Stimmung?
- Wie bitte?
- Ich habe gesagt, wann sind Sie in einer schlechten Stimmung?
- Ich bin in einer schlechten Stimmung wenn man mich dumme Fragen fragt!
- Ich verstehe. Ich habe keine Fragen mehr.
- Wie? Ihre wunderbaren Fragen sind schon vorbei?
- Ja. Danke. Ich gehe jetzt.
- Und es interessiert Sie nicht länger wie ich mich bei Leuten verhalte, die so wunderbare Fragen stellen?
- Nein! Lassen Sie los! Hilfe!

6

- Wie finden Sie Diebstähle?
- Wer? Ich?
- Ja, Sie.
- Ich finde sie in Ordnung.
- Also denken Sie, dass es in Ordnung ist, dass Sie meine Tasche genommen haben?
- Das ist Ihre Tasche? Das wusste ich nicht. Ich dachte, es wäre die Tasche dieser Frau. Es tut mir leid. Sie können Ihre Tasche zurückhaben, es ist sowieso nichts drinnen.

7

- Hey, Junge, wirf kein Obst vom Balkon auf Leute!
- Hier ist eine Banane für Sie!
- Aua! Schämst du dich nicht?
- Nein, ich bin noch klein. Hier ist Schokoladeeis für Sie!
- Aua! Ich werde deinen Eltern alles erzählen. Und das ist keine Schokoladeeis sondern Vanilleeis!

8

- I think that our president is a madman.
- You surprise me! Why is he mad?
- Because he steals crazy amounts of money from the budget.
- But I love our president. He is just! He only takes money that doesn't personally belong to anyone.
- But he missed his only chance to join the European Union!
- And we shouldn't join it! Let the European Union give us some money first, if they want us to join! Yes, yes!
- Money for what?
- Oh, for everything!

- Entschuldigung, bitte. Ich habe mich geirrt. Hier ist Schokoladeeis für Sie!
- Dass du dich nicht schämst, Junge!

8

- Ich glaube, dass unser Präsident verrückt ist.
- Du überraschst mich! Warum ist er verrückt?
- Weil er verrückte Geldbeträge vom Budget gestohlen hat.
- Aber ich liebe unseren Präsidenten. Er ist gerecht! Er nimmt nur Geld, das niemandem persönlich gehört.
- Aber er hat seine einzige Chance der Europäischen Union beizutreten verpasst!
- Wir sollten nicht beitreten! Die Europäische Union soll uns erst Geld geben, wenn sie wollen, dass wir beitreten! Ja, ja!
- Geld wofür?
- Oh, für alles!

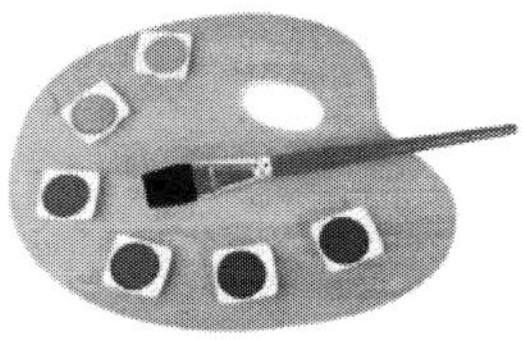

24

Highway Patrol

Patrouille auf dem Highway

A

Words

1. abruptly [ə'brʌptli] - unvermittelt
2. acquaintance [ə'kweɪntəns] - Bekannte, der
3. alright [ɔːl'raɪt] - in Ordnung
4. antenna [æn'tenə] - Antenne, die
5. badly damaged ['bædli 'dæmɪdʒd] - schwer beschädigt
6. bird [bɜːd] - Vogel, der
7. bought ['bɔːt] - gekauft
8. brake [breɪk] - bremsen
9. came [keɪm] - kam
10. chase [tʃeɪs] - Verfolgungsjagd, die
11. chief [tʃiːf] - Chef, der
12. connected [kə'nektɪd] - verband
13. constantly ['kɒnstəntli] - fortwährend
14. criminal ['krɪmɪnl̩] - Verbrecher, der
15. crosshairs ['crɔːs'hers] - Fadenkreuz, das
16. customer ['kʌstəmə] - Kunde, der
17. dark [dɑːk] - dunkel
18. dashboard ['dæʃbɔːd] - Armaturenbrett, das
19. decide [dɪ'saɪd] - entschließen
20. drive [draɪv] - fahren
21. drop off [drɒp ɒf] - absetzen
22. drop [drɒp] - senken, herunternehmen
23. escaped [ɪ'skeɪpt] - geflohen
24. evident ['evɪdənt] - offensichtlich
25. example [ɪg'zɑːmpl̩] - Beispiel, das
26. execution [ˌeksɪ'kjuːʃn̩] - Hinrichtung, die
27. flashing light ['flæʃɪŋ laɪt] - Blinklicht, das

28. fled [fled] - geflüchtet
29. hang [hæŋ] - hängen
30. highway [ˈhaɪweɪ] - Highway, der
31. hold on [həʊld ɒn] - festhalten
32. impossible [ɪmˈpɒsəbl̩] - unmöglich
33. lamppost [ˈlæmpəʊst] - Laternenpfahl, der
34. license plate [ˈlaɪsns pleɪt] - Nummernschild, das
35. light [laɪt] - anzünden
36. lower [ˈlaʊə] - herunternehmen
37. model [ˈmɒdl̩] - Modell, das
38. neck [nek] - Hals, der
39. nerve [nɜːv] - Nerv, der
40. on duty [ɒn ˈdjuːti] - Dienst haben
41. operation [ˌɒpəˈreɪʃn̩] - Operation, die
42. painted [ˈpeɪntɪd] - gemalt
43. photo [ˈfəʊtəʊ] - Foto, das
44. played [pleɪd] - spielte
45. principle [ˈprɪnsəpl̩] - Prinzip, das
46. recommend [ˌrekəˈmend] - empfehlen
47. remember [rɪˈmembə] - sich erinnern
48. reported [rɪˈpɔːtɪd] - berichtete
49. risk [rɪsk] - Risiko, das
50. roof [ruːf] - Dach, das
51. rushed [rʌʃt] - rannte
52. sale [seɪl] - Verkauf, der
53. sales clerk [seɪlz klɑːk] - Verkäufer, der
54. salesman [ˈseɪlzmən] - Verkäufer, der
55. sang [sæŋ] - sang
56. scene [siːn] - Tatort, der
57. shelf [ʃelf] - Regal, das
58. snow [snəʊ] - schneien
59. stare [steə] - anstarren
60. story [ˈstɔːri] - Stockwerk, das
61. swear [sweə] - schwören
62. tank [tæŋk] - Tank, der
63. two-story [tuː ˈstɔːri] - zweistöckig
64. uncertainly [ʌnˈsɜːtnli] - unsicher
65. usual [ˈjuːʒʊəl] - üblich
66. violated [ˈvaɪəleɪtɪd] - verletzt
67. weeping [ˈwiːpɪŋ] - weinend

B

Highway Patrol

Another month passed. Paul Rost returned to his usual business. The Police asked for his help sometimes, when they didn't have enough people. Once he was on duty on the road that connected the city with a military airfield. It was evening and already started to get dark. There were almost no cars on the road. Somewhere birds sang. The first stars began to appear in the sky. Suddenly it began to snow. Paul got out of the car and lit a cigarette. He looked at the ring that Lisa gave him. He stood there and smoke and the snow fell slowly on his hair. The radio in the car began to speak: "Attention all stations! A white car crashed into a lamppost and fled the scene." After some time, a white car drove by.

Patrouille auf dem Highway

Ein weiterer Monat verging. Paul Rost kehrte zu seinen üblichen Angelegenheiten zurück. Die Polizei bat ihn manchmal um Hilfe, wenn sie nicht genügend Leute hatten. Einmal hatte er Dienst auf der Straße, die das Flugfeld des Militärs mit der Stadt verband. Er war Abend und es wurde bereits dunkel. Es waren fast keine Autos auf der Straße. Irgendwo sang ein Vogel. Man konnte die ersten Sterne am Himmel sehen. Plötzlich begann es zu schneien. Paul stieg aus und zündete sich eine Zigarette an. Er sah den Ring an, den ihm Lisa gegeben hatte. Er stand dort und rauchte und der Schnee fiel langsam auf seine Haare. Aus dem Funkgerät im Auto hörte man: „Achtung, alle Einheiten! Ein weißes Auto ist in einen Laternenpfahl gefahren und ist vom

Very loud music played in the car. Paul had time to notice that the car was badly damaged, and that something lay on top of it. He got into his car, put a flashing light on the roof and drove after the white car. He caught up with the white car and stopped it. A man came out of the white car. He stood uncertainly and Rost realized that the man was drunk. The man smiled and handed Rost his documents.
"How are you, officer?" he asked. Paul looked at the car and could not believe his eyes. On top of the car lay a lamppost.
"Thank you. I'm fine," Paul said, "What is that on top of the car?" Rost pointed to the lamppost.
The man stared at the post for a long time, and then said: "It was there when I bought this car. I swear," he looked at Rost, "I think it's an antenna for GPS. Do you use GPS, officer? Great thing. I highly recommend it," he held on to the car with his hand to keep from falling. Paul Rost took the man to the police station.
At the police station, they asked Rost to help a group of policemen who were looking for two men who had escaped from prison. The alarm went off in one of the stores, and Rost went there with one of the police officers. When they arrived at the store, there were a few customers there and a sales clerk. The sales clerk was Bruno, Paul Rost's acquaintance.
"Good afternoon. Your alarm went off," the policeman said.
"Good afternoon. An alarm went off? At our place?" the sales clerk asked.
"Yes, at your place," the policeman replied.
"No, this is some kind of mistake," Bruno looked at Rost, "Everything is alright here. Paul, I want to give you the gift that I promised you. My friend, take that blue box on the shelf," Bruno asked.
"What is it, Bruno?" Paul said in surprise.
"Go ahead, open it. I think you'll like it,"

Tatort geflüchtet.“
Einige Zeit später fuhr ein weißes Auto vorbei. Aus dem Auto kam sehr laute Musik. Es dauerte einige Zeit bis Paul bemerkte, dass das Auto schwer beschädigt war, und dass etwas auf dem Auto lag. Er stieg in sein Auto, montierte ein Blinklicht auf dem Dach und fuhr dem weißen Auto nach. Er holte das weiße Auto ein und stoppte es. Ein Mann stieg aus dem weißen Auto aus. Er wankte und Rost merkte, dass der Mann betrunken war. Der Mann lächelte und gab Rost seinen Ausweis.
„Wie geht es Ihnen, Herr Polizist?“, fragte er. Als Paul das Auto ansah, traute er seinen Augen nicht. Auf dem Auto lag ein Laternenpfahl.
„Danke. Mir geht es gut“, sagte Paul. „Was ist das auf dem Auto?“ Rost zeigte auf den Laternenpfahl.
Der Mann starrte lange auf den Pfahl und sagte dann: „Das war da, als ich das Auto gekauft habe. Ich schwöre.“ Er sah Rost an: „Ich glaube, es ist eine GPS Antenne. Verwenden Sie GPS, Herr Polizist? Das ist großartig. Ich kann es nur empfehlen“, er hielt sich mit der Hand am Auto fest um nicht umzufallen. Paul Rost brachte den Mann auf die Polizeiwache.
Auf der Polizeiwache fragten sie Rost, ob er einer Gruppe Polizisten helfen könne, die gerade zwei aus dem Gefängnis geflohene Männer suchte.
In einem Laden ging der Alarm los und Rost fuhr mit zwei Polizisten hin. Als sie im Laden ankamen, waren einige Kunden und der Verkäufer anwesend. Der Verkäufer war Bruno, Paul Rosts Bekannter.
„Guten Tag. Ihr Alarm ist losgegangen“, sagte der Polizist.
„Guten Tag. Ein Alarm ist losgegangen? Hier?“, fragte der Verkäufer.
„Ja. Hier“, antwortete der Polizist.
„Nein, das muss ein Fehler sein.“ Bruno sah Rost an. „Alles ist in Ordnung hier. Paul, ich möchte dir das Geschenk geben, das ich dir

the sales clerk smiled. Paul went to the shelf and took the blue box. Yellow flowers were painted on the box. Paul looked at Bruno in surprise. Bruno looked at him in silence. Paul opened the box and took out a woman's dress. The dress was blue with yellow flowers.
"What is that?" Paul was surprised again.
"This is a woman's dress, my friend," the salesman replied, "For your wife," Bruno smiled.
"But I'm not married," Paul did not understand.
"Well, today you're not married, and the next day, you might get married," Bruno said seriously, "Life - it's not a simple thing. For example, now I'm well, and in five minutes, something bad might happen," the sales clerk said.
"I'll take it later. Thank you," Paul put the box with the dress back on the shelf and left the store. The policeman went out with Paul. They got into the car and drove back to the police station. Rost looked closely at photos of the escaped criminals. They were driving on the road that passes by the airfield.
"They escaped from a prison that's located three hundred miles away from here. Why are they looking for them here?" Rost asked.
"One of them has a wife and a son here. His name is Arthur Stravinsky. They escaped from prison last week, and three days ago the wife and child disappeared," the policeman said.
"Why are they doing time?" Rost asked.
"Arthur Stravinsky is doing time for an armed bank robbery. It was a long story. Even the papers reported it," the policeman continued, "His child needed to have an expensive operation. He robbed the bank to pay for the operation. Then there was a chase. And during the chase one of the police cars overturned. The policeman was

versprochen habe. Mein Freund, nimm die blaue Schachtel aus dem Regal", bat Bruno.
„Was ist das, Bruno?", sagte Paul überrascht.
„Komm, öffne sie. Ich glaube, du wirst es mögen", der Verkäufer lächelte. Paul ging zum Regal und nahm die blaue Schachtel. Gelbe Blumen waren auf die Schachtel gemalt. Paul sah Bruno überrascht an. Bruno sah ihn schweigend an. Paul öffnete die Schachtel und nahm ein Kleid heraus. Das Kleid war blau mit gelben Blumen.
„Was ist das?", Paul war erneut überrascht.
„Das ist ein Kleid, mein Freund", antwortete der Verkäufer. „Für deine Ehefrau", Bruno lächelte.
„Aber ich bin nicht verheiratet", Paul verstand es nicht.
„Gut, heute bist du nicht verheiratet, aber morgen wirst du vielleicht heiraten", sagte Bruno ernst. „Das Leben - das ist keine einfache Sache. Zum Beispiel geht es mir jetzt gut und in fünf Minuten wird vielleicht etwas Schlimmes passieren", sagte der Verkäufer.
„Ich werde es später mitnehmen. Danke", Paul stellte die Schachtel mit dem Kleid zurück ins Regal und verließ den Laden. Der Polizist ging mit Paul hinaus. Sie stiegen ins Auto und fuhren zurück zur Polizeiwache. Rost sah sich die Fotos der entflohenen Verbrecher genau an. Sie fuhren auf einer Straße, die am Flugfeld vorbeiführte.
„Sie sind aus einem Gefängnis entflohen, das dreihundert Kilometer entfernt von hier liegt. Warum werden sie hier gesucht?", fragte Rost.
„Die Frau und der Sohn von einem der beiden Männer leben hier. Sein Name ist Arthur Stravinsky. Sie sind letzte Woche aus dem Gefängnis ausgebrochen und vor drei Tagen sind die Frau und das Kind verschwunden", sagte der Polizist.
„Warum saßen sie im Gefängnis?", fragte Rost.
„Arthur Stravinsky saß wegen eines bewaffneten Banküberfalls im Gefängnis. Es ist eine lange Geschichte. Sogar die Zeitungen

killed." the policeman looked at Rost, "Of course, they gave him a life sentence. That's the story," he concluded.
"So we're looking for the whole family," Paul said. He paused, then added, "Look, I need to make it to the doctor today. Can you drop me off around here somewhere?" Rost asked.
"Oh come on. That's how it starts. Going to the doctor... Getting sick.. And you think that I want to look for him?" the policeman looked at Paul. Paul didn't have time to answer because the policeman abruptly hit the brakes.
"There is a blue Ford over there," the policeman said, "His wife has a blue Ford with this model. We need to check it. Come with me!" the policeman looked at Rost. They got out of the car and walked to a blue Ford. The car was empty. The police officer checked the license plate number on the radio. The number was a fake. The policeman called for reinforcement.
"They may be in there," the policeman pointed to a big hangar. They went into the hangar. There were several small planes there. There were people in one of them. The policeman pointed out the plane to Rost, pulled out a gun and went to the other side. Rost also took out a gun and walked from the other side to the airplane with the people inside. But then he saw a boy's face in the window of another aircraft. Rost slowly walked up to the plane and opened the door. Arthur Stravinsky sat there, along with his wife and child. The man was trying to start the plane, but he raised his hands when he saw that Rost was holding a gun. Rost looked at them carefully for a long time. Then he looked at the dashboard and started the plane's engine.
"Don't waste time," he told the man. The man slowly put his hands on the plane's dashboard. Then the airplane began to move toward the door of the hangar. The

berichteten darüber." Der Polizist erklärte weiter: „Sein Kind benötigte eine teure Operation. Er hat die Bank ausgeraubt, um für die Operation zu zahlen. Dann gab es eine Verfolgungsjagd. Und während der Verfolgungsjagd verunglückte eines der Polizeiautos. Ein Polizist wurde getötet." Der Polizist sah Rost an. „Natürlich bekam er lebenslänglich. Das ist die Geschichte", sagte er abschließend.
„Also suchen wir die ganze Familie", sagte Paul. Dann fügte er hinzu: „Schau mal, ich muss heute zum Arzt. Kannst du mich hier irgendwo aussteigen lassen?", fragte Rost.
„Oh, komm' schon. So beginnt es immer. Zum Arzt gehen... Krank werden... Glaubst du etwa, dass ich ihn suchen will?", der Polizist schaute Paul an. Paul hatte keine Zeit zu antworten, weil der Polizist unvermittelt auf die Bremse stieg.
„Dort drüben ist ein blauer Ford", sagte der Polizist. „Seine Frau hat einen blauen Ford dieses Modells. Wir müssen es überprüfen. Komm mit!", der Polizist schaute Rost an. Sie stiegen aus und gingen zu einem blauen Ford. Das Auto war leer. Der Polizist überprüfte das Nummernschild über Funk. Das Nummernschild war gefälscht. Der Polizist rief Verstärkung.
„Sie sind vielleicht da drinnen", der Polizist zeigte auf einen großen Hangar. Sie gingen in den Hangar. Im Hangar standen einige kleine Flugzeuge. Ein einem der Flugzeuge waren Menschen. Der Polizist zeigte Rost das Flugzeug, zog eine Waffe und ging auf die andere Seite. Rost zog auch eine Waffe und ging von seiner Seite aus zum Flugzeug mit den Menschen. Aber dann sah er das Gesicht eines Jungen im Fenster eines anderen Flugzeuges. Rost ging langsam zu dem Flugzeug und öffnete die Tür. Arthur Stravinsky saß im Flugzeug, zusammen mit seiner Frau und mit seinem Kind. Der Mann versuchte das Flugzeug zu starten, aber als er sah, dass Rost eine Waffe hielt, hob er die

policeman rushed to the plane, shooting on the move. Paul Rost threw himself on the policeman and fell with him to the ground.
"You can kill them all, if you hit the gas tank!" Paul cried to the policeman. The policeman pointed his gun to Rost's face and shot.. It's all over...
"Put your hands up and get off the plane!" Rost heard the voice of the policeman, "Paul, get away from the plane and keep it in your crosshairs!"
Paul Rost was still standing by the plane, pointing his gun at the man in the airplane, when the policeman came up behind him. Paul didn't move away from the plane. He stood and looked at the child and his father. The boy went up to his father and put his arm around his neck, staring at Rost.
"Dad, what does this man want?" he asked his father. Arthur Stravinsky looked at Rost without lowering hands. He couldn't get off the plane, because Rost was standing right next to the door.
"Rost, get away from the plane immediately!" the policeman shouted.
"Dad, what does this man want?" the boy asked again. The man looked at Rost and the policeman without dropping his hands. It was evident that he was afraid that the policeman would shoot. He wanted to get out, but Rost was standing right next to the door and didn't move away.
“Rost, get away from the plane immediately!" the officer repeated.
Rost looked at the dashboard and started the airplane's engine.
"Detective Paul Rost, put the gun down and step away from the plane!" the policeman shouted and shot into the air.
"Don't waste time!" Rost shouted and shut the plane door. He dropped his gun on the ground, turned to the policeman and raised his hands.
"You want to arrest me? Go ahead," Rost said to the policeman. The plane drove

Hände. Rost sah sie lange genau an. Dann schaute er auf das Armaturenbrett und startete den Motor des Flugzeuges.
„Verlieren Sie keine Zeit“, sagte er zu dem Mann. Der Mann legte seine Hände langsam auf das Armaturenbrett. Dann begann sich das Flugzeug langsam zum Ausgang des Hangars zu bewegen. Der Polizist rannte zum Flugzeug und feuerte Schüsse ab. Paul Rost stürzte sich auf den Polizisten und fiel mit ihm zu Boden.
„Du kannst alle umbringen, wenn du den Treibstofftank triffst!“, schrie Paul den Polizisten an. Der Polizist richtete seine Waffe auf Rosts Gesicht und schoss... Es ist alles vorbei...
„Heben Sie die Hände und steigen Sie aus!“, hörte Rost den Polizisten sagen. „Paul, geh weg vom Flugzeug und behalte sie im Fadenkreuz!“
Paul Rost stand immer noch neben dem Flugzeug und richtet seine Waffe auf den Mann im Flugzeug, als der Polizist sich von hinten näherte. Paul ging nicht vom Flugzeug weg. Er stand dort und schaute das Kind und dessen Vater an. Der Junge ging zu seinem Vater und legte ihm den Arm um den Hals, er starrte Rost an.
„Papa, was will dieser Mann?“, fragte er seinen Vater. Arthur Stravinsky schaute Rost an ohne seine Hände herunterzunehmen. Es war offensichtlich, dass er Angst hatte, dass der Polizist schießen würde. Er wollte aussteigen, aber Rost stand gleich neben der Tür und ging nicht weg.
„Rost, geh sofort vom Flugzeug weg!“, wiederholte der Polizist.
Rost schaut das Armaturenbrett an und startete den Motor.
„Detektiv Paul Rost, nimm deine Waffe herunter und geh vom Flugzeug weg!“, schrie der Polizist und schoss in die Luft.
„Verlieren Sie keine Zeit!“, schrie Rost und schloss die Flugzeugtür. Er ließ seine Waffe auf den Boden fallen, drehte sich zum Polizisten und hob seine Hände.

toward the door of the hangar. But at that point, a large group of police officers in police cars appeared near the exit. They blocked the way of the airplane. The man stopped the airplane, so as not to risk the life of his child and wife. He got off the plane, but the child was hanging onto his neck. His wife went up to him and began to take the child off his neck. The child began to cry. Paul turned away, so as not to see or hear it all. He walked out of the hangar.
The police chief walked up to Rost.
"So, detective Rost, is there something wrong with your nerves? You know that I have to arrest you for helping a criminal?" he looked at Paul, "Tomorrow morning you will come in and give a report," he said and walked away from Paul.
They took Arthur Stravinsky out of the hangar in order to put him in the police car. He saw his wife and son, who stood near the hangar. Suddenly he realized that he will never see them again. He looked at them and couldn't take his eyes off them. His eyes were like the eyes of a madman. Then he began to shout: "Remember me! Remember me," he shouted to them, "Son, remember me! Remember me, son! And you, Mary, remember me! Remember me, the way I am now! Do not forget me! Never forget me!" The policemen put him in the car, but he continued to scream like a madman. Paul Rost constantly looked at the man. The car drove away, and the weeping woman and boy were left behind.
Rost drove home. When he walked up to his house, he saw Peter Ashur in one of the cars.
"How are you, Paul?" Ashur said when Rost came up to him. Rost stopped and looked at Ashur.
"I thought you'd be interested to know," Ashur continued, lighting a cigarette, "that Lisa Pandora is in Mezzeh prison in Syria. She is waiting for her execution," Ashur

„Willst du mich festnehmen? Na dann los“, sagte Rost zu dem Polizisten. Das Flugzeug fuhr zum Ausgang des Hangars. Aber in diesem Moment tauchte eine große Gruppe von Polizisten in Polizeiautos in der Nähe des Ausgangs auf. Sie blockierten den Weg des Flugzeuges. Der Mann stoppte das Flugzeug, um das Leben seines Kindes und seiner Frau nicht in Gefahr zu bringen. Er stieg aus dem Flugzeug aus, aber das Kind hielt sich immer noch an ihm fest. Das Kind begann zu weinen. Paul drehte sich weg, um das alles weder zu sehen noch zu hören. Er verließ den Hangar. Der Polizeichef ging zu Rost.
„Also, Detektiv Rost, gibt es ein Problem mit Ihren Nerven? Sie wissen, dass ich Sie festnehmen muss, weil Sie einem Verbrecher geholfen haben?“ Er schaute Paul an. „Morgen früh müssen Sie vorbeikommen und Bericht erstatten“, sagte er und ging weg.
Sie brachten Arthur Stravinsky nach draußen, um ihn in ein Polizeiauto zu setzen. Er sah seine Frau und seinen Sohn, die in der Nähe des Hangars standen. Plötzlich wurde ihm bewusst, dass er sie nie wieder sehen würde. Er schaute sie an und konnte seinen Blick nicht von ihnen wenden. Seine Augen glichen den Augen eines Verrückten. Dann begann er zu rufen: „Erinnert euch an mich! Erinnert euch an mich!“ Er rief ihnen zu: „Sohn, erinnere dich an mich! Erinnere dich an mich, mein Sohn! Und du, Mary, erinnere dich an mich! Erinnert euch an mich, so wie ich jetzt bin! Vergesst mich nicht! Vergesst mich niemals!“ Die Polizisten setzten ihn in das Auto, aber er schrie immer noch wie ein Verrückter. Paul Rost schaute den Mann fortwährend an. Das Auto fuhr weg und die weinende Frau und der Junge wurden zurückgelassen.
Rost fuhr nach Hause. Als er zu seinem Haus ging, sah er Peter Ashur in einem der Autos.
„Wie geht es dir, Paul?“, sagte Ashur als Paul zu ihm ging. Rost blieb stehen und sah Ashur an.
„Ich dachte, es würde dich interessieren,“

looked Paul in the eyes.
"Why aren't you with her?" Paul asked.
"As usual, she has violated the terms of our agreement. And, as you know, I am a man of principle. I gave her the freedom to do what she wants," Ashur looked back at Rost, "You know as well as I do that if she decides something, it's impossible to stop her."
"How long does she have?" Rost asked.
"Maybe a day, and maybe a month. Who knows," Ashur said and drove on.

setzte Ashur fort und zündete sich eine Zigarette an, „dass Lisa Pandora im Mezzeh Gefängnis in Syrien ist. Sie wartet auf ihre Hinrichtung“, Ashur schaute Paul in die Augen.
„Warum bist du nicht bei ihr?“, fragte Paul.
„Wie üblich hat sie unsere Vertragsbedingungen verletzt. Und, wie du weißt, bin ich ein Mann mit Prinzipien. Ich habe ihr die Freiheit gelassen zu tun, was sie will“, Ashur schaute Paul erneut an. „Du weißt genauso gut wie ich, dass es unmöglich ist, sie zu stoppen, wenn sie sich zu etwas entschließt.“
„Wie viel Zeit bleibt ihr?“, fragte Rost.
„Vielleicht ein Tag, vielleicht ein Monat. Wer weiß“, sagte Ashur und fuhr weiter.

C

New Vocabulary Review

1

- Could you tell me, is today still March or is it April already?
- Today is March thirty-first. Tomorrow is April first.
- Could you tell me, what time is it?
- Let me look at my phone. It is ten thirty.
- Thank you. By the way, is it cold outside?
- It is foggy out there, but not very cold.

2

- Give me a car as a present.
- No.
- You're strange today, dear!
- No, I'm normal today, dear. But I won't give you money for a new car!
- A new car is very important for me! Give it to me as a present!
- It isn't important for me at all. I won't give it to you.
- You know, your antenna doesn't get all the channels, dear.
- And you are missing a few buttons on

Wiederholung des neuen Vokabulars

1

- Können Sie mir sagen, ob heute noch März oder schon April ist?
- Heute ist der einunddreißigste März. Morgen ist der erste April.
- Können Sie mir sagen, wie spät es ist?
- Lassen Sie mich auf meinem Telefon nachsehen. Es ist halb elf.
- Danke. Übrigens, ist es kalt draußen?
- Es ist neblig draußen, aber nicht sehr kalt.

2

- Schenk mir ein Auto.
- Nein.
- Du bist seltsam heute, Schatz!
- Nein, ich bin heute normal, Schatz. Aber ich werde dir kein Geld für ein neues Auto geben!
- Ein neues Auto ist mir sehr wichtig! Schenk mir eines!
- Es ist mir überhaupt nicht wichtig. Ich werde dir keines geben.
- Weißt du, deine Antenne kann nicht alle Kanäle empfangen, Schatz.
- Und dir fehlen einige Knöpfe auf dem

the control panel, my dear!

3

- My car's gas tank is empty.
- Where do you want to go, dear?
- To the beauty parlor, darling.
- You are very beautiful as you are.
- I haven't been there since last Sunday!
- But today is only Tuesday!
- Should I never go to the beauty salon?
- All right, you can take the bus.
- Did you marry me so I'd take the bus?
- I married you because I liked you a lot.
- So, now you don't like me anymore?
- Take the money and go wherever you want.
- Thank you, darling.

4

- Don't turn on the light! No need to take a risk. They could see from the street that there is someone at the bank.
- Look, a car with flashing lights hit the brakes next to the bank.
- This is a police patrol. Quiet! Get away from the window, or they'll notice you.
- Two police officers got out of the car.
- Where are they going?
- They came up to our car and are looking at it closely.
- Did you park it correctly?
- Of course. I didn't break the rules. Although it's true: the lamppost fell on another car. - Strange. I barely hit it, I swear.
- I'll climb on the roof, and you go to them!
- Why?
- Write a report about the incident, you idiot!

5

- The bus driver dropped off the passengers before filling up the gas tank.
- Why did the passengers stay behind and the bus return to the bus station without them?
- The driver forgot to let them back on

Armaturenbrett, mein Schatz!

3

- Der Benzintank meines Autos ist leer.
- Wohin willst du fahren, Schatz?
- In den Schönheitssalon, Liebster.
- Du bist sehr schön, so wie du bist.
- Ich bin seit letztem Sonntag nicht mehr dort gewesen!
- Aber heute ist erst Dienstag!
- Solle ich nie in den Schönheitssalon gehen?
- In Ordnung, du kannst mit dem Bus fahren.
- Hast du mich geheiratet, damit ich mit dem Bus fahre?
- Ich habe dich damals geheiratet, weil ich dich sehr gerne hatte.
- Also hast du mich jetzt nicht mehr gerne?
- Nimm das Geld und fahr wohin du willst.
- Danke, Schatz.

4

- Schalte das Licht nicht ein! Es gibt keinen Grund, ein Risiko einzugehen. Man könnte von der Straße aus sehen, dass jemand in der Bank ist.
- Schau, ein Auto mit Blinklicht hat neben der Bank gebremst.
- Das ist eine Polizeistreife. Ruhig! Geh weg vom Fenster, sonst werden sie dich sehen.
- Zwei Polizisten sind ausgestiegen.
- Wohin gehen sie?
- Sie sind zu unserem Auto gegangen und schauen es gerade genau an.
- Hast du richtig geparkt?
- Natürlich. Ich habe keine Regeln verletzt. Aber es stimmt: der Laternenpfahl ist auf ein anderes Auto gefallen.
- Seltsam. Ich habe ihn kaum berührt, ich schwöre.
- Ich klettere auf das Dach und du gehst zu ihnen.
- Warum?
- Du musst einen Unfallbericht ausfüllen, du Idiot!

5

- Der Busfahrer ließ die Passagiere aussteigen, bevor er den Tank auffüllte.
- Warum bleiben die Passagiere zurück und

after filling up the gas tank.
- He should go back! The passengers are waiting for him.

6

- Your car crashed into mine!
- That's because you hit the brakes quickly!
- No. It's because you weren't paying attention!
- But it's impossible to brake right away! Do you understand?
- Write it in a report about the incident.

7

- Why did the police lookout post block the road?
- They are looking for thieves who robbed a bank.
- How much money did the criminals steal?
- They say they didn't steal the money, but they damaged several cars in the parking lot during the chase.

8

- Remember, dear, you should drive when the light is green and brake when it's red. Understand?
- Of course, I understand, my dear. Well, am I driving well?
- Yes. Great job.
- You see, dear, you have a great girl.
- Break!
- Oh!
- You crashed into a car!
- Why didn't the red light turn green? After all, I didn't hit the brakes!
- Sit in the passenger seat!
- What about learning to drive the car, my dear?
- Forget it! Dear.

9

- Today I will be on duty in the prison until nighttime, my dear.
- So today we could steal prison food?
- Exactly. Be at the prison exit at twelve o'clock. Remember!

warum fährt der Bus ohne sie zurück zum Busbahnhof?
- Der Fahrer hat vergessen, die Passagiere wieder einsteigen zu lassen, nachdem er den Tank aufgefüllt hat.
- Er sollte zurückfahren! Die Passagiere warten auf ihn.

6

- Du bist mit deinem Auto in meines gefahren!
- Das ist passiert, weil du so schnell gebremst hast!
- Nein. Weil du nicht aufgepasst hast!
- Aber es ist unmöglich sofort zu bremsen! Verstehst du das nicht?
- Schreib es in den Unfallbericht.

7

- Warum hat der Beobachtungsposten der Polizei die Straße gesperrt?
- Sie suchen Diebe, die eine Bank ausgeraubt haben.
- Wie viel Geld haben die Verbrecher gestohlen?
- Sie sagen, dass die Diebe kein Geld gestohlen haben, sondern während der Verfolgungsjagd einige Autos auf dem Parkplatz beschädigt haben.

8

- Erinnere dich daran, Schatz, du sollst fahren, wenn das Licht grün ist und bremsen, wenn es rot ist. Verstehst du?
- Natürlich verstehe ich das, mein Schatz. Nun, fahre ich gut?
- Ja. Großartig.
- Siehst du, Schatz, du hast ein tolles Mädchen.
- Bremse!
- Oh!
- Du bist in ein Auto gefahren!
- Warum ist das rote Licht nicht grün geworden? Immerhin bin ich nicht auf die Bremse gestiegen!
- Setze dich auf den Beifahrersitz!
- Und was ist mit Autofahren lernen, mein Schatz?
- Vergiss es! Schatz.

9

- Heute werde ich im Gefängnis bis spät in die Nacht Dienst haben, mein Schatz.
- Also könnten wir heute das Gefängnisessen

- I remember, dear. What will we steal?
- Three tons of bread and a ton of salt!
- Wow! That's a lot!
- Today you will see the sky in diamonds, dear! I swear!

10

- The boss said that we should carry this red box back to the exit immediately.
- But this box is green and not red. And the exit is here, and not there.
- In our company the boss is always right. Remember that! And it is better to never ask twice.

11

- Sales clerk, please give me some salt.
- Here, take it.
- Thank you.
- Customer, you gave me fake bills!
- That can't be!
- Look, the paint is coming off on my hands.
- The Xerox machine in our office is probably not working well.
- The police officer over here will send you to a five-year course on how to work with a Xerox machine. After that, you will know how and, more importantly, what you can print on a Xerox machine.

12

- Do you know how to use a computer?
- Of course.
- Teach me, please.
- You always have to use these four arrow keys, or this big button.
- And if something is incorrect?
- Then use this button in the corner.
- Thank you.

13

- Are the terms of our cooperation suitable for you?
- Yes, all except one of the terms is suitable.
- Except which of the terms exactly?
- It doesn't suit me that I have to do everything carefully and on time.

stehlen?
- Genau. Sei genau um zwölf Uhr beim Gefängnisausgang. Denk daran!
- Ich werde daran denken, Schatz. Was werden wir stehlen?
- Drei Tonnen Brot und eine Tonne Salz!
- Wahnsinn! Das ist viel!
- Heute wirst du den Himmel voller Diamanten sehen, Schatz! Ich schwöre es dir!

10

- Der Chef hat gesagt, dass wir diese rote Kiste sofort zurück zum Ausgang tragen sollen.
- Aber diese Kiste ist grün und nicht rot. Und der Ausgang ist hier, nicht dort.
- In unserer Firma hat der Chef immer recht. Denk daran! Und es ist besser niemals nachzufragen.

11

- Verkäufer, bitte geben Sie mir Salz.
- Hier, nehmen Sie.
- Danke.
- Kunde, Sie haben mir gefälschte Banknoten gegeben!
- Das kann nicht sein!
- Sehen Sie, die Farbe färbt auf meine Hände ab.
- Der Xerox Drucker in unserem Büro funktioniert wahrscheinlich gerade nicht gut.
- Der Polizist hier wird Sie in einen fünfjährigen Kurs über die Bedienung von Xerox Druckern schicken. Danach werden Sie wissen, wie und, ganz besonders, was man auf einem Xerox Drucker drucken darf.

12

- Wissen Sie, wie man einen Computer verwendet?
- Natürlich.
- Bringen Sie es mir bei, bitte.
- Sie müssen immer diese vier Pfeiltasten verwenden, oder diese große Taste.
- Und wenn etwas falsch ist?
- Dann verwenden Sie diese Taste in der Ecke.
- Danke.

13

- Sind die Vereinbarungen unserer Zusammenarbeit passend für Sie?

- And how do you want to do it?
- I could make mistakes. And I need more time.
- How much time do you want?
- The more, the better!

- Ja, alle bis auf eine der Vereinbarungen sind passend.
- Bis auf welche Vereinbarung?
- Es passt mir nicht, dass ich alles sorgfältig und pünktlich machen muss.
- Und wie möchten Sie es machen?
- Ich könnte Fehler machen. Ich brauche mehr Zeit.
- Wie viel Zeit wollen Sie?
- Je mehr, desto besser!

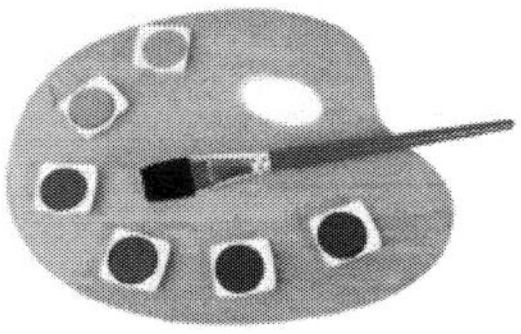

25

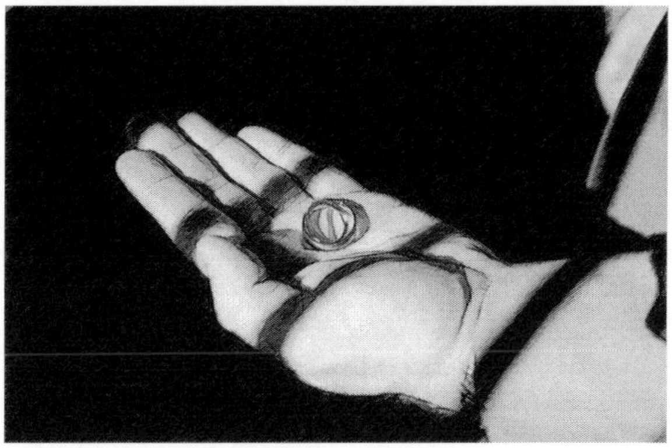

The Arrest

Die Festnahme

A

Words

1. aimed [eɪmd] - richtete
2. badge [bædʒ] - Polizeimarke, die
3. ban [bæn] - verbieten
4. blind [blaɪnd] - blind
5. certificate [səˈtɪfɪkeɪt] - Urkunde, die
6. choose [tʃuːz] - wählen
7. chosen [ˈtʃəʊzən] - gewählt
8. clock [ˈklɒk] - Uhr
9. commit [kəˈmɪt] - begehen
10. confidently [ˈkɒnfɪdəntli] - überzeugt
11. counter [ˈkaʊntə] - Ladentisch, der
12. dimly [ˈdɪmli] - schwach
13. draw [drɔː] - verfassen
14. event [ɪˈvent] - Vorfall, der
15. explained [ɪkˈspleɪnd] - erklärte
16. fit [fɪt] - passen
17. forbid [fəˈbɪd] - verbieten
18. fugitive [ˈfjuːdʒətɪv] - Flüchtende, der
19. hatred [ˈheɪtrɪd] - Hass, der
20. hero [ˈhɪərəʊ] - Held, der
21. hint [hɪnt] - Hinweis, der
22. leaf [liːf] - Blatt, das
23. lived [lɪvd] - gelebt
24. loved [lʌvd] - geliebt
25. pant [pænt] - Hose, die
26. permanent [ˈpɜːmənənt] - dauerhaft, unbefristet
27. previous day [ˈpriːvɪəs deɪ] - Vortag, der
28. purpose [ˈpɜːpəs] - Bestimmung, die
29. removed [rɪˈmuːvd] - abnehmen, entfernen
30. role [rəʊl] - Rolle, die
31. situation [ˌsɪtʃʊˈeɪʃn̩] - Situation, die
32. stomach [ˈstʌmək] - Bauch, der
33. temporarily [ˈtemprərəli] - vorübergehend
34. temporary [ˈtemprəri] - vorübergehend, befristet
35. the army [ði ˈɑːmi] - Heer, das
36. ticked [tɪkt] - tickte
37. tolerate [ˈtɒləreɪt] - dulden
38. turn [tɜːn] - drehen
39. yesterday [ˈjestədi] - gestern

B

The Arrest

When Paul came home it was already getting dark. At home, Rost's mother was waiting for him. They sat down in a dimly lit room. Paul took the ring off his finger.
"Is that Lisa's ring?" his mother asked.
"Yes," Paul replied.
"When your father left us, I also removed the ring that he gave me at first, and even wanted to throw it away. But then I thought that it was no longer his ring. It was my ring now. It had become part of my life. I didn't want to throw away a part of my life. I couldn't forget it. And I couldn't just turn over a new leaf," she looked at Paul, "But I lived with him for ten years, son, and for how long have you known Lisa?"
"I don't know myself... I do not know what I... I saw in her. It was just interesting to be with her," Paul paused for a moment, "I'm certain that she loves me... Loved... I'm certain that she also thinks about me," the son said quietly.
"Maybe she did love you. Maybe it was a strong feeling," his mother said, "But now things have changed. You have to understand that. Strong feelings don't go away quickly. But they can change into something else," she looked at her son, "Her feeling could still be strong, but it is probably not love... she feels hatred."
Mother and son sat in silence. It was very quiet. Only the clock ticked on the table.
"But now it doesn't matter," he said finally, "Mom, do you think that every person has a purpose?" he asked.
"A purpose? What do you mean?" his mother asked.

Die Festnahme

Als Paul nach Hause kam, wurde es bereits dunkel. Zu Hause wartete Rosts Mutter auf ihn. Sie setzten sich in ein schwach beleuchtetes Zimmer. Paul nahm den Ring von seinem Finger.
„Ist das Lisas Ring?“, fragte seine Mutter.
„Ja“, antwortete Paul.
„Als dein Vater uns verließ, nahm ich den Ring, den er mir gegeben hatte, auch zuerst ab und wollte ihn sogar wegwerfen. Aber dann dachte ich mir, dass es nicht länger sein Ring war. Er war jetzt mein Ring. Er war Teil meines Lebens geworden. Ich wollte keinen Teil meines Lebens wegwerfen. Ich konnte ihn nicht vergessen. Und ich konnte nicht einfach eine neue Seite aufschlagen“, sie sah Paul an. „Aber ich hab zehn Jahre lang mit ihm zusammengelebt, Sohn, und wie lange kennst du Lisa?“
„Ich weiß es selbst nicht... ich weiß nicht, was ich... ich in ihr gesehen habe. Es war einfach interessant mit ihr zusammen zu sein“, Paul hielt einen Moment lang inne. „Ich bin mir sicher, dass sie mich liebt... Geliebt hat... Ich bin mir sicher, dass sie auch an mich denkt“, sagte der Sohn leise.
„Vielleicht hat sie dich geliebt. Vielleicht war es ein starkes Gefühl“, sagte seine Mutter. „Aber die Dinge haben sich jetzt geändert. Du musst das verstehen. Starke Gefühle verschwinden nicht schnell. Aber sie können sich in etwas anderes verwandeln“, sie schaute ihren Sohn an. „Ihr Gefühl könnte immer noch stark sein, aber es ist wahrscheinlich nicht Liebe... sie fühlt Hass.“ Mutter und Sohn saßen schweigend da. Es war sehr still. Nur die Uhr tickte auf dem Tisch.
„Aber das ist jetzt egal“, sagte er schließlich. „Mama, glaubst du, dass jeder Mensch eine Bestimmung hat?“, fragte er.
„Eine Bestimmung? Was meinst du?“, fragte

"I think that everyone can do something very important. That's his purpose, his role in the game," Paul said confidently. "They speak of a purpose when they are about to start a war," she replied, "What role have they chosen for you again? And in what kind of game, Paul? After all, you haven't been in the army for a long time."
"No one has chosen for me. I choose my own purpose. I have to leave, Mom," he replied.
"Where are you going this time? Wasn't that trip to the Sahara enough, Paul?" she asked.
"It won't be for long, Mom," he replied, "I'll be back in a couple of months. I want to fulfill my purpose," he concluded.

seine Mutter.
„Ich glaube, dass jeder etwas sehr Wichtiges tun kann. Das ist seine Bestimmung, seine Rolle im Spiel", sagte Paul überzeugt.
„Man spricht von einer Bestimmung, wenn man dabei ist einen Krieg zu beginnen", antwortete sie. „Was für eine Rolle haben sie für dich ausgewählt? Und in welcher Art von Spiel, Paul? Immerhin warst du eine lange Zeit nicht im Heer."
„Niemand hat für mich gewählt. Ich wähle meine eigene Bestimmung. Ich muss gehen, Mama", antwortete er.
„Wohin gehst du diesmal? War die Reise in die Sahara nicht genug, Paul?", fragte sie.
„Es wird nicht lange sein, Mama", antwortete er. „Ich werde in einigen Monaten zurückkommen. Ich möchte meine Bestimmung erfüllen", sagte er abschließend.

The next morning, Detective Rost came to the police station to make a report to the chief of police.
"Paul Rost, the police headquarters decided to temporarily forbid you to work as a detective. Put the certificate and the badge on the table," the police chief said, "Now go through to Detective Schmidt and make a report on yesterday's events," he concluded. As Paul Rost was leaving the office, the chief added: "And, Rost, I hope this temporary ban becomes permanent. I will not tolerate someone like you in my police station! Got it?"
Rost gave the chief a long look. He said nothing, just smiled a little and left. He came to detective Schmidt and began to report on the events of the previous day. At this point Bruno entered the police station. He saw Rost and began to gesticulate nervously.
"I gave your wife a dress!" he said, turning to Rost, "A wife that you don't have!" he laughed in an unfriendly way,

Am nächsten Morgen ging Detektiv Rost auf die Polizeiwache, um dem Polizeichef Bericht zu erstatten.
„Paul Rost, das Polizeihauptquartier hat entschieden, Ihnen die Arbeit als Detektiv vorübergehend zu verbieten. Legen Sie Ihren Ausweis und die Polizeimarke auf den Tisch", sagte der Polizeichef. „Gehen Sie jetzt zu Detektiv Schmidt und erstatten Sie Bericht über die Vorfälle von gestern", sagte er abschließend. Als Paul Rost gerade das Büro verließ, fügte der Chef hinzu: „Und, Rost, ich hoffe, dass dieses vorübergehende Verbot dauerhaft wird. Ich werde jemanden wie Sie nicht in meiner Polizeiwache dulden! Verstanden?"
Rost sah den Chef lange an. Er sagte nichts, lächelte nur ein wenig und ging. Er ging zu Detektiv Schmidt und begann über die Vorfälle des Vortages Bericht zu erstatten. In diesem Moment betrat Bruno die Polizeiwache. Er sah Rost und begann nervös zu gestikulieren.
„Ich habe deiner Ehefrau ein Kleid gegeben!", sagte er und drehte sich zu Rost. „Eine Ehefrau, die du nicht hast!", er lachte

"Isn't it obvious? Isn't that a hint?" Bruno resented, "Now I'm well, and in five minutes, something bad might happen. And isn't that a hint? Is it not clear? Paul Rost, were you blind?" he looked at the police officers who were standing nearby, "What was he thinking?" Bruno resented.
"The second fugitive was sitting under his counter," Schmidt explained the whole situation to Rost, "Bruno's cash register was almost empty, so he decided to wait for a few customers to come in and pay. He aimed a pack of cigarettes at Bruno's stomach like a gun and told him to pass the customer's money to him under the counter. And Bruno wet his pants and began to give you hints when you came because of the alarm," Detective Schmidt finished.
"And who turned on the alarm?" Rost inquired.
"I did, who else?" Bruno cried indignantly, "What, the dress didn't fit?"
"It will fit you just fine," Rost said.
"Rost, shut up and make the report," the police chief, who had just entered the room, said, "You probably think that you're a hero? Maybe in the Sahara you were a hero, but here the law is the law. They opened a case against you for helping to commit a crime," the chief continued, "John Schmidt, draw up a report of the arrest and put him in a cell," the police chief concluded.

unfreundlich. „Ist das nicht offensichtlich? Ist das kein Hinweis?“, sagte er ärgerlich. „Jetzt geht es mir gut und in fünf Minuten wird vielleicht etwas Schlimmes passieren. Ist das kein Hinweis? Ist das nicht klar? Paul Rost, warst du blind?“, er sah die anderen Polizisten an, die in der Nähe standen. „Was dachte er sich dabei?“, sagte Bruno ärgerlich.
„Der zweite Flüchtende saß unter dem Ladentisch“, sagte Schmidt und erklärte Rost die ganze Situation. „Brunos Kasse war beinahe leer, deshalb beschloss er zu warten, bis einige Kunden kamen und zahlten. Er richtete eine Packung Zigaretten wie eine Waffe auf Brunos Bauch und befahl ihm, das Geld der Kunden unter den Ladentisch zu reichen. Und Bruno machte sich in die Hose und begann dir Hinweise zu geben, als du wegen des Alarms kamst“, sagte Detektiv Schmidt abschließend.
„Und wer hat den Alarm ausgelöst?“, fragte Rost nach.
„Ich, wer sonst?“, schrie Bruno empört. „Wie, hat das Kleid etwa nicht gepasst?“
„Es wird dir gut passen“, sagte Rost.
„Rost, halt die Klappe und schreib den Bericht“, sagte der Polizeichef, der gerade das Zimmer betreten hatte. „Du glaubst wahrscheinlich, du bist ein Held? Vielleicht warst du in der Sahara ein Held, aber hier ist das Gesetz das Gesetz. Sie haben ein Verfahren gegen dich eröffnet, weil du geholfen hast, eine Straftat zu begehen“, setzte der Chef fort. „John Schmidt, verfassen Sie einen Bericht über die Festnahme und stecken Sie ihn in eine Zelle“, sagte der Polizeichef abschließend.

C

New Vocabulary Review

1

- Could you tell me, is today still April or is it already May?
- Today is April thirtieth. Tomorrow is May first.

Wiederholung des neuen Vokabulars

1

- Können Sie mir sagen, ob heute noch April oder schon Mai ist?
- Heute ist der dreißigste April. Morgen ist der erste Mai.

- Could you tell me, where is the station?
- Walk this way. It takes about five minutes on foot.
- Thank you. By the way, could I get there by public transportation?
- Take the number seven bus. You need to get off at the second stop.
- Thank you.
- You're welcome.

2

- Is military service mandatory for everyone in your country?
- In our country, military service is mandatory for all men between the ages of eighteen and twenty-seven. And in your country, do men have to serve in the army, too?
- It isn't mandatory. Our army is based on contract. Those who serve in the army get a salary.
- Are they paid a lot?
- Enough.

3

- I'm looking for temporary work. Could you tell me where to find it?
- Try the army. They needed temporary workers last month.
- The army doesn't pay temporary workers enough.
- Then you should consider a permanent position.

4

- The situation in this country is difficult. But that is temporary.
- Since when did they have this difficult situation?
- Since the last century. More precisely since nineteen ninety-three.
- That's more than twenty years now!
- Exactly. But they still say it's temporary!

5

- We can go to Paris or Rome. What do you choose, my dear?
- I choose Tokyo and a ring with a blue diamond!

- Können Sie mir sagen, wo der Bahnhof ist?
- Gehen Sie hier entlang. Zu Fuß sind es etwa fünf Minuten.
- Danke. Übrigens, könnte ich dort auch mit öffentlichen Verkehrsmitteln hinfahren?
- Nehmen Sie den Bus Nummer sieben. Sie müssen an der zweiten Haltestelle aussteigen.
- Danke.
- Gern geschehen.

2

- Ist der Wehrdienst in Ihrem Land für jeden Pflicht?
- In unserem Land ist der Wehrdienst verpflichtend für alle Männer zwischen achtzehn und siebenundzwanzig. Und müssen die Männer in Ihrem Land auch in der Armee dienen?
- Es ist nicht Pflicht. Unsere Armee basiert auf Verträgen. Diejenigen, die in der Armee dienen, bekommen Gehalt bezahlt.
- Bekommen sie viel bezahlt?
- Genug.

3

- Ich suche nach einer zeitlich befristeten Arbeitsstelle. Können Sie mir sagen, wo ich so etwas finden kann?
- Versuchen Sie es in der Armee. Letzten Monat haben sie zeitlich befristete Arbeitskräfte gesucht.
- Die Armee zahlt befristeten Arbeitskräften nicht genug.
- Dann sollten Sie über eine unbefristete Arbeitsstelle nachdenken.

4

- Die Situation in diesem Land ist schwierig. Aber das ist vorübergehend.
- Seit wann haben sie diese schwierige Situation?
- Seit dem letzten Jahrhundert. Genauer gesagt seit neunzehndreiundneunzig.
- Das sind mehr als zwanzig Jahre!
- Genau. Aber sie sagen immer noch, dass es vorübergehend ist.

5

- Wir können nach Paris oder nach Rom fahren.

- But it's too expensive! I don't have enough money!
- Do not worry, dear. This is a temporary situation. Then we can go to Paris or Rome.

6

- My friend says that I have a big stomach. What do you think?
- Of course, your stomach is not big, dear.
- You can't get the hint, dear.
- Okay, I'll say this: my love for you is much bigger than your stomach.
- You still don't understand my simple hint.
- Then wait a minute, let me think... you need money for the beauty parlor?
- You're getting closer, darling. Think again.
- Wait... You want me to forbid you from eating three steaks each day?
- This isn't smart enough, but also close. Think some more.
- Could it be a diet?
- Well done! Right! I'll eat just one piece of fruit every hour.
- I'll buy you bananas and kiwi, dear.
- I also need a new Swiss watch. I have to eat on time.

7

- I can't stand these camels.
- Why, my dear?
- They are chewing something all the time.
- Do you know that they can live without water for two weeks?
- I didn't know that, dear.
- And they can live without food for a whole month!
- What are you hinting at?
- What?
- What are you hinting at? You mean to say that I eat more than a camel?
- Not at all!
- You are hinting that I'm fat! Then go and live with a camel!

8

- Can you explain to me how to draw an

Was wählst du, mein Schatz?
- Ich wähle Tokio und einen Ring mit einem blauen Diamanten!
- Aber das ist zu teuer! Ich habe nicht genug Geld!
- Mach dir keine Sorgen, Schatz. Das ist eine vorübergehende Situation. Danach können wir nach Paris oder nach Rom fahren.

6

- Meine Freunde sagen, dass ich einen großen Bauch habe. Was meinst du?
- Natürlich ist dein Bauch nicht groß, Schatz.
- Du verstehst den Hinweis nicht, Schatz.
- In Ordnung, dann sage ich es so: Meine Liebe für dich ist viel größer als dein Bauch.
- Du verstehst meinen einfachen Hinweis immer noch nicht.
- Dann warte kurz, lass mich nachdenken... Brauchst du Geld für den Schönheitssalon?
- Du kommst der Sache näher, Schatz. Denke noch einmal nach.
- Könnte es eine Diät sein?
- Sehr gut! Richtig! Ich werde jede Stunde nur ein Stück Obst essen.
- Ich werde dir Bananen und Kiwis kaufen, Schatz.
- Ich brauche auch eine Schweizer Uhr. Ich muss pünktlich essen.

7

- Ich halte diese Kamele nicht aus.
- Warum, mein Schatz?
- Sie kauen die ganze Zeit irgendetwas.
- Weißt du, dass sie zwei Wochen lang ohne Wasser überleben können?
- Das wusste ich nicht, Schatz.
- Und sie können einen ganzen Monat lang ohne Essen überleben!
- Worauf spielst du an?
- Was?
- Worauf spielst du an? Willst du mir sagen, dass ich mehr esse als ein Kamel?
- Überhaupt nicht!
- Du spielst darauf an, dass ich dick bin! Dann geh doch und leb mit einem Kamel!

incident report correctly?
- You need to go to the police. That's where people usually go with such questions.

9

- Excuse me miss, can I address one question to you?
- Of course, I'd be happy to help you, sir.
- Please tell me how to get to the police.
- Take tram number ten and get off after five stops.
- Thank you.
- You're welcome. By the way, my name is Anna.

8

- Können Sie mir erklären, wie ich einen Bericht über den Vorfall richtig erstelle?
- Sie müssen zur Polizei gehen. Dorthin gehen die Leute normalerweise mit solchen Fragen.

9

- Entschuldigen Sie bitte, darf ich Ihnen eine Frage stellen?
- Natürlich, wie kann ich Ihnen helfen?
- Bitte sagen Sie mir, wie ich zur Polizei komme.
- Nehmen Sie die Straßenbahn Nummer zehn und steigen Sie an der fünften Haltestelle aus.
- Danke.
- Gern geschehen. Übrigens, mein Name ist Anna.

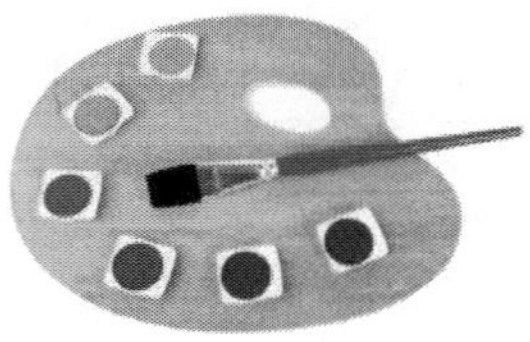

26

Don’t Look Back

Blicke nicht zurück

A

Words

1. actually [ˈæktʃuəli] - tatsächlich
2. Asian [ˈeɪdʒn̩] - asiatisch
3. attack [əˈtæk] - Angriff, der
4. bar [bɑː] - Gitterstab, der
5. barking [ˈbɑːkɪŋ] - Bellen,das
6. baton [ˈbætɒn] - Knüppel, der
7. behave [bɪˈheɪv] - benehmen
8. besides [bɪˈsaɪdz] - außerdem
9. bulletproof [ˈbʊlɪtpruːf] - kugelsicher
10. bulletproof vest [ˈbʊlɪtpruːf vest] - kugelsichere Weste
11. burned [bɜːnd] - brannte
12. central prison [ˈsentrəl ˈprɪzn̩] - Zentralgefängnis, das
13. closer [ˈkləʊsə] - näher
14. consciousness [ˈkɒnʃəsnəs] - Bewusstsein, das
15. crawl [krɔːl] - kriechen
16. crook [krʊk] - Betrüger, der
17. crossing [ˈkrɒsɪŋ] - Übergang, der
18. debt [det] - Schuld, die
19. Detainee [ˌdiːteɪˈniː] - Häftling, der
20. din [dɪn] - Lärm, der
21. distance [ˈdɪstəns] - Ferne, die; Entfernung, die
22. dog [dɒg] - Hund, der
23. downpour [ˈdaʊnpɔː] - starker Regen
24. eight [eɪt] - acht
25. expected [ɪkˈspektɪd] - erwartet
26. expression [ɪkˈspreʃn̩] - Gesichtsausdruck, der
27. extended [ɪkˈstendɪd] - streckte
28. farther [ˈfɑːðə] - weiter
29. flash [flæʃ] - Blitz, der
30. flowed [fləʊd] - floss
31. forest [ˈfɒrɪst] - Wald, der

32. freight train [freɪt treɪn] - Güterzug, der
33. gasoline [ˈgæsəli:n] - Benzin, das
34. give [gɪv] - geben
35. gradually [ˈgrædʒʊəli] - allmählich
36. hoped [həʊpt] - hoffte
37. hung [hʌŋ] - hing
38. infernal [ɪnˈfɜ:nl̩] - höllisch
39. lightning [ˈlaɪtn̩ɪŋ] - Blitz, der
40. lip [lɪp] - Lippe, die
41. lie [laɪ] - liegen
42. manner [ˈmænə] - Verhalten, das; Manieren, die
43. motionless [ˈməʊʃnləs] - bewegungslos
44. mutual [ˈmju:tʃʊəl] - beidseitig
45. not allowed [nɒt əˈlaʊd] - dürfen nicht
46. obey [əˈbeɪ] - gehorchen
47. plan [plæn] - planen
48. railway track [ˈreɪlweɪ træk] - Gleis, das
49. regain consciousness [rɪˈgeɪn ˈkɒnʃəsnəs] - wieder zu Bewusstsein kommen
50. remembered [rɪˈmembəd] - erinnerte
51. ridiculous [rɪˈdɪkjʊləs] - lächerlich
52. rubber [ˈrʌbə] - Gummi, der
53. sarcasm [ˈsɑ:kæzəm] - Sarkasmus, der
54. sarcastically [sɑ:ˈkæstɪkl̩i] - sarkastisch
55. see [si:] - sehen
56. silently [ˈsaɪləntli] - schweigend
57. siren [ˈsaɪərən] - Sirene, die
58. slipped off the road [slɪpt ɒf ðə rəʊd] - kam von der Straße ab
59. stand up [stænd ʌp] - stehen Sie auf
60. stay [steɪ] - bleiben
61. stronger [ˈstrɒŋgə] - stärker
62. struck [strʌk] - schlug ein
63. teach [ti:tʃ] - beibringen
64. thunder [ˈθʌndə] - Donner, der
65. transport [trænsˈpɔ:t] - transportieren
66. unlocked [ʌnˈlɒkt] - öffnete; schloss auf
67. vest [vest] - Weste, die
68. wailing [ˈweɪlɪŋ] - Heulen, das
69. wear [weə] - tragen
70. weather [ˈweðə] - Wetter, das

B

Don't Look Back

Paul Rost was arrested and put into a cell at the police station. Rost entered the cell and could not believe his eyes. Sitting there was John Vega. John Vega opened his mouth in surprise.
"Detective Rost?" he said, "I never expected to see you here. How are you?"
"Mr. John Vega?" Rost said, "How are you? When do you plan a new robbery at your own bank, Mr. Manager?" Rost asked sarcastically.
"Your sarcasm looks ridiculous, Paul. After all, you are also here. You're also a criminal, Paul Rost," Vega replied.
"By the way, you were shot, but you are alive," Rost noted.

Blicke nicht zurück

Paul Rost wurde auf der Polizeiwache verhaftet und in eine Zelle gesteckt. Rost kam in die Zelle und konnte seinen Augen nicht trauen. Dort saß John Vega. John Vega öffnete erstaunt seinen Mund.
„Detektiv Rost?“, sagte er. „Ich hätte nie erwartet, dich hier zu sehen. Wie geht es dir?“
„John Vega?“, sagte Rost. „Wie geht es dir? Wann planst du den nächsten Überfall auf deine eigene Bank, Herr Manager?“, fragte Rost sarkastisch.
„Dein Sarkasmus ist lächerlich, Paul. Immerhin bist du auch hier. Du bist also auch ein Verbrecher, Paul Rost“, antwortete Vega.
„Übrigens, du wurdest angeschossen, aber du lebst noch“, bemerkte Rost.

"Ashur or Pandora have such passionate feelings for me that I always wear a bulletproof vest when I go to meet them," the former bank manager smiled.
"I think that these feelings are mutual, John, isn't it so?" Rost said.
"Oh yes, you are right. By the way, do you know where they are?" Vega inquired.
"You can't spend a day without seeing your old friends," Rost replied.
"Yes, I really want to see them," John Vega smiled unkindly.
"I don't think that you'll have a chance to see them in the next five years," Rost said.
"Five years is much better than a life sentence in an Asian prison!" Vega laughed, "Besides, I'm sorry for what I did! So I hope that I will get no more than three years," Vega was almost happy. Rost noticed that Vega changed from a respectable bank manager into a completely different person. His appearance and manners were like those of a crook. Actually, he was a crook, of course. Rost looked at the bars on the window and remembered his first meeting with him at the bank. He met Lisa for the first time then too. At this point the guard opened the door and looked into the cell.
"John Vega and Paul Rost, you are being moved to the central prison. Get out of the cell!" he ordered. The guard led Vega and Rost toward the exit of the police station. They were put into a van for transporting prisoners. One prisoner was already inside. It was Arthur Stravinsky. He saw Rost, but his expression didn't change. It seemed that he wasn't even surprised.
"Thank you for giving me a chance," he looked at Rost, "I won't stay in your debt."

„Ashur und Pandora haben mir gegenüber so leidenschaftliche Gefühle, dass ich immer eine kugelsichere Weste trage, wenn ich sie treffe", sagte der ehemalige Bankmanager und lächelte.
„Ich glaube diese Gefühle sind beidseitig, John, oder etwa nicht?", sagte Rost.
„Oh ja, du hast recht. Übrigens, weißt du wo sie sind?", fragte Vega nach.
„Du schaffst es nicht einen Tag zu verbringen, ohne deinen alten Freunde zu sehen", antwortete Rost.
„Ja, ich will sie wirklich sehen", sagte John Vega und lächelte unfreundlich.
„Ich glaube nicht, dass du die Chance hast, sie in den nächsten fünf Jahren zu sehen", sagte Rost.
„Fünf Jahre sind sehr viel besser als eine lebenslange Strafe in einem asiatischen Gefängnis!", sagte Vega lachend. Außerdem bereue ich, was ich getan habe! Daher hoffe ich, dass ich nicht mehr als drei Jahre bekommen werde!", sagte Vega beinahe glücklich. Rost bemerkte, dass sich Vega von einem ansehnlichen Bankmanager in eine komplett andere Person verwandelt hatte. Sein Aussehen und sein Verhalten waren die eines Betrügers. Natürlich war er tatsächlich ein Betrüger. Rost schaute die Gitterstäbe vor dem Fenster an und erinnerte sich an sein erstes Treffen mit ihm in der Bank. Er hat auch Lisa damals zum ersten Mal getroffen. In diesem Augenblick öffnete der Sicherheitsbeamte die Tür und schaute in die Zelle.
„John Vega und Paul Rost, Sie werden in das Zentralgefängnis verlegt. Kommen Sie aus der Zelle!", befahl er.
Der Sicherheitsbeamte führte Vega und Rost zum Ausgang der Polizeiwache. Sie wurden in einen Lastwagen gesteckt, der Gefangene transportiert. Ein Gefangener war bereits im Inneren. Es war Arthur Stravinsky. Er sah Rost, aber sein Gesichtsausdruck änderte sich nicht. Es schien, dass er nicht einmal überrascht war.
„Danke, dass du mir eine Chance gegeben hast", sagte er und schaute Rost an. „Ich werde nicht in deiner Schuld bleiben."
„Halt die Klappe, Stravinsky!", schrie der

"Shut your mouth, Stravinsky!" the guard shouted at him.
The van with the three prisoners drove down the street. Black clouds hung above the town. Flashes of lightning appeared on the horizon. They left the city and drove toward the central prison, which was located about thirty kilometers from the city. The lightning flashes were getting closer and closer. It started to rain and thunder. The rain gradually turned into a heavy downpour. The water beat loudly on the windows and on the roof. The lightning struck closer and closer.
"We'd better stop and wait out the bad weather!" the guard suggested to the driver.
"There's no time!" he replied, "I have to make it to two places before five o'clock!"
They were driving past the airfield when lightning struck a large tree near the road. The van just then passed by the tree and the lightning hit the van also. The infernal din and electric shock stunned everyone in the van. The van caught fire, slipped off the road and overturned. Arthur Stravinsky regained consciousness first and looked around. The fire in the van burned stronger and stronger. The other people lay motionless. He extended his hand through the bars and took the key from the guard's pocket. Then he unlocked the handcuffs and the bars and climbed out. He took a gun from one of the guards and put it in his pocket. The rain and lightning continued. There were no other cars around. Stravinsky ran away from the van, but then stopped and looked back. Gasoline flowed out of the van, and the fire in the van burned even stronger. He quickly returned to the car and began to pull Rost out. Vega and another guard regained consciousness and began to get

Sicherheitsbeamte ihn an.
Der Lastwagen mit den Gefangenen fuhr die Straße hinunter. Schwarze Wolken hingen über der Stadt. Blitze erhellten den Horizont. Sie verließen die Stadt und fuhren in Richtung des Zentralgefängnisses, das etwa dreißig Kilometer von der Stadt entfernt war. Die Blitze kamen näher und näher. Es begann zu regnen und zu donnern. Der Regen ging allmählich in einen sehr starken Niederschlag über. Das Wasser schlug laut gegen die Fenster und auf das Dach. Die Blitze schlugen immer näher ein.
„Wir bleiben besser stehen und warten, bis das schlechte Wetter vorbei ist!“, schlug der Sicherheitsbeamte dem Fahrer vor.
„Dazu ist keine Zeit!“, antwortete dieser. „Vor fünf Uhr muss ich es noch zu zwei anderen Orten schaffen!“
Sie fuhren am Flugfeld vorbei, als ein Blitz in einen großen Baum neben der Straße einschlug. Der Lastwagen fuhr gerade an dem Baum vorbei und wurde auch vom Blitz getroffen. Alle im Auto waren von dem höllischen Lärm und dem elektrischen Schlag wie betäubt. Der Lastwagen fing Feuer, kam von der Straße ab und kippte um. Arthur Stravinsky kam als erster wieder zu Bewusstsein und sah sich um. Das Feuer im Lastwagen wurde stärker und stärker. Die anderen Leute lagen bewegungslos da. Er streckte seine Hand durch die Gitterstäbe und nahm den Schlüssel aus der Jackentasche des Sicherheitsbeamten. Dann öffnete er die Handschellen und die Gitterstäbe und kletterte nach draußen. Er nahm die Waffe von einem der Sicherheitsbeamten und steckte sie in seine Jackentasche. Es regnete und blitzte immer noch. Es waren keine anderen Autos da. Stravinsky rannte vom Lastwagen weg, blieb aber stehen und schaute zurück. Benzin floss aus dem Lastwagen und das Feuer im Lastwagen brannte noch stärker. Er kehrte schnell zum Lastwagen zurück und begann Paul Rost herauszuziehen. Vega und einer der Sicherheitsbeamten kamen zu Bewusstsein und begannen aus dem Lastwagen zu klettern. Nachdem er hinausgeklettert war,

out of the car. Vega got out and immediately fled into the forest near the road.
"Pull him out of the van," the guard ordered to Stravinsky and pointed to another guard who was still lying in the burning van. Stravinsky pulled the guard out and put him on the ground. The guard did not move. Then Stravinsky pulled Rost out and put him on the ground. The guard picked up the radio to call for help, but Stravinsky pointed the gun at him.
"Put the radio on the ground!" he shouted. Rost opened his eyes and looked at Stravinsky.
"Stravinsky, don't shoot," he said quietly. He was injured and could not get up.
"He won't shoot," the guard said quietly, "He's a good boy. Right, Stravinsky?" the guard came up to Stravinsky, took the gun from his hand and hit Stravinsky in the face with the gun. The prisoner fell to the ground. The guard slowly raised the radio to his face and called for help, looking at Stravinsky. Then he pulled out a rubber baton and began to beat Stravinsky.
"Don't ever do that!" he shouted, and continued to beat him, "Don't ever do that! When you go back to prison, I'll teach you how to behave!"
"Stop! You'll kill him!" Rost cried. The guard stopped and looked at Rost. Then he went over and wiped his face with his hand.
"Rost, who are you to give orders?" he asked, "You're under arrest and must obey my orders! Detainee Rost, stand up!" he ordered. Rost silently looked at the guard. He couldn't get up because he was injured. The guard smiled and began to beat Rost with the baton. Rost covered his head with his hands and started to crawl under the overturned car to protect himself from the attacks. At that moment

flüchtete Vega sofort in den Wald neben der Straße.
„Zieh ihn aus dem Lastwagen“, befahl der Sicherheitsbeamte Stravinsky und deutete auf den anderen Beamten, der immer noch im brennenden Lastwagen lag. Stravinsky zog den Beamten heraus und legte ihn auf den Boden. Der Beamte bewegte sich nicht. Dann zog Stravinsky Rost heraus und legte ihn auf den Boden. Der Sicherheitsbeamte nahm das Funkgerät um Hilfe zu holen, aber Stravinsky richtete die Waffe auf ihn.
„Leg das Funkgerät auf den Boden!“, schrie er. Rost öffnete seine Augen und schaute Stravinsky an.
„Stravinsky, schieß nicht“, sagte er ruhig. Er war verletzt und konnte nicht aufstehen.
„Er wird nicht schießen“, sagte der Beamte ruhig. „Er ist ein guter Junge. Richtig, Stravinsky?“ Der Beamte ging zu Stravinsky, nahm ihm die Waffe aus der Hand und schlug Stravinsky mit der Waffe ins Gesicht. Der Gefangene fiel zu Boden. Der Beamte hob langsam das Funkgerät zu seinem Gesicht und rief um Hilfe, dabei sah er Stravinsky an. Dann zog er einen Polizeiknüppel aus Gummi hervor und begann Stravinsky zu schlagen.
„Mach das ja nicht noch mal!“, schrie er und schlug ihn. „Mach das ja nicht noch mal! Wenn du zurück ins Gefängnis kommst, werde ich dir beibringen, wie man sich benimmt!“
„Hör auf! Du wirst ihn umbringen!“, schrie Rost. Der Beamte hörte auf ihn zu schlagen und schaute Rost an. Dann ging er zu ihm hinüber und wischte sein Gesicht mit der Hand ab.
„Rost, für wen hältst du dich, um Befehle zu erteilen?“, fragte er. „Du bist unter Arrest und musst meinen Befehlen gehorchen! Häftling Rost, stehen Sie auf!“, befahl er. Rost sah den Beamten schweigend an. Er konnte nicht aufstehen, weil er verletzt war. Der Beamte lächelte und begann Rost mit dem Knüppel zu schlagen. Rost schützte seinen Kopf mit seinen Händen und begann unter das umgekippte Auto zu kriechen, um sich vor den Angriffen zu schützen. In diesem Augenblick

a shot rang out. The guard stopped and looked at Stravinsky. Stravinsky was holding a gun that he had taken from the other guard.
"Get away from him!" he shouted at the guard.
"Stravinsky, now you'll never see your prison," the guard said and quickly pulled out a gun, but Stravinsky shot him and the guard fell. Stravinsky picked up Rost: "Paul, I have to go. I'm sorry," he said.
"Help me. I have to finish one business. Take the radio and let's go," he said.
Police sirens were heard in the distance. Paul Rost couldn't walk fast with a wounded leg, so Stravinsky led Rost into the forest. When they walked a short distance away from the road and looked around to choose the direction, a shot was heard and Stravinsky fell. The guard, who shot from behind a tree, wounded him in the shoulder. Rost helped him get up and they went on. Stravinsky and Rost walked a little farther and saw railway tracks. A train was on the tracks. They climbed onto one of the cars. They hoped that the train would go soon. But time passed and the train did not move. Far away they heard the wailing of sirens and the barking of search dogs. At last the train began to move forward.
About five kilometers away from the place where Stravinsky and Rost had climbed on the train there was a railway crossing. Several cars were at the crossing. The crossing was closed and the cars waited for the train to pass. The train stopped at the crossing. In one of the cars there was a family—a mother, a father and a small son. The son was seven or eight. The mother and father were talking about something and the boy looked at the train.
"Do people ride this train?" the son asked.

wurde ein Schuss abgefeuert. Der Beamte hielt inne und schaute Stravinsky an. Stravinsky hielt die Waffe, die er dem anderen Sicherheitsbeamten weggenommen hatte.
„Geh weg von ihm!“, schrie er den Beamten an.
„Stravinsky, jetzt wirst du dein Gefängnis nie sehen“, sagte der Beamte und zog seine Waffe, aber Stravinsky schoss und der Beamte fiel zu Boden. Stravinsky half Rost auf. „Paul, ich muss gehen. Es tut mir leid“, sagte er.
„Hilf mir, ich muss ein Geschäft abschließen. Nimm das Funkgerät und lass uns gehen“, sagte er. In der Ferne hörte man Polizeisirenen. Paul Rost konnte mit dem verwundeten Bein nicht schnell gehen, also führt Stravinsky Rost in den Wald. Als sie ein kurzes Stück von der Straße entfernt waren und sich umsahen, um die Richtung auszuwählen, hörte man einen Schuss und Stravinsky fiel zu Boden. Der Beamte hatte sich hinter einem Baum versteckt, um zu schießen, und hatte Stravinsky in die Schulter getroffen. Rost half ihm auf und sie gingen weiter. Stravinsky und Rost gingen ein bisschen weiter und sahen Eisenbahngleise. Ein Zug war auf den Gleisen. Sie kletterten auf einen der Waggons. Sie hofften, dass der Zug bald fahren würde. Aber die Zeit verging und der Zug bewegte sich nicht. In der Ferne hörten sie das Heulen der Sirenen und das Bellen der Suchhunde. Endlich begann sich der Zug vorwärts zu bewegen.
Etwa fünf Kilometer entfernt von dem Ort, an dem Stravinsky und Rost auf den Zug geklettert waren, gab es einen Bahnübergang. Einige Autos standen an dem Bahnübergang. Der Übergang war geschlossen und die Autos warteten darauf, dass der Zug vorbeifuhr. Der Zug hielt am Übergang. In einem der Autos saß eine Familie - eine Mutter, ein Vater und ein kleiner Junge. Der Sohn war sieben oder acht Jahre alt. Die Mutter und der Vater unterhielten sich und der Junge schaute den Zug an.
„Fahren Leute mit diesem Zug?“, fragte der Sohn.
„Nein, Sohn, Leute müssen mit dem Personenzug fahren. Das ist ein Güterzug. Passagiere dürfen

"No, son, people have to ride the passenger train. This is a freight train. People are not allowed to ride a freight train," the father replied. The boy looked at the train again. Two people sat between the cars and looked at him. The boy raised his hand and waved to them a little. The people on the train kept looking at him. Then one of the men pressed a finger to his lips. The boy understood that these were bad people because they did something they weren't allowed to do. The train began to move and the boy waved to the bad people.

nicht mit einem Güterzug fahren", antwortete der Vater. Der Junge schaute erneut zum Zug. Zwei Menschen saßen zwischen den Waggons und schauten ihn an. Der Junge hob seine Hand und winkte ein wenig. Die Leute auf dem Zug schauten ihn weiterhin an. Dann drückte einer der Männer seinen Finger auf seine Lippen. Der Junge verstand, dass es böse Leute waren, weil sie etwas machten, das nicht erlaubt war. Der Zug begann weiterzufahren und der Junge winkte den bösen Leuten.

C

New Vocabulary Review

1

- Could you tell me, is today still May or is it June already?
- Today is May thirty-first. Tomorrow is June first.
- Could you tell me, where is the closest hospital?
- Walk that way. Walk for about ten minutes and you'll be there.
- Thank you. By the way, could I get there by public transportation?
- Take tram number fifteen. You need to get off at the fourth stop.
- Thank you.
- You're welcome.

2

- That man with an Asian appearance was arrested for theft.
- What did he steal?
- He stole gasoline from railway cars. People from nearby houses saw it and called the police.

3

- Do you want some hot coffee?
- With pleasure.
- Sorry, there is no more coffee. Do you

Wiederholung des neuen Vokabulars

1

- Können Sie mir sagen, ob heute noch Mai oder schon Juni ist?
- Heute ist der einunddreißigste Mai. Morgen ist der erste Juni.
- Können Sie mir sagen, wo das nächste Spital ist?
- Gehen Sie hier entlang. Gehen Sie etwa zehn Minuten lang in diese Richtung und Sie werden dort sein.
- Danke. Übrigens, könnte ich dort auch mit öffentlichen Verkehrsmitteln hinfahren?
- Nehmen Sie die Straßenbahn Nummer fünfzehn. Sie müssen an der vierten Haltestelle aussteigen.
- Danke.
- Gern geschehen.

2

- Dieser Mann mit dem asiatischen Aussehen wurde wegen Diebstahls verhaftet.
- Was hat er gestohlen?
- Er hat Benzin aus Eisenbahnwaggons gestohlen. Leute aus den umliegenden Häusern haben es gesehen und die Polizei gerufen.

3

- Möchtest du einen heißen Kaffee?
- Sehr gerne.

want some hot tea?
- Yes, please.
- Sorry, there is also no more tea. Do you want some hot sandwiches?
- Yes.
- Unfortunately, there is no bread. Do you want to listen to the radio?
- No, thank you.

4

- Please teach our son some good manners.
- Does he have bad manners?
- Yes. He smokes.
- Often?
- When he drinks.
- And does he drink often?
- When he loses a lot of money at the casino.

5

- Have you heard about the incident at the railway crossing?
- No. What happened there?
- A cargo van broke down and stopped right at the crossing. At that time a passenger train was passing. It hit the van. One passenger car overturned. People were injured.
- And is the van's driver still alive?
- He jumped out of the van just in time and ran away. The police are looking for him.

6

- Hello. How are you?
- Not bad, thank you. And how about you?
- Not bad either, thank you. Have you heard what happened to the president?
- What happened to him?
- He was arrested in a neighboring country and they brought him back. Now he is in prison and regrets it.
- What does he regret?
- He regrets that he ordered the prison guards to beat prisoners with rubber batons.

- Es tut mir leid, es gibt keinen Kaffee mehr. Möchtest du heißen Tee?
- Ja, bitte.
- Es tut mir leid, es gibt auch keinen Tee mehr. Möchtest du warme Sandwiches?
- Ja.
- Leider gibt es kein Brot mehr. Möchtest du Radio hören?
- Nein, danke.

4

- Bitte bringen Sie unserem Sohn gute Manieren bei.
- Hat er schlechte Manieren?
- Ja. Er raucht.
- Häufig?
- Wenn er trinkt.
- Und trinkt er häufig?
- Immer wenn er im Casino viel Geld verliert.

5

- Hast du von dem Vorfall am Bahnübergang gehört?
- Nein. Was ist dort passiert?
- Ein Lieferwagen hatte eine Panne und blieb genau auf dem Übergang liegen. Zu diesem Zeitpunkt querte ein Personenzug den Übergang. Er traf auf den Lieferwagen. Ein Waggon ist umgekippt. Einige Leute wurde verletzt.
- Und ist der Fahrer des Lieferwagens noch am Leben?
- Er sprang gerade noch rechtzeitig aus dem Lieferwagen und rannte davon. Die Polizei sucht nach ihm.

6

- Hallo. Wie geht es dir?
- Nicht schlecht, danke. Und dir?
- Auch nicht schlecht, danke. Hast du davon gehört, was dem Präsidenten passiert ist?
- Was ist ihm passiert?
- Er wurde in einem Nachbarstaat verhaftet und sie haben ihn zurückgebracht. Jetzt ist er im Gefängnis und bereut es.
- Was bereut er?
- Er bereut, dass er den Gefängniswärtern befohlen hatte, die Häftlinge mit Gummiknüppeln zu schlagen.

7

- Why are you so sad?
- I regret many things that I have done.
- That's ridiculous! Everyone begins to regret something sooner or later. But why be so sad?
- It's not ridiculous. Life goes by fast, like sand through one's fingers. And I'm still at the point where I began my journey long ago.
- It means that everything is still ahead of you. Be happy that it is so!

7

- Warum bist du so traurig?
- Ich bereue viele Dinge, die ich getan habe.
- Das ist lächerlich! Jeder beginnt früher oder später etwas zu bereuen. Warum bist du deshalb so traurig?
- Das ist nicht lächerlich. Das Leben vergeht schnell, es verrinnt, wie der Sand zwischen den Fingern. Und ich bin immer noch demselben Punkt, von dem aus ich meine Reise vor so langer Zeit begonnen habe.
- Das bedeutet, dass alles noch vor dir liegt. Sei glücklich darüber!

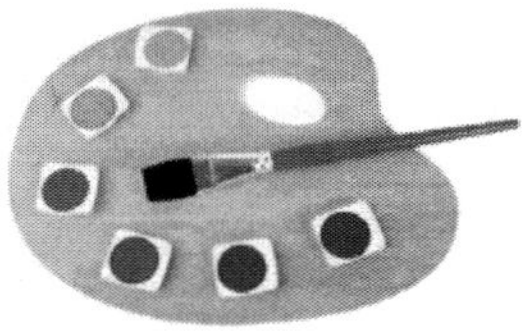

27

Black and White (Part 1)

Schwarz und Weiß (Teil 1)

A

Words

1. accident [ˈæksɪdənt] - Unfall, der
2. alley [ˈæli] - Gasse, die
3. allow [əˈlaʊ] - zulassen
4. barely [ˈbeəli] - kaum
5. be asleep [bi əˈsliːp] - schlafen
6. be child's play [bi tʃaɪldz pleɪ] - ein Kinderspiel sein
7. be worth [bi wɜːθ] - wert sein
8. bent [bent] - bückte
9. blanket [ˈblæŋkɪt] - Decke, die
10. blood spot [blʌd spɒt] - Blutfleck, der
11. brain [breɪn] - Verstand, der
12. break [breɪk] - brechen
13. bribe [braɪb] - bestechen
14. brown [braʊn] - braun
15. camera [ˈkæmərə] - Kamera, die
16. choice [tʃɔɪs] - Wahl, die
17. company [ˈkʌmpəni] - Truppe, die
18. cost [kɒst] - kosten
19. count [kaʊnt] - zählen
20. dose [dəʊs] - Dosis, die
21. eat [iːt] - essen
22. enjoyed [ɪnˈdʒɔɪd] - genoß
23. examined [ɪgˈzæmɪnd] - untersuchte
24. excuse me [ɪkˈskjuːz miː] - entschuldigen Sie
25. facial [ˈfeɪʃl̩] - Gesichts-
26. facial expression [ˈfeɪʃl̩ ɪkˈspreʃn̩] - Gesichtsausdruck, der
27. five-minute [faɪv maɪˈnjuːt] - fünfminütig
28. fully [ˈfʊli] - völlig
29. further [ˈfɜːðə] - weiter
30. gathered [ˈgæðəd] - versammelt

31. headache [ˈhedeɪk] - Kopfweh, das
32. hid [hɪd] - versteckte
33. kick [kɪk] - Fußtritt, der
34. knee [niː] - Knie, das
35. knife [naɪf] - Messer, das
36. laid [leɪd] - legte
37. lunch [lʌntʃ] - Imbiss, der
38. manage [ˈmænɪdʒ] - leiten
39. microphone [ˈmaɪkrəfəʊn] - Mikrophon, das
40. mirror [ˈmɪrə] - Spiegel, der
41. monitor [ˈmɒnɪtə] - Monitor, der
42. obeyed [əˈbeɪd] - gehorchte
43. orgasm [ˈɔːgæzəm] - Orgasmus, der
44. painkiller [ˈpeɪnkɪlə] - Schmerztablette, die
45. passersby [ˈpæsərzbi] - Passant, der
46. pavement [ˈpeɪvmənt] - Bürgersteig, der
47. percent [pəˈsent] - Prozent, das
48. percentage [pəˈsentɪdʒ] - Prozentsatz, der
49. pharmacy [ˈfɑːməsi] - Apotheke, die
50. plastic [ˈplæstɪk] - Plastik, das
51. play [pleɪ] - Spiel, das
52. practice [ˈpræktɪs] - üben
53. reason [ˈriːzən] - Verstand, der
54. recovered [rɪˈkʌvəd] - erholte sich
55. resistance [rɪˈzɪstəns] - Widerstand, der
56. robber [ˈrɒbə] - Räuber, der
57. rob [rɒb] - ausrauben
58. roll [rəʊl] - schieben
59. rolled [rəʊld] - schob
60. scotch tape [skɒtʃ teɪp] - Klebeband, das
61. sheer [ʃɪə] - pur
62. simply [ˈsɪmpli] - einfach
63. slight [slaɪt] - klein
64. sold [səʊld] - verkauft
65. spot [spɒt] - Fleck, der
66. straightened [ˈstreɪtn̩d] - strich glatt
67. tape [teɪp] - Band, das
68. thirty-five [ˈθɜːti faɪv] - fünfunddreißig
69. twice [twaɪs] - zweimal
70. urinate [ˈjʊərɪneɪt] - pinkeln
71. urinated [ˈjʊərɪneɪtɪd] - pinkelte
72. walk [wɔːk] - gehen
73. wheelchair [ˈwiːltʃeə] - Rollstuhl, der
74. worth [wɜːθ] - Wert, der
75. wound [wuːnd] - Wunde, die

B

Black and White (Part 1)

In a small alley, a group of teenagers got into a drunken fight with a passerby. The passerby didn't want to give them his bag of food. The teenagers surrounded the passerby. They were laughing and shouting. One of the teenagers took out a knife. The passerby immediately gave them the bag. The drunk teenagers began eating the food from the bag. They didn't notice that a policeman came up behind them. The passerby fled. The policeman took out his gun.
"Bon Appetite," the policeman said, "Now pay for the lunch," he added, and pointed

Schwarz und Weiß (Teil 1)

In einer kleinen Gasse geriet eine Gruppe von betrunkenen Teenagern in einen Streit mit einem Passanten. Der Passant wollte ihnen seine Tüte mit Essen nicht geben. Die Teenager umringten den Passanten. Die lachten und schrien. Einer der Teenager nahm ein Messer heraus. Der Passant gab ihnen sofort die Tüte. Die betrunkenen Teenager begannen das Essen aus der Tüte zu essen. Sie bemerkten nicht, dass von hinten ein Polizist auf sie zukam. Der Passant flüchtete. Der Polizist nahm seine Waffe heraus.
„Guten Appetit", sagte der Polizist. „Jetzt müsst ihr für den Imbiss zahlen", fügte er hinzu

the gun at the teenagers. The teenagers looked fearfully at the policeman.
"You have ten seconds to pay for the lunch," he told the teenager with the knife.
"I have no money," the teenager replied and hid the knife.
"You also don't have any brains, even though you have a knife," the policeman said and smiled, "Get down on your knees," he said to the teenager. The policeman liked this situation. He knew how to break people's resistance with his voice and facial expressions. "I'll count to three and shoot you between the eyes! Three!" the teenager fell to his knees, "Urinate on him," the police officer told another teenager quietly. The teenager urinated on the one who was on his knees. The policeman looked attentively at the teenagers' faces, the way a master looks at his fighting dogs. He broke their resistance, and they obeyed him completely. He enjoyed their emotions, their fear. He was sure that they were now ready to fully obey him and follow any of his orders. "Get lost," he said so quietly one could barely hear, and hid the gun. The teenagers quickly disappeared. All except one. That teenager went up to the policeman, and handed him some money.
"How much?" the policeman asked.
"I sold twelve doses," the teenager replied.
"Why so little, Kent?" the policeman protested, counting the money, "Learn to work faster. Bye," he told the teenager and the teenager quickly left. The policeman walked out of the alley and got into his car. He drove one block and stopped at the intersection.
On the other side, Stravinsky was rolling a wheelchair down the sidewalk. Rost sat in the chair. They stopped at a traffic light and waited for the green light. Stravinsky looked to one side and saw the police car stopped at the intersection. The policeman

und richtete die Waffe auf die Teenager. Die Teenager schauten den Polizisten ängstlich an.
„Ihr habt zehn Sekunden Zeit, um für den Imbiss zu zahlen“, sagte er zu dem Teenager mit dem Messer.
„Ich habe kein Geld“, antwortete der Teenager und versteckte das Messer.
„Und du hast auch keinen Verstand, obwohl du sogar ein Messer hast“, sagte der Polizist und lächelte. „Knie nieder“, sagte er zu dem Teenager. Der Polizist genoss diese Situation. Er wusste, wie er den Widerstand der Leute mit seiner Stimme und seinem Gesichtsausdruck brechen konnte. „Ich werde bis drei zählen und dir zwischen die Augen schießen! Drei!“, der Teenager fiel auf seine Knie. „Pinkle ihn an“, sagte der Polizist leise zu einem anderen Teenager. Der Teenager pinkelte auf den, der kniete. Der Polizist beobachtete aufmerksam die Gesichter der Teenager, so wie ein Meister seine Kampfhunde ansehen würde. Er hatte ihren Widerstand gebrochen und sie gehorchten ihm völlig. Er genoss ihre Emotionen, ihre Angst. Er war sich sicher, dass sie jetzt bereit waren ihm völlig zu gehorchen und jeden seiner Befehle auszuführen. „Haut ab“, sagte er so leise, dass man es kaum hören konnte, und steckte die Waffe ein. Die Teenager verschwanden schnell. Alle bis auf einen. Dieser Teenager ging zum Polizisten und gab ihm Geld.
„Wie viel?“, fragte der Polizist.
„Ich habe zwölf Dosen verkauft“, antwortete der Teenager.
„Warum so wenig, Kent?“, protestierte der Polizist und zählte das Geld. „Du musst lernen schneller zu arbeiten. Tschüss“, befahl er dem Teenager und der Teenager ging schnell weg. Der Polizist verließ die Gasse und stieg in sein Auto. Er fuhr den Häuserblock entlang und blieb an der Kreuzung stehen.
Auf der anderen Seite schob Stravinsky einen Rollstuhl den Bürgersteig entlang. Rost saß in dem Rollstuhl. Sie blieben an der Ampel stehen und warteten auf das grüne Licht. Stravinsky

looked at them. Stravinsky bent down to Rost and adjusted the blanket over his legs. The light turned green, and the police car moved slowly through the intersection and drove away. Stravinsky rolled the wheelchair through the intersection and further down the sidewalk. The passersby didn't pay any attention to them. But if one of the passersby had looked closely at the pavement, he would have seen the blood spots that they had left behind. One driver was more attentive. He got out of the car and walked to the sidewalk. He touched the blood drops with his brown shoe and looked after these two people. Then he got into his car and drove on.
Night fell. In one pharmacy, the sales clerk lay on the floor. But he wasn't asleep; he was looking at a man who was sitting in a chair. The sales clerk's hands were tied behind his back with scotch tape. Stravinsky sat on a chair and examined the wound on his shoulder in a mirror. The wound was slight. Rost put a bandage over it.
"I need to find some money," Stravinsky said, "My son needs an expensive operation. What about your business? What kind of business is worth the punishment for an escape, Paul? I want to help you with your business, if I can," Stravinsky offered to Rost.
"My friend is in jail. I want to free her," Paul replied.
"Is it a woman?" Stravinsky inquired.
"Yes. She is in the Mezzeh prison. It's very far away, in Syria," Rost said.
"I want to help you, Paul. But... How are you going to do this?" Stravinsky could not understand.
"With the help of some money. I could bribe the guards..." Rost replied.
"Do you have money?" Stravinsky asked.
"No. But I think I could get a few million from one bank," Rost explained.

schaute auf die Seite und sah das Polizeiauto, das an der Kreuzung stand. Der Polizist schaute sie an. Stravinsky bückte sich zu Rost und legte ihm die Decke über die Beine. Die Ampel schaltete auf grün und das Polizeiauto überquerte langsam die Kreuzung und fuhr davon. Stravinsky schob den Rollstuhl über die Kreuzung und den Bürgersteig hinunter. Die Passanten schenkten ihnen keine Aufmerksamkeit. Aber wenn einer der Passanten den Asphalt genau angesehen hätte, hätte er die Blutflecken gesehen, die sie zurückgelassen hatten. Ein Fahrer war aufmerksamer. Er stieg aus seinem Auto aus und ging auf den Bürgersteig. Er berührte die Blutflecken mit seinem braunen Schuh und sah den beiden Männern nach. Dann stieg er in sein Auto und fuhr weiter.
Die Nacht brach herein. In einer Apotheke lag der Verkäufer auf dem Boden. Aber er schlief nicht; er schaute einen Mann an, der in einem Rollstuhl saß. Die Hände des Verkäufers waren mit Klebeband hinter seinem Rücken zusammengebunden. Stravinsky saß auf einem Stuhl und untersuchte die Wunde an seiner Schulter in einem Spiegel. Die Wunde war leicht. Rost legte ihm einen Verband an.
„Ich muss Geld auftreiben“, sagte Stravinsky. „Mein Sohn braucht eine teure Operation. Was ist mit deinem Geschäft? Welches Geschäft ist es wert, die Strafe für die Flucht in Kauf zu nehmen, Paul? Ich möchte dir bei deinem Geschäft helfen, wenn ich kann“, bot Stravinsky Rost an.
„Jemand, den ich kenne, sitzt im Gefängnis. Ich möchte sie befreien“, antwortete Paul.
„Ist es eine Frau?“, fragte Stravinsky nach.
„Ja. Sie ist im Mezzeh Gefängnis. Es ist sehr weit entfernt, in Syrien“, sagte Rost.
„Ich möchte dir helfen, Paul. Aber... wie willst du das machen?“, fragte Stravinsky. Er konnte es nicht verstehen.
„Mit etwas Geld könnte ich die Gefängniswärter bestechen...“, antwortete Rost.
„Hast du Geld?“, fragte Stravinsky.

"Are you planning to rob a bank?" Stravinsky inquired.
"I know one person who would be happy to do it," Rost said, "Look over here," he added.
Stravinsky got up and walked up to Rost. He looked at the camera monitors that showed both entrances to the pharmacy. A man was visible on one of the cameras. He pulled his jacket over his head and raised his hand. Then he dropped his jacket down and pulled it back over his head and raised his hand again.
"What is he doing?" Stravinsky asked, "I've even seen him somewhere. Who is it?"
"This is John Vega. He is practicing. He wants to rob this pharmacy," Paul explained, "There is a microphone here," he said and pressed the microphone button. The man pulled his jacket over his head again and raised his hand: "This is a robbery! Put the money in the bag!" he shouted.
"He's coming in. Stand behind the counter," Rost said to Stravinsky.
The pharmacy door opened and a man came in. He saw that there were no customers in the pharmacy. Then he pulled his jacket over his head and raised a hand with a gun.
"This is a robbery! Put the money in the bag!" he shouted, walked up to the counter and threw down a plastic bag. Stravinsky raised his head and looked at the robber. The robber recognized Stravinsky and took a few steps back in surprise.
"Excuse me, Mr. Manager," the robber heard and turned his head. Paul Rost stood pointing a gun at his head, "Could you tell me, what emotions does a person feel when he robs a bank that he himself manages?" Rost asked and lowered his hand from the robber's head. John Vega looked at Rost in surprise. Rost added:

„Nein. Aber ich denke, ich könnte einige Millionen von einer Bank bekommen", erklärte Rost.
„Planst du, eine Bank zu überfallen?", fragte Stravinsky nach.
„Ich kenne jemanden, der das sehr gerne tun würde", sagte Rost. „Schau hier drüben", fügte er hinzu.
Stravinsky stand auf und ging zu Rost. Er schaute auf die Monitore der Kameras, die beide Eingänge der Apotheke zeigten. Eine der Kameras zeigte einen Mann. Er zog seine Jacke über seinen Kopf und hob seine Hand. Dann lies er seine Jacke fallen, zog sie wieder über seinen Kopf und hob erneut seine Hand.
„Was macht er?", fragte Stravinsky. „Ich habe ihn schon irgendwo gesehen. Wer ist das?"
„Das ist John Vega. Er übt. Er möchte diese Apotheke überfallen", erklärte Paul. „Hier ist ein Mikrophon", sagte er und drückte die Taste für das Mikrophon. Der Mann zog wieder seine Jacke über seinen Kopf und hob seine Hand: „Das ist ein Überfall! Geben Sie das Geld in die Tüte!", schrie er.
„Er kommt. Stell dich hinter den Ladentisch", sagte er zu Stravinsky.
Die Tür der Apotheke öffnete sich und ein Mann kam herein. Er sah, dass keine Kunden in der Apotheke waren. Dann zog er seine Jacke über seinen Kopf und hob seine Hand mit der Waffe.
„Das ist ein Überfall! Geben Sie das Geld in die Tüte!", schrie er, ging zum Ladentisch und warf eine Plastiktüte auf den Tisch. Stravinsky hob seinen Kopf und schaute den Räuber an. Der Räuber erkannte Stravinsky und ging überrascht einige Schritte zurück.
„Entschuldigen Sie, Herr Manager", hörte der Räuber und drehte seinen Kopf. Paul Rost stand hinter ihm und richtete eine Waffe auf seinen Kopf. „Können Sie mir sagen, wie man sich fühlt, wenn man eine Bank ausraubt, die man selbst managt?", fragte Rost und senkte seine Hand vom Kopf des Räubers. John Vega sah Rost überrascht an. Rost fügte hinzu: „Ich bin mir sicher, dass der fünfminütige Orgasmus

"I'm sure that the five-minute orgasm is one of the reasons for robbing a bank that you manage. Isn't it so, John?"
"Rost? Why are you always following me? What do you want from me?" Vega sat down on the floor, "Please bandage my hand, and it hurts very badly here," he added, pointing to his stomach. Only then Rost noticed that Vega was also wounded. Vega lay down on the floor, and they realized that he had been badly injured during the accident. Stravinsky bandaged Vega's hand and gave him painkillers. Rost sat down next to him on the floor.
"How is your son?" Rost asked Stravinsky.
"He had a small operation, but it didn't help," Stravinsky replied, "A big operation costs hundreds of thousands," he straightened his clothes, "The doctors gave him three months. I have three months to find the money," Stravinsky said and fell silent. Vega recovered slowly. He opened his eyes and looked around:
"Rost? Why are you following me?" Vega said, "What do you want from me?"
"We need you to rob your bank again. You robbed it twice already. The third time will be simply child's play for you. You'll get thirty percent," Rost suggested.
"I'll get fifty percent! Because it's my bank!" Vega protested.
"It was yours," Rost looked at Stravinsky for support, "Okay, thirty-five percent. Agree to it or I'll turn you in to the police for an armed robbery of a pharmacy!" he demanded.
"This percentage is sheer robbery! And I won't allow you to rob a bank that I manage!" Vega looked at them, "You leave me no choice!" he laid his head on the floor, "I agree."
At that moment the door of the pharmacy opened and the policeman who saw Rost

einer der Gründe ist, eine Bank auszurauben, die man selbst managt. Oder etwa nicht, John?"
„Rost? Warum verfolgst du mich? Was willst du von mir?", sagte Vega und setzte sich auf den Boden. „Verbinde bitte meine Hand, und hier tut es mir sehr weh", fügte er hinzu und zeigte auf seinen Bauch. Erst in diesem Moment bemerkte Rost, dass Vega auch verwundet war. Vega legte sich auf den Boden und sie bemerkten, dass er während des Unfalls schwer verletzt worden war. Stravinsky verband Vegas Hand und gab ihm Schmerztabletten. Rost setzte sich neben ihn auf den Boden.
„Wie geht es deinem Sohn?", fragte Rost Stravinsky.
„Er hatte eine kleine Operation, aber sie hat ihm nicht geholfen", antwortete Stravinsky. „Eine große Operation kostet hunderttausende Dollar", er strich seine Kleidung glatt. „Die Ärzte geben ihm drei Monate. Ich habe drei Monate, um das Geld aufzutreiben", sagte Stravinsky und verstummte. Vega erholte sich langsam. Er öffnete seine Augen und sah sich um: „Rost? Warum verfolgst du mich?", sagte Vega. „Was willst du von mir?"
„Wir müssen noch einmal deine Bank ausrauben. Du hast sie schon zweimal ausgeraubt. Das dritte Mal wird ein Kinderspiel für dich werden. Du bekommst dreißig Prozent", schlug Rost vor.
„Ich bekomme fünfzig Prozent. Weil es meine Bank ist!", protestierte Vega.
„Es war deine", sagte Rost und schaute Stravinsky hilfesuchend an. „In Ordnung, fünfunddreißig Prozent. Entweder du bist einverstanden, oder ich übergebe dich der Polizei wegen des bewaffneten Überfalls auf eine Apotheke!", forderte er.
„Dieser Prozentsatz purer Diebstahl! Und ich werde es nicht zulassen, dass du eine Bank ausraubst, die ich leite!" Vega schaute sie an: „Du lässt mir keine Wahl!" Er legte seinen Kopf auf den Boden: „Ich bin einverstanden."
In diesem Augenblick öffnete sich die Tür der

and Stravinsky that morning at the intersection came in. Stravinsky stood at the counter. Vega and Rost quietly hid in the service room. The policeman slowly walked toward the counter. He looked around attentively.
"Good evening. Would you like something?" Stravinsky asked.
The policeman did not answer. He examined everything attentively. Then he pressed a finger to his lips, took out a gun and pointed it at Stravinsky.
"Give me some headache pills," the policeman replied, quietly walking to the door of the service room. He kicked open the door and Rost, who was standing near the door, fell to the ground and dropped his gun.
"On your knees!" the policeman shouted. Rost and Vega got on their knees. The policeman pointed the gun at Stravinsky, "Stand over there! On your knees!" He also got on his knees. The policeman picked up Rost's gun.
"The whole company is gathered together," the policeman looked each of them in the eye, "You!" he pointed to Vega, "Tie both of their hands," he demanded.
Vega did what the policeman had demanded. Then the policeman tied Vega's hands.

Apotheke und der Polizist, der Rost und Stravinsky an diesem Morgen an der Kreuzung gesehen hatte, kam herein. Stravinsky stand am Ladentisch. Vega und Rost versteckten sich leise im Hinterzimmer. Der Polizist ging langsam zum Ladentisch. Er sah sich aufmerksam um.
„Guten Abend. Wie kann ich Ihnen helfen?“, fragte Stravinsky.
Der Polizist antwortete nicht. Er untersuchte alles aufmerksam. Dann drückte er seinen Finger auf seine Lippen, nahm eine Waffe heraus und richtete sie auf Stravinsky.
„Geben Sie mir Kopfschmerztabletten“, antwortete der Polizist und ging leise zur Tür des Hinterzimmers. Er öffnete die Tür mit einem Fußtritt und Rost, der in der Nähe der Tür stand, fiel zu Boden und ließ seine Waffe fallen.
„Auf die Knie!“, schrie der Polizist. Rost und Vega knieten nieder. Der Polizist richtete die Waffe auf Stravinsky. „Stell dich dorthin! Knie nieder!“ Er kniete auch nieder. Der Polizist hob Rosts Waffe auf.
„Die ganze Truppe ist versammelt“, der Polizist schaute jedem von ihnen in die Augen. „Du!“, sagte er und zeigte auf Vega. „Fessle ihre Hände“, forderte er.
Vega führte die Forderung des Polizisten aus. Danach fesselte der Polizist Vegas Hände.

C

New Vocabulary Review

1

- Could you tell me, is today still June or is it July already?
- Today is June thirtieth. Tomorrow is July first.
- Could you tell me, where is the closest bus stop?
- Walk that way. Walk for about two

Wiederholung des neuen Vokabulars

1

- Können Sie mir sagen, ob heute noch Juni oder schon Juli ist?
- Heute ist der dreißigste Juni. Morgen ist der erste Juli.
- Können Sie mir sagen, wo die nächste Bushaltestelle ist?
- Gehen Sie hier entlang. Gehen Sie etwa zwei

minutes and you'll be there.
- Thank you.
- You're welcome.

2

- Last week, there was an accident near the pharmacy. A car crashed into a pharmacy van right next to the pharmacy entrance.
- Was anyone injured?
- There were no injured, but some packages disappeared from the pharmacy van. They say that there were drugs in the packages.

3

- Yesterday, two robbers robbed a bank on the main street.
- Were they arrested?
- The robbery was recorded by a video camera. The police recognized one of the bank robbers as a bank employee.
- They weren't wearing masks?
- They wore masks. But that one wanted to urinate on the bank manager. And when he did that, the mask fell off his head.
- Was he arrested?
- Not yet. They say that he and the other robber disappeared.
- Did they take a lot of money?
- The guards arrived quickly and started shooting. They didn't take anything, but both of them were injured.

4

- That man has a frightened expression.
- Of course. His wife gave birth to triplets.
- In that case, he should be happy.
- In that situation, any man would be frightened at first. He will be happy later.

5

- They say that if you touch a mirror at midnight, you can see a vampire in the mirror.
- Not true! I touched it and saw only some kind of a strange monkey.

Minuten lang in diese Richtung und Sie werden dort sein.
- Danke.
- Gern geschehen.

2

- Letzte Woche gab es einen Unfall in der Nähe der Apotheke. Ein Auto fuhr in den Lieferwagen der Apotheke, genau neben dem Eingang der Apotheke.
- Wurde jemand verletzt?
- Es wurde niemand verletzt, aber es verschwanden einige Pakete aus dem Lieferwagen der Apotheke. Es heißt, dass die Pakete mit Drogen gefüllt waren.

3

- Zwei Räuber haben gestern eine Bank auf der Hauptstraße überfallen.
- Wurden sie festgenommen?
- Der Überfall wurde von einer Videokamera aufgezeichnet. Die Polizei stellte fest, dass einer der Bankräuber ein Bankangestellter war.
- Sie haben keine Masken getragen?
- Sie haben Masken getragen. Aber der Räuber wollte den Bankmanager anpinkeln. Und als er das tat, fiel die Maske von seinem Kopf.
- Wurde er festgenommen?
- Noch nicht. Man sagt, dass er und der andere Räuber verschwunden sind.
- Haben sie viel Geld mitgenommen?
- Die Sicherheitsbeamten kamen schnell und begannen zu schießen. Sie haben nichts mitgenommen, aber sie wurden beide verletzt.

4

- Dieser Mann hat einen verängstigten Gesichtsausdruck.
- Natürlich. Seine Frau hat Drillinge zur Welt gebracht.
- In diesem Fall sollte er sich freuen.
- In dieser Situation wäre jeder Mann zuerst verängstigt. Er wird sich später freuen.

5

- Man sagt, dass du einen Vampir im Spiegel sehen kannst, wenn du den Spiegel um Mitternacht berührst.
- Das stimmt nicht! Ich habe ihn berührt und ich

- You have to touch and look in the mirror from the back. Which side did you look from—the back or the front?
- I looked from the front. I wonder, what does it mean if I saw a monkey in the mirror?
- For a woman it means that she will go to a beauty parlor soon. And for a man, it means nothing. For them it's normal.

6

- Darling, did you lock the front door when we left the house?
- I don't remember. Don't bother me and let me enjoy the movie, dear.
- You're enjoying it, and I worry. I think that I didn't shut off the iron.
- Are you sure?
- Yes, and I left the window open.
- We have to go home.
- Come quickly, dear. So we won't have any problems.

7

- Whose plastic bag is this?
- Not mine. Could it be yours?
- No, it isn't mine. Maybe there is a bomb inside?
- I'll take a look. There is no bomb here. There is a microphone and a hidden video camera.

8

- Look, dear, the windows are closed, and there is no smoke coming out. It means that I turned off the iron and closed the window.
- And the front door is locked. We came for no nothing. We could have enjoyed the film.
- And what about the noise in the kitchen?
- Come on, let's see.
- Look. There is water up to our knees. I forgot to turn off the water!

9

- Look! There was an accident here!
- The man in the car is bleeding heavily.

habe nur einen seltsamen Affen gesehen.
- Du musst ihn berühren und dann von hinten in den Spiegel sehen. Von welcher Seite hast du in den Spiegel gesehen - von hinten oder von vorne?
- Ich habe von vorne hineingeschaut. Ich frage mich, was es bedeutet, wenn ich einen Affen im Spiegel gesehen habe?
- Für eine Frau bedeutet das, dass sie bald in den Schönheitssalon gehen wird. Für Männer bedeutet das nichts. Für sie ist das normal.

6

- Schatz, hast du die Eingangstür abgeschlossen, als wir aus dem Haus gegangen sind?
- Ich kann mich nicht erinnern. Lass mich in Ruhe und lass mich den Kinofilm genießen, Schatz.
- Du genießt ihn und ich mache mir Sorgen. Ich glaube, dass ich das Bügeleisen nicht ausgemacht habe.
- Bist du sicher?
- Ja, und ich habe das Fenster offen gelassen.
- Wir müssen nach Hause gehen.
- Beeil dich, Schatz. Dann bekommen wir keine Probleme.

7

- Wessen Plastiktüte ist das?
- Nicht meine. Könnte es deine sein?
- Nein, das ist nicht meine. Vielleicht enthält sie eine Bombe?
- Ich werde nachsehen. Es gibt keine Bombe. Es gibt ein Mikrophon und eine versteckte Videokamera.

8

- Schau, Schatz, die Fenster sind geschlossen und es steigt kein Rauch auf. Das bedeutet, dass ich das Bügeleisen ausgemacht habe und die Fenster geschlossen habe.
- Und die Eingangstür ist abgeschlossen. Wir sind umsonst gekommen. Wir hätten den Film genießen können.
- Und was ist dieses Geräusch in der Küche?
- Komm, lass uns nachsehen.
- Schau. Das Wasser steht uns bis zu den Knien. Ich habe vergessen das Wasser abzudrehen!

9

- Schau! Es gab einen Unfall!

We must get him out of there and put a bandage on his wounds.
- We have to give him painkillers. We have them in the first aid kit in the car.
- I'll give them to him. Quickly, call an ambulance and the police.

- Der Mann im Auto blutet stark. Wir müssen ihn herausziehen und seine Wunden verbinden.
- Wir müssen ihm Schmerztabletten geben. Wir haben welche im Verbandskasten im Auto.
- Ich werde sie ihm geben. Schnell, ruf die Rettung und die Polizei.

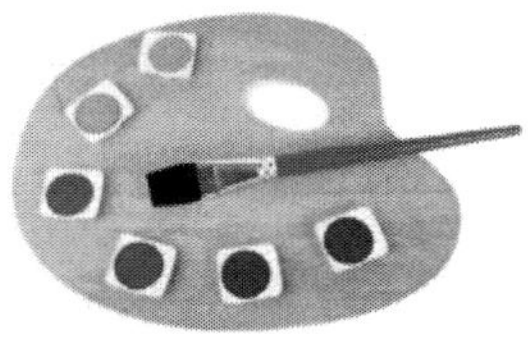

28

Black and White (Part 2)

Schwarz und weiß (Teil 2)

A

Words

1. anywhere [ˈeniweə] - irgendwo
2. calm down [kɑːm daʊn] - sich beruhigen
3. calmly [ˈkɑːmli] - ruhig
4. chose [tʃəʊz] - aussuchen
5. conversation [ˌkɒnvəˈseɪʃn̩] - Gespräch, das
6. cut off [kʌt ɒf] - abschneiden
7. distributed [dɪˈstrɪbjuːtɪd] - verteilt
8. drugs [drʌgz] - Medikamente, die; Drogen, die
9. earlier [ˈɜːliə] - früher
10. eventually [ɪˈventʃʊəli] - schließlich
11. favorite [ˈfeɪvərət] - Lieblings-
12. greedy [ˈgriːdi] - gierig
13. grew [gruː] - wurde
14. groan [grəʊn] - stöhnen
15. groaned [grəʊnd] - stöhnte
16. hired [ˈhaɪəd] - angeheuert
17. interrupt [ˌɪntəˈrʌpt] - unterbrechen
18. not anywhere [nɒt ˈeniweə] - nirgendwo
19. package [ˈpækɪdʒ] - Paket, das
20. participate [pɑːˈtɪsɪpeɪt] - teilhaben
21. problem [ˈprɒbləm] - Schwierigkeit, die
22. railroad [ˈreɪlrəʊd] - Gleise, die
23. reached [riːtʃt] - streckte
24. recover [rɪˈkʌvə] - erholen
25. repeat [rɪˈpiːt] - wiederholen
26. resisted [rɪˈzɪstɪd] - Widerstand leistete
27. safety [ˈseɪfti] - Sicherheit, die
28. special [ˈspeʃl̩] - speziell
29. teenager [ˈtiːneɪdʒə] - Teenager, der

30. tick [tɪk] - ticken
31. unbuttoned [ʌn'bʌtn̩d] - knöpfte auf
32. unpleasant [ʌn'pleznt] - unfreundlich
33. untied [ʌn'taɪd] - band los

B

Black and White (Part 2)

Then the policeman sat down and lit a cigarette. He was sitting, looking at them, and smoking. Then he smiled an unpleasant smile. He was thinking about something.
"Where is the sales clerk?" the policeman inquired after a pause. There was a sound under the counter. The policeman looked under the counter and smiled again. He took the Scotch tape off the pharmacy sales clerk's mouth.
"Where are the drugs?" he asked the sales clerk.
"There are no drugs in this pharmacy," the sales clerk said, "There are drugs only in special pharmacies."
"Who shot the sales clerk?" the policeman asked.
"No one shot him," Stravinsky said. The policeman took some kind of bag, pressed it to the sales clerk and shot through it with the gun that Stravinsky took from policeman in the overturned car. The sales clerk began to groan.
"Box number ten in the brown closet," the sales clerk groaned, "Don't kill me."
"They were the ones who chose you. Not me," the policeman took out his phone, "Kent, I'm at the pharmacy near the parking lot. Come here, quickly! I give you two minutes." Then he went to the brown closet, found box number ten and began to take out packages.
"The headache pills are not in this box," said a man in brown shoes who walked up quietly behind him, "In my gun, there are seven headache pills. They will help right

Schwarz und weiß (Teil 2)

Dann setzte sich der Polizist nieder und zündete sich eine Zigarette an. Er saß, schaute sie an und rauchte. Dann lächelte er unfreundlich. Er dachte über etwas nach.
„Wo ist der Verkäufer?“, fragte der Polizist nach einer Pause nach. Es gab ein Geräusch unter dem Ladentisch. Der Polizist schaute unter den Ladentisch und lächelte erneut. Er nahm das Klebeband vom Mund des Verkäufers ab.
„Wo sind die Drogen?“, fragte er den Verkäufer.
„Es gibt keine Drogen in dieser Apotheke“, sagte der Verkäufer. „Drogen gibt es nur in speziellen Apotheken.“
„Wer hat den Verkäufer angeschossen?“, fragte der Polizist.
„Niemand hat auf ihn geschossen“, sagte Stravinsky. Der Polizist nahm eine Art Tüte, drückte sie gegen den Verkäufer und schoss mit der Waffe, die Stravinsky dem Beamten im umgekippten Auto weggenommen hatte. Der Verkäufer begann zu stöhnen.
„Kiste Nummer zehn im braunen Schrank“, stöhnte der Verkäufer. „Bring mich nicht um.“
„Sie haben dich ausgesucht. Nicht ich“, sagte der Polizist und nahm sein Handy heraus. „Kent, ich bin bei der Apotheke in der Nähe des Parkplatzes. Komm her, schnell! Du hast zwei Minuten.“ Dann ging er zum braunen Schrank, fand die Kiste Nummer zehn und begann kleine Pakete herauszunehmen.
„Die Kopfschmerztabletten sind nicht in dieser Kiste“, sagte ein Mann mit braunen Schuhen, der leise von hinten auf ihn zukam. „In meiner Waffe gibt es einige Kopfschmerztabletten. Sie werden Ihnen sofort helfen.“
Der Polizist blieb stehen und drehte langsam seinen Kopf. Der Mann in den braunen Schuhen

away."
A policeman stopped and turned his head slowly. The man in the brown shoes pointed the gun at him: "Want to try them?" he offered.
"Ashur?" Rost was surprised, "How did you find us?"
"Your blood is all over the sidewalk from the railroad to the pharmacy. It's strange that the police aren't here yet," Ashur explained.
"What about this policeman?" Vega said.
"This one has his own interests here," Ashur replied, "Right? You're a bad policeman, aren't you?" Ashur asked the policeman.
"In five minutes, the city's entire police force will be here," the policeman said, "Put the gun down and give it to me," he added and reached out his hand, "Then you won't have any problems."
"Raise your hands and get down on your knees!" Ashur shouted, "Or you'll get a couple of pills right now!"
"You are very nervous," the policeman said quietly, "You have to calm down. I know you. We have already met, right? Your resistance won't help you. I am the law here. Now I am the power," he looked at each person in the pharmacy one after another, "Good or bad, I guarantee safety to all of you. Put down the gun and move three steps back. Then you will have only a small problem." The policeman spoke quietly, without stopping, and came closer and closer to Ashur, "If you don't do that, you will have big problems. Everyone who had resisted me had big problems."
"Raise your hands and get down to your knees!" Ashur repeated quietly.
"Don't resist. Just give me the gun, and all will end well for everyone," the policeman kept repeating.
Ashur kept moving back until his back came up against the wall. A policeman

richtete die Waffe auf ihn. „Möchten Sie sie probieren?“, bot er an.
„Ashur?“, sagte Rost überrascht. „Wie hast du uns gefunden?“
„Der ganze Bürgersteig ist voll mit deinem Blut, von den Gleisen bis zur Apotheke. Es ist seltsam, dass die Polizei noch nicht hier ist“, erklärte Ashur.
„Was ist mit diesem Polizisten?“, sagte Vega.
„Der verfolgt hier seine eigenen Interessen“, antwortete Ashur. „Richtig? Sie sind ein schlechter Polizist, nicht?“, fragte Ashur den Polizisten.
„In fünf Minuten werden alle Polizeieinheiten der Stadt hier sein“, sagte der Polizist. „Nehmen Sie die Waffe runter und geben Sie sie mir“, fügte er hinzu und streckte seine Hand aus. „Dann bekommen sie keine Schwierigkeiten.“
„Hände hoch und auf die Knie!“, schrie Ashur. „Oder du bekommst jetzt gleich einige Tabletten!“
„Sie sind sehr nervös“, sagte der Polizist ruhig. „Sie müssen sich beruhigen. Ich kenne Sie. Wir sind uns schon einmal begegnet, richtig? Ihr Widerstand wird Ihnen nichts nützen. Ich bin das Gesetz hier. Jetzt bin ich die Macht“, er schaute der Reihe nach alle in der Apotheke an. „Gut oder schlecht, ich garantiere euch allen Sicherheit. Nehmen Sie die Waffe runter und gehen Sie drei Schritte zurück. Dann haben sie nur ein kleines Problem.“ Der Polizist sprach ruhig ohne Unterbrechung und ging näher und näher auf Ashur zu. „Wenn Sie das nicht machen, werden Sie große Schwierigkeiten bekommen. Jeder, der mir Widerstand geleistet hat, hat große Schwierigkeiten bekommen.“
„Hände hoch und auf die Knie!“, wiederholte Ashur ruhig.
„Leisten Sie keinen Widerstand. Geben Sie mir einfach die Waffe und es wird für alle gut ausgehen“, wiederholte der Polizist immer wieder.
Ashur ging immer weiter zurück, bis er mit dem Rücken an der Wand stand. Der Polizist kam immer näher und sprach ruhig und langsam.

came closer and closer and spoke calmly and slowly. Ashur slightly lowered the gun. Just then the door of the pharmacy opened and Kent entered the pharmacy. Ashur looked at the teenager. The policeman quickly grabbed his gun with one hand and turned off the lights with the other. The policeman and Ashur started shooting at each other. In the dark, only the din and the flashes of the shots pointed to their location and the direction in which they were fired. After four or five seconds everything grew quiet. Vega turned on the light. The policeman and Ashur both lay on the floor and didn't move. There was blood on the floor under each of them. Kent wasn't in the pharmacy. Vega went up to the policeman on the floor and carefully looked at him. Then he untied Rost's and Stravinsky's hands. Rost came up to Ashur and unbuttoned his clothes. A bulletproof vest was under his clothes. Ashur began to recover. His arm was wounded. He rolled to his side and sat up on the floor. Stravinsky put a bandage over his wound.

"You know, Paul," Ashur looked at Rost, "My father made me help you, but you are creating more and more problems for yourself and everyone around you. If I had known earlier that you are not in control of the situation, I wouldn't have told you about Pandora," Ashur said and put his gun in his pocket, "I think that we have no more than five minutes to get out of here before the police arrive. My car is outside."

They lost no time and left quickly. Sitting in the car, John Vega looked at Ashur for a long time. Eventually he began to speak.

"Peter Ashur, can I ask you one small question?" he finally said.

"John, do you want to ask me a small question about big money?" Ashur replied with a question.

Ashur senkte die Waffe leicht. In diesem Moment öffnete sich die Tür der Apotheke und Kent kam in die Apotheke. Ashur schaute den Teenager an. Der Polizist griff mit einer Hand schnell nach seiner eigenen Waffe und machte mit der anderen das Licht aus. Der Polizist und Ashur begannen auf einander zu schießen. In der Dunkelheit verrieten nur der Lärm und das Aufblitzen der Schüsse von welchem Ort und in welche Richtung diese abgefeuert wurden. Nach vier oder fünf Sekunden wurde alles still. Vega machte das Licht an. Der Polizist und Ashur lagen auf dem Boden und bewegten sich nicht. Unter beiden war Blut auf dem Boden. Kent war nicht mehr in der Apotheke. Vega ging zum Polizisten, der auf dem Boden lag, und schaute ihn aufmerksam an. Dann band er Rosts und Stravinskys Hände los. Rost ging zu Ashur und knöpfte seine Kleidung auf. Er trug eine kugelsichere Weste unter seiner Kleidung. Ashur begann sich zu erholen. Sein Arm war verwundet. Er drehte sich auf eine Seite und setzte sich auf. Stravinsky verband die Wunde.

„Weißt du, Paul“, sagte Ashur und schaute Rost an, „Mein Vater hat mich dazu gebracht dir zu helfen, aber du bringst dich selbst und alle anderen nur in noch mehr Schwierigkeiten. Wenn ich früher gewusst hätte, dass du die Situation nicht unter Kontrolle hast, hätte ich dir nicht von Pandora erzählt“, sagte Ashur und steckte seine Waffe in seine Jackentasche. „Ich glaube, dass wir nicht mehr als fünf Minuten Zeit haben hier zu verschwinden, bevor die Polizei eintrifft. Mein Auto steht draußen.“

Sie verloren keine Zeit und gingen schnell. Als sie im Auto saßen, sah John Vega Ashur sehr lange an. Schließlich begann er zu sprechen.

„Peter Ashur, darf ich dir eine kleine Frage stellen?“, sagte er schließlich.

„John, möchtest du mir eine kleine Frage über großes Geld stellen?“, antwortete Ashur mit einer Gegenfrage.

„Genau! Wo sind meine vier Millionen Dollar, die ich aus meiner eigenen Bank gestohlen habe?“, schrie Vega. „Vier Millionen Dollar,

"Exactly! Where are my four million dollars, that I took from my own bank?" Vega shouted, "Four million dollars, because of which my hand was nearly cut off in Asia! Because of which I was shot at in the Libya by Pandora's soldiers, whom she hired with my money! The money because of which I was put in jail! And because of which I lost my favorite job, Ashur!"
Ashur stopped the car near the Imperial Bank. He gave Vega a long look.
"I'm sorry, John, that you lost your job. We have distributed the money among the poor of Libya, to whom we wanted to give freedom," Ashur explained.
"You call hired soldiers the poor of Libya?" Vega protested, "But I also wanted to participate in it! I also wanted to give freedom to the poor of Libya! I, a respectable bank manager, agreed to risk everything for the poor of Libya! But you and Pandora cheated me! You wanted to take everything for yourself! You and Pandora are both greedy and disgusting scoundrels, Peter Ashur!"
"I'm sorry to interrupt your conversation, Mr. Manager," Rost said, "But we are already near your bank. Time to go into the bank."
"I'm not going anywhere!" Vega shouted, "Ashur should give me back my money!"
"Listen, Vega," Ashur turned to him again, "I got you out of the pharmacy. That policeman would have killed you all for the drugs! Is your life worth four million dollars?" he looked at Vega, "I worked off that money, didn't I?"
Vega didn't reply. He sat and looked out the car window.
"John, the clock is ticking. In half an hour, they will take away most of the money from the bank to the central office," Rost said. But Vega did not reply.

derentwegen mir beinahe meine Hand in Asien abgeschnitten wurde! Derentwegen ich in Libyen von Pandoras Soldaten angeschossen wurde, die sie mit meinem Geld angeheuert hatte! Das Geld, weshalb ich ins Gefängnis gesteckt wurde! Und weshalb ich meinen liebsten Job verloren habe, Ashur!“
Ashur hielt das Auto in der Nähe der Kaiserlichen Bank an. Er schaute Vega sehr lang an.
„Er tut mir leid, John, dass du deinen Job verloren hast. Wir haben das Geld in Libyen unter den armen Leuten verteilt, weil wir ihnen Freiheit geben wollten“, erklärte Ashur.
„Du meinst, dass die angeheuerten Soldaten die armen Leuten von Libyen sind?“, protestierte Vega. „Aber ich wollte auch daran teilhaben! Ich wollte den Armen Libyens auch die Freiheit geben! Ich, ein ansehnlicher Bankmanager, habe alles riskiert, um den armen Leuten Libyens die Freiheit zu geben! Aber du und Pandora, ihr habt mich betrogen! Ihr wolltet alles selbst haben. Du und Pandora, ihr seid beide gierige und widerliche Schurken, Peter Ashur!“
„Es tut mir leid, dass ich Ihr Gespräch unterbreche, Herr Manager“, sagte Rost. „Aber wir sind schon in der Nähe der Bank. Es ist Zeit in die Bank zu gehen.“
„Ich gehe nirgendwo hin!“, schrie Vega. „Ashur soll mir mein Geld zurückgeben!“
„Hör mal, Vega“, sagte Ashur und drehte sich noch einmal zu ihm. „Ich habe dich aus der Apotheke herausgeholt. Der Polizist hätte euch alle für die Drogen getötet! Ist dein Leben keine vier Millionen Dollar wert?“, sagte er und schaute Vega an. „Ich habe das Geld abgearbeitet, oder etwa nicht?“
Vega antwortete nicht. Er saß da und schaute aus dem Autofenster.
„John, die Uhr tickt. In einer halben Stunde werden sie den Großteil des Geldes der Bank in das Zentralbüro bringen“, sagte Rost. Aber Vega antwortete nicht.

C

New Vocabulary Review

1

- Prime Minister, could you tell me, is it June or July?
- Today is already August first, Mr. President. We've been in prison for a week already.
- Time flies. Soon summer will be over and fall will start. By the way, could you tell me, what will we have for breakfast today?
- In prison, they give you breakfast only on Sundays. Have you forgotten?
- No, I haven't forgotten. What kind of an idiot would come up with such a rule?
- It's your idea, Mr. President.

2

- Why are people so greedy? Especially the poor.
- I don't know, Mr. President. Why do you ask?
- The poor always demand something. They demand schools, hospitals, a big salary.
- Yes, the poor are very greedy, Mr. President.
- I, for example, never demand anything. By the way, Prime Minister, you have been lying on the mattress for half an hour. We have only one mattress in our cell. Let me lie on it too!

3

- Excuse me, Mr. President, there is a line here for dinner. You also have to stand in line.
- Listen, prisoner, this is the Prime Minister. He will stand in line for me. I'll go without waiting in line because today they are giving out my favorite food—fish!
- I'm not a prisoner. I'm a guard. And I have my rubber baton! It's a special object

Wiederholung des neuen Vokabulars

1

- Premierminister, können Sie mir sagen, ob Juni oder Juli ist?
- Heute ist bereit der erste August, Herr Präsident. Wir sind bereits seit einer Woche im Gefängnis.
- Die Zeit verfliegt. Bald wird der Sommer vorbei sein und der Herbst beginnen. Übrigens, können Sie mir sagen, was es heute zum Frühstück gibt?
- Im Gefängnis gibt es Frühstück nur an Sonntagen. Haben Sie das vergessen?
- Nein, ich habe das nicht vergessen. Was für ein Idiot würde sich so eine Vorschrift ausdenken?
- Es war Ihre Idee, Herr Präsident.

2

- Warum sind die Leute so gierig? Vor allem die armen Leute.
- Ich weiß es nicht, Herr Präsident. Warum fragen Sie?
- Die Armen fordern immer irgendetwas. Sie fordern Schulen, Spitäler, große Gehälter.
- Ja, die Armen sind sehr gierig, Herr Präsident.
- Ich, zum Beispiel, fordere nie etwas. Premierminister, Sie liegen übrigens seit einer halben Stunde auf der Matratze. Wir haben nur eine Matratze in unserer Zelle. Lassen Sie mich auch darauf liegen!

3

- Entschuldigen Sie, Herr Präsident, hier gibt es eine Schlange für das Abendessen. Sie müssen sich auch anstellen.
- Hören Sie, Gefangener, das ist der Premierminister. Er wird sich für mich anstellen. Ich werde nicht in der Schlange warten, denn heute gibt es mein Lieblingsessen - Fisch!
- Ich bin kein Gefangener. Ich bin ein Gefängniswärter. Und ich habe meinen Knüppel dabei! Es ist ein spezieller Gegenstand, um Gefangene zu beruhigen, die zu schlau sind.
- Entschuldigen Sie, Herr Gefängniswärter. Ich

for calming down prisoners who are too smart .
- Excuse me, Mr. guard. I was just joking. Who is the last in line for the fish?

4

- What kind of army is more effective: a mandatory or a hired one? Prime Minister, what do you think?
- If it is fighting against another country, then any kind, Mr. President. And if it is fighting its own people, hired soldiers are much more effective. Especially hired soldiers from other countries.

5

- Our guard is a very unpleasant person. Don't you think so, Prime Minister?
- Our guard? Usually he executes prisoners. Why do you ask, Mr. President?
- He gave me a very strange look today.
- They say that his father and grandfather also worked in this prison. And they also executed prisoners.
- Really? To execute prisoners—was that also my idea?
- No. Prisoners have always been executed in our country. But he can behead three prisoners with one stroke. So you should calm down, Mr. President. He's a great professional.
- But to behead is not modern.
- That's exactly why you ordered a new electric chair from America half a year ago, Mr. President. Remember?
- Also my idea?
- No, that time it was my idea. You know that I love everything American: movies, cars, electric chairs. Remember, a week ago, when we were given our lunch?
- Of course, I remember. Roasted camel legs. By the way, why did they roast a camel? That isn't our national cuisine.
- He was executed! This camel illegally urinated on your palace grounds, Mr. President. Our guard practiced executing with the electric chair and used the camel

habe nur Spaß gemacht. Wer ist der letzte in der Schlange für den Fisch?

4

- Welche Art von Heer ist effektiver: ein gesetzlich vorgeschriebener Wehrdienst oder Soldaten, die bezahlt werden? Premierminister, was denken Sie?
- Wenn man gegen ein anderes Land kämpft, ist es egal, Herr Präsident. Und wenn man die eigenen Bürger bekämpft, dann sind bezahlte Soldaten viel effektiver. Vor allem bezahlte Soldaten aus anderen Ländern.

5

- Unser Gefängniswärter ist ein sehr unfreundlicher Mensch. Finden Sie nicht, Herr Premierminister?
- Unser Gefängniswärter? Normalerweise richtet er die Gefangenen hin. Warum fragen Sie, Herr Präsident?
- Er hat mich heute sehr seltsam angesehen.
- Man sagt, dass sein Vater und sein Großvater auch in diesem Gefängnis gearbeitet haben. Und sie haben auch Gefangene hingerichtet.
- Wirklich? Gefangene hinzurichten - war das auch meine Idee?
- Nein. Gefangene sind in unserem Land immer schon hingerichtet worden. Aber er kann drei Gefangene mit einem Hieb köpfen. Sie sollten sich also beruhigen, Herr Präsident. Er ist sehr professionell.
- Aber Köpfen ist nicht modern.
- Genau deshalb haben Sie vor einem halben Jahr einen neuen elektrischen Stuhl aus Amerika bestellt, Herr Präsident. Erinnern Sie sich?
- War das auch meine Idee?
- Nein, damals war es meine Idee. Sie wissen ja, dass ich alles aus Amerika mag: Kino, Autos, elektrische Stühle. Erinnern Sie sich, was wir vor einer Woche zum Mittagessen bekommen haben?
- Natürlich erinnere ich mich. Gebratene Kamelbeine. Warum haben sie eigentlich ein Kamel gebraten? Das ist nicht Teil unserer nationalen Küche.
- Es wurde hingerichtet! Das Kamel hat illegaler

for this.
- I think we should take a risk and run away from this prison as soon as possible.

Weise auf Ihr Palastgrundstück gepinkelt, Herr Präsident. Unser Gefängniswärter hat Hinrichtungen mit dem elektrischen Stuhl geübt und dazu das Kamel verwendet.
- Ich glaube, wir sollten das Risiko eingehen und so schnell wie möglich aus diesem Gefängnis ausbrechen.

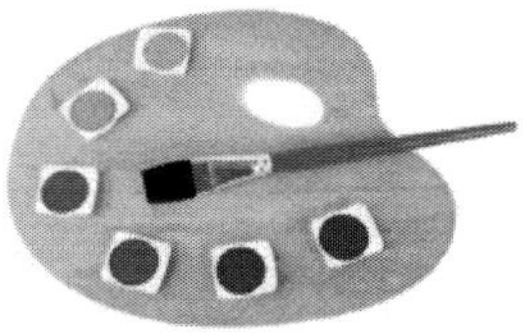

29

You Decide, Man

Du entscheidest, Mann

A

Words

1. accompanied [əˈkʌmpənid] - begleitet
2. accompany [əˈkʌmpəni] - begleiten
3. afterburner [ˈæftərˌbərnə] - Nachbrenner, der
4. animal [ˈænɪml̩] - Vieh, das
5. anyone [ˈeniwʌn] - jemand
6. be busy [bi ˈbɪzi] - beschäftigt sein
7. be executed [bi ˈeksɪkjuːtɪd] - hingerichtet werden
8. be finished [bi ˈfɪnɪʃt] - fertig sein
9. bomber [ˈbɒmə] - Bomber, der
10. busy [ˈbɪzi] - beschäftigt
11. catch up [kætʃ ʌp] - einholen
12. coffee [ˈkɒfi] - Kaffee, der
13. command [kəˈmɑːnd] - Kommando, das
14. conduct [kənˈdʌkt] - durchführen
15. continent [ˈkɒntɪnənt] - Kontinent, der
16. correctly [kəˈrektli] - richtig
17. cup [kʌp] - Tasse, die
18. ear [ɪə] - Ohr, das
19. enormous [ɪˈnɔːməs] - enorm
20. film [fɪlm] - Film, der
21. froze [frəʊz] - erstarrte
22. incident [ˈɪnsɪdənt] - Vorfall, der
23. introduced [ˌɪntrəˈdjuːst] - stellte vor
24. investigation [ɪnˌvestɪˈgeɪʃn̩] - Ermittlung, die
25. lead [liːd] - führen
26. moral [ˈmɒrəl] - moralisch
27. nervous [ˈnɜːvəs] - nervös
28. not anyone [nɒt ˈeniwʌn] - niemand
29. permission [pəˈmɪʃn̩] - Erlaubnis, die
30. questioning [ˈkwestʃənɪŋ] - fragend
31. realize [ˈrɪəlaɪz] - sich (einer Sache) bewusst werden
32. shameless [ˈʃeɪmləs] - schamlos
33. stirred [stɜːd] - rührte um
34. stunt [stʌnt] - Trick, der
35. sugar [ˈʃʊgə] - Zucker, der
36. talk [ˈtɔːk] - sprechen
37. tense [tens] - angespannt
38. tension [ˈtenʃn̩] - Spannung, die
39. thoughtfully [ˈθɔːtfəli] - nachdenklich
40. uselessness [ˈjuːsləsnəs] - Sinnlosigkeit, die
41. video [ˈvɪdɪəʊ] - Video, das

42. wide-eyed [waɪd aɪd] - mit großen Augen

B

You Decide, Man

Du entscheidest, Mann

The bank guard George Titan was not surprised at all when he saw the former bank manager John Vega, accompanied by Detective Paul Rost.
"Good morning, George," Rost said to him, "I'm conducting an investigation about the robbery in your bank. I am now accompanying John Vega for an investigative experiment."
"I understand. Come in, please," Titan said, "Good day, Mr. Manager. How is it going?" the guard asked the manager as if he were a good friend.
"Thank you, George," former bank manager John Vega said, "Well or badly, but it is going."
Rost and Vega went into the bank and saw that the safe was closed. Then they asked the guard to lead them to the new bank manager. They walked into the manager's room. Titan introduced Rost and Vega to the new manager. The new bank manager was a forty-five year old woman. Her name was Anna Furtada. Ms. Furtada was surprised when Rost asked her to open the safe for the investigative experiment. But she went with them to the safe and opened it.
"Why is a private detective and not the police conducting the investigative experiment?" Ms. Furtada asked.
"The police asked me to do this part of the investigation," Rost explained, "Because I'd conducted the investigation on the first case, when John Vega robbed ten thousand dollars from his own bank."
"Was this the incident where he exchanged the money for fake bills?" Ms. Furtada

Der Bankbeamte George Titan war überhaupt nicht überrascht, als er den ehemaligen Bankmanager John Vega, begleitet von Detektiv Paul Rost, sah.
„Guten Morgen, George", sagte Rost zu ihm. „Ich führe eine Untersuchung über den Überfall in Ihrer Bank durch. Ich begleite John Vega gerade zu einem Ermittlungsexperiment."
„Ich verstehe. Kommen Sie bitte herein", sagte Titan. „Guten Tag, Herr Manager. Wie geht es Ihnen?", fragte der Sicherheitsbeamte den Manager, als ob sie gute Freunde wären.
„Danke, George", sagte der ehemalige Bankmanager John Vega. „Egal ob gut oder schlecht, es geht immer weiter."
Rost und Vega gingen in die Bank und sahen, dass der Tresorraum geschlossen war. Dann baten sie den Sicherheitsbeamten, sie zu dem neuen Bankmanager zu führen. Sie gingen in das Büro des Managers. Titan stellte Rost und Vega der neuen Managerin vor. Die neue Bankmanagerin war eine vierundfünfzig Jahre alte Frau. Ihr Name war Anna Furtada. Frau Furtada war überrascht, als Rost sie bat den Tresorraum für ein Ermittlungsexperiment zu öffnen. Aber sie ging mit ihnen zum Tresorraum und öffnete ihn.
„Warum wird das Ermittlungsexperiment von einem Privatdetektiv und nicht von der Polizei durchgeführt?", fragte Frau Furtada.
„Die Polizei hat mich gebeten, diesen Teil des Experiments durchzuführen", erklärte Rost. „Weil ich die Ermittlungen zu dem ersten Fall durchgeführt habe, als John Vega zehntausend Dollar aus seiner eigenen Bank gestohlen hatte."
„War das der Vorfall, bei dem er das Geld durch gefälschte Banknoten ersetzt hat?", fragte Frau

asked.
"Yes. The fake money said 'We Love Cabbage' instead of 'In God We Trust'," Rost explained, "What? You like cabbage?" Rost turned to Vega, "Are you ashamed now? Come show me how you took that money. Come into the safe!" Rost shouted. Vega went into the safe and looked at Rost.
"Take out the bag, open it, and put the money in it! And tell me everything that you're doing!" Rost ordered. He turned on the video camera and began to film everything that Vega was doing.
"I opened the bag," Vega said, and opened the bag, "Then I put it here, and began to put the money in it," Vega continued and began to put the money into the bag.
"Go on," Rost ordered.
"I was putting the money... putting the money in the bag..." Vega continued, "When the bag was full, I put it there," Vega pointed to the door.
"Put the bag there," Rost ordered. Vega quickly put the full bag by the door. Ms. Furtada carefully watched everything that was happening.
"Then I took out a second bag and began putting the money in it," Vega continued and began to put the money in the bag. Rost noticed that Vega was beginning to like this process. Ms. Furtada looked at Vega as if he were a madman.
"I was putting in the money! Putting in the money! Putting in the money!" Vega was saying quickly. "When the bag was full, I also put it over there," and he quickly put the second bag next to the first one.
"Stop!" Rost cried and Vega froze. Then Rost looked at Ms. Furtada, "Please don't tell anyone about what I am about to tell him," Rost asked her and turned to Vega, "Listen, you are a shameless scoundrel. When I was told that you robbed your own bank twice, I didn't believe it. Now, when I look at you, I can understand why people

Furtada.
„Ja. Auf dem gefälschten Geld stand ‚Wir lieben Kohl‘ anstelle von ‚Auf Gott vertrauen wir‘“, erklärte Rost. „Was? Du magst Kohl?“, sagte Rost und drehte sich zu Vega um. „Schämst du dich jetzt? Komm, zeig mir wie du das Geld gestohlen hast. Komm in den Tresorraum!“, schrie Rost. Vega ging in den Tresorraum und schaute Rost an.
„Nimm die Tasche heraus, öffne sie und gib das Geld hinein! Und sag mir genau, was du machst!“, befahl Rost. Er schaltete die Videokamera an und begann alles zu filmen, was Vega machte.
„Ich öffnete die Tasche“, sagte Vega und öffnete die Tasche. „Dann habe ich sie hierher gestellt und das Geld hineingesteckt“, erklärte Vega weiter und steckte das Geld in die Tasche.
„Weiter“, befahl Rost.
„Ich habe das Geld gerade... das Geld gerade in die Tasche gesteckt...“, erklärte Vega weiter.
„Und als die Tasche voll war, habe ich sie dorthin gestellt“, Vega zeigte auf die Tür.
„Stell die Tasche dorthin“, befahl Rost. Vega stellte die volle Tasche schnell zur Tür. Frau Furtada beobachte aufmerksam, was passierte.
„Dann nahm ich eine zweite Tasche heraus und begann Geld hineinzustecken“, sprach Vega weiter und begann Geld in die Tasche zu stecken. Rost bemerkte, dass Vega anfing die Sache zu genießen. Frau Furtada schaute Vega so an, als ob er ein Verrückter wäre.
„Ich habe das Geld hineingesteckt! Das Geld hineingesteckt! Das Geld hineingesteckt!“, sagte Vega schnell. „Als die Tasche voll war, habe ich sie auch dorthin gestellt“, sagte er und stellte die zweite Tasche schnell neben die erste.
„Halt!“, schrie Rost und Vega erstarrte. Dann schaute Rost Frau Furtada an. „Bitte erzählen Sie niemandem, was ich ihm jetzt sagen werde“, bat Rost Frau Furtada und drehte sich zu Vega. „Hör zu, du bist ein schamloser Schurke. Als man mir erzählte, dass du deine eigene Bank zwei Mal ausgeraubt hast, habe ich es nicht geglaubt. Jetzt, wenn ich dich so ansehe,

say that you are a greedy animal," Rost said quietly. Vega lowered his eyes and turned away. Rost looked at Ms. Furtada, "Excuse me, Ms. Furtada. Continue the investigative experiment," Rost ordered. Vega took out a third bag and began quickly putting in the money.
"Good afternoon, Ms. Furtada," Rost heard and looked at the person who said these words. Andrew stood next to Ms. Furtada and looked at Rost. Their eyes met. They looked at each other. Vega stopped putting the money in a bag and froze. Paul and Andrew kept looking at each other. Andrew, of course, knows that Paul escaped from prison. Paul thought that Andrew wouldn't let him leave. As a police officer, he must do it. He also has the full moral right to arrest him. He has four children. If he loses his job or goes to jail because of Paul, what would happen to his children? Ms. Furtada noticed this long pause and gave Andrew a questioning look.
"Hi, Andrew," Paul said, and lowered his eyes.
"Ms. Furtada, may I speak to you for a moment?" Andrew asked. Ms. Furtada walked to the side with the police officer. Vega gave Paul Rost a questioning look.
"How much is in those two bags?" Rost asked.
"About a million and a half," Vega replied.
"Let's go," Rost ordered. He quickly helped Vega lift both bags, and they walked to the bank exit.
"Paul Rost!" Rost heard a voice behind him. He stopped and turned around slowly. Andrew, Ms. Furtada, and George Titan were quickly walking toward them.
"Are you finishing the investigative experiment already? So quickly?" Andrew asked Paul.
"Yes," Rost replied, realizing the uselessness of his plan, "He just needs to put the money into the van. That's it." He

verstehe ich, warum die Leute sagen, dass du ein gieriges Vieh bist", sagte Rost leise. Vega senkte seinen Blick und drehte sich weg. Rost schaute Frau Furtada an: „Entschuldigen Sie bitte, Frau Furtada. Setzen wir das Ermittlungsexperiment fort", befahl er. Vega nahm eine dritte Tasche heraus und begann schnell Geld hineinzustecken.
„Guten Tag, Frau Furtada", hörte Rost und schaute die Person an, die das gesagt hatte. Andrew stand neben Frau Furtada und schaute Rost an. Ihre Blicke trafen sich. Sie sahen sich an. Vega hörte auf, Geld in die Tasche zu stecken und erstarrte. Paul und Andrew sahen sich immer noch an. Andrew wusste natürlich, dass Paul aus dem Gefängnis ausgebrochen war. Paul dachte, dass Andrew ihn nicht gehen lassen würde. Als Polizist musste er ihn aufhalten. Er hatte auch das moralische Recht ihn festzunehmen. Er hatte vier Kinder. Falls er wegen Paul seinen Job verlieren würde oder ins Gefängnis kommen würde, was würde mit seinen Kinder passieren? Frau Furtada bemerkte die lange Pause und schaute Andrew fragend an.
„Hi, Andrew", sagte Paul und senkte den Blick.
„Frau Furtada, kann ich Sie kurz sprechen?", bat Andrew. Frau Furtada ging mit dem Polizisten zur Seite. Vega sah Paul Rost fragend an.
„Wie viel ist in diesen beiden Taschen?", fragte Rost.
„Etwa eineinhalb Millionen", antwortete Vega.
„Lass uns gehen", befahl Rost. Er half Vega schnell die beiden Taschen zu tragen und sie gingen zum Ausgang der Bank.
„Paul Rost!" Rost hörte die Stimme hinter ihm. Er blieb stehen und drehte sich langsam um. Andrew, Frau Furtada und George Titan kamen schnell auf ihn zu.
„Seid ihr mit dem Ermittlungsexperiment schon fertig? So schnell?", fragte Andrew Paul.
„Ja", antwortete Rost und wurde sich der Sinnlosigkeit seines Plans bewusst. „Er muss das Geld nur in den Lastwagen legen. Das ist alles." Er sah Andrew an. Ihr Blicke trafen sich

looked up at Andrew. They looked at each other again, and once again there was a long pause.
"Who gave you permission to conduct an investigative experiment?" Andrew asked.
"The chief of police," Paul said, and added: "If you have to do your job, then come on..." Rost was prepared to be arrested by Andrew.
"Yes, I will do what I must do. Usually, two police officers conduct investigative experiments," Andrew explained, "Because you are alone, then I have to fulfill the role of the second officer. Continue," Andrew said. Rost waved to Vega and he carried the bags of money further toward the door. Andrew followed Rost and Vega.
"I talked to your mother," Andrew said when they'd left the bank and were walking toward the car, "If I understand correctly, you are planning to go to Damascus?"
"Yes, I need to help one person," Paul replied.
"If you're talking about Lisa Pandora, then she is going to be executed for crimes against the state," Andrew explained, looking back at the bank entrance, "In Libya, she and Ashur were able to avoid the trial. But in Syria Ashur decided not to risk it. But Pandora didn't stop. I wouldn't trust her if I were you," Andrew suggested.
"I'm not going to trust her," Paul looked at Andrew, "I just don't want them to kill her."
"I hope that you know what you're doing," Andrew said, and went back to the bank. Vega and Rost got into the van. Ashur began to drive.
"Faster. We have no more than ten minutes," Rost ordered. The van was driving very fast past the military airfield. When they reached the forest, Ashur stopped the van. Rost, Vega and Stravinsky got out of the van.
"Say hello to your father," Rost said to

wieder und erneut gab es eine lange Pause.
„Wer hat die dir Erlaubnis gegeben, ein Ermittlungsexperiment durchzuführen?“, fragte Andrew.
„Der Polizeichef“, sagte Paul und fügte hinzu: „Wenn du deine Arbeit machen muss, dann los...“ Rost war bereit sich von Andrew festnehmen zu lassen.
„Ja, ich werde tun, was ich tun muss. Normalerweise wird ein Ermittlungsexperiment von zwei Polizisten durchgeführt“, erklärte Andrew. „Weil du alleine bist, werde ich die Rolle des zweiten Polizisten übernehmen. Macht weiter“, sagte Andrew. Rost winkte Vega zu und er trug die Taschen mit dem Geld näher zur Tür. Andrew folgte Rost und Vega.
„Ich habe mit deiner Mutter gesprochen“, sagte Andrew, als sie die Bank verließen und zum Auto gingen. „Wenn ich richtig informiert bin, willst du nach Damaskus reisen?“
„Ja, ich muss jemandem helfen“, antwortete Paul.
„Du sprichst von Lisa Pandora. Sie wird wegen Verbrechen gegen den Staat hingerichtet werden“, erklärte Andrew und schaute zurück zum Bankeingang. „Sie und Ashur konnten der Verhandlung in Libyen entgehen. In Syrien wollte Ashur kein Risiko eingehen. Aber Pandora hat weitergemacht. Wenn ich du wäre, würde ich ihr nicht vertrauen“, riet Andrew.
„Ich werde ihr nicht vertrauen“, sagte Paul und schaute Andrew an. „Ich will nur nicht, dass sie sie umbringen.“
„Ich hoffe, du weißt, was du tust“, sagte Andrew und ging zurück zur Bank. Vega und Rost stiegen in den Lastwagen. Ashur begann loszufahren.
„Schneller. Wir haben weniger als zehn Minuten“, befahl Rost. Der Lastwagen fuhr sehr schnell am Flugfeld des Militärs vorbei. Als sie den Wald erreichten, hielt Ashur den Lieferwagen an. Rost, Vega und Stravinsky stiegen aus.
„Grüß deinen Vater von mir“, sagte Rost zu Ashur.
„Paul, vertrau Pandora nicht“, riet Ashur,

Ashur.
"Paul, don't trust Pandora," Ashur advised, gave Rost a long look, and drove away. Rost, Vega and Stravinsky climbed over the wall and ran to the airplane hangar.
"This one will fly all the way to Syria and blow up half of Damascus," Rost said, pointing to the huge bomber. Vega ran to the bomber and started to climb into it.
"Wait, Mr. Manager. It is easy to catch up to and knock down this bomber," Rost added, and Vega immediately returned, "But only a missile could catch up to this plane," Paul said about a small plane, "But we have a very good means against missiles," he said, getting in plane.
"What means?" Vega said with interest, and also climbed into the airplane.
"It is you, John. You and the money in the bags. At the right time, on my command, you will throw the money out of the plane. It will create a cloud, and the missile will only see a cloud."
"I won't throw out the money!" Vega shouted, "Let's throw out..." Vega looked around, "Stravinsky!" he said.
But Rost was busy launching the plane and didn't answer Vega. Stravinsky took the co-pilot's seat, and Vega sat between his legs.
"Stravinsky, do you know where to turn on your catapult?" Vega inquired, but Stravinsky put the money bags on top of Vega and closed the cabin door. The plane slowly drove out of the hangar. Several people saw that a plane was leaving without permission and ran after it out of the hangar. But Rost turned on the afterburner and the fighter plane took off at an enormous speed. Rost flew the plane close to the ground, so that the radars couldn't see it. Stravinsky began to shout out of nervous tension:
"Syria! We are flying to Syria! Syria!" Stravinsky shouted without stopping. Vega looked at him wide-eyed, then covered his

schaute Rost lange an und fuhr davon. Rost, Vega und Stravinsky kletterten über die Mauer und liefen zum Hangar.
„Der hier wird die ganze Strecke bis nach Syrien zurücklegen und halb Damaskus in die Luft jagen", sagte Rost und zeigte auf einen großen Bomber. Vega rannte zu dem Bomber und begann hineinzuklettern.
„Warte, Herr Manager. Es ist einfach diesen Bomber einzuholen und zu zerstören", fügte Rost hinzu und Vega kam sofort zurück. „Aber nur eine Rakete könnte dieses Flugzeug erreichen", sagte Paul über ein kleines Flugzeug. „Und wir haben ein sehr gutes Mittel gegen Raketen", sagte er und kletterte in das Flugzeug.
„Welches Mittel?", sagte Vega interessiert und kletterte auch in das Flugzeug.
„Du bist das Mittel, John. Du und das Geld in den Taschen. Zum richtigen Zeitpunkt und auf mein Kommando wirst du das Geld aus dem Flugzeug werfen. Das wird eine Wolke erzeugen und die Rakete wird nur eine Wolke erkennen."
„Ich werde das Geld nicht hinauswerfen!", schrie Vega. „Lass uns etwas anderes hinauswerfen...", sagte Vega und sah sich um. „Stravinsky!", sagte er.
Aber Rost war damit beschäftigt das Flugzeug zu starten und antwortete Vega nicht. Stravinsky setzte sich auf den Sitz des Kopiloten und Vega saß zwischen seinen Füßen.
„Stravinsky, weißt du, wo man dein Katapult auslöst?", fragte Vega nach, aber Stravinsky stellte die Taschen auf Vega und schloss die Kabinentür. Das Flugzeug rollte langsam aus dem Hangar. Einige Leute sahen, dass sich ein Flugzeug ohne Erlaubnis bewegte und rannten aus dem Hangar, hinter dem Flugzeug her. Aber Rost aktivierte den Nachbrenner und das Kampfflugzeug hob mit einer enormen Geschwindigkeit ab. Rost flog mit dem Flugzeug nahe am Boden, damit sie kein Radar entdecken konnte. Stravinsky war nervös und angespannt, er begann zu schreien: „Syrien! Wir fliegen nach Syrien! Syrien!" Stravinsky schrie ohne Unterbrechung. Vega schaute ihn mit großen

ears with his hands and put his head down. At that time Andrew was in the police headquarters. He thoughtfully stirred the sugar in a cup of coffee. The phone rang and he answered it. It was an officer from the Ministry of Defense.
"Andrew, is your friend showing off his stunts again?" the officer from the ministry asked indignantly.
"I think it's him," Andrew said, "He has some business in Syria."
"So he should buy a ticket for a regular plane instead of showing off his stunts!" the officer cried, "If he doesn't land the plane in three minutes, we will launch a missile at it!"
"Last time you awarded him a medal for his stunts," Andrew said, "At least don't kill him this time. Don't kill him, if you still need heroes!" Andrew asked and hung up. He got up, left the building and walked down the street. He knew that he would not be able to help those who shouted.
The plane flew over the sea. The continent was left behind and was no longer visible. Only the smoke from the missiles, flying toward the airplane, pointed to the place where the land was.
(To be continued)

Augen an, hielt sich dann mit den Händen die Ohren zu und stützte seinen Kopf ab.
Zu diesem Zeitpunkt war Andrew im Polizeihauptquartier. Er rührte nachdenklich Zucker in seinen Kaffee. Das Telefon läutete und er hob ab. Es war ein Beamter des Verteidigungsministeriums.
„Andrew, gibt dein Freund schon wieder mit seinen Tricks an?“, fragte der Beamte des Ministeriums empört.
„Ich glaube, dass er es ist“, sagte Andrew. „Er hat etwas in Syrien zu erledigen.“
„Dann sollte er ein normales Flugticket kaufen, anstatt seine Tricks vorzuführen!“, schrie der Beamte. „Wenn er das Flugzeug nicht in drei Minuten landet, werden wir eine Rakete abschießen!“
„Das letzte Mal haben Sie ihm eine Medaille für seine Tricks verliehen“, sagte Andrew. „Bringt ihn wenigstens dabei nicht um. Bringt ihn nicht um, wenn ihr noch Helden braucht!“, bat Andrew und legte auf. Er stand auf, verließ das Gebäude und ging die Straße hinunter. Er wusste, dass er denen, die schrien, nicht helfen konnte.
Das Flugzeug flog über das Meer. Es ließ den Kontinent hinter sich zurück und man konnte ihn nicht länger sehen. Nur der Rauch der Raketen, die in Richtung des Flugzeuges flogen, ließ erahnen, wo das Land war.
(Fortsetzung folgt)

C

New Vocabulary Review

- Sit down, Mr. President.
- Thank you, Mr. Judge. By the way, I don't remember you. How long have you worked in court?
- Three days. But we are not going to talk about me. Did you order bombers to bomb cities in our country?
- Then tell me, please, is this trial taking

Wiederholung des neuen Vokabulars

- Setzen Sie sich, Herr Präsident.
- Danke, Herr Richter. Ich erinnere mich übrigens nicht an Sie. Seit wann arbeiten Sie in diesem Gericht?
- Seit drei Tagen. Aber wir sprechen nicht über mich. Haben Sie den Bombern befohlen, Städte in unserem Land zu bombardieren?
- Sagen Sie mir bitte, ob die Verhandlung hinter

place behind closed doors?
- No. There are reporters from newspapers and television stations in the courtroom.
- In that case, it wasn't me. These were the orders of the Prime Minister! He ordered the bombing!
- Not true, Mr. Judge! The President ordered everything! He is a shameless animal! I didn't order it! He is guilty!
- Silence, everybody! You can speak only with my permission!
- Of course, Mr. Judge.
- Mr. President, at the time of the arrest, they found in your possession a Panama state passport in your name. How can you explain this?
- I can explain it. When the Prime Minister flew to Colombia for a botanists' symposium, he bought not only various amazing plants and products made from them. He also bought several passports from different countries in my own name and in his name. It is very convenient to travel around the world with these passports. Have you heard of the former Ukrainian Prime Minister Lazarenko, Mr. Judge?
- No, I have not. Go on.
- He had a wonderful time traveling around the world with a Ukrainian and a Panamanian passport at the same time. It's very convenient if you're carrying a lot of cash in your suitcases. He advised it to me and my Prime Minister.
- Did you order to shoot at people during a demonstration?
- Do I have the right to remain silent?
- Answer the question!
- Then I demand a cup of coffee and a gun with one bullet! The coffee is for me, and the pistol for the Prime Minister.

geschlossenen Türen stattfindet?
- Nein. Es sind Journalisten von Zeitungen und Fernsehstationen im Gerichtssaal.
- Wenn das so ist, dann war ich das nicht. Das waren die Befehle des Premierministers! Er hat die Bombardierungen befohlen!
- Das stimmt nicht, Herr Richter! Der Präsident hat alles befohlen! Er ist ein schamloses Vieh! Ich habe nichts befohlen! Er ist schuldig!
- Ruhe im Gerichtssaal! Sie dürfen nur mit meiner Erlaubnis sprechen!
- Natürlich, Herr Richter.
- Herr Präsident, zum Zeitpunkt Ihrer Festnahme fand man einen Reisepass von Panama mit Ihrem Namen in Ihrem Besitz. Wie erklären Sie das?
- Das kann ich erklären. Als der Premierminister für ein botanisches Symposium nach Kolumbien gereist ist, hat er nicht nur verschiedene beeindruckende Pflanzen und daraus hergestellte Produkte gekauft. Er hat auch einige Reisepässe aus verschiedenen Ländern mit meinem und mit seinem Namen gekauft. Es ist sehr praktisch mit diesen Reisepässen um die Welt zu reisen. Haben Sie von dem ehemaligen ukrainischen Ministerpräsidenten Lasarenko gehört, Herr Richter?
- Nein, habe ich nicht. Erzählen Sie weiter.
- Er hatte eine großartige Zeit, als er mit einem Reisepass aus der Ukraine und einem zweiten Reisepass aus Panama um die Welt gereist ist. Das ist sehr praktisch, wenn man viel Geld in den Koffern hat. Er hat es mir und meinem Premierminister empfohlen.
- Haben Sie befohlen bei einer Demonstration auf die Menschen zu schießen?
- Habe ich das Recht die Aussage zu verweigern?
- Beantworten Sie die Frage!
- Dann verlange ich eine Tasse Kaffee und eine Waffe mit einer Kugel! Der Kaffee ist für mich, und die Pistole für den Premierminister.

Englisch-German Dictionary

Aa
a [ə] - ein, eine
a bit [ə bɪt] - ein bisschen
a couple of [ə ˈkʌpl̩ ɒv] - einige
a little [ə ˈlɪtl̩] - ein wenig
a lot [ə lɒt] - viel, viele
abandon [əˈbændən] - verlassen
about [əˈbaʊt] - über
above [əˈbʌv] - über, oberhalb
abruptly [əˈbrʌptli] - unvermittelt
absolutely [ˈæbsəluːtli] - völlig
accident [ˈæksɪdənt] - Unfall, der
accompanied [əˈkʌmpənid] - begleitet
accompany [əˈkʌmpəni] - begleiten
according to [əˈkɔːdɪŋ tuː] - gemäß
ace [eɪs] - Ass, das; ace pilot [eɪs ˈpaɪlət] - Spitzenpilot, der
acquaintance [əˈkweɪntəns] - Bekannte, der
across [əˈkrɒs] - gegenüber
act [ækt] - handeln
acted [ˈæktɪd] - gehandelt
action [ˈækʃn̩] - Vorgehen, das
actually [ˈæktʃuəli] - tatsächlich
ad [æd] - Anzeige, die
add [æd] - hinzufügen
added [ˈædɪd] - fügte hinzu
address [əˈdres] - Adresse, die
advised [ədˈvaɪzd] - geraten
affair [əˈfeə] - Beziehung, die
after [ˈɑːftə] - nach
afterburner [ˈæftərˌbərnə] - Nachbrenner, der
afternoon [ˌɑːftəˈnuːn] - Nachmittag, der
again [əˈgen] - noch einmal
against [əˈgenst] - gegen
agitated [ˈædʒɪteɪtɪd] - aufgeregt
agitation [ˌædʒɪˈteɪʃn̩] - Aufregung, die
agree [əˈgriː] - mit etwas einverstanden sein
agreed [əˈgriːd] - stimmte zu
agreement [əˈgriːmənt] - Vereinbarung, die
aimed [eɪmd] - richtete
air [eə] - Luft, die
air force [eə fɔːs] - Luftwaffe, die
aircraft [ˈeəkrɑːft] - Flugzeug, das
airfield [ˈeəfiːld] - Flugplatz, der
airplane [ˈeəpleɪn] - Flugzeug, das
airport [ˈeəpɔːt] - Flughafen, der
alarm [əˈlɑːm] - Alarm, der
alcohol [ˈælkəhɒl] - Alkohol, der
alive [əˈlaɪv] - lebendig
all [ɔːl] - alle
all the same [ˌɔːl ðə ˈseɪm] - trotzdem
alley [ˈæli] - Gasse, die
allow [əˈlaʊ] - zulassen
almost [ˈɔːlməʊst] - fast
alone [əˈləʊn] - allein
along [əˈlɒŋ] - entlang
already [ɔːlˈredi] - schon
alright [ɔːlˈraɪt] - in Ordnung
also [ˈɔːlsəʊ] - auch
altitude [ˈæltɪtjuːd] - Höhe, die
always [ˈɔːlweɪz] - immer
amazement [əˈmeɪzmənt] - Verwunderung, die
among [əˈmʌŋ] - inmitten
an [æn] - ein, eine
and [ænd] - und
angrily [angrəli] - wütend
angry [ˈæŋgri] - wütend
animal [ˈænɪml̩] - Vieh, das
another [əˈnʌðə] - ein anderer, ein anderes, eine andere
answer [ˈɑːnsə] - antworten
answered [ˈɑːnsəd] - antwortete
antelope [ˈæntɪləʊp] - Antilope, die
antenna [ænˈtenə] - Antenne, die
any [ˈeni] - irgendein, irgendeine
anybody [ˈenibɒdi] - jemand
anyone [ˈeniwʌn] - jemand
anything [ˈeniθɪŋ] - irgendetwas
anyway [ˈeniweɪ] - sowieso
anywhere [ˈeniweə] - irgendwo
apart [əˈpɑːt] - auseinander
appear [əˈpɪə] - tauchen auf
appearance [əˈpɪərəns] - Aussehen, das
appeared [əˈpɪəd] - tauchte auf
appointed [əˈpɔɪntɪd] - ernannt

appreciate [əˈpriːʃieɪt] - zu schätzen wissen
approach [əˈprəʊtʃ] - sich nähern
approached [əˈprəʊtʃt] - auf jemanden zukommen
Arab [ˈærəb] - Araber, der
are [ɑː] - sie sind
arm [ɑːm] - Arm, der
armchair [ˈɑːmtʃeə] - Lehnstuhl, der
armed [ɑːmd] - bewaffnet
army [ði ˈɑːmi] - Heer, das
around [əˈraʊnd] - umher
arrest [əˈrest] - festnehmen
arrested [əˈrestɪd] - nahmen fest
arrival [əˈraɪvl̩] - Ankunft, die
arrive [əˈraɪv] - erreichen
arrived [əˈraɪvd] - kam an
as [æz] - als, wie
Asian [ˈeɪdʒn̩] - asiatisch
ask [ɑːsk] - fragen
asked [ɑːskt] - fragte
assistant [əˈsɪstənt] - Assistent, der
at home [ət həʊm] - zu Hause
at least [ət liːst] - zumindest
ate [et] - aß
attack [əˈtæk] - Angriff, der
attacked [əˈtækt] - attackiert
attacking [əˈtækɪŋ] - angreifend
attempted [əˈtemptɪd] - versuchter
attentive [əˈtentɪv] - aufmerksam
attentively [əˈtentɪvli] - aufmerksam
authority [ɔːˈθɒrəti] - Autorität, die
avenue [ˈævənjuː] - Avenue, die
avoid [əˈvɔɪd] - vermeiden
away [əˈweɪ] - weg
awkwardly [ˈɔːkwədli] - verlegen
Bb
bachelor’s degree [ˈbætʃələz dɪˌgriː] - BA Abschluss
back [bæk] - zurück
badge [bædʒ] - Polizeimarke, die
badly [ˈbædli] - schlecht; badly damaged [ˈbædli ˈdæmɪdʒd] - schwer beschädigt
bag [bæg] - Tasche, die
ban [bæn] - verbieten
bandage [ˈbændɪdʒ] - bandagieren
bandaged [ˈbændɪdʒd] - verbunden
bank [bæŋk] - Bank, die
bar [bɑː] - Bar, die; Gitterstab, der
barely [ˈbeəli] - kaum
barking [ˈbɑːkɪŋ] - Bellen,das
barrel [ˈbærəl] - Fass, das
basement [ˈbeɪsmənt] - Keller, der
basic [ˈbeɪsɪk] - grundlegend
bathroom [ˈbɑːθruːm] - Badezimmer, das
baton [ˈbætɒn] - Knüppel, der
battle [ˈbætl̩] - Kampf, der
be [bi] - sein
be able to [bi ˈeɪbl̩ tuː] - etwas tun können
be afraid [bi əˈfreɪd] - Angst haben
be asleep [bi əˈsliːp] - schlafen
be awarded [bi əˈwɔːdɪd] - verliehen bekommen
be busy [bi ˈbɪzi] - beschäftigt sein
be child’s play [bi tʃaɪldz pleɪ] - ein Kinderspiel sein
be executed [bi ˈeksɪkjuːtɪd] - hingerichtet werden
be finished [bi ˈfɪnɪʃt] - fertig sein
be glad [bi glæd] - sich freuen
be on board [bi ɒn bɔːd] - in einem Flugzeug mitfliegen
be scared [bi skeəd] - Angst haben
be shocked [bi ʃɒkt] - schockiert sein
be worth [bi wɜːθ] - wert sein
beard [bɪəd] - Bart, der
beat [biːt] - schlagen
beautiful [ˈbjuːtəfl̩] - schön
became [bɪˈkeɪm] - wurde
because [bɪˈkɒz] - weil
become [bɪˈkʌm] - werden
bed [bed] - Bett, das
bedroom [ˈbedruːm] - Schlafzimmer, das
before [bɪˈfɔː] - vor
begin [bɪˈgɪn] - beginnen
beginning to work [bɪˈgɪnɪŋ tə ˈwɜːk] - beginnt zu arbeiten
behave [bɪˈheɪv] - benehmen
behind [bɪˈhaɪnd] - hinter
believe [bɪˈliːv] - glauben
below [bɪˈləʊ] - unter, unterhalb

bent [bent] - bückte
beside [bɪˈsaɪd] - neben
besides [bɪˈsaɪdz] - außerdem
best [best] - der, die, das beste
better [ˈbetə] - besser
between [bɪˈtwiːn] - zwischen
big [bɪg] - groß
big deal [bɪg diːl] - keine große Sache
bill [bɪl] - Geldschein, der
bird [bɜːd] - Vogel, der
black [blæk] - schwarz
blanket [ˈblæŋkɪt] - Decke, die
blast [blɑːst] - Explosion, die
blind [blaɪnd] - blind
block [ˈblɒk] - Häuserblock, der
blocked [blɒkt] - versperrte den Weg
blood [blʌd] - Blut, das
blood spot [blʌd spɒt] - Blutfleck, der
blow [bləʊ] - wehen
blow up [bləʊ ʌp] - in die Luft sprengen
blue [bluː] - blau
body [ˈbɒdi] - Körper, der
bodyguard [ˈbɒdɪgɑːd] - Bodyguard, der
boiler [ˈbɔɪlə] - Boiler, der
bomb [bɒm] - bombardieren; Bombe, die
bombed [bɒmd] - bombardierte
bomber [ˈbɒmə] - Bomber, der
bon appetit [ˈbɔnˈæpɪtaɪt] - guten Appetit
bonfire [ˈbɒnfaɪə] - Lagerfeuer, das
bonus [ˈbəʊnəs] - Prämie, die
border [ˈbɔːdə] - Grenze, die
boring [ˈbɔːrɪŋ] - langweilig
both [bəʊθ] - beide
bottle [ˈbɒtl̩] - Flasche, die
bottom [ˈbɒtəm] - unten
bought [ˈbɔːt] - gekauft
bouncing [ˈbaʊnsɪŋ] - springend
bow [baʊ] - verbeugen
bowed [baʊd] - verbeugte
box [bɒks] - Kiste, die
boy [ˌbɔɪ] - Junge, der
brain [breɪn] - Verstand, der
brake [breɪk] - bremsen
bread [bred] - Brot, das
break [breɪk] - brechen
breeze [briːz] - Briese, die
bribe [braɪb] - bestechen
bribed [braɪbd] - bestochen
brilliant [ˈbrɪlɪənt] - brilliant
bring [brɪŋ] - bringen
broke [brəʊk] - brechen
brother [ˈbrʌðə] - Bruder, der
brought [ˈbrɔːt] - brachten
brown [braʊn] - braun
building [ˈbɪldɪŋ] - Gebäude, das
bulletproof [ˈbʊlɪtpruːf] - kugelsicher;
bulletproof vest [ˈbʊlɪtpruːf vest] - kugelsichere Weste
buried [ˈberɪd] - eingegraben
burned [bɜːnd] - brannte
burning [ˈbɜːnɪŋ] - brennend
bus [bʌs] - Bus, der
business [ˈbɪznəs] - Geschäft, das
busy [ˈbɪzi] - beschäftigt
but [bʌt] - aber
butt [bʌt] - Hintern, der
button [ˈbʌtn̩] - Knopf, der
buy [baɪ] - kaufen
by [baɪ] - bei
bye [baɪ] - tschüss
Cc
cab [kæb] - Taxi, das
cabbage [ˈkæbɪdʒ] - Kohl, der
cabin [ˈkæbɪn] - Cockpit, das
cabinet [ˈkæbɪnət] - Kabinett, das
cafe [ˈkæfeɪ] - Café, das
cage [keɪdʒ] - Käfig, der
call [kɔːl] - anrufen
calm down [kɑːm daʊn] - sich beruhigen
calmly [ˈkɑːmli] - ruhig
came [keɪm] - kam
camel [ˈkæməl] - Kamel, das
camera [ˈkæmərə] - Kamera, die
camp [kæmp] - Lager, das
can [kæn] - können
capital [ˈkæpɪtəl] - Hauptstadt, die
capitalism [ˈkæpɪtəlɪzəm] - Kapitalismus, der
capture [ˈkæptʃə] - einnehmen
car [kɑː] - Auto, das

card [kɑːd] - Karte, die
career [kəˈrɪə] - Karriere, die
carefully [ˈkeəfəli] - sorgfältig
cargo plane [ˈkɑːgəʊ pleɪn] - Transportflugzeug, das
carried [ˈkærɪd] - trug
carry [ˈkæri] - tragen
cart [kɑːt] - Karren, der
case [keɪs] - Fall, der
cash [kæʃ] - Geld, das
cashier [kæˈʃɪə] - Kassierer, der
catapult [ˈkætəpʌlt] - Schleudersitz, der
catch up [kætʃ ʌp] - einholen
caught [ˈkɔːt] - gefangen
cell [sel] - Zelle, die
central prison [ˈsentrəl ˈprɪzn̩] - Zentralgefängnis, das
centre [ˈsentə] - Zentrum, das
ceremoniously [ˌserɪˈməʊnɪəsli] - feierlich
certain [ˈsɜːtn̩] - sicher
certificate [səˈtɪfɪkeɪt] - Urkunde, die
chair [tʃeə] - Stuhl, der
change [tʃeɪndʒ] - ändern
changed [tʃeɪndʒd] - änderte
charged [tʃɑːdʒd] - angeklagt
chase [tʃeɪs] - Verfolgungsjagd, die
cheat [tʃiːt] - betrügen
cheated [ˈtʃiːtɪd] - betrogen
check [tʃek] - überprüfen
checked [tʃekt] - überprüfte
chest [tʃest] - Brust, die
chief [tʃiːf] - Chef, der
child [tʃaɪld] - Kind, das
children [ˈtʃɪldrən] - Kinder, die
chocolate [ˈtʃɒklət] - Schokolade, die
choice [tʃɔɪs] - Wahl, die
choose [tʃuːz] - wählen
chose [tʃəʊz] - aussuchen
chosen [ˈtʃəʊzən] - gewählt
cigarette [ˌsɪgəˈret] - Zigarette, die
circled [ˈsɜːkl̩d] - kreiste
citizen [ˈsɪtɪzən] - Bürger, der
city [ˈsɪti] - Stadt, die
classification [ˌklæsɪfɪˈkeɪʃn̩] - Klassifizierung, die
clean [kliːn] - sauber
cleaner's [ˈkliːnəz] - Reinigung
cleanly [ˈkliːnli] - sauber
clear [klɪə] - klar
client [ˈklaɪənt] - Klient, der
climb [klaɪm] - klettern
climbed [klaɪmd] - kletterte
clock [ˈklɒk] - Uhr
close [kləʊz] - schließen
closed [kləʊzd] - schloss
closer [ˈkləʊsə] - näher
closets [ˈklɒzɪts] - Schränke, die
clothes [kləʊðz] - Kleidungsstücke, die
clothing [ˈkləʊðɪŋ] - Bekleidung, die
cloud [klaʊd] - Wolke, die
cloudy [ˈklaʊdi] - bewölkt
clutch [klʌtʃ] - klammern
coat [kəʊt] - Mantel, der
cobweb [ˈkɒbweb] - Spinnennetz, das
coffee [ˈkɒfi] - Kaffee, der
cold [kəʊld] - kalt
coldly [ˈkəʊldli] - kalt
coldness [ˈkəʊldnəs] - Kälte, die
colleague [ˈkɒliːg] - Kollege, der
collision [kəˈlɪʒn̩] - Kollision, die
color [ˈkʌlər] - Farbe, die
colorful [ˈkələrfəl] - bunt
column [ˈkɒləm] - Säule, die
combat [ˈkɒmbæt] - Kampf, der
come [kʌm] - kommen
command [kəˈmɑːnd] - Kommando, das
commanded [kəˈmɑːndɪd] - kommandierte
commission [kəˈmɪʃn̩] - Kommission, die
commit [kəˈmɪt] - begehen
company [ˈkʌmpəni] - Truppe, die
completely [kəmˈpliːtli] - ganz
conclude [kənˈkluːd] - abschließen
condemnation [ˌkɒndemˈneɪʃn̩] - Verurteilung, die
conduct [kənˈdʌkt] - durchführen
confidently [ˈkɒnfɪdəntli] - überzeugt
confiscation [ˌkɒnfɪˈskeɪʃn̩] - Einziehung, die
congratulation [kənˌgrætʃʊˈleɪʃn̩] - Gratulation, die

connected [kəˈnektɪd] - verband
connection [kəˈnekʃn̩] - Verbindung, die
consciousness [ˈkɒnʃəsnəs] - Bewusstsein, das
conspiracy [kənˈspɪrəsi] - Verschwörung, die
constantly [ˈkɒnstəntli] - fortwährend
consult [kənˈsʌlt] - beraten
consultant [kənˈsʌltənt] - Berater, der
contain [kənˈteɪn] - beinhalten
continent [ˈkɒntɪnənt] - Kontinent, der
continue [kənˈtɪnjuː] - fortsetzen, weitermachen
continued [kənˈtɪnjuːd] - setzte fort
control [kənˈtrəʊl] - Kontrolle, die
conversation [ˌkɒnvəˈseɪʃn̩] - Gespräch, das
convict [kənˈvɪkt] - Strafgefangene, der
cook [kʊk] - Koch, der; kochen
cool [kuːl] - kühl, kalt
coordinate [ˌkəʊˈɔːdɪneɪt] - koordinieren
co-pilot [ˈkopaɪlət] - Kopilot, der
correctly [kəˈrektli] - richtig
corridor [ˈkɒrɪdɔː] - Korridor, der
cost [kɒst] - kosten
couch [kaʊtʃ] - Couch, die
could [kʊd] - könnte
count [kaʊnt] - zählen
counter [ˈkaʊntə] - Ladentisch, der
country [ˈkʌntri] - Land, das
courtroom [ˈkɔːtruːm] - Gerichtssaal, der
covered [ˈkʌvəd] - bedeckte
coward [ˈkaʊəd] - Feigling, der
crashed [kræʃt] - abgestürzt
crawl [krɔːl] - kriechen
crazy [ˈkreɪzi] - verrückt
create [kriːˈeɪt] - erzeugen
cried [kraɪd] - schrie
crime [kraɪm] - Verbrechen, das
criminal [ˈkrɪmɪnl̩] - Verbrecher, der
crook [krʊk] - Betrüger, der
crosshairs [ˈcrɔːsˈhers] - Fadenkreuz, das
crossing [ˈkrɒsɪŋ] - Übergang, der
crossword [ˈkrɒswɜːd] - Kreuzworträtsel, das
crouched [kraʊtʃt] - kauert nieder
crowd [kraʊd] - Menge, die
crush [krʌʃ] - zerquetschen
crushed [krʌʃt] - zerquetschte
cry [kraɪ] - schreien
cup [kʌp] - Tasse, die
custom [ˈkʌstəm] - Zoll, der
customer [ˈkʌstəmə] - Kunde, der
cut off [kʌt ɒf] - abschneiden
Dd
dad [dæd] - Papa, der
daddy [ˈdædi] - Papa
Dalmatian [ˌdælˈmeɪʃn̩] - Dalmatiner, der
damaged [ˈdæmɪdʒd] - beschädigt
danger [ˈdeɪndʒə] - Gefahr, die
dangerous [ˈdeɪndʒərəs] - gefährlich
dark [dɑːk] - dunkel
darling [ˈdɑːlɪŋ] - Liebling
dashboard [ˈdæʃbɔːd] - Armaturenbrett, das
day [deɪ] - Tag, der
deaf [def] - taub
dear [dɪə] - lieb
death [deθ] - Tod, der
debt [det] - Schuld, die
decide [dɪˈsaɪd] - entschließen
decided [dɪˈsaɪdɪd] - entschied
decision [dɪˈsɪʒn̩] - Entscheidung, die
decisive [dɪˈsaɪsɪv] - entscheidend
declared [dɪˈkleəd] - verkündete
defendant [dɪˈfendənt] - Angeklagte, der
defended [dɪˈfendɪd] - verteidigte
defender [dɪˈfendə] - Verteidiger, der
defense [dɪˈfens] - Verteidigung, die;
defense counsel [dɪˈfens ˈkaʊnsl̩] - Verteidiger, der
definitely [ˈdefɪnətli] - auf jeden Fall
degree [dɪˈgriː] - Abschluss, der
demand [dɪˈmɑːnd] - fordern
demanded [dɪˈmɑːndɪd] - forderte
democratic [ˌdeməˈkrætɪk] - demokratisch
denim shirt [ˈdenɪm ʃɜːt] - Jeansshirt, das
depart [dɪˈpɑːt] - abfliegen
descended [dɪˈsendɪd] - zu Boden sinken
desert [dɪˈzɜːt] - Wüste, die
deserted [dɪˈzɜːtɪd] - verlassen

deserve [dɪˈzɜːv] - verdienen
desk [desk] - Tisch, der
destroyed [dɪˈstrɔɪd] - zerstört
Detainee [ˌdiːteɪˈniː] - Häftling, der
detective [dɪˈtektɪv] - Detektiv, der
detective's [dəˈtektɪvz] - Detektivs, des
devil [ˈdevl̩] - Teufel, der
dial [ˈdaɪəl] - wählen
diamond [ˈdaɪəmənd] - Diamant, der
dictaphone [ˈdɪktəfəʊn] - Diktiergerät, das
dictatorship [dɪkˈteɪtəʃɪp] - Diktatur, die
die [daɪ] - sterben
different [ˈdɪfrənt] - andere, anderer, anderes
difficult [ˈdɪfɪkəlt] - schwer
dimly [ˈdɪmli] - schwach
din [dɪn] - Lärm, der
dinner [ˈdɪnə] - Abendessen, das
direction [dɪˈrekʃn̩] - Richtung, die
dirty [ˈdɜːti] - schmutzig
disappeared [ˌdɪsəˈpɪəd] - verschwunden
disaster [dɪˈzɑːstə] - Katastrophe, die
disconnect [ˌdɪskəˈnekt] - ausschalten
disgusting [dɪsˈgʌstɪŋ] - widerlich
distance [ˈdɪstəns] - Ferne, die; Entfernung, die
distributed [dɪˈstrɪbjuːtɪd] - verteilt
divide [dɪˈvaɪd] - aufteilen
divorced [dɪˈvɔːst] - geschieden
do [duː] - machen
do the trick [də ðə trɪk] - funktionieren
doctor [ˈdɒktə] - Arzt, der
document [ˈdɒkjʊment] - Unterlage, die
does [dʌz] - er, sie, es tut
dog [dɒg] - Hund, der
dollar [ˈdɒlə] - Dollar, der
done [dʌn] - getan
door [dɔː] - Tür, die
dose [dəʊs] - Dosis, die
dot [dɒt] - Punkt, der
double [ˈdʌbl̩] - doppelt
down [daʊn] - hinunter
downpour [ˈdaʊnpɔː] - starker Regen
dozen [ˈdʌzn̩] - Dutzend, das
drag [dræg] - ziehen
dragged [drægd] - zog
drama [ˈdrɑːmə] - Schauspiel, das
drank [dræŋk] - trank
draw [drɔː] - verfassen
drawer [drɔːə] - Schublade, die
dream [driːm] - Traum, der
dreamed [driːmd] - geträumt
dress [dres] - Kleid, das
dressed [drest] - angezogen
drink [drɪŋk] - trinken
drive [draɪv] - fahren
driven [ˈdrɪvn̩] - gefahren
driver [ˈdraɪvə] - Fahrer, der
drop [drɒp] - senken, herunternehmen; Tropfen, der
drop off [drɒp ɒf] - absetzen
drove [drəʊv] - fuhr
drugs [drʌgz] - Medikamente, die; Drogen, die
drunk [drʌŋk] - getrunken, betrunken
drunken [ˈdrʌŋkən] - betrunken
dry [draɪ] - trocken
dune [djuːn] - Düne, die
during [ˈdjʊərɪŋ] - während
dust [dʌst] - Staub, der
Ee
each [iːtʃ] - jede, jeder, jedes
eagerly [ˈiːgəli] - gierig
ear [ɪə] - Ohr, das
earlier [ˈɜːliə] - früher
earn [ɜːn] - verdienen
east [iːst] - Osten, der
easy [ˈiːzi] - einfach
eat [iːt] - essen
eaten [ˈiːtn̩] - gegessen
economics [ˌiːkəˈnɒmɪks] - Wirtschaft, die
economy [ɪˈkɒnəmi] - Wirtschaft, die
edge [edʒ] - Rand, der
education [ˌedʒʊˈkeɪʃn̩] - Ausbildung, die
eight [eɪt] - acht
either … or [ˈaɪðə ɔː] - entweder … or
elections [ɪˈlekʃn̩z] - Wahlen, die
electric [ɪˈlektrɪk] - elektrisch
electrician [ɪˌlekˈtrɪʃn̩] - Elektriker, der
elephant [ˈelɪfənt] - Elefant, der

elevator [ˈelɪveɪtə] - Aufzug, der
else [els] - sonst noch
emotion [ɪˈməʊʃn̩] - Gefühl, das
employee [ˌemplɔɪˈiː] - Angestellter, der
empty [ˈempti] - leer
end [end] - Ende, das; enden
ended [ˈendɪd] - geendet
enemy [ˈenəmi] - Feind, der
energy [ˈenədʒi] - Energie, die
engine [ˈendʒɪn] - Motor, der
enjoy [ɪnˈdʒɔɪ] - etwas gerne tun
enjoyed [ɪnˈdʒɔɪd] - genoß
enormous [ɪˈnɔːməs] - enorm
enough [ɪˈnʌf] - genug
enter [ˈentə] - betreten
entered [ˈentəd] - betrat
entire [ɪnˈtaɪə] - gesamt
entrance [ɪnˈtrɑːns] - Einfahrt, die;
entrance permit [ɪnˈtrɑːns pəˈmɪt] - Einfahrtserlaubnis, die
envelope [ˈenvələʊp] - Briefkuvert, das
equally [ˈiːkwəli] - zu gleichen Teilen
equipment [ɪˈkwɪpmənt] - Ausrüstung, die
escape [ɪˈskeɪp] - fliehen
escaped [ɪˈskeɪpt] - geflohen
euphoric [juːˈfɒrɪk] - euphorisch
Europe [ˈjʊərəp] - Europa
European [ˌjʊərəˈpɪən] - europäisch
evening [ˈiːvn̩ɪŋ] - Abend, der
event [ɪˈvent] - Vorfall, der
eventually [ɪˈventʃʊəli] - schließlich
ever [ˈevə] - jemals
every [ˈevri] - jede, jeder, jedes
everybody [ˈevrɪbɒdi] - alle
everyone [ˈevrɪwʌn] - jeder
everything [ˈevrɪθɪŋ] - alles
everywhere [ˈevrɪweə] - überall
evident [ˈevɪdənt] - offensichtlich
evil [ˈiːvl̩] - böse
exact [ɪgˈzækt] - genau
exactly [ɪgˈzæktli] - genau
examine [ɪgˈzæmɪn] - untersuchen
examined [ɪgˈzæmɪnd] - untersuchte
example [ɪgˈzɑːmpl̩] - Beispiel, das
excellently [ˈeksələntli] - ausgezeichnet
except [ɪkˈsept] - bis auf
exchange [ɪkˈstʃeɪndʒ] - austauschen
excited [ɪkˈsaɪtɪd] - aufgeregt, begeistert
exciting [ɪkˈsaɪtɪŋ] - spannend
excuse me [ɪkˈskjuːz miː] - entschuldigen Sie
execution [ˌeksɪˈkjuːʃn̩] - Hinrichtung, die
exit [ˈeksɪt] - Ausgang, der
exotic [ɪgˈzɒtɪk] - Exot, der; - exotisch
expect [ɪkˈspekt] - erwarten
expected [ɪkˈspektɪd] - erwartet
expensive [ɪkˈspensɪv] - teuer
experience [ɪkˈspɪərɪəns] - Erfahrung, die
experienced [ɪkˈspɪərɪənst] - erfahren
experiment [ɪkˈsperɪmənt] - Experiment, das
explain [ɪkˈspleɪn] - erklären
explained [ɪkˈspleɪnd] - erklärte
exploded [ɪkˈspləʊdɪd] - explodierte
exploited [ɪkˈsplɔɪtɪd] - ausgebeutet
explosion [ɪkˈspləʊʒn̩] - Explosion, die
expression [ɪkˈspreʃn̩] - Gesichtsausdruck, der
extended [ɪkˈstendɪd] - streckte
eye [aɪ] - Auge, das
Ff
face [feɪs] - Gesicht, das
facial [ˈfeɪʃl̩] - Gesichts-; facial expression [ˈfeɪʃl̩ ɪkˈspreʃn̩] - Gesichtsausdruck, der
factory [ˈfæktəri] - Fabrik, die
fair [feə] - blond
fairness [ˈfeənɪs] - Fairness, die
fake [feɪk] - gefälscht
fall [fɔːl] - fallen
fall apart [fɔːl əˈpɑːt] - auseinanderfallen
falling [ˈfɔːlɪŋ] - fallend
family [ˈfæməli] - Familie, die
far [fɑː] - weit
fare [feə] - Fahrpreis, der
farm [fɑːm] - Farm, die
farther [ˈfɑːðə] - weiter
fashionable [ˈfæʃnəbl̩] - modisch
fast [fɑːst] - schnell
faster [ˈfɑːstə] - schneller
fat [fæt] - dick

fate [feɪt] - Schicksal, das
father [ˈfɑːðə] - Vater, der
fault [fɔːlt] - Schuld, die
favorite [ˈfeɪvərət] - Lieblings-
fear [fɪə] - Angst, die
fearfully [ˈfɪəfəli] - ängstlich
feed [fiːd] - Essen bekommen
feel [fiːl] - fühlen; feel ashamed [fiːl əˈʃeɪmd] - sich schämen
feeling [ˈfiːlɪŋ] - Gefühl, das
feet [fiːt] - Fuß
fell [fel] - fiel
felt [felt] - fühlte
female [ˈfiːmeɪl] - weiblich
few [fjuː] - einige
fewer [ˈfjuːə] - weniger
field [fiːld] - Feld, das
fifteen [ˌfɪfˈtiːn] - fünfzehn
fifty [ˈfɪfti] - fünfzig
fight [faɪt] - Kampf, der; kämpfen
fighter plane [ˈfaɪtə pleɪn] - Kampfflugzeug, das
filled [fɪld] - erfüllte
film [fɪlm] - Film, der
finally [ˈfaɪnəli] - endlich
find [faɪnd] - finden
fine [faɪn] - bestrafen; gut
finger [ˈfɪŋgə] - Finger, der
finish [ˈfɪnɪʃ] - beenden
fire [ˈfaɪə] - Feuer, das; feuern
fired [ˈfaɪəd] - abgefeuert
first [fɜːst] - erste, erster, erstes
fish [fɪʃ] - Fisch, der
fit [fɪt] - passen
five [faɪv] - fünf; five years ago [faɪv jɜːz əˈgəʊ] - vor fünf Jahren
five-minute [faɪv maɪˈnjuːt] - fünfminütig
fix [fɪks] - reparieren
flag [flæg] - Fahne, die
flare [fleə] - Flamme, die
flash [flæʃ] - Blitz, der
flashing light [ˈflæʃɪŋ laɪt] - Blinklicht, das
fled [fled] - geflüchtet
flew [fluː] - flog
floor [flɔː] - Stockwerk, das
flowed [fləʊd] - floss
flower [ˈflaʊə] - Blume, die
fly [flaɪ] - fliegen
foggy [ˈfɒgi] - neblig
follow [ˈfɒləʊ] - folgt
followed [ˈfɒləʊd] - folgten
food [fuːd] - Essen, das
fool [fuːl] - Idiot, der
foot [fʊt] - Fuß, der
for [fɔː] - für
for instance [fər ˈɪnstəns] - zum Beispiel
forbid [fəˈbɪd] - verbieten
forced [fɔːst] - zwangen
forest [ˈfɒrɪst] - Wald, der
forever [fəˈrevə] - ewig
forget [fəˈget] - vergessen
forgive [fəˈgɪv] - vergeben
forgiven [fəˈgɪvn̩] - vergeben
forgot [fəˈgɒt] - vergas
former [ˈfɔːmə] - ehemalige, ehemaliger, ehemaliges
forty [ˈfɔːti] - vierzig
forty-five [ˈfɔːti faɪv] - fünfundvierzig
forward [ˈfɔːwəd] - vorwärts
found [faʊnd] - gefunden
four [fɔː] - vier
fourth [fɔːθ] - vierte, vierter, viertes
free [friː] - frei
freedom [ˈfriːdəm] - Freiheit, die
freight train [freɪt treɪn] - Güterzug, der
Friday [ˈfraɪdi] - Freitag, der
friend [frend] - Freund, der
frightened [ˈfraɪtn̩d] - verängstigt
frightening [ˈfraɪtn̩ɪŋ] - beängstigend
from [frɒm] - von
front [frʌnt] - vorne
froze [frəʊz] - erstarrte
fruit [fruːt] - Obst, das
fugitive [ˈfjuːdʒətɪv] - Flüchtende, der
fulfill [fʊlˈfɪl] - erfüllen
full [fʊl] - voll
fully [ˈfʊli] - völlig
furniture [ˈfɜːnɪtʃə] - Möbel, die
further [ˈfɜːðə] - weiter
future [ˈfjuːtʃə] - zukünftig

Gg
gain [geɪn] - gewinnen
game [geɪm] - Spiel, das
garage [ˈgærɑːʒ] - Garage, die
garbage [ˈgɑːbɪdʒ] - Müll, der
garden [ˈgɑːdn̩] - Garten, der
gas [gæs] - Gas, das
gasoline [ˈgæsəliːn] - Benzin, das
gate [geɪt] - Tor, das
gathered [ˈgæðəd] - versammelt
gave [geɪv] - gab
gaze [geɪz] - Blick, der
gear [gɪə] - Gang, der
genie [ˈdʒiːni] - Flaschengeist, der
gently [ˈdʒentli] - sanft
gesticulate [dʒeˈstɪkjʊleɪt] - gestikulieren
gestured [ˈdʒestʃəd] - gestikulierte
get [ˈget] - bekommen
get up [ˈget ʌp] - erhob sich
ghost [gəʊst] - Geist, der
gift [gɪft] - Geschenk, das
girl [gɜːl] - Mädchen, das; junge Frau, die
give [gɪv] - geben
give a lift [gɪv ə lɪft] - jemanden (im Auto) mitnehmen
given [gɪvn̩] - gegeben
glance [glɑːns] - Blick, der
glass [glɑːs] - Glas, das
glitter [ˈglɪtə] - glitzern
glittering [ˈglɪtərɪŋ] - glitzernd
go [gəʊ] - gehen
goal [gəʊl] - Ziel, das
God [gɒd] - Gott, der
gone [gɒn] - verschwunden
good [gʊd] - gut
got [ˈgɒt] - bekam
government [ˈgʌvənmənt] - Regierung, die
grab [græb] - packen
grabbed [græbd] - hielt fest
gradually [ˈgrædʒʊəli] - allmählich
grass [grɑːs] - Gras, das
gray [greɪ] - grau
great [ˈgreɪt] - großartig
greatly [ˈgreɪtli] - sehr
greedy [ˈgriːdi] - gierig
green [griːn] - grün
greet [griːt] - begrüßen
greeted [ˈgriːtɪd] - begrüßte
grew [gruː] - wurde
groan [grəʊn] - stöhnen
groaned [grəʊnd] - stöhnte
ground [graʊnd] - Boden, der
group [gruːp] - Gruppe, die
grow [grəʊ] - züchten
guarantee [ˌgærənˈtiː] - garantieren
guard [gɑːd] - Sicherheitsbeamter, der
guard's [ˈgɑːdz] - Sicherheitsbeamten, des
guess [ges] - erraten
gun [gʌn] - Waffe, die
gunman [ˈgʌnmən] - Bewaffnete, der
guy [gaɪ] - Typ, der
Hh
had [hæd] - hatte
hair [heə] - Haar, das
half [hɑːf] - halb
hall [hɔːl] - Flur, der
hallway [ˈhɔːlweɪ] - Flur, der
hand [hænd] - Hand, die; übergeben
handcuffed [ˈhændkʌft] - legte Handschellen an
handcuffs [ˈhændkʌfs] - Handschellen, die
handed [ˈhændɪd] - reichte
hang [hæŋ] - hängen
hanger [ˈhæŋə] - Hangar, der
happen [ˈhæpən] - passieren
happened [ˈhæpənd] - passierte
happily [ˈhæpɪli] - glücklich
happy to [ˈhæpi tuː] - etwas gerne tun
hard [hɑːd] - hart
has [hæz] - er, sie, es hat
hatch [hætʃ] - Luke, die
hatred [ˈheɪtrɪd] - Hass, der
have [hæv] - haben
he [hi] - er
head [hed] - Kopf, der
headache [ˈhedeɪk] - Kopfweh, das
headquarter [ˈhedˌkwɔːtə] - Hauptquartier, das
healthcare [ˈhelθˌker] - Gesundheitswesen, das

hear [hɪə] - hören
heard [hɜːd] - hörte
heart [hɑːt] - Herz, das
heat [hiːt] - Hitze, die
heavily [ˈhevɪli] - schwer
heavy [ˈhevi] - schwerfällig
height [haɪt] - Höhe, die
held [held] - gehalten
helicopter [ˈhelɪkɒptə] - Helikopter, der
hello [həˈləʊ] - Hallo
help [help] - helfen
her [hə] - ihr, ihre
herd [hɜːd] - Herde, die
here [hɪə] - hier
hero [ˈhɪərəʊ] - Held, der
hey [heɪ] - hey
hi [haɪ] - hi
hid [hɪd] - versteckte
hide [haɪd] - verbergen
high [haɪ] - hoch
higher [ˈhaɪə] - höher
highway [ˈhaɪweɪ] - Highway, der
him [hɪm] - ihn, ihm
himself [hɪmˈself] - sich selbst
hint [hɪnt] - Hinweis, der
hire [ˈhaɪə] - anheuern
hired [ˈhaɪəd] - angeheuert
his [hɪz] - sein, seine
history [ˈhɪstr̩i] - Geschichte, die
hit [hɪt] - Treffer, der
hold [həʊld] - halten
hold on [həʊld ɒn] - festhalten
honor [ˈɒnə] - Ehre, die
hope [həʊp] - hoffen
hoped [həʊpt] - hoffte
horizon [həˈraɪzn̩] - Horizont, der
horror [ˈhɒrə] - Horror, der
hospital [ˈhɒspɪtl̩] - Spital, das
hot [hɒt] - heiß
hotel [ˌhəʊˈtel] - Hotel, das
hour [ˈaʊə] - Stunde, die
house [ˈhaʊs] - Haus, das
house-cleaning [ˈhaʊsˌkliniŋ] - Reinigungsdienst, der
how [ˈhaʊ] - wie
huge [hjuːdʒ] - riesig
hugged [hʌgd] - umarmte
hundred [ˈhʌndrəd] - hundert
hundred-dollar [ˈhʌndrəd ˈdɒlə] - hundert Dollar
hung [hʌŋ] - hing
hungry [ˈhʌŋgri] - hungrig
hurt [hɜːt] - verletzt
Ii
I [ˈaɪ] - ich; I am [ˈaɪ æm] - ich bin; I am sorry [ˈaɪ əm ˈsɒri] - es tut mir leid
ice cream [aɪs kriːm] - Eiscreme, die
idea [aɪˈdɪə] - Idee, die; Vorstellung, die
idiot [ˈɪdɪət] - Idiot, der
if [ɪf] - wenn
illegally [ɪˈliːgəli] - illegal
immediately [ɪˈmiːdɪətli] - sofort
Imperial [ɪmˈpɪərɪəl] - kaiserlich
importance [ɪmˈpɔːtns] - Bedeutung, die
important [ɪmˈpɔːtnt] - wichtig
impossible [ɪmˈpɒsəbl̩] - unmöglich
in [ɪn] - in
in advance [ɪn ədˈvɑːns] - im Voraus
in disgust [ɪn dɪsˈgʌst] - angewidert
in embarrassment [ɪn ɪmˈbærəsmənt] - verlegen
in fact [ɪn fækt] - in Wahrheit
in vain [ɪn veɪn] - umsonst
incident [ˈɪnsɪdənt] - Vorfall, der
incorrectly [ˌɪnkəˈrektli] - falsch
incredible [ɪnˈkredəbl̩] - unglaublich
indescribable [ˌɪndɪˈskraɪbəbl̩] - unbeschreiblich
Indian Ocean [ˈɪndɪən ˈəʊʃn̩] - indische Ozean, der
indignantly [ɪnˈdɪgnəntli] - empört
infernal [ɪnˈfɜːnl̩] - höllisch
info [ˈɪnfəʊ] - Information, die
information [ˌɪnfəˈmeɪʃn̩] - Information, die
informed [ɪnˈfɔːmd] - informierte
injured [ˈɪndʒəd] - verletzt
injury [ˈɪndʒəri] - Verletzung, die
inmate [ˈɪnmeɪt] - Insasse, der
inquire [ɪnˈkwaɪə] - sich erkundigen

inquired [ɪnˈkwaɪəd] - fragte nach
inside [ɪnˈsaɪd] - im Inneren
insist [ɪnˈsɪst] - beharren
insisted [ɪnˈsɪstɪd] - beharrte
inspect [ɪnˈspekt] - untersuchen
inspection [ɪnˈspekʃn̩] - Überprüfung, die
instead [ɪnˈsted] - anstatt
intently [ɪnˈtentli] - konzentriert
interest [ˈɪntrəst] - Interesse, das; interessieren
interesting [ˈɪntrəstɪŋ] - interessant
international [ˌɪntəˈnæʃn̩əl] - international
interrupt [ˌɪntəˈrʌpt] - unterbrechen
interrupted [ˌɪntəˈrʌptɪd] - unterbrach
intersected [ˌɪntəˈsektɪd] - kreuzte
intersection [ˌɪntəˈsekʃn̩] - Kreuzung, die
into [ˈɪntə] - in
introduced [ˌɪntrəˈdjuːst] - stellte vor
investigation [ɪnˌvestɪˈgeɪʃn̩] - Ermittlung, die
investigative [ɪnˈvestɪgətɪv] - Ermittlungs-;
investigative experiment [ɪnˈvestɪgətɪv ɪkˈsperɪmənt] - Ermittlungsexperiment, das
invite [ɪnˈvaɪt] - einladen
is [ɪz] - er, sie, es ist
is called [ɪz kɔːld] - heißt
Islam [ɪzˈlɑːm] - Islam, der
it [ɪt] - es
it’s a pity [ɪts ə ˈpɪti] - es ist schade
Italian [ɪˈtæljən] - italienisch
Jj
jacket [ˈdʒækɪt] - Jacke, die
jail [dʒeɪl] - Gefängnis, das
jail cell [dʒeɪl sel] - Gefängniszelle, die
jeans [dʒiːnz] - Jeans, die
job [dʒɒb] - Job, der
joke [dʒəʊk] - Witz, der
judge [dʒʌdʒ] - Richter, der
juice [dʒuːs] - Saft, der
jump [dʒʌmp] - springen
jumped [dʒʌmpt] - sprang
junk [dʒʌŋk] - Schrott, der
just [dʒəst] - einfach
justified [ˈdʒʌstɪfaɪd] - rechtfertigte
justify [ˈdʒʌstɪfaɪ] - rechtfertigen
Kk
keep [kiːp] - behalten, etwas weiter tun
key [kiː] - Schlüssel, der
khan [kɑːn] - Khan
kick [kɪk] - Fußtritt, der
kid [kɪd] - Kind, das; Spaß machen
kill [kɪl] - töten
killed [kɪld] - getötet
kilometer [kəˈlɑːmətə] - Kilometer, der
kind [kaɪnd] - Art, die
king [kɪŋ] - König, der
kiss [kɪs] - küssen
kissed [kɪst] - küsste
kitchen [ˈkɪtʃɪn] - Küche, die
knee [niː] - Knie, das
knew [njuː] - wusste
knife [naɪf] - Messer, das
knock [nɒk] - Klopfen, das
knocked [nɒkt] - klopfte
know [nəʊ] - wissen
Ll
laid [leɪd] - legte
lamp [læmp]- Lampe, die
lamppost [ˈlæmpəʊst] - Laternenpfahl, der
land [lænd]- landen
landed [ˈlændɪd] - landeten
landing gear [ˈlændɪŋ gɪə] - Landevorrichtung, die
language [ˈlæŋgwɪdʒ] - Sprache, die
large [lɑːdʒ] - groß
last [lɑːst] - letzte, letzter, letztes
later [ˈleɪtə] - später
laugh [lɑːf] - lachen
laughed [lɑːft] - lachte
laughing [ˈlɑːfɪŋ] - lachend
launch [lɔːntʃ] - abfeuern, abschießen
launched [lɔːntʃt] - abgefeuert
law [lɔː] - Gesetz, das
lawyer [ˈlɔːjə] - Anwalt, der
lay [leɪ] - liegen
lead [liːd] - führen
leader [ˈliːdə] - Führer, der
leaf [liːf] - Blatt, das
leaflet [ˈliːflɪt] - Flugblatt, das
leaped [liːpt] - sprang

learn [lɜːn] - erfahren, lernen
leave [liːv] - weggehen
leaving [ˈliːvɪŋ] - losfliegen
led [led] - führte
left [left] - links
leg [leg] - Bein, das
less [les] - weniger
let [let] - lassen
liar [ˈlaɪə] - Lügner, der
license plate [ˈlaɪsns pleɪt] - Nummernschild, das
lick [lɪk] - ablecken
licked [lɪkt] - leckte ab
lid [lɪd] - Abdeckung, die
lie [laɪ] - liegen
life [laɪf] - Leben, das
lifted [ˈlɪftɪd] - hob
light [laɪt] - anzünden; leicht
lightning [ˈlaɪtn̩ɪŋ] - Blitz, der
like [ˈlaɪk] - mögen
line [laɪn] - Linie, die
lip [lɪp] - Lippe, die
liqueur [lɪˈkjʊə] - Alkohol, der
listen [ˈlɪsn̩] - hören, zuhören
lit [lɪt] - anzündete
live [laɪv] - leben
lived [lɪvd] - gelebt
load [ləʊd] - laden
loaded [ˈləʊdɪd] - eingeladen
loader [ˈləʊdə] - Belader, der
local [ˈləʊkl̩] - örtlich
located [ləʊˈkeɪtɪd] - sich befinden
location [ləʊˈkeɪʃn̩] - Ort, der
lock [lɒk] - Schloss, das
locked [lɒkt] - verschlossen
long [lɒŋ] - lange
longer [ˈlɒŋgə] - länger
look [lʊk] - schauen; look around [lʊk əˈraʊnd] - sich umsehen
looked [lʊkt] - schaute; looked closely [lʊkt ˈkləʊsli] - beobachtete genau
lose [luːz] - verlieren
losers [ˈluːzəz] - Verlierer, die
lost [lɒst] - verloren
lotion [ˈləʊʃn̩] - Creme, die
lottery [ˈlɒtəri] - Lotterie, die; Gewinnspiel, das
loud [laʊd] - laut
loudly [ˈlaʊdli] - laut
love [lʌv] - lieben
loved [lʌvd] - geliebt
lovely [ˈlʌvli] - großartig
low [ləʊ] - niedrig
lower [ˈlaʊə] - herunternehmen, niedriger
lowered [ˈlaʊəd] - senkten
luggage [ˈlʌgɪdʒ] - Gepäck, das
lunch [lʌntʃ] - Imbiss, der
Mm
machine [məˈʃiːn] - Maschine, die
mad [mæd] - verrückt
made [meɪd] - machte
madman [ˈmædmən] - Verrückte, der
magazine [ˌmægəˈziːn] - Zeitschrift, die
main street [meɪn striːt] - Hauptstraße
mainly [ˈmeɪnli] - überwiegend
make [meɪk] - machen
male [meɪl] - männlich
man [mæn] - Mann, der
manage [ˈmænɪdʒ] - leiten
managed [ˈmænɪdʒd] - schaffte
manager [ˈmænɪdʒə] - Manager, der
manager's [ˈmænɪdʒəz] - Managers, des
maniac [ˈmeɪnɪæk] - Verrückte, der
manner [ˈmænə] - Verhalten, das; Manieren, die
many [ˈmeni] - viele
married [ˈmærɪd] - verheiratet
mass [mæs] - Masse, die
master [ˈmɑːstə] - Herr, der
matter [ˈmætə] - einen Unterschied machen
may [meɪ] - können
maybe [ˈmeɪbiː] - vielleicht
me [miː] - mir, mich
mean [miːn] - meinen
mechanically [mɪˈkænɪkl̩i] - mechanisch
medal [ˈmedl̩] - Medaille, die
medical [ˈmedɪkl̩] - medizinisch
medicine [ˈmedsn̩] - Medikamente, die
Mediterranean Sea [ˌmedɪtəˈreɪnɪən siː] - das Mittelmeer

meet [mi:t] - treffen
meeting [ˈmi:tɪŋ] - Treffen, das
member [ˈmembə]- Mitglied, das
menu [ˈmenju:] - Speisekarte, die
message [ˈmesɪdʒ] - Nachricht, die
met [met] - traf
meter [ˈmi:tə] - Meter, der
microphone [ˈmaɪkrəfəʊn] - Mikrophon, das
middle [ˈmɪdl̩] - Mitte, die
mile [maɪl] - Meile, die
military [ˈmɪlɪtri] - militärisch
million [ˈmɪlɪən] - Million, die
millionaire [ˌmɪlɪəˈneə] - Millionär, der
mine [maɪn] - meine, meiner, meines
mineral [ˈmɪnərəl] - Mineralwasser, das
minister [ˈmɪnɪstə] - Minister, der
ministry [ˈmɪnɪstri] - Ministerium, das
minute [maɪˈnju:t] - Minute, die
mirror [ˈmɪrə] - Spiegel, der
misfortune [ˌmɪsˈfɔ:tʃu:n] - Unglück, das
miss [mɪs] - fehlen
missed [mɪst] - nicht treffen
missile [ˈmɪsaɪl] - Rakete, die
mistake [mɪˈsteɪk] - Fehler, der
Mister (Mr) [ˈmɪstə]- Herr (Hr), der
mob [mɒb] - Mob, der
model [ˈmɒdl̩] - Modell, das
modern [ˈmɒdn̩] - modern
mom [mɒm] - Mutter, die
moment [ˈməʊmənt] - Moment, der
Monday [ˈmʌndi] - Montag
money [ˈmʌni] - Geld, das
monitor [ˈmɒnɪtə] - Monitor, der
month [mʌnθ] - Monat, der
monument [ˈmɒnjʊmənt] - Monument, das
moon [mu:n] - Mond, der
moonlight [ˈmu:nlaɪt] - Mondschein, der
moral [ˈmɒrəl] - moralisch
more [mɔ:] - mehr
Morning [ˈmɔ:nɪŋ] - Morgen, der
mother [ˈmʌðə] - Mutter, die
motionless [ˈməʊʃnləs] - bewegungslos
mouth [maʊθ] - Mund, der
move [mu:v] - bewegen; umziehen
moved [mu:vd] - bewegte
mover [ˈmu:və] - Umzugshelfer, der
much [ˈmʌtʃ] - viel
music [ˈmju:zɪk] - Musik, die
must [mʌst] - muss
mutual [ˈmju:tʃʊəl] - beidseitig
my [maɪ] - mein, meine
myself [maɪˈself] - ich selbst
Nn
naive [naɪˈi:v] - naiv
name [ˈneɪm] - Name, der
nation [ˈneɪʃn̩] - Nation, die
national [ˈnæʃnəl] - national
native [ˈneɪtɪv] - heimatlich; native language [ˈneɪtɪv ˈlæŋgwɪdʒ] - Muttersprache, die
navigator [ˈnævɪgeɪtə] - Navigator, der
near [nɪə] - in der Nähe
nearby [ˈnɪəbaɪ] - in der Nähe
neatly [ˈni:tli] - ordentlich
neck [nek] - Hals, der
need [ni:d] - brauchen
needed [ˈni:dɪd] - brauchte
neighboring [ˈneɪbərɪŋ] - benachbart
nerve [nɜ:v] - Nerv, der
nervous [ˈnɜ:vəs] - nervös
nervously [ˈnɜ:vəsli] - nervös
never [ˈnevə] - niemals
new [nju:] - neu
newspaper [ˈnju:speɪpə] - Zeitung, die
next [nekst] - nächste, nächster, nächstes
nice [naɪs] - schön
night [naɪt] - Nacht, die
nightmare [ˈnaɪtmeə] - Alptraum, der
nine [naɪn] - neun
no [nəʊ] - nein
nobody [ˈnəʊbədi] - niemand
noise [nɔɪz] - Geräusch, das
nonsense [ˈnɒnsns] - Unsinn, der
noon [nu:n] - Mittag, der
North Africa [nɔ:θ ˈæfrɪkə] - Nordafrika, das
nose [nəʊz] - Nase, die
not [nɒt] - nicht
not allowed [nɒt əˈlaʊd] - dürfen nicht

not anyone [nɒt ˈeniwʌn] - niemand
not anywhere [nɒt ˈeniweə] - nirgendwo
not care [nɒt keə] - jemandem ist etwas egal
note [nəʊt] - bemerken
noted [ˈnəʊtɪd] - merkte an
nothing [ˈnʌθɪŋ] - nichts
notice [ˈnəʊtɪs] - bemerken
noticed [ˈnəʊtɪst] - bemerkte
now [naʊ] - jetzt
number [ˈnʌmbə] - Nummer, die
nurse [nɜːs] - Krankenschwester, die
Oo
obey [əˈbeɪ] - gehorchen
obeyed [əˈbeɪd] - gehorchte
obvious [ˈɒbvɪəs] - offensichtlich
occupy [ˈɒkjʊpaɪ] - einnehmen
of [ɒv] - von; of course [əv kɔːs] - natürlich
off [ɒf] - ab-
offer [ˈɒfə] - anbieten
offered [ˈɒfəd] - bot an
office [ˈɒfɪs] - Büro, das
officer [ˈɒfɪsə] - Beamte, der
often [ˈɒfn̩] - oft
oh [əʊ] - oh
oil [ɔɪl] - Öl, das
OK [ˌəʊˈkeɪ] - in Ordnung
Okay [ˌəʊˈkeɪ] - in Ordnung
old [əʊld] - alt
on [ɒn] - auf
on duty [ɒn ˈdjuːti] - Dienst haben
on top of [ɒn tɒp ɒv] - auf
once [wʌns] - einmal
one [wʌn] - ein, eine
one-way [ˌwʌnˈweɪ] - einfache Fahrt, die
only [ˈəʊnli] - nur
onto [ˈɔntu] - auf
open [ˈəʊpən] - öffnen
opened [ˈəʊpənd] - geöffnet
opening [ˈəʊpənɪŋ] - Öffnen, das
opera [ˈɒprə] - Oper, die
operation [ˌɒpəˈreɪʃn̩] - Operation, die
opportunities [ˌɒpəˈtjuːnɪtɪz] - Möglichkeiten, die
or [ɔː] - oder
order [ˈɔːdə] - bestellen
ordered [ˈɔːdəd] - bestellt
ordinary [ˈɔːdɪnri] - normal
organization [ˌɔːɡənaɪˈzeɪʃn̩] - Organisation, die
orgasm [ˈɔːɡæzəm] - Orgasmus, der
other [ˈʌðə] - andere, anderer, anderes
otherwise [ˈʌðəwaɪz] - anders
our [ˈaʊə] - unser, unsere
out [aʊt] - nach außen
outside [ˌaʊtˈsaɪd] - draußen
over [ˈəʊvə] - hinüber, herüber
overlooking [ˌəʊvəˈlʊkɪŋ] - mit Blick auf
oversee [ˌəʊvəˈsiː] - überwachen
overturned [ˌəʊvəˈtɜːnd] - kippten um
own [əʊn] - eigene, eingener, eigenes
owner [ˈəʊnə] - Besitzer, der
Pp
pack [pæk] - packen
package [ˈpækɪdʒ] - Paket, das
paid [peɪd] - bezahlt
pain [peɪn] - Schmerz, der
painkiller [ˈpeɪnkɪlə] - Schmerztablette, die
paint [peɪnt] - streichen
painted [ˈpeɪntɪd] - gemalt
pair [peə] - Paar, das
pale [peɪl] - blass
pant [pænt] - Hose, die
pantry [ˈpæntri] - Vorratskammer, die
paper [ˈpeɪpə] - Papier, das
parachute [ˈpærəʃuːt] - Fallschirm, der
paratrooper [ˈpærətruːpə] - Fallschirmjäger, der
park [pɑːk] - Park, der
parking lot [ˈpɑːkɪŋ lɒt] - Parkplatz, der
part [pɑːt] - Teil, der
participate [pɑːˈtɪsɪpeɪt] - teilhaben
pass [pɑːs] - streichen
passed [pɑːst] - flog vorbei
passenger [ˈpæsɪndʒə] - Passagier, der; passenger compartment [ˈpæsɪndʒə kəmˈpɑːtmənt] - Passagierraum, der
passersby [ˈpæsərzbi] - Passant, der
passionate [ˈpæʃənət] - leidenschaftlich

passionately [ˈpæʃənətli] - leidenschaftlich
passport [ˈpɑːspɔːt] - Reisepass, der
past [pɑːst] - vorbei
patient [ˈpeɪʃnt] - Patient, der
patrol [pəˈtrəʊl] - patrouillieren
patted [ˈpætɪd] - klopfte
pause [pɔːz] - Pause, die
pavement [ˈpeɪvmənt] - Bürgersteig, der
pay [peɪ] - zahlen; pay attention [peɪ əˈtenʃn̩] - beachten
penalty [ˈpenlti] - Strafe, die
people [ˈpiːpl̩] - Menschen, die
per [pɜː] - pro
percent [pəˈsent] - Prozent, das
percentage [pəˈsentɪdʒ] - Prozentsatz, der
permanent [ˈpɜːmənənt] - dauerhaft, unbefristet
permission [pəˈmɪʃn̩] - Erlaubnis, die
permit [pəˈmɪt] - Erlaubnis, die
person [ˈpɜːsn̩]- Person, die
personal [ˈpɜːsənl̩] - privat
pet [pet] - streicheln
pharmacy [ˈfɑːməsi] - Apotheke, die
phone [fəʊn] - Telefon, das
photo [ˈfəʊtəʊ] - Foto, das
pick up [pɪk ʌp] - abnehmen
picked up [pɪkt ʌp] - nahm
picture [ˈpɪktʃə] - Bild, das
piece [piːs] - Stück, das
pill [pɪl] - Tablette, die; Medikament, das
pillar [ˈpɪlə] - Säule
pilot [ˈpaɪlət] - Pilot, der
pink [pɪŋk] - gerötet
pizza [ˈpiːtsə] - Pizza, die
place [ˈpleɪs] - Ort, der
placed [ˈpleɪst] - gesetzt
plan [plæn] - planen
plane [pleɪn] - Flugzeug, das
planned [plænd] - geplant
plastic [ˈplæstɪk] - Plastik, das
plate [pleɪt] - Teller, der
platform [ˈplætfɔːm] - Podium, das
play [pleɪ] - Spiel, das
played [pleɪd] - spielte
plead [pliːd] - flehen
pleaded [ˈpliːdɪd] - flehte
please [pliːz] - bitte
pleased [pliːzd] - erfreut
pocket [ˈpɒkɪt] - Hosen-, Jackentasche, die
point [pɔɪnt] - zeigen
pointed [ˈpɔɪntɪd] - zeigte
police [pəˈliːs] - Polizei, die
policeman [pəˈliːsmən] - Polizist, der
polite [pəˈlaɪt] - freundlich
politely [pəˈlaɪtli] - freundlich
poor [pʊə] - arm
porch [pɔːtʃ] - Veranda, die
porn [pɔːn] - Porno, der
port [pɔːt] - Hafen, der
porter [ˈpɔːtə] - Gepäckträger, der
pose (a danger) [pəʊz ə ˈdeɪndʒə] - eine Gefahr darstellen
possible [ˈpɒsəbl̩] - möglich
possibly [ˈpɒsəbli] - möglicherweise
post [pəʊst] - Posten, der
pour [pɔː] - einschenken, schütten
power [ˈpaʊə] - Macht, die
powered [ˈpaʊəd] - -betrieben
practice [ˈpræktɪs] - üben
pregnant [ˈpregnənt] - schwanger
prepared [prɪˈpeəd] - bereitete vor
president [ˈprezɪdənt] - Präsident, der
press [pres] - drücken
pressed [prest] - gedrückt
pretend [prɪˈtend] - vorgeben
pretty [ˈprɪti] - hübsch
prevent [prɪˈvent] - verhindern
previous day [ˈpriːvɪəs deɪ] - Vortag, der
Prime minister [praɪm ˈmɪnɪstə] - Premierminister, der
principle [ˈprɪnsəpl̩] - Prinzip, das
prison [ˈprɪzn̩] - Gefängnis, das
prisoner [ˈprɪznə] - Gefangene, der
private [ˈpraɪvɪt] - privat
probably [ˈprɒbəbli] - wahrscheinlich
problem [ˈprɒbləm] - Problem, das, Schwierigkeit, die
profession [prəˈfeʃn̩] - Beruf, der
promise [ˈprɒmɪs] - Versprechen, das
promised [ˈprɒmɪst] - versprochen

property [ˈprɒpəti] - Eigentum, das
prosecutor [ˈprɒsɪkjuːtə] - Staatsanwalt, der
protest [prəˈtest] - protestieren
protested [prəˈtestɪd] - protestierte
prove [pruːv] - beweisen
provided [prəˈvaɪdɪd] - erbracht
provider [prəˈvaɪdə] - Anbieter, der
province [ˈprɒvɪns] - Provinz, die
pull [pʊl] - ziehen
pulled [pʊld] - zog
punish [ˈpʌnɪʃ] - bestrafen
punishment [ˈpʌnɪʃmənt] - Strafe, die
purpose [ˈpɜːpəs] - Bestimmung, die
purse [pɜːs] - Handtasche, die
push [pʊʃ] - stoßen
put [ˈpʊt] - legen, stecken
puzzle [ˈpʌzl̩] - Rätsel
Qq
question [ˈkwestʃən] - Frage, die
questioning [ˈkwestʃənɪŋ] - fragend
quick [kwɪk] - schnell
quickly [ˈkwɪkli] - schnell
quiet [ˈkwaɪət] - ruhig
quietly [ˈkwaɪətli] - ruhig
Rr
rabbit [ˈræbɪt] - Kaninchen, das
raced [reɪst] - raste
radar [ˈreɪdɑː] - Radar, der
radio [ˈreɪdɪəʊ] - Radio, das
railroad [ˈreɪlrəʊd] - Gleise, die
railway [ˈreɪlweɪ] - Eisenbahn, die; railway track [ˈreɪlweɪ træk] - Gleis, das
rain [reɪn] - Regen, der; regnen
raise [reɪz] - hochheben, hochziehen
raised [reɪzd] - hob
ran [ræn] - rannte
rang [ræŋ] - klingelte
rapid [ˈræpɪd] - schnell
rapidly [ˈræpɪdli] - schnell
rarely [ˈreəli] - selten
reach [riːtʃ] - ereichen
reached [riːtʃt] - streckte
ready [ˈredi] - bereit
real [rɪəl] - wirklich
reality [rɪˈælɪti] - Wirklichkeit, die
realize [ˈrɪəlaɪz] - merken, sich (einer Sache) bewusst werden
realized [ˈrɪəlaɪzd] - erkannte
really [ˈrɪəli] - wirklich
reason [ˈriːzən] - Verstand, der
reasonably [ˈriːznəbli] - vernünftig
receive [rɪˈsiːv] - erhalten
receiver [rɪˈsiːvə] - Hörer, der
recent [ˈriːsnt] - kürzlich
reception [rɪˈsepʃn̩] - Empfang, der
recognize [ˈrekəgnaɪz] - erkennen
recognized [ˈrekəgnaɪzd] - erkannte
recommend [ˌrekəˈmend] - empfehlen
recover [rɪˈkʌvə] - erholen
recovered [rɪˈkʌvəd] - erholte sich
red [red] - rot
reflect [rɪˈflekt] - nachdenken
refuse [rɪˈfjuːz] - ablehnen
refused [rɪˈfjuːzd] - weigerte sich
regain consciousness [rɪˈgeɪn ˈkɒnʃəsnəs] - wieder zu Bewusstsein kommen
regime [reɪˈʒiːm] - Regime, das
register [ˈredʒɪstə] - Kasse, die
registered [ˈredʒɪstəd] - registriert
regular [ˈregjʊlə] - normal
reinforcement [ˌriːɪnˈfɔːsmənt] - Verstärkung, die; reinforcement team [ˌriːɪnˈfɔːsmənt tiːm] - Verstärkungsteam, das
relative [ˈrelətɪv] - Verwandte, der
relaxed [rɪˈlækst] - entspannte
religion [rɪˈlɪdʒən] - Religion, die
remain [rɪˈmeɪn] - bleiben
remember [rɪˈmembə] - sich erinnern
remembered [rɪˈmembəd] - erinnerte
remove [rɪˈmuːv] - entfernen
removed [rɪˈmuːvd] - abnehmen, entfernen
repair [rɪˈpeə] - reparieren
repairman [rɪˈpeəmæn] - Handwerker, der
repeat [rɪˈpiːt] - wiederholen
repeated [rɪˈpiːtɪd] - wiederholte
replied [rɪˈplaɪd] - antwortete
reply [rɪˈplaɪ] - antworten
report [rɪˈpɔːt] - berichten

reported [rɪˈpɔːtɪd] - berichtete
repository [rɪˈpɒzɪtr̩i] - Aufbewahrungsort, der
rescue [ˈreskjuː] - retten
resemble [rɪˈzembl̩] - ähneln
resist [rɪˈzɪst] - Widerstand leisten
resistance [rɪˈzɪstəns] - Widerstand, der
resisted [rɪˈzɪstɪd] - Widerstand leistete
respectable [rɪˈspektəbl̩] - ansehnlich
respond [rɪˈspɒnd] - antworten
responsibility [rɪˌspɒnsəˈbɪlɪti] - Verantwortung, die
responsible [rɪˈspɒnsəbl̩] - verantwortlich
rest [rest] - Rest, der
retire [rɪˈtaɪə] - in Rente gehen
retired [rɪˈtaɪəd] - im Ruhestand
return [rɪˈtɜːn] - zurückkehren, zurückkommen
returned [rɪˈtɜːnd] - kehrte zurück
revenge [rɪˈvendʒ] - Rache, die
revolution [ˌrevəˈluːʃn̩] - Revolution, die
ride [raɪd] - fahren
ridiculous [rɪˈdɪkjʊləs] - lächerlich
right [raɪt] - genau
ring [rɪŋ] - klingeln, läuten
rise [raɪz] - aufsteigen
risk [rɪsk] - Risiko, das
road [rəʊd] - Straße, die
roar [rɔː] - Dröhnen, das
roared [rɔːd] - trompetete
roaring [ˈrɔːrɪŋ] - trompetend
rob [rɒb] - ausrauben, überfallen
robber [ˈrɒbə] - Räuber, der
robbery [ˈrɒbəri] - Einbruch, der
rocket [ˈrɒkɪt] - Rakete
rode [rəʊd] - fuhr
role [rəʊl] - Rolle, die
roll [rəʊl] - schieben
rolled [rəʊld] - schob
roof [ruːf] - Dach, das
room [ruːm] - Zimmer, das; Büro, das
rope [rəʊp] - Seil, das
rose [rəʊz] - stand auf
rotate [rəʊˈteɪt] - rotieren
rotation [rəʊˈteɪʃn̩] - Rotation, die
rubber [ˈrʌbə] - Gummi, der
rubbish [ˈrʌbɪʃ] - Müll, der
rule [ruːl] - regieren
ruled [ruːld] - regierte
ruler [ˈruːlə] - Herrscher, der
run [rʌn] - rennen
runway [ˈrʌnweɪ] - Startbahn
rushed [rʌʃt] - rannte
Ss
sad [sæd] - traurig
sadly [ˈsædli] - traurig
safe [seɪf] - Safe, der
safety [ˈseɪfti] - Sicherheit, die
said [ˈsed] - gesagt
salary [ˈsæləri] - Gehalt, das
sale [seɪl] - Verkauf, der
sales clerk [seɪlz klɑːk] - Verkäufer, der
salesman [ˈseɪlzmən] - Verkäufer, der
sand [sænd] - Sand, der; sand-filled [ˈsændˈfɪld] - mit sand ausgefüllt
sang [sæŋ] - sang
sarcasm [ˈsɑːkæzəm] - Sarkasmus, der
sarcastically [sɑːˈkæstɪkl̩i] - sarkastisch
sat [sæt] - saß
satellite [ˈsætəlaɪt] - Satellit, der
Saturday [ˈsætədi] - Samstag, der
save [seɪv] - retten
saw [sɔː] - sah
say [ˈseɪ] - sagen
scene [siːn] - Tatort, der
school [skuːl] - Schule, die
scotch tape [skɒtʃ teɪp] - Klebeband, das
scoundrel [ˈskaʊndrəl] - Schurke, der
scratched [skrætʃt] - kratzte
scream [skriːm] - Schrei, der; schreien
screamed [skriːmd] - schrie
screen [skriːn] - Bildschirm, der
sea [siː] - Meer, das
search [sɜːtʃ] - suchen
searched [sɜːtʃt] - suchten
seat [siːt] - Sitz, der
second [ˈsekənd] - Sekunde, die
security [sɪˈkjʊərɪti] - Sicherheit, die
see [siː] - sehen
seemed [siːmd] - schien

seen [siːn] - gesehen
sell [sel] - verkaufen
send [send] - schicken
sent [sent] - versendet
sentence [ˈsentəns] - Strafe, die
serious [ˈsɪərɪəs] - ernst
seriously [ˈsɪərɪəsli] - ernst
serve [sɜːv] - dienen
service [ˈsɜːvɪs] - Dienst, der
seven [ˈsevn̩] - sieben; seven o'clock [ˈsevn̩ əˈklɒk] - sieben Uhr
several [ˈsevrəl] - einige
severe [sɪˈvɪə] - hart
sexual [ˈsekʃʊəl] - sexuell
sexually [ˈsekʃʊəli] - sexuell
shaft [ʃɑːft] - Schacht, der
shameless [ˈʃeɪmləs] - schamlos
shaved [ʃeɪvd] - rasiert
she [ʃi] - sie
sheer [ʃɪə] - pur
shelf [ʃelf] - Regal, das
shielded [ˈʃiːldɪd] - beschützte
shining [ˈʃaɪnɪŋ] - glänzend
shock [ʃɒk] - Schock, der
shoes [ʃuːz] - Schuhe, die
shoot [ʃuːt] - schießen
shoot-out [ˈʃuːtaʊt] - Schießerei, die
shop [ʃɒp] - Laden, der
shore [ʃɔː] - Küste, die
short [ʃɔːt] - klein
shot [ʃɒt] - angeschossen
should [ʃʊd] - sollte
shoulder [ˈʃəʊldə] - Schulter, die
shout [ʃaʊt] - schreien
shouted [ˈʃaʊtɪd]- schrie
show [ʃəʊ] - zeigen
showed [ʃəʊd] - zeigte
shower [ˈʃaʊə] - Dusche, die
shut up [ʃʌt ʌp] - den Mund halten
sick [sɪk]- krank
side by side [saɪd baɪ saɪd] - nebeneinander
sidewalk [ˈsaɪdwɔːk] - Bürgersteig, der
sight [saɪt] - Sicht, die
sign [saɪn] - unterschreiben
signal [ˈsɪgnəl] - Signal, das
signaled [ˈsɪgnəld] - deutete
silence [ˈsaɪləns] - Stille, die
silent [ˈsaɪlənt] - still
silently [ˈsaɪləntli] - schweigend
SIM card [ˈsɪm kɑːd] - SIM-Karte, die
simple [ˈsɪmpl̩] - einfach
simply [ˈsɪmpli] - einfach
since [sɪns] - seit
single [ˈsɪŋgl̩] - ledig
siren [ˈsaɪərən] - Sirene, die
sit [sɪt] - sitzen
situation [ˌsɪtʃʊˈeɪʃn̩] - Situation, die
six [sɪks] - sechs
skin [skɪn] - Haut, die
sky [skaɪ] - Himmel, der
sleep [sliːp] - schlafen
sleepy [ˈsliːpi] - schläfrig
slender [ˈslendə] - schlank
slept [slept] - schlief
slight [slaɪt] - klein
slightly [ˈslaɪtli] - leicht
slipped off the road [slɪpt ɒf ðə rəʊd] - kam von der Straße ab
slow [sləʊ] - langsam; slow motion [sləʊ ˈməʊʃn̩] - Zeitlupe, die
slowly [ˈsləʊli] - langsam
small [smɔːl] - klein
smell [smel] - riechen
smelled [smeld] - roch
smelly [ˈsmeli] - stinkend
smile [smaɪl] - lächeln
smiled [smaɪld] - lächelte
smoke [sməʊk] - Rauch, der; rauchen
sniff [snɪf] - riechen
sniffed [snɪft] - roch
snow [snəʊ] - schneien
so [səʊ] - also
socks [sɒks] - Socken, die
softly [ˈsɒftli] - leise
solar [ˈsəʊlə] - Solar-; solar panel [ˈsəʊlə ˈpænl̩] - Solarmodul, das
sold [səʊld] - verkauft
soldier [ˈsəʊldʒə] - Soldat, der
some [sʌm] - einige
someone [ˈsʌmwʌn] - jemand

something [ˈsʌmθɪŋ] - etwas
sometime soon [ˈsʌmtaɪm suːn] - bald einmal
sometimes [ˈsʌmtaɪmz] - manchmal
somewhere [ˈsʌmweə] - irgendwo
son [sʌn] - Sohn, der
soon [suːn] - bald
soothed [suːðd] - beruhigte
sound [saʊnd] - Geräusch, das
south [saʊθ] - Süden, der
spaghetti [spəˈgeti] - Spaghetti, die
spare room [speə ruːm] - Gästezimmer, das
speak [spiːk] - sprechen
special [ˈspeʃl̩] - speziell
sped [sped] - raste
speed [spiːd] - Geschwindigkeit, die
spend [spend] - ausgeben
spilled [spɪld] - verschüttet
spin [spɪn] - drehen
spoke [spəʊk] - sprach
sports bag [spɔːts bæg] - Sporttasche, die
spot [spɒt] - Fleck, der
square [skweə] - Platz, der
squeezed [skwiːzd] - drückte
staff [stɑːf] - Mitarbeiter, die
stairs [steəz] - Treppen, die
stand [stænd] - stehen; stand up [stænd ʌp] - stehen Sie auf
star [stɑː] - Stern, der
stare [steə] - anstarren, starren
stared [steəd] - starrte
start [stɑːt] - beginnen
started [ˈstɑːtɪd] - startete
state [steɪt] - Staat, der
station [ˈsteɪʃn̩] - Bahnhof, der
stay [steɪ] - bleiben
stayed [steɪd] - blieb
steak [steɪk] - Steak, das
steal [stiːl] - stehlen
steer [stɪə] - Kurs angeben
step away [step əˈweɪ] - sich entfernen
stepped [stept] - stieg
stick [stɪk] - Stock, der
still [stɪl] - immer noch
stink [stɪŋk] - stinken
stinker [ˈstɪŋkə] - Stinker, der
stinkiest [ˈstiŋkəst] - stinkendste
stinky [ˈstɪŋki] - stinkend
stirred [stɜːd] - rührte um
stolen [ˈstəʊlən] - gestohlen
stomach [ˈstʌmək] - Bauch, der
stone [stəʊn] - Stein, der
stood [stʊd] - stand
stop [stɒp] - stoppen
stopped [stɒpt] - stoppte
store [stɔː] - Laden, der
story [ˈstɔːri] - Stockwerk, das
stowaway [ˈstəʊəweɪ] - blinde Passagier, der
straight ahead [streɪt əˈhed] - geradeaus
straightened [ˈstreɪtn̩d] - strich glatt
strange [streɪndʒ] - seltsam
stranger [ˈstreɪndʒə] - Fremde, der
street [striːt] - Straße, die
stretch [stretʃ] - sich erstrecken
stretched [stretʃt] - erstreckte
striped [straɪpt] - gestreift
stroked [strəʊkt] - streichelte
strong [strɒŋ] - stark
stronger [ˈstrɒŋgə] - stärker
struck [strʌk] - schlug ein
stubble [ˈstʌbl̩] - Stoppeln, die
stuck [stʌk] - feststeckend
study [ˈstʌdi] - Arbeitszimmer, das
stunned [stʌnd] - griff mit einem Elektroschocker an
stunt [stʌnt] - Trick, der
stupid [ˈstjuːpɪd] - dumm
substance [ˈsʌbstəns] - Substanz, die
suburb [ˈsʌbɜːb] - Vorort, der
such [sʌtʃ] - solche, solcher, solches
sudden [ˈsʌdn̩] - plötzlich
suddenly [sʌdn̩li] - plötzlich
suffering [ˈsʌfərɪŋ] - Leiden, das
sugar [ˈʃʊgə] - Zucker, der
suggest [səˈdʒest] - vorschlagen
suggested [səˈdʒestɪd] - schlug vor
suitcase [ˈsuːtkeɪs] - Koffer, der
Sunday [ˈsʌndi] - Sonntag, der
sunny [ˈsʌni] - sonnig

superstar [ˈsu:pəstɑ:] - Superstar, der
super-thief [ˈsu:pə θi:f] - Super-dieb, der
supervise [ˈsu:pəvaɪz] - beaufsichtigen
support [səˈpɔ:t] - unterstützen
sure [ʃʊə] - sicher
surface [ˈsɜ:fɪs] - Oberfläche, die
surprise [səˈpraɪz] - überraschen
surprised [səˈpraɪzd] - überrascht
surrounded [səˈraʊndɪd] - umgeben
swear [sweə] - schwören
sweat [swet] - Schweiß, der
switch [swɪtʃ] - schalten
switched [swɪtʃt] - getauscht
swoop [swu:p] - Sturzflug, der
symbol [ˈsɪmbl̩] - Symbol, das
system [ˈsɪstəm] - System, das
Tt
table [ˈteɪbl̩] - Tisch, der
tail [teɪl] - Schweif, der
take [teɪk] - bringen, nehmen
take-off [ˈteɪk ɒf] - abheben
talented [ˈtæləntɪd] - talentiert
talk [ˈtɔ:k] - reden, sprechen
tall [tɔ:l] - groß
tank [tæŋk] - Tank, der
tanning lotion [ˈtænɪŋ ˈləʊʃn̩] - Sonnencreme, die
tape [teɪp] - Band, das
Taser [ˈteɪzə] - Elektroschocker, der
task [tɑ:sk] - Aufgabe, die
tasty [ˈteɪsti] - lecker
tattoo [təˈtu:] - Tattoo, das
taxi [ˈtæksi] - Taxi, das
teach [ti:tʃ] - beibringen
teacher [ˈti:tʃə] - Lehrer, der
team [ti:m] - Team, das
tear [ˈtɪə] - reißen
teenager [ˈti:neɪdʒə] - Teenager, der
telephone [ˈtelɪfəʊn] - Handy, das
tell [tel] - erzählen
teller [ˈtelə] - Kassierer, der; Kassiererin, die
temporarily [ˈtemprərəli] - vorübergehend
temporary [ˈtemprəri] - vorübergehend, befristet
ten [ten] - zehn
tense [tens] - angespannt
tension [ˈtenʃn̩] - Spannung, die
tent [tent] - Zelt, das
terms [tɜ:mz] - Begriffe, die
terrace [ˈterəs] - Terrasse, die
terrible [ˈterəbl̩] - schrecklich
terrorist [ˈterərɪst] - Terrorist, der
text [tekst] - Text, der; text message [tekst ˈmesɪdʒ] - Textnachricht, die
than [ðæn] - als
thank [θæŋk] - danken
thankful [ˈθæŋkfəl] - dankbar
Thanks. [θæŋks] - Danke.
that [ðæt] - dass
the [ði:] - der, die, das
theatre [ˈθɪətə] - Theater, der
their [ðeə] - ihr, ihre
them [ðəm] - sie, ihnen
themselves [ðəmˈselvz] - sie selbst
then [ðen] - dann
there [ðeə] - dort
therefore [ˈðeəfɔ:] - daher
thermal [ˈθɜ:ml̩] - thermisch
these [ði:z] - diese
they [ˈðeɪ] - sie
thief [θi:f] - Dieb, der
thin [θɪn] - dünn
thing [θɪŋ] - Ding, das
think [θɪŋk] - denken
third [θɜ:d] - dritte, dritter, drittes
thirty [ˈθɜ:ti] - dreißig
thirty-five [ˈθɜ:ti faɪv] - fünfunddreißig
this [ðɪs] - dieser, diese, dieses
those [ðəʊz] - diese
thought [ˈθɔ:t] - dachte
thoughtfully [ˈθɔ:tfəli] - nachdenklich
thousand [ˈθaʊzn̩d] - tausend
threatened [ˈθretn̩d] - bedrohte
three [θri:] - drei
threw [θru:] - warf
through [θru:] - durch
throw [ˈθrəʊ] - werfen
thunder [ˈθʌndə] - Donner, der
Thursday [ˈθɜ:zdi] - Donnerstag, der

tick [tɪk] - ticken
ticked [tɪkt] - tickte
ticket [ˈtɪkɪt] - Fahrkarte, die
tie [taɪ] - fesseln
tied [taɪd] - fesselten
tightly [ˈtaɪtli] - fest
time [ˈtaɪm] - Zeit, die
tiny [ˈtaɪni] - klein
tip [tɪp] - Trinkgeld, das
tired [ˈtaɪəd] - müde
to [tuː] - in, nach, zu
toad [təʊd] - Kröte, die
today [təˈdeɪ] - heute
together [təˈgeðə] - zusammen
told [təʊld] - sagte
tolerate [ˈtɒləreɪt] - dulden
tomorrow [təˈmɒrəʊ] - morgen
tonight [təˈnaɪt] - heute Nacht
too [tuː] - auch
took [tʊk] - nahm
tool [tuːl] - Werkzeug, das
topple [ˈtɒpl̩] - stürzen
tore up [ˈtɔːr ʌp] - zerrissen
touched [tʌtʃt] - berührte
tourist [ˈtʊərɪst] - Tourist, der
toward [təˈwɔːd] - zu
towards [təˈwɔːdz] - zu
town [taʊn] - Stadt, die
toys [tɔɪz] - Spielzeug, das
traditional [trəˈdɪʃn̩əl] - traditionell
traffic [ˈtræfɪk] - Verkehr, der; traffic jam [ˈtræfɪk dʒæm] - Stau, der
transferred [trænsˈfɜːd] - versetzt
transport [trænsˈpɔːt] - transportieren
transported [trænsˈpɔːtɪd] - transportierte
travel [ˈtrævl̩] - reisen
traveled [ˈtrævl̩d] - reiste
tree [triː] - Baum, der
trial [ˈtraɪəl] - Verhandlung, die
tried [traɪd] - versuchte
trip [trɪp] - Reise, die
trouble [ˈtrʌbl̩] - Schwierigkeiten, die
truck [trʌk] - Lastwagen, der
true [truː] - wahr
truly [ˈtruːli] - wirklich
trunk [trʌŋk] - Rüssel, der
trust [trʌst] - vertrauen
try [traɪ] - versuchen
t-shirt [ˈtiː ʃɜːt] - T-Shirt, das
Tuesday [ˈtjuːzdi] - Dienstag, der
turn [tɜːn] - drehen
turned [tɜːnd] - drehte sich um
twelve [twelv] - zwölf
twenty [ˈtwenti] - zwanzig
twenty-seven [ˈtwenti ˈsevn̩] - siebenundzwanzig
twice [twaɪs] - zweimal
two [tuː] - zwei
two-story [tuː ˈstɔːri] - zweistöckig
Uu
unbelievable [ˌʌnbɪˈliːvəbl̩] - unglaublich
unbuttoned [ʌnˈbʌtn̩d] - knöpfte auf
uncertainly [ʌnˈsɜːtnli] - unsicher
under [ˈʌndə] - unter
understand [ˌʌndəˈstænd] - verstehen
understood [ˌʌndəˈstʊd] - verstanden
unemployed [ˌʌnɪmˈplɔɪd] - arbeitslos
unfriendly [ˌʌnˈfrendli] - unfreundlich
uniform [ˈjuːnɪfɔːm] - Uniform, die
union [ˈjuːnɪən] - Union, die
university [ˌjuːnɪˈvɜːsɪti] - Universität, die
unkindly [ʌnˈkaɪndli] - unfreundlich
unlocked [ʌnˈlɒkt] - öffnete; schloss auf
unpleasant [ʌnˈpleznt] - unfreundlich
untied [ʌnˈtaɪd] - band los
until [ʌnˈtɪl] - bis
upwards [ˈʌpwədz] - nach oben
urgently [ˈɜːdʒəntli] - dringend
urinate [ˈjʊərɪneɪt] - pinkeln
urinated [ˈjʊərɪneɪtɪd] - pinkelte
us [əz] - uns
use [ˈjuːs] - nutzen
uselessness [ˈjuːsləsnəs] - Sinnlosigkeit, die
usual [ˈjuːʒʊəl] - üblich
usually [ˈjuːʒəli] - normalerweise
Vv
vacation [vəˈkeɪʃn̩] - Urlaub, der
vagabond [ˈvægəbɒnd] - Vagabund, der
van [væn] - Transporter, der

Van Gogh [væn ˈgəʊ] - Van Gogh
vanilla [vəˈnɪlə] - Vanille, die
vast [vɑːst] - riesig
vault [vɔːlt] - Tresorraum, der
vehicles [ˈviːɪkl̩z] - Fahrzeuge, die
ventilation [ˌventɪˈleɪʃn̩] - Belüftung, die
vertically [ˈvɜːtɪkl̩i] - vertikal
very [ˈveri] - sehr
vest [vest] - Weste, die
vibrate [vaɪˈbreɪt] - vibrieren
victoriously [vɪkˈtɔːrɪəsli] - triumphierend
video [ˈvɪdɪəʊ] - Video, das
view [vjuː] - Blick, der
village [ˈvɪlɪdʒ] - Dorf, das
violated [ˈvaɪəleɪtɪd] - verletzt
visible [ˈvɪzəbl̩] - sichtbar
visit [ˈvɪzɪt] - besuchen
voice [vɔɪs] - Stimme, die
Ww
wailing [ˈweɪlɪŋ] - Heulen, das
waist [weɪst] - Hüfte, die
wait [weɪt] - warten
waited [ˈweɪtɪd] - wartete
waiter [ˈweɪtə] - Kellner, der
walk [wɔːk] - gehen
walked [ˈwɔːkt] - ging
wall [wɔːl] - Mauer, die
wallet [ˈwɒlɪt] - Brieftasche, die
want [wɒnt] - wollen
wanted [ˈwɒntɪd] - wollte
war [wɔː] - Krieg, der
warm [wɔːm] - warm
was [wɒz] - war
waste no time [weɪst nəʊ ˈtaɪm] - keine Zeit verlieren
watch [wɒtʃ] - beobachten
watched [wɒtʃt] - sah zu, sah an
water [ˈwɔːtə] - gießen; Wasser, das
waterbed [ˈwɔːtəbed] - Wasserbett, das
wave [weɪv] - Welle, die
waved [weɪvd] - winkte
way [ˈweɪ] - Weg, der
we [wi] - wir
weapon [ˈwepən] - Waffe, die
wear [weə] - tragen
weather [ˈweðə] - Wetter, das
Wednesday [ˈwenzdeɪ] - Mittwoch, der
week [wiːk] - Woche, die
weeping [ˈwiːpɪŋ] - weinend
well [wel] - gut
well-groomed [wel ˈgruːmd] - gut angezogen
went [went] - ging
wept [wept] - weinte
were [wɜː] - waren
what [wɒt] - was
wheel [wiːl] - Lenkrad, das
wheelchair [ˈwiːltʃeə] - Rollstuhl, der
when [wen] - wann
where [weə] - wo
which [wɪtʃ] - welche, welcher, welches
while [waɪl] - während
whispered [ˈwɪspəd] - flüsterte
white [waɪt] - weiß
who [huː] - wer
whole [həʊl] - ganz
whom [huːm] - wem, wen
whose [huːz] - wessen
why [waɪ] - warum
wide [waɪd] - breit
wide-eyed [waɪd aɪd] - mit großen Augen
wife [waɪf] - Frau, die
wildly [ˈwaɪldli] - wild
will [wɪl] - werden
wind [wɪnd] - Wind, der
window [ˈwɪndəʊ] - Fenster, das
wine [waɪn] - Wein, der
wing [wɪŋ] - Flügel, der
winked [wɪŋkt] - zwinkerte
winner [ˈwɪnə] - Gewinner, der
wiped [waɪpt] - wischte
wisely [ˈwaɪzli] - weise
wish [wɪʃ] - wünschen
with [wɪð] - mit; with pleasure [wɪð ˈpleʒə] - mit Vergnügen
within [wɪðˈiːn] - innerhalb
without [wɪðˈaʊt] - ohne; without stopping [wɪðˈaʊt ˈstɒpɪŋ] - ohne Pause
woke [wəʊk] - weckte
woman [ˈwʊmən] - Frau, die

woman’s [ˈwʊmənz] - Frau, der
won [wʌn] - gewonnen
won't [wəʊnt] - wird nicht
wooden [ˈwʊdn̩] - aus Holz
word [ˈwɜːd] - Wort, das
wore parachutes [wɔː ˈpærəʃuːts] - Fallschirme angelegt
work [ˈwɜːk] - Arbeit, der; arbeiten
worked [wɜːkt] - funktionierte
worker [ˈwɜːkə] - Arbeiter, der
world [wɜːld] - Welt, die
worried [ˈwʌrɪd] - besorgt
worry [ˈwʌri] - sich Sorgen machen
worse [wɜːs] - schlimmer
worth [wɜːθ] - Wert, der
would [wʊd] - würde
wound [wuːnd] - Wunde, die
wounded [ˈwuːndɪd] - Verwundete, der
wrap [ræp] - umwickeln
wrong [rɒŋ] - falsch
Yy
yard [jɑːd] - Hof, der
yawned [jɔːnd] - gähnte
year [jɜː] - Jahr, das
yelled [jeld] - schrie
yellow [ˈjeləʊ] - gelb
yes [jes] - ja
yesterday [ˈjestədi] - gestern
yet [jet] - noch
you [ju] - du, Sie; you are welcome [ju ə ˈwelkəm] - gern geschehen
young [jʌŋ] - jung
your [jə] - dein, deine
yours [jɔːz] - deine, deiner, deines
yourself [jɔːˈself] - dir, dich
Zz
zoologist [zuːˈɒlədʒɪst] - Zoologe, der

German-English Dictionary

Aa
ab- - off [ɒf]
Abdeckung, die - lid [lɪd]
Abend, der - evening [ˈiːvn̩ɪŋ]
Abendessen, das - dinner [ˈdɪnə]
aber - but [bʌt]
abfeuern - launch [lɔːntʃ]
abfliegen - depart [dɪˈpɑːt]
abgefeuert - fired [ˈfaɪəd], launched [lɔːntʃt]
abgestürzt - crashed [kræʃt]
abheben - take-off [ˈteɪk ɒf]
ablecken - lick [lɪk]
ablehnen - refuse [rɪˈfjuːz]
abnehmen - pick up [pɪk ʌp]
abnehmen, entfernen - removed [rɪˈmuːvd]
abschießen - launch [lɔːntʃ]
abschließen - conclude [kənˈkluːd]
Abschluss, der - degree [dɪˈgriː]
abschneiden - cut off [kʌt ɒf]
absetzen - drop off [drɒp ɒf]
acht - eight [eɪt]
Adresse, die - address [əˈdres]
ähneln - resemble [rɪˈzembl̩]
Alarm, der - alarm [əˈlɑːm]
Alkohol, der - alcohol [ˈælkəhɒl], liqueur [lɪˈkjʊə]
alle - all [ɔːl], everybody [ˈevrɪbɒdi]
allein - alone [əˈləʊn]
alles - everything [ˈevrɪθɪŋ]
allmählich - gradually [ˈgrædʒʊəli]
Alptraum, der - nightmare [ˈnaɪtmeə]
als - than [ðæn]
als, wie - as [æz]
also - so [səʊ]
alt - old [əʊld]
anbieten - offer [ˈɒfə]
Anbieter, der - provider [prəˈvaɪdə]
andere, anderer, anderes - different [ˈdɪfrənt], other [ˈʌðə]
ändern - change [tʃeɪndʒ]
anders - otherwise [ˈʌðəwaɪz]
änderte - changed [tʃeɪndʒd]
angeheuert - hired [ˈhaɪəd]
angeklagt - charged [tʃɑːdʒd]
Angeklagte, der - defendant [dɪˈfendənt]
angeschossen - shot [ʃɒt]
angespannt - tense [tens]
Angestellter, der - employee [ˌemplɔɪˈiː]
angewidert - in disgust [ɪn dɪsˈgʌst]
angezogen - dressed [drest]
angreifend - attacking [əˈtækɪŋ]
Angriff, der - attack [əˈtæk]
Angst haben - be afraid [bi əˈfreɪd], be scared [bi skeəd]
Angst, die - fear [fɪə]
ängstlich - fearfully [ˈfɪəfəli]
anheuern - hire [ˈhaɪə]
Ankunft, die - arrival [əˈraɪvl̩]
anrufen - call [kɔːl]
ansehnlich - respectable [rɪˈspektəbl̩]
anstarren - stare [steə]
anstatt - instead [ɪnˈsted]
Antenne, die - antenna [ænˈtenə]
Antilope, die - antelope [ˈæntɪləʊp]
antworten - answer [ˈɑːnsə], reply [rɪˈplaɪ], respond [rɪˈspɒnd]
antwortete - answered [ˈɑːnsəd], replied [rɪˈplaɪd]
Anwalt, der - lawyer [ˈlɔːjə]
Anzeige, die - ad [æd]
anzünden - light [laɪt]
anzündete - lit [lɪt]
Apotheke, die - pharmacy [ˈfɑːməsi]
Araber, der - Arab [ˈærəb]
Arbeit, der - work [ˈwɜːk]
arbeiten - work [ˈwɜːk]
Arbeiter, der - worker [ˈwɜːkə]
arbeitslos - unemployed [ˌʌnɪmˈplɔɪd]
Arbeitszimmer, das - study [ˈstʌdi]
arm - poor [pʊə]
Arm, der - arm [ɑːm]
Armaturenbrett, das - dashboard [ˈdæʃbɔːd]
Art, die - kind [kaɪnd]
Arzt, der - doctor [ˈdɒktə]
asiatisch - Asian [ˈeɪdʒn̩]
aß - ate [et]
Ass, das - ace [eɪs]

Assistent, der - assistant [əˈsɪstənt]
attackiert - attacked [əˈtækt]
auch - also [ˈɔːlsəʊ], too [tuː]
auf - on [ɒn], on top of [ɒn tɒp ɒv], onto [ˈɔntu]
auf jeden Fall - definitely [ˈdefɪnətli]
auf jemanden zukommen - approached [əˈprəʊtʃt]
Aufbewahrungsort, der - repository [rɪˈpɒzɪtr̩i]
Aufgabe, die - task [tɑːsk]
aufgeregt - agitated [ˈædʒɪteɪtɪd], excited [ɪkˈsaɪtɪd]
aufmerksam - attentive [əˈtentɪv], attentively [əˈtentɪvli]
Aufregung, die - agitation [ˌædʒɪˈteɪʃn̩]
aufsteigen - rise [raɪz]
aufteilen - divide [dɪˈvaɪd]
Aufzug, der - elevator [ˈelɪveɪtə]
Auge, das - eye [aɪ]
aus Holz - wooden [ˈwʊdn̩]
Ausbildung, die - education [ˌedʒʊˈkeɪʃn̩]
auseinander - apart [əˈpɑːt]
auseinanderfallen - fall apart [fɔːl əˈpɑːt]
Ausgang, der - exit [ˈeksɪt]
ausgeben - spend [spend]
ausgebeutet - exploited [ɪkˈsplɔɪtɪd]
ausgezeichnet - excellently [ˈeksələntli]
ausrauben - rob [rɒb]
Ausrüstung, die - equipment [ɪˈkwɪpmənt]
ausschalten - disconnect [ˌdɪskəˈnekt]
Aussehen, das - appearance [əˈpɪərəns]
außerdem - besides [bɪˈsaɪdz]
aussuchen - chose [tʃəʊz]
austauschen - exchange [ɪkˈstʃeɪndʒ]
Auto, das - car [kɑː]
Autorität, die - authority [ɔːˈθɒrəti]
Avenue, die - avenue [ˈævənjuː]
Bb
BA Abschluss - bachelor's degree [ˈbætʃələz dɪˌgriː]
Badezimmer, das - bathroom [ˈbɑːθruːm]
Bahnhof, der - station [ˈsteɪʃn̩]
bald - soon [suːn]
bald einmal - sometime soon [ˈsʌmtaɪm suːn]
band los - untied [ʌnˈtaɪd]
Band, das - tape [teɪp]
bandagieren - bandage [ˈbændɪdʒ]
Bank, die - bank [bæŋk]
Bar, die - bar [bɑː]
Bart, der - beard [bɪəd]
Bauch, der - stomach [ˈstʌmək]
Baum, der - tree [triː]
beachten - pay attention [peɪ əˈtenʃn̩]
Beamte, der - officer [ˈɒfɪsə]
beängstigend - frightening [ˈfraɪtn̩ɪŋ]
beaufsichtigen - supervise [ˈsuːpəvaɪz]
bedeckte - covered [ˈkʌvəd]
Bedeutung, die - importance [ɪmˈpɔːtns]
bedrohte - threatened [ˈθretn̩d]
beenden - finish [ˈfɪnɪʃ]
begehen - commit [kəˈmɪt]
begeistert - excited [ɪkˈsaɪtɪd]
beginnen - begin [bɪˈgɪn], start [stɑːt]
beginnt zu arbeiten - beginning to work [bɪˈgɪnɪŋ tə ˈwɜːk]
begleiten - accompany [əˈkʌmpəni]
begleitet - accompanied [əˈkʌmpənid]
Begriffe, die - terms [tɜːmz]
begrüßen - greet [griːt]
begrüßte - greeted [ˈgriːtɪd]
behalten - keep [kiːp]
beharren - insist [ɪnˈsɪst]
beharrte - insisted [ɪnˈsɪstɪd]
bei - by [baɪ]
beibringen - teach [tiːtʃ]
beide - both [bəʊθ]
beidseitig - mutual [ˈmjuːtʃʊəl]
Bein, das - leg [leg]
beinhalten - contain [kənˈteɪn]
Beispiel, das - example [ɪgˈzɑːmpl̩]
bekam - got [ˈgɒt]
Bekannte, der - acquaintance [əˈkweɪntəns]
Bekleidung, die - clothing [ˈkləʊðɪŋ]
bekommen - get [ˈget]
Belader, der - loader [ˈləʊdə]
Bellen,das - barking [ˈbɑːkɪŋ]
Belüftung, die - ventilation [ˌventɪˈleɪʃn̩]

bemerken - note [nəʊt], notice [ˈnəʊtɪs]
bemerkte - noticed [ˈnəʊtɪst]
benachbart - neighboring [ˈneɪbərɪŋ]
benehmen - behave [bɪˈheɪv]
Benzin, das - gasoline [ˈgæsəli:n]
beobachten - watch [wɒtʃ]
beobachtete genau - looked closely [lʊkt ˈkləʊsli]
beraten - consult [kənˈsʌlt]
Berater, der - consultant [kənˈsʌltənt]
bereit - ready [ˈredi]
bereitete vor - prepared [prɪˈpeəd]
berichten - report [rɪˈpɔ:t]
berichtete - reported [rɪˈpɔ:tɪd]
Beruf, der - profession [prəˈfeʃn̩]
beruhigte - soothed [su:ðd]
berührte - touched [tʌtʃt]
beschädigt - damaged [ˈdæmɪdʒd]
beschäftigt - busy [ˈbɪzi]
beschäftigt sein - be busy [bi ˈbɪzi]
beschützte - shielded [ˈʃi:ldɪd]
Besitzer, der - owner [ˈəʊnə]
besorgt - worried [ˈwʌrɪd]
besser - better [ˈbetə]
beste der, die, das - best [best]
bestechen - bribe [braɪb]
bestellen - order [ˈɔ:də]
bestellt - ordered [ˈɔ:dəd]
Bestimmung, die - purpose [ˈpɜ:pəs]
bestochen - bribed [braɪbd]
bestrafen - fine [faɪn], punish [ˈpʌnɪʃ]
besuchen - visit [ˈvɪzɪt]
betrat - entered [ˈentəd]
betreten - enter [ˈentə]
-betrieben - powered [ˈpaʊəd]
betrogen - cheated [ˈtʃi:tɪd]
betrügen - cheat [tʃi:t]
Betrüger, der - crook [krʊk]
betrunken - drunken [ˈdrʌŋkən]
Bett, das - bed [bed]
bewaffnet - armed [ɑ:md]
Bewaffnete, der - gunman [ˈgʌnmən]
bewegen - move [mu:v]
bewegte - moved [mu:vd]
bewegungslos - motionless [ˈməʊʃnləs]
beweisen - prove [pru:v]
bewölkt - cloudy [ˈklaʊdi]
Bewusstsein, das - consciousness [ˈkɒnʃəsnəs]
bezahlt - paid [peɪd]
Beziehung, die - affair [əˈfeə]
Bild, das - picture [ˈpɪktʃə]
Bildschirm, der - screen [skri:n]
bis - until [ʌnˈtɪl]
bis auf - except [ɪkˈsept]
bitte - please [pli:z]
blass - pale [peɪl]
Blatt, das - leaf [li:f]
blau - blue [blu:]
bleiben - remain [rɪˈmeɪn], stay [steɪ]
Blick, der - gaze [geɪz], glance [glɑ:ns], view [vju:]
blieb - stayed [steɪd]
blind - blind [blaɪnd]
blinde Passagier, der - stowaway [ˈstəʊəweɪ]
Blinklicht, das - flashing light [ˈflæʃɪŋ laɪt]
Blitz, der - flash [flæʃ], lightning [ˈlaɪtn̩ɪŋ]
blond - fair [feə]
Blume, die - flower [ˈflaʊə]
Blut, das - blood [blʌd]
Blutfleck, der - blood spot [blʌd spɒt]
Boden, der - ground [graʊnd]
Bodyguard, der - bodyguard [ˈbɒdɪgɑ:d]
Boiler, der - boiler [ˈbɔɪlə]
bombardieren - bomb [bɒm]
bombardierte - bombed [bɒmd]
Bombe, die - bomb [bɒm]
Bomber, der - bomber [ˈbɒmə]
böse - evil [ˈi:vl̩]
bot an - offered [ˈɒfəd]
brachten - brought [ˈbrɔ:t]
brannte - burned [bɜ:nd]
brauchen - need [ni:d]
brauchte - needed [ˈni:dɪd]
braun - brown [braʊn]
brechen - break [breɪk]
brachen - broke [brəʊk]
breit - wide [waɪd]
bremsen - brake [breɪk]

brennend - burning [ˈbɜ:nɪŋ]
Briefkuvert, das - envelope [ˈenvələʊp]
Brieftasche, die - wallet [ˈwɒlɪt]
Briese, die - breeze [bri:z]
brilliant - brilliant [ˈbrɪlɪənt]
bringen - bring [brɪŋ], take [teɪk]
Brot, das - bread [bred]
Bruder, der - brother [ˈbrʌðə]
Brust, die - chest [tʃest]
bückte - bent [bent]
bunt - colorful [ˈkələrfəl]
Bürger, der - citizen [ˈsɪtɪzən]
Bürgersteig, der - pavement [ˈpeɪvmənt], sidewalk [ˈsaɪdwɔ:k]
Büro, das - office [ˈɒfɪs]
Bus, der - bus [bʌs]
Cc
Café, das - cafe [ˈkæfeɪ]
Chef, der - chief [tʃi:f]
Cockpit, das - cabin [ˈkæbɪn]
Couch, die - couch [kaʊtʃ]
Creme, die - lotion [ˈləʊʃn̩]
Dd
Dach, das - roof [ru:f]
dachte - thought [ˈθɔ:t]
daher - therefore [ˈðeəfɔ:]
Dalmatiner, der - Dalmatian [ˌdælˈmeɪʃn̩]
dankbar - thankful [ˈθæŋkfəl]
Danke.- Thanks. [θæŋks]
danken - thank [θæŋk]
dann - then [ðen]
dass - that [ðæt]
dauerhaft, unbefristet - permanent [ˈpɜ:mənənt]
Decke, die - blanket [ˈblæŋkɪt]
dein, deine - your [jə]
deine, deiner, deines - yours [jɔ:z]
demokratisch - democratic [ˌdeməˈkrætɪk]
den Mund halten - shut up [ʃʌt ʌp]
denken - think [θɪŋk]
der, die, das - the [ði:]
Detektiv, der - detective [dɪˈtektɪv]
Detektivs, des - detective’s [dəˈtektɪvz]
deutete - signaled [ˈsɪgnəld]
Diamant, der - diamond [ˈdaɪəmənd]
dick - fat [fæt]
Dieb, der - thief [θi:f]
dienen - serve [sɜ:v]
Dienst haben - on duty [ɒn ˈdju:ti]
Dienst, der - service [ˈsɜ:vɪs]
Dienstag, der - Tuesday [ˈtju:zdi]
diese - these [ði:z], those [ðəʊz]
dieser, diese, dieses - this [ðɪs]
Diktatur, die - dictatorship [dɪkˈteɪtəʃɪp]
Diktiergerät, das - dictaphone [ˈdɪktəfəʊn]
Ding, das - thing [θɪŋ]
dir, dich - yourself [jɔ:ˈself]
Dollar, der - dollar [ˈdɒlə]
Donner, der - thunder [ˈθʌndə]
Donnerstag, der - Thursday [ˈθɜ:zdi]
doppelt - double [ˈdʌbl̩]
Dorf, das - village [ˈvɪlɪdʒ]
dort - there [ðeə]
Dosis, die - dose [dəʊs]
draußen - outside [ˌaʊtˈsaɪd]
drehen - spin [spɪn], turn [tɜ:n]
drehte sich um - turned [tɜ:nd]
drei - three [θri:]
dreißig - thirty [ˈθɜ:ti]
dringend - urgently [ˈɜ:dʒəntli]
dritte, dritter, drittes - third [θɜ:d]
Dröhnen, das - roar [rɔ:]
drücken - press [pres]
drückte - squeezed [skwi:zd]
du, Sie - you [ju]
dulden - tolerate [ˈtɒləreɪt]
dumm - stupid [ˈstju:pɪd]
Düne, die - dune [dju:n]
dunkel - dark [dɑ:k]
dünn - thin [θɪn]
durch - through [θru:]
durchführen - conduct [kənˈdʌkt]
dürfen nicht - not allowed [nɒt əˈlaʊd]
Dusche, die - shower [ˈʃaʊə]
Dutzend, das - dozen [ˈdʌzn̩]
Ee
ehemalige, ehemaliger, ehemaliges - former [ˈfɔ:mə]
Ehre, die - honor [ˈɒnə]
eigene, eingener, eigenes - own [əʊn]

Eigentum, das - property [ˈprɒpəti]
ein anderer, ein anderes, eine andere - another [əˈnʌðə]
ein bisschen - a bit [ə bɪt]
ein Kinderspiel sein - be child's play [bi tʃaɪldz pleɪ]
ein wenig - a little [ə ˈlɪtl̩]
ein, eine - a [ə], an [æn]; 2. one [wʌn]
Einbruch, der - robbery [ˈrɒbəri]
eine Gefahr darstellen - pose (a danger) [pəʊz ə ˈdeɪndʒə]
einen Unterschied machen - matter [ˈmætə]
einfach - easy [ˈiːzi], just [dʒəst], simple [ˈsɪmpl̩], simply [ˈsɪmpli]
Einfahrt, die - entrance [ɪnˈtrɑːns]
Einfahrtserlaubnis, die - entrance permit [ɪnˈtrɑːns pəˈmɪt]
eingegraben - buried [ˈberɪd]
eingeladen - loaded [ˈləʊdɪd]
einholen - catch up [kætʃ ʌp]
einige - a couple of [ə ˈkʌpl̩ ɒv], a few [fjuː], several [ˈsevrəl], some [sʌm]
einladen - invite [ɪnˈvaɪt]
einmal - once [wʌns]
einnehmen - capture [ˈkæptʃə], occupy [ˈɒkjʊpaɪ]
einschenken - pour [pɔː]
Einziehung, die - confiscation [ˌkɒnfɪˈskeɪʃn̩]
Eiscreme, die - ice cream [aɪs kriːm]
Eisenbahn, die - railway [ˈreɪlweɪ]
Elefant, der - elephant [ˈelɪfənt]
Elektriker, der - electrician [ɪˌlekˈtrɪʃn̩]
elektrisch - electric [ɪˈlektrɪk]
Elektroschocker, der - Taser [ˈteɪzə]
Empfang, der - reception [rɪˈsepʃn̩]
empfehlen - recommend [ˌrekəˈmend]
empört - indignantly [ɪnˈdɪgnəntli]
Ende, das - end [end]
enden - end [end]
endlich - finally [ˈfaɪnəli]
Energie, die - energy [ˈenədʒi]
enorm - enormous [ɪˈnɔːməs]
entfernen - remove [rɪˈmuːv]
entlang - along [əˈlɒŋ]
entscheidend - decisive [dɪˈsaɪsɪv]
Entscheidung, die - decision [dɪˈsɪʒn̩]
entschied - decided [dɪˈsaɪdɪd]
entschließen - decide [dɪˈsaɪd]
entschuldigen Sie - excuse me [ɪkˈskjuːz miː]
entspannte - relaxed [rɪˈlækst]
entweder … or - either … or [ˈaɪðə ɔː]
er - he [hi]
erbracht - provided [prəˈvaɪdɪd]
ereichen - reach [riːtʃ]
erfahren - experienced [ɪkˈspɪərɪənst], learn [lɜːn]
Erfahrung, die - experience [ɪkˈspɪərɪəns]
erfreut - pleased [pliːzd]
erfüllen - fulfill [fʊlˈfɪl]
erfüllte - filled [fɪld]
erhalten - receive [rɪˈsiːv]
erhob sich - get up [ˈget ʌp]
erholen - recover [rɪˈkʌvə]
erholte sich - recovered [rɪˈkʌvəd]
erinnerte - remembered [rɪˈmembəd]
erkannte - realized [ˈrɪəlaɪzd], recognized [ˈrekəgnaɪzd]
erkennen - recognize [ˈrekəgnaɪz]
erklären - explain [ɪkˈspleɪn]
erklärte - explained [ɪkˈspleɪnd]
Erlaubnis, die - permission [pəˈmɪʃn̩], permit [pəˈmɪt]
Ermittlung, die - investigation [ɪnˌvestɪˈgeɪʃn̩]
Ermittlungs-- investigative [ɪnˈvestɪgətɪv]
Ermittlungsexperiment, das - investigative experiment [ɪnˈvestɪgətɪv ɪkˈsperɪmənt]
ernannt - appointed [əˈpɔɪntɪd]
ernst - serious [ˈsɪərɪəs], seriously [ˈsɪərɪəsli]
erraten - guess [ges]
erreichen - arrive [əˈraɪv]
erstarrte - froze [frəʊz]
erste, erster, erstes - first [fɜːst]
erstreckte - stretched [stretʃt]
erwarten - expect [ɪkˈspekt]
erwartet - expected [ɪkˈspektɪd]
erzählen - tell [tel]

erzeugen - create [kriːˈeɪt]
es - it [ɪt]
es ist schade - it's a pity [ɪts ə ˈpɪti]
es tut mir leid - I am sorry [ˈaɪ əm ˈsɒri]
essen - eat [iːt]; Essen bekommen - feed [fiːd]
Essen, das - food [fuːd]
etwas - something [ˈsʌmθɪŋ]
euphorisch - euphoric [juːˈfɒrɪk]
Europa - Europe [ˈjʊərəp]
europäisch - European [ˌjʊərəˈpɪən]
ewig - forever [fəˈrevə]
Exot, der - exotic [ɪɡˈzɒtɪk]
exotisch - exotic [ɪɡˈzɒtɪk]
Experiment, das - experiment [ɪkˈsperɪmənt]
explodierte - exploded [ɪkˈspləʊdɪd]
Explosion, die - blast [blɑːst], explosion [ɪkˈspləʊʒn̩]
Ff
Fabrik, die - factory [ˈfæktəri]
Fadenkreuz, das - crosshairs [ˈcrɔːsˈhers]
Fahne, die - flag [flæɡ]
fahren - drive [draɪv], ride [raɪd]
Fahrer, der - driver [ˈdraɪvə]
Fahrkarte, die - ticket [ˈtɪkɪt]
Fahrpreis, der - fare [feə]
Fahrzeuge, die - vehicles [ˈviːɪkl̩z]
Fairness, die - fairness [ˈfeənɪs]
Fall, der - case [keɪs]
fallen - fall [fɔːl]
fallend - falling [ˈfɔːlɪŋ]
Fallschirm, der - parachute [ˈpærəʃuːt]
Fallschirme angelegt - wore parachutes [wɔː ˈpærəʃuːts]
Fallschirmjäger, der - paratrooper [ˈpærətruːpə]
falsch - incorrectly [ˌɪnkəˈrektli], wrong [rɒŋ]
Familie, die - family [ˈfæməli]
Farbe, die - color [ˈkʌlər]
Farm, die - farm [fɑːm]
Fass, das - barrel [ˈbærəl]
fast - almost [ˈɔːlməʊst]
fehlen - miss [mɪs]
feierlich - ceremoniously [ˌserɪˈməʊnɪəsli]
Feigling, der - coward [ˈkaʊəd]
Feind, der - enemy [ˈenəmi]
Feld, das - field [fiːld]
Fenster, das - window [ˈwɪndəʊ]
Ferne, die; Entfernung, die - distance [ˈdɪstəns]
fertig sein - be finished [bi ˈfɪnɪʃt]
fesseln - tie [taɪ]
fesselten - tied [taɪd]
fest - tightly [ˈtaɪtli]
festhalten - hold on [həʊld ɒn]
festnehmen - arrest [əˈrest]
feststeckend - stuck [stʌk]
Feuer, das - fire [ˈfaɪə]
feuern - fire [ˈfaɪə]
fiel - fell [fel]
Film, der - film [fɪlm]
finden - find [faɪnd]
Finger, der - finger [ˈfɪŋɡə]
Fisch, der - fish [fɪʃ]
Flamme, die - flare [fleə]
Flasche, die - bottle [ˈbɒtl̩]
Flaschengeist, der - genie [ˈdʒiːni]
Fleck, der - spot [spɒt]
flehen - plead [pliːd]
flehte - pleaded [ˈpliːdɪd]
fliegen - fly [flaɪ]
fliehen - escape [ɪˈskeɪp]
flog - flew [fluː]; flog vorbei - passed [pɑːst]
floss - flowed [fləʊd]
Flüchtende, der - fugitive [ˈfjuːdʒətɪv]
Flugblatt, das - leaflet [ˈliːflɪt]
Flügel, der - wing [wɪŋ]
Flughafen, der - airport [ˈeəpɔːt]
Flugplatz, der - airfield [ˈeəfiːld]
Flugzeug, das - aircraft [ˈeəkrɑːft], airplane [ˈeəpleɪn], plane [pleɪn]
Flur, der - hall [hɔːl], hallway [ˈhɔːlweɪ]
flüsterte - whispered [ˈwɪspəd]
folgt - follow [ˈfɒləʊ]
folgten - followed [ˈfɒləʊd]
fordern - demand [dɪˈmɑːnd]
forderte - demanded [dɪˈmɑːndɪd]

fortsetzen - continue [kən'tɪnjuː]
fortwährend - constantly ['kɒnstəntli]
Foto, das - photo ['fəʊtəʊ]
Frage, die - question ['kwestʃən]
fragen - ask [ɑːsk]
fragend - questioning ['kwestʃənɪŋ]
fragte - asked [ɑːskt]
fragte nach - inquired [ɪn'kwaɪəd]
Frau, die - wife [waɪf], woman ['wʊmən];
Frau, der - woman's ['wʊmənz]
frei - free [friː]
Freiheit, die - freedom ['friːdəm]
Freitag, der - Friday ['fraɪdi]
Fremde, der - stranger ['streɪndʒə]
Freund, der - friend [frend]
freundlich - polite [pə'laɪt], politely [pə'laɪtli]
früher - earlier ['ɜːliə]
fügte hinzu - added ['ædɪd]
fühlen - feel [fiːl]
fühlte - felt [felt]
fuhr - drove [drəʊv], rode [rəʊd]
führen - lead [liːd]
Führer, der - leader ['liːdə]
führte - led [led]
fünf - five [faɪv]
fünfminütig - five-minute [faɪv maɪ'njuːt]
fünfunddreißig - thirty-five ['θɜːti faɪv]
fünfundvierzig - forty-five ['fɔːti faɪv]
fünfzehn - fifteen [ˌfɪf'tiːn]
fünfzig - fifty ['fɪfti]
funktionieren - do the trick [də ðə trɪk]
funktionierte - worked [wɜːkt]
für - for [fɔː]
Fuß - feet [fiːt]
Fuß, der - foot [fʊt]
Fußtritt, der - kick [kɪk]
Gg
gab - gave [geɪv]
gähnte - yawned [jɔːnd]
Gang, der - gear [gɪə]
ganz - completely [kəm'pliːtli], whole [həʊl]
Garage, die - garage ['gærɑːʒ]
garantieren - guarantee [ˌgærən'tiː]
Garten, der - garden ['gɑːdn̩]
Gas, das - gas [gæs]
Gasse, die - alley ['æli]
Gästezimmer, das - spare room [speə ruːm]
Gebäude, das - building ['bɪldɪŋ]
geben - give [gɪv]
gedrückt - pressed [prest]
geendet - ended ['endɪd]
Gefahr, die - danger ['deɪndʒə]
gefahren - driven ['drɪvn̩]
gefährlich - dangerous ['deɪndʒərəs]
gefälscht - fake [feɪk]
gefangen - caught ['kɔːt]
Gefangene, der - prisoner ['prɪznə]
Gefängnis, das - jail [dʒeɪl], prison ['prɪzn̩]
Gefängniszelle, die - jail cell [dʒeɪl sel]
geflohen - escaped [ɪ'skeɪpt]
geflüchtet - fled [fled]
Gefühl, das - emotion [ɪ'məʊʃn̩], feeling ['fiːlɪŋ]
gefunden - found [faʊnd]
gegeben - given [gɪvn̩]
gegen - against [ə'genst]
gegenüber - across [ə'krɒs]
gegessen - eaten ['iːtn̩]
Gehalt, das - salary ['sæləri]
gehalten - held [held]
gehandelt - acted ['æktɪd]
gehen - go [gəʊ], walk [wɔːk]
gehorchen - obey [ə'beɪ]
gehorchte - obeyed [ə'beɪd]
Geist, der - ghost [gəʊst]
gekauft - bought ['bɔːt]
gelb - yellow ['jeləʊ]
Geld, das - cash [kæʃ], money ['mʌni]
Geldschein, der - bill [bɪl]
gelebt - lived [lɪvd]
geliebt - loved [lʌvd]
gemalt - painted ['peɪntɪd]
gemäß - according to [ə'kɔːdɪŋ tuː]
genau - exact [ɪg'zækt], exactly [ɪg'zæktli], right [raɪt]
genoß - enjoyed [ɪn'dʒɔɪd]
genug - enough [ɪ'nʌf]
geöffnet - opened ['əʊpənd]

Gepäck, das - luggage [ˈlʌgɪdʒ]
Gepäckträger, der - porter [ˈpɔ:tə]
geplant - planned [plænd]
geradeaus - straight ahead [streɪt əˈhed]
geraten - advised [ədˈvaɪzd]
Geräusch, das - noise [nɔɪz], sound [saʊnd]
Gerichtssaal, der - courtroom [ˈkɔ:tru:m]
gern geschehen - you are welcome [ju ə ˈwelkəm]
gerne tun - enjoy [ɪnˈdʒoɪ], be happy to [ˈhæpi tu:]
gerötet - pink [pɪŋk]
gesagt - said [ˈsed]
gesamt - entire [ɪnˈtaɪə]
Geschäft, das - business [ˈbɪznəs]
Geschenk, das - gift [gɪft]
Geschichte, die - history [ˈhɪstr̩i]
geschieden - divorced [dɪˈvɔ:st]
Geschwindigkeit, die - speed [spi:d]
gesehen - seen [si:n]
Gesetz, das - law [lɔ:]
gesetzt - placed [ˈpleɪst]
Gesicht, das - face [feɪs]
Gesichts-- facial [ˈfeɪʃl̩]
Gesichtsausdruck, der - expression [ɪkˈspreʃn̩], facial expression [ˈfeɪʃl̩ ɪkˈspreʃn̩]
Gespräch, das - conversation [ˌkɒnvəˈseɪʃn̩]
gestern - yesterday [ˈjestədi]
gestikulieren - gesticulate [dʒeˈstɪkjʊleɪt]
gestikulierte - gestured [ˈdʒestʃəd]
gestohlen - stolen [ˈstəʊlən]
gestreift - striped [straɪpt]
Gesundheitswesen, das - healthcare [ˈhelθˌker]
getan - done [dʌn]
getauscht - switched [swɪtʃt]
getötet - killed [kɪld]
geträumt - dreamed [dri:md]
getrunken, betrunken - drunk [drʌŋk]
gewählt - chosen [ˈtʃəʊzən]
gewinnen - gain [geɪn]
Gewinner, der - winner [ˈwɪnə]
gewonnen - won [wʌn]
gierig - eagerly [ˈi:gəli], greedy [ˈgri:di]
gießen - water [ˈwɔ:tə]
ging - walked [ˈwɔ:kt], went [went]
Gitterstab, der - bar [bɑ:]
glänzend - shining [ˈʃaɪnɪŋ]
Glas, das - glass [glɑ:s]
glauben - believe [bɪˈli:v]
Gleis, das - railway track [ˈreɪlweɪ træk]
Gleise, die - railroad [ˈreɪlrəʊd]
glitzern - glitter [ˈglɪtə]
glitzernd - glittering [ˈglɪtərɪŋ]
glücklich - happily [ˈhæpɪli]
Gott, der - God [gɒd]
Gras, das - grass [grɑ:s]
Gratulation, die - congratulation [kənˌgrætʃʊˈleɪʃn̩]
grau - gray [greɪ]
Grenze, die - border [ˈbɔ:də]
griff mit einem Elektroschocker an - stunned [stʌnd]
groß - big [bɪg], large [lɑ:dʒ], tall [tɔ:l]
großartig - great [ˈgreɪt], lovely [ˈlʌvli]
grün - green [gri:n]
grundlegend - basic [ˈbeɪsɪk]
Gruppe, die - group [gru:p]
Gummi, der - rubber [ˈrʌbə]
gut - fine [faɪn], good [gʊd], well [wel];
gut angezogen - well-groomed [wel ˈgru:md]
guten Appetit - bon appetit [ˈbɔnˈæpɪtaɪt]
Güterzug, der - freight train [freɪt treɪn]
Hh
Haar, das - hair [heə]
haben - have [hæv]
Hafen, der - port [pɔ:t]
Häftling, der - Detainee [ˌdi:teɪˈni:]
halb - half [hɑ:f]
Hallo - hello [həˈləʊ]
Hals, der - neck [nek]
halten - hold [həʊld]
Hand, die - hand [hænd]
handeln - act [ækt]
Handschellen, die - handcuffs [ˈhændkʌfs]
Handtasche, die - purse [pɜ:s]
Handwerker, der - repairman [rɪˈpeəmæn]

Handy, das - telephone [ˈtelɪfəʊn]
Hangar, der - hanger [ˈhæŋə]
hängen - hang [hæŋ]
hart - hard [hɑːd], severe [sɪˈvɪə]
Hass, der - hatred [ˈheɪtrɪd]
hat er, sie, es - has [hæz]
hatte - had [hæd]
Hauptquartier, das - headquarter [ˈhedˌkwɔːtə]
Hauptstadt, die - capital [ˈkæpɪtəl]
Hauptstraße - main street [meɪn striːt]
Haus, das - house [ˈhaʊs]
Häuserblock, der - block [ˈblɒk]
Haut, die - skin [skɪn]
Heer, das - the army [ði ˈɑːmi]
heimatlich - native [ˈneɪtɪv]
heiß - hot [hɒt]
heißt - is called [ɪz kɔːld]
Held, der - hero [ˈhɪərəʊ]
helfen - help [help]
Helikopter, der - helicopter [ˈhelɪkɒptə]
Herde, die - herd [hɜːd]
Herr (Hr), der - Mister (Mr) [ˈmɪstə]
Herr, der - master [ˈmɑːstə]
Herrscher, der - ruler [ˈruːlə]
herunternehmen - lower [ˈlaʊə]
Herz, das - heart [hɑːt]
Heulen, das - wailing [ˈweɪlɪŋ]
heute - today [təˈdeɪ]; heute Nacht - tonight [təˈnaɪt]
hey - hey [heɪ]
hi - hi [haɪ]
hielt fest - grabbed [græbd]
hier - here [hɪə]
Highway, der - highway [ˈhaɪweɪ]
Himmel, der - sky [skaɪ]
hing - hung [hʌŋ]
hingerichtet werden - be executed [bi ˈeksɪkjuːtɪd]
Hinrichtung, die - execution [ˌeksɪˈkjuːʃn̩]
hinter - behind [bɪˈhaɪnd]
Hintern, der - butt [bʌt]
hinüber, herüber - over [ˈəʊvə]
hinunter - down [daʊn]
Hinweis, der - hint [hɪnt]
hinzufügen - add [æd]
Hitze, die - heat [hiːt]
hob - lifted [ˈlɪftɪd]
hob - raised [reɪzd], high [haɪ]
hochheben, hochziehen - raise [reɪz]
Hof, der - yard [jɑːd]
hoffen - hope [həʊp]
hoffte - hoped [həʊpt]
Höhe, die - altitude [ˈæltɪtjuːd], height [haɪt]
höher - higher [ˈhaɪə]
höllisch - infernal [ɪnˈfɜːnl̩]
hören - hear [hɪə], listen [ˈlɪsn̩]
Hörer, der - receiver [rɪˈsiːvə]
Horizont, der - horizon [həˈraɪzn̩]
Horror, der - horror [ˈhɒrə]
hörte - heard [hɜːd]
Hose, die - pant [pænt]
Hosen-, Jackentasche, die - pocket [ˈpɒkɪt]
Hotel, das - hotel [ˌhəʊˈtel]
hübsch - pretty [ˈprɪti]
Hüfte, die - waist [weɪst]
Hund, der - dog [dɒg]
hundert - hundred [ˈhʌndrəd]; hundert Dollar - hundred-dollar [ˈhʌndrəd ˈdɒlə]
hungrig - hungry [ˈhʌŋgri]
Ii
ich - I [ˈaɪ]; ich bin - I am [ˈaɪ æm]; ich selbst - myself [maɪˈself]
Idee, die - idea [aɪˈdɪə]
Idiot, der - fool [fuːl], idiot [ˈɪdɪət]
ihn, ihm - him [hɪm]
ihr, ihre - her [hə], their [ðeə]
illegal - illegally [ɪˈliːgəli]
im Inneren - inside [ɪnˈsaɪd]
im Ruhestand - retired [rɪˈtaɪəd]
im Voraus - in advance [ɪn ədˈvɑːns]
Imbiss, der - lunch [lʌntʃ]
immer - always [ˈɔːlweɪz]
immer noch - still [stɪl]
in - in [ɪn], into [ˈɪntə]
in der Nähe - near [nɪə], nearby [ˈnɪəbaɪ]
in die Luft sprengen - blow up [bləʊ ʌp]
in einem Flugzeug mitfliegen - be on board [bi ɒn bɔːd]

in Ordnung - alright [ɔ:lˈraɪt], Okay [ˌəʊˈkeɪ]
in Rente gehen - retire [rɪˈtaɪə]
in Wahrheit - in fact [ɪn fækt]
in, nach, zu - to [tu:]
indische Ozean, der - Indian Ocean [ˈɪndɪən ˈəʊʃn̩]
Information, die - info [ˈɪnfəʊ], information [ˌɪnfəˈmeɪʃn̩]
informierte - informed [ɪnˈfɔ:md]
inmitten - among [əˈmʌŋ]
innerhalb - within [wɪðˈi:n]
Insasse, der - inmate [ˈɪnmeɪt]
interessant - interesting [ˈɪntrəstɪŋ]
Interesse, das - interest [ˈɪntrəst]
interessieren - interest [ˈɪntrəst]
international - international [ˌɪntəˈnæʃn̩əl]
irgendein, irgendeine - any [ˈeni]
irgendetwas - anything [ˈeniθɪŋ]
irgendwo - anywhere [ˈeniweə], somewhere [ˈsʌmweə]
Islam, der - Islam [ɪzˈlɑ:m]
ist er, sie, es - is [ɪz]
italienisch - Italian [ɪˈtæljən]
Jj
ja - yes [jes]
Jacke, die - jacket [ˈdʒækɪt]
Jahr, das - year [jɜ:]
Jeans, die - jeans [dʒi:nz]
Jeansshirt, das - denim shirt [ˈdenɪm ʃɜ:t]
jede, jeder, jedes - each [i:tʃ], every [ˈevri]
jeder - everyone [ˈevrɪwʌn]
jemals - ever [ˈevə]
jemand - anybody [ˈenibɒdi], anyone [ˈeniwʌn], someone [ˈsʌmwʌn]
jemandem ist etwas egal - not care [nɒt keə]
jemanden (im Auto) mitnehmen - give a lift [gɪv ə lɪft]
jetzt - now [naʊ]
Job, der - job [dʒɒb]
jung - young [jʌŋ]
Junge, der - boy [ˌbɔɪ]
Kk
Kabinett, das - cabinet [ˈkæbɪnət]
Kaffee, der - coffee [ˈkɒfi]
Käfig, der - cage [keɪdʒ]
kaiserlich - Imperial [ɪmˈpɪərɪəl]
kalt - cold [kəʊld], coldly [ˈkəʊldli]
Kälte, die - coldness [ˈkəʊldnəs]
kam - came [keɪm]; kam an - arrived [əˈraɪvd]
Kamel, das - camel [ˈkæməl]
Kamera, die - camera [ˈkæmərə]
Kampf, der - battle [ˈbætl̩], combat [ˈkɒmbæt], fight [faɪt]
kämpfen - fight [faɪt]
Kampfflugzeug, das - fighter plane [ˈfaɪtə pleɪn]
Kaninchen, das - rabbit [ˈræbɪt]
Kapitalismus, der - capitalism [ˈkæpɪtəlɪzəm]
Karren, der - cart [kɑ:t]
Karriere, die - career [kəˈrɪə]
Karte, die - card [kɑ:d]
Kasse, die - register [ˈredʒɪstə]
Kassierer, der; Kassiererin, die - teller [ˈtelə], cashier [kæˈʃɪə]
Katastrophe, die - disaster [dɪˈzɑ:stə]
kauert nieder - crouched [kraʊtʃt]
kaufen - buy [baɪ]
kaum - barely [ˈbeəli]
kehrte zurück - returned [rɪˈtɜ:nd]
keine große Sache - big deal [bɪg di:l]
keine Zeit verlieren - waste no time [weɪst nəʊ ˈtaɪm]
Keller, der - basement [ˈbeɪsmənt]
Kellner, der - waiter [ˈweɪtə]
Khan - khan [kɑ:n]
Kilometer, der - kilometer [kəˈlɑ:mətə]
Kind, das - child [tʃaɪld], kid [kɪd]
Kinder, die - children [ˈtʃɪldrən]
kippten um - overturned [ˌəʊvəˈtɜ:nd]
Kiste, die - box [bɒks]
klammern - clutch [klʌtʃ]
klar - clear [klɪə]
Klassifizierung, die - classification [ˌklæsɪfɪˈkeɪʃn̩]
Klebeband, das - scotch tape [skɒtʃ teɪp]
Kleid, das - dress [dres]

Kleidungsstücke, die - clothes [kləʊðz]
klein - short [ʃɔ:t], slight [slaɪt], small [smɔ:l], tiny [ˈtaɪni]
klettern - climb [klaɪm]
kletterte - climbed [klaɪmd]
Klient, der - client [ˈklaɪənt]
klingeln - ring [rɪŋ]
klingelte - rang [ræŋ]
Klopfen, das - knock [nɒk]
klopfte - knocked [nɒkt], patted (jemanden) [ˈpætɪd]
Knie, das - knee [ni:]
Knopf, der - button [ˈbʌtn̩]
knöpfte auf - unbuttoned [ʌnˈbʌtn̩d]
Knüppel, der - baton [ˈbætɒn]
Koch, der - cook [kʊk]
kochen - cook [kʊk]
Koffer, der - suitcase [ˈsu:tkeɪs]
Kohl, der - cabbage [ˈkæbɪdʒ]
Kollege, der - colleague [ˈkɒli:g]
Kollision, die - collision [kəˈlɪʒn̩]
kommandierte - commanded [kəˈmɑ:ndɪd]
Kommando, das - command [kəˈmɑ:nd]
kommen - come [kʌm]
Kommission, die - commission [kəˈmɪʃn̩]
König, der - king [kɪŋ]
können - can [kæn], may [meɪ]
könnte - could [kʊd]
Kontinent, der - continent [ˈkɒntɪnənt]
Kontrolle, die - control [kənˈtrəʊl]
konzentriert - intently [ɪnˈtentli]
koordinieren - coordinate [ˌkəʊˈɔ:dɪneɪt]
Kopf, der - head [hed]
Kopfweh, das - headache [ˈhedeɪk]
Kopilot, der - co-pilot [ˈkopaɪlət]
Körper, der - body [ˈbɒdi]
Korridor, der - corridor [ˈkɒrɪdɔ:]
kosten - cost [kɒst]
krank - sick [sɪk
Krankenschwester, die - nurse [nɜ:s]
kratzte - scratched [skrætʃt]
kreiste - circled [ˈsɜ:kl̩d]
kreuzte - intersected [ˌɪntəˈsektɪd]
Kreuzung, die - intersection [ˌɪntəˈsekʃn̩]
Kreuzworträtsel, das - crossword [ˈkrɒswɜ:d]
kriechen - crawl [krɔ:l]
Krieg, der - war [wɔ:]
Kröte, die - toad [təʊd]
Küche, die - kitchen [ˈkɪtʃɪn]
kugelsicher - bulletproof [ˈbʊlɪtpru:f]
kugelsichere Weste - bulletproof vest [ˈbʊlɪtpru:f vest]
kühl, kalt - cool [ku:l]
Kunde, der - customer [ˈkʌstəmə]
Kurs angeben - steer [stɪə]
kürzlich - recent [ˈri:snt]
küssen - kiss [kɪs]
küsste - kissed [kɪst]
Küste, die - shore [ʃɔ:]
Ll
lächeln - smile [smaɪl]
lächelte - smiled [smaɪld]
lachen - laugh [lɑ:f]
lachend - laughing [ˈlɑ:fɪŋ]
lächerlich - ridiculous [rɪˈdɪkjʊləs]
lachte - laughed [lɑ:ft]
laden - load [ləʊd]
Laden, der - shop [ʃɒp], store [stɔ:]
Ladentisch, der - counter [ˈkaʊntə]
Lager, das - camp [kæmp]
Lagerfeuer, das - bonfire [ˈbɒnfaɪə]
Lampe, die - lamp [læmp
Land, das - country [ˈkʌntri]
landen - land [lænd]
landeten - landed [ˈlændɪd]
Landevorrichtung, die - landing gear [ˈlændɪŋ gɪə]
lange - long [lɒŋ]
länger - longer [ˈlɒŋgə]
langsam - slow [sləʊ], slowly [ˈsləʊli]
langweilig - boring [ˈbɔ:rɪŋ]
Lärm, der - din [dɪn]
lassen - let [let]
Lastwagen, der - truck [trʌk]
Laternenpfahl, der - lamppost [ˈlæmpəʊst]
laut - loud [laʊd], loudly [ˈlaʊdli]
läuten - ring [rɪŋ]
leben - live [laɪv]

Leben, das - life [laɪf]
lebendig - alive [əˈlaɪv]
lecker - tasty [ˈteɪsti]
leckte ab - licked [lɪkt]
ledig - single [ˈsɪŋgl̩]
leer - empty [ˈempti]
legen - put [ˈpʊt]
legte - laid [leɪd]; legte Handschellen an - handcuffed [ˈhændkʌft]
Lehnstuhl, der - armchair [ˈɑːmtʃeə]
Lehrer, der - teacher [ˈtiːtʃə]
leicht - light [laɪt], slightly [ˈslaɪtli]
Leiden, das - suffering [ˈsʌfərɪŋ]
leidenschaftlich - passionate [ˈpæʃənət], passionately [ˈpæʃənətli]
leise - softly [ˈsɒftli]
leiten - manage [ˈmænɪdʒ]
Lenkrad, das - wheel [wiːl]
lernen - learn [lɜːn]
letzte, letzter, letztes - last [lɑːst]
lieb - dear [dɪə]
lieben - love [lʌv]
Liebling - darling [ˈdɑːlɪŋ]
Lieblings- - favorite [ˈfeɪvərət]
legen - lay [leɪ]
liegen - lie [laɪ]
Linie, die - line [laɪn]
links - left [left]
Lippe, die - lip [lɪp]
losfliegen - leaving [ˈliːvɪŋ]
Lotterie, die; Gewinnspiel, das - lottery [ˈlɒtəri]
Luft, die - air [eə]
Luftwaffe, die - air force [eə fɔːs]
Lügner, der - liar [ˈlaɪə]
Luke, die - hatch [hætʃ]
Mm
machen - do [duː], make [meɪk]
Macht, die - power [ˈpaʊə]
machte - made [meɪd]
Mädchen, das; junge Frau, die - girl [gɜːl]
Manager, der - manager [ˈmænɪdʒə]
Managers, des - manager’s [ˈmænɪdʒəz]
manchmal - sometimes [ˈsʌmtaɪmz]
Mann, der - man [mæn]
männlich - male [meɪl]
Mantel, der - coat [kəʊt]
Maschine, die - machine [məˈʃiːn]
Masse, die - mass [mæs]
Mauer, die - wall [wɔːl]
mechanisch - mechanically [mɪˈkænɪkl̩i]
Medaille, die - medal [ˈmedl̩]
Medikamente, die; Drogen, die - medicine [ˈmedsn̩], drugs [drʌgz]
medizinisch - medical [ˈmedɪkl̩]
Meer, das - sea [siː]
mehr - more [mɔː]
Meile, die - mile [maɪl]
mein, meine - my [maɪ]
meine, meiner, meines - mine [maɪn]
meinen - mean [miːn]
Menge, die - crowd [kraʊd]
Menschen, die - people [ˈpiːpl̩]
merken - realize [ˈrɪəlaɪz]
merkte an - noted [ˈnəʊtɪd]
Messer, das - knife [naɪf]
Meter, der - meter [ˈmiːtə]
Mikrophon, das - microphone [ˈmaɪkrəfəʊn]
militärisch - military [ˈmɪlɪtri]
Million, die - million [ˈmɪlɪən]
Millionär, der - millionaire [ˌmɪlɪəˈneə]
Mineralwasser, das - mineral [ˈmɪnərəl]
Minister, der - minister [ˈmɪnɪstə]
Ministerium, das - ministry [ˈmɪnɪstri]
Minute, die - minute [maɪˈnjuːt]
mir, mich - me [miː]
mistake [mɪˈsteɪk] - Fehler, der
mit - with [wɪð]
mit Blick auf - overlooking [ˌəʊvəˈlʊkɪŋ]
mit etwas einverstanden sein - agree [əˈgriː]
mit großen Augen - wide-eyed [waɪd aɪd]
mit Vergnügen - with pleasure [wɪð ˈpleʒə]
Mitarbeiter, die - staff [stɑːf]
Mitglied, das - member [ˈmembə
Mittag, der - noon [nuːn]
Mitte, die - middle [ˈmɪdl̩]
Mittelmeer, das - Mediterranean Sea [ˌmedɪtəˈreɪnɪən siː]

Mittwoch, der - Wednesday [ˈwenzdeɪ]
Mob, der - mob [mɒb]
Möbel, die - furniture [ˈfɜːnɪtʃə]
Modell, das - model [ˈmɒdl̩]
modern - modern [ˈmɒdn̩]
modisch - fashionable [ˈfæʃnəbl̩]
mögen - like [ˈlaɪk]
möglich - possible [ˈpɒsəbl̩]
möglicherweise - possibly [ˈpɒsəbli]
Möglichkeiten, die - opportunities [ˌɒpəˈtjuːnɪtɪz]
Moment, der - moment [ˈməʊmənt]
Monat, der - month [mʌnθ]
Mond, der - moon [muːn]
Mondschein, der - moonlight [ˈmuːnlaɪt]
Monitor, der - monitor [ˈmɒnɪtə]
Montag - Monday [ˈmʌndi]
Monument, das - monument [ˈmɒnjʊmənt]
moralisch - moral [ˈmɒrəl]
morgen - tomorrow [təˈmɒrəʊ]
Morgen, der - Morning [ˈmɔːnɪŋ]
Motor, der - engine [ˈendʒɪn]
müde - tired [ˈtaɪəd]
Müll, der - garbage [ˈɡɑːbɪdʒ], rubbish [ˈrʌbɪʃ]
Mund, der - mouth [maʊθ]
Musik, die - music [ˈmjuːzɪk]
muss - must [mʌst]
Mutter, die - mom [mɒm], mother [ˈmʌðə]
Muttersprache, die - native language [ˈneɪtɪv ˈlæŋɡwɪdʒ]
Nn
nach - after [ˈɑːftə]
nach außen - out [aʊt]
nach oben - upwards [ˈʌpwədz]
Nachbrenner, der - afterburner [ˈæftərˌbərnə]
nachdenken - reflect [rɪˈflekt]
nachdenklich - thoughtfully [ˈθɔːtfəli]
Nachmittag, der - afternoon [ˌɑːftəˈnuːn]
Nachricht, die - message [ˈmesɪdʒ]
nächste, nächster, nächstes - next [nekst]
Nacht, die - night [naɪt]
näher - closer [ˈkləʊsə]
nahm - picked up [pɪkt ʌp], took [tʊk]
nahmen fest - arrested [əˈrestɪd]
naiv - naive [naɪˈiːv]
Name, der - name [ˈneɪm]
Nase, die - nose [nəʊz]
Nation, die - nation [ˈneɪʃn̩]
national - national [ˈnæʃnəl]
natürlich - of course [əv kɔːs]
Navigator, der - navigator [ˈnævɪɡeɪtə]
neben - beside [bɪˈsaɪd]
nebeneinander - side by side [saɪd baɪ saɪd]
neblig - foggy [ˈfɒgi]
nehmen - take [teɪk]
nein - no [nəʊ]
Nerv, der - nerve [nɜːv]
nervös - nervous [ˈnɜːvəs], nervously [ˈnɜːvəsli]
neu - new [njuː]
neun - nine [naɪn]
nicht - not [nɒt]
nicht treffen - missed [mɪst]
nichts - nothing [ˈnʌθɪŋ]
niedrig - low [ləʊ]
niedriger - lower [ˈlaʊə]
niemals - never [ˈnevə]
niemand - nobody [ˈnəʊbədi], not anyone [nɒt ˈeniwʌn]
nirgendwo - not anywhere [nɒt ˈeniweə]
noch - yet [jet]
noch einmal - again [əˈgen]
Nordafrika, das - North Africa [nɔːθ ˈæfrɪkə]
normal - ordinary [ˈɔːdɪnri], regular [ˈregjʊlə]
normalerweise - usually [ˈjuːʒəli]
Nummer, die - number [ˈnʌmbə]
Nummernschild, das - license plate [ˈlaɪsns pleɪt]
nur - only [ˈəʊnli]
nutzen - use [ˈjuːs]
Oo
Oberfläche, die - surface [ˈsɜːfɪs]
Obst, das - fruit [fruːt]
oder - or [ɔː]
offensichtlich - evident [ˈevɪdənt], obvious [ˈɒbvɪəs]

öffnen - open [ˈəʊpən]
Öffnen, das - opening [ˈəʊpənɪŋ]
öffnete; schloss auf - unlocked [ʌnˈlɒkt]
oft - often [ˈɒfn̩]
oh - oh [əʊ]
ohne - without [wɪðˈaʊt]; ohne Pause - without stopping [wɪðˈaʊt ˈstɒpɪŋ]
Ohr, das - ear [ɪə]
Öl, das - oil [ɔɪl]
Oper, die - opera [ˈɒprə]
Operation, die - operation [ˌɒpəˈreɪʃn̩]
ordentlich - neatly [ˈniːtli]
Organisation, die - organization [ˌɔːɡənaɪˈzeɪʃn̩]
Orgasmus, der - orgasm [ˈɔːɡæzəm]
Ort, der - location [ləʊˈkeɪʃn̩], place [ˈpleɪs]
örtlich - local [ˈləʊkl̩]
Osten, der - east [iːst]
Pp
Paar, das - pair [peə]
packen - grab [ɡræb], pack [pæk]
Paket, das - package [ˈpækɪdʒ]
Papa - daddy [ˈdædi]
Papa, der - dad [dæd]
Papier, das - paper [ˈpeɪpə]
Park, der - park [pɑːk]
Parkplatz, der - parking lot [ˈpɑːkɪŋ lɒt]
Passagier, der - passenger [ˈpæsɪndʒə]
Passagierraum, der - passenger compartment [ˈpæsɪndʒə kəmˈpɑːtmənt]
Passant, der - passersby [ˈpæsərzbi]
passen - fit [fɪt]
passieren - happen [ˈhæpən]
passierte - happened [ˈhæpənd]
Patient, der - patient [ˈpeɪʃnt]
patrouillieren - patrol [pəˈtrəʊl]
Pause, die - pause [pɔːz]
Person, die - person [ˈpɜːsn̩
Pilot, der - pilot [ˈpaɪlət]
pinkeln - urinate [ˈjʊərɪneɪt]
pinkelte - urinated [ˈjʊərɪneɪtɪd]
Pizza, die - pizza [ˈpiːtsə]
planen - plan [plæn]
Plastik, das - plastic [ˈplæstɪk]
Platz, der - square [skweə]
plötzlich - sudden [ˈsʌdn̩], suddenly [sʌdn̩li]
Podium, das - platform [ˈplætfɔːm]
Polizei, die - police [pəˈliːs]
Polizeimarke, die - badge [bædʒ]
Polizist, der - policeman [pəˈliːsmən]
Porno, der - porn [pɔːn]
Posten, der - post [pəʊst]
Prämie, die - bonus [ˈbəʊnəs]
Präsident, der - president [ˈprezɪdənt]
Premierminister, der - Prime minister [praɪm ˈmɪnɪstə]
Prinzip, das - principle [ˈprɪnsəpl̩]
privat - personal [ˈpɜːsənl̩], private [ˈpraɪvɪt]
pro - per [pɜː]
Problem, das - problem [ˈprɒbləm]
protestieren - protest [prəˈtest]
protestierte - protested [prəˈtestɪd]
Provinz, die - province [ˈprɒvɪns]
Prozent, das - percent [pəˈsent]
Prozentsatz, der - percentage [pəˈsentɪdʒ]
Punkt, der - dot [dɒt]
pur - sheer [ʃɪə]
Rr
Rache, die - revenge [rɪˈvendʒ]
Radar, der - radar [ˈreɪdɑː]
Radio, das - radio [ˈreɪdɪəʊ]
Rakete - rocket [ˈrɒkɪt]
Rakete, die - missile [ˈmɪsaɪl]
Rand, der - edge [edʒ]
rannte - ran [ræn], rushed [rʌʃt]
rasiert - shaved [ʃeɪvd]
raste - raced [reɪst], sped [sped]
Rätsel - puzzle [ˈpʌzl̩]
Räuber, der - robber [ˈrɒbə]
Rauch, der - smoke [sməʊk]
rauchen - smoke [sməʊk]
rechtfertigen - justify [ˈdʒʌstɪfaɪ]
rechtfertigte - justified [ˈdʒʌstɪfaɪd]
reden - talk [ˈtɔːk]
Regal, das - shelf [ʃelf]
Regen, der - rain [reɪn]
regieren - rule [ruːl]

regierte - ruled [ruːld]
Regierung, die - government [ˈgʌvənmənt]
Regime, das - regime [reɪˈʒiːm]
registriert - registered [ˈredʒɪstəd]
regnen - rain [reɪn]
reichte - handed [ˈhændɪd]
Reinigung - cleaner's [ˈkliːnəz]
Reinigungsdienst, der - house-cleaning [ˈhaʊsˌkliniŋ]
Reise, die - trip [trɪp]
reisen - travel [ˈtrævl̩]
Reisepass, der - passport [ˈpɑːspɔːt]
reißen - tear [ˈtɪə]
reiste - traveled [ˈtrævl̩d]
Religion, die - religion [rɪˈlɪdʒən]
rennen - run [rʌn]
reparieren - fix [fɪks], repair [rɪˈpeə]
Rest, der - rest [rest]
retten - rescue [ˈreskjuː], save [seɪv]
Revolution, die - revolution [ˌrevəˈluːʃn̩]
Richter, der - judge [dʒʌdʒ]
richtete - aimed [eɪmd]
richtig - correctly [kəˈrektli]
Richtung, die - direction [dɪˈrekʃn̩]
riechen - smell [smel], sniff [snɪf]
riesig - huge [hjuːdʒ], vast [vɑːst]
Risiko, das - risk [rɪsk]
roch - smelled [smeld], sniffed [snɪft]
Rolle, die - role [rəʊl]
Rollstuhl, der - wheelchair [ˈwiːltʃeə]
rot - red [red]
Rotation, die - rotation [rəʊˈteɪʃn̩]
rotieren - rotate [rəʊˈteɪt]
ruhig - calmly [ˈkɑːmli]
ruhig - quiet [ˈkwaɪət], quietly [ˈkwaɪətli]
rührte um - stirred [stɜːd]
Rüssel, der - trunk [trʌŋk]
Ss
Safe, der - safe [seɪf]
Saft, der - juice [dʒuːs]
sagen - say [ˈseɪ]
sagte - told [təʊld]
sah - saw [sɔː]; sah zu, sah an - watched [wɒtʃt]
Samstag, der - Saturday [ˈsætədi]
Sand, der - sand [sænd]
sanft - gently [ˈdʒentli]
sang - sang [sæŋ]
Sarkasmus, der - sarcasm [ˈsɑːkæzəm]
sarkastisch - sarcastically [sɑːˈkæstɪkl̩i]
saß - sat [sæt]
Satellit, der - satellite [ˈsætəlaɪt]
sauber - clean [kliːn], cleanly [ˈkliːnli]
Säule - pillar [ˈpɪlə]
Säule, die - column [ˈkɒləm]
Schacht, der - shaft [ʃɑːft]
schaffte - managed [ˈmænɪdʒd]
schalten - switch [swɪtʃ]
schamlos - shameless [ˈʃeɪmləs]
schauen - look [lʊk]
Schauspiel, das - drama [ˈdrɑːmə]
schaute - looked [lʊkt]
schicken - send [send]
Schicksal, das - fate [feɪt]
schieben - roll [rəʊl]
schien - seemed [siːmd]
schießen - shoot [ʃuːt]
Schießerei, die - shoot-out [ˈʃuːtaʊt]
schlafen - be asleep [bi əˈsliːp], sleep [sliːp]
schläfrig - sleepy [ˈsliːpi]
Schlafzimmer, das - bedroom [ˈbedruːm]
schlagen - beat [biːt]
schlank - slender [ˈslendə]
schlecht - badly [ˈbædli]
Schleudersitz, der - catapult [ˈkætəpʌlt]
schlief - slept [slept]
schließen - close [kləʊz]
schließlich - eventually [ɪˈventʃʊəli]
schlimmer - worse [wɜːs]
schloss - closed [kləʊzd]
Schloss, das - lock [lɒk]
schlug ein - struck [strʌk]
schlug vor - suggested [səˈdʒestɪd]
Schlüssel, der - key [kiː]
Schmerz, der - pain [peɪn]
Schmerztablette, die - painkiller [ˈpeɪnkɪlə]
schmutzig - dirty [ˈdɜːti]
schneien - snow [snəʊ]

schnell - fast [fɑ:st], quick [kwɪk], quickly [ˈkwɪkli], rapid [ˈræpɪd], rapidly [ˈræpɪdli]
schneller - faster [ˈfɑ:stə]
schob - rolled [rəʊld]
Schock, der - shock [ʃɒk]
schockiert sein - be shocked [bi ʃɒkt]
Schokolade, die - chocolate [ˈtʃɒklət]
schon - already [ɔ:lˈredi]
schön - beautiful [ˈbju:təfl̩], nice [naɪs]
Schränke, die - closets [ˈklɒzɪts]
schrecklich - terrible [ˈterəbl̩]
Schrei, der - scream [skri:m]
schreien - cry [kraɪ], scream [skri:m], shout [ʃaʊt]
schrie - cried [kraɪd], screamed [skri:md], shouted [ˈʃaʊtɪd], yelled [jeld]
Schrott, der - junk [dʒʌŋk]
Schublade, die - drawer [drɔ:ə]
Schuhe, die - shoes [ʃu:z]
Schuld, die - debt [det], fault [fɔ:lt]
Schule, die - school [sku:l]
Schulter, die - shoulder [ˈʃəʊldə]
Schurke, der - scoundrel [ˈskaʊndrəl]
schütten - pour [pɔ:]
schwach - dimly [ˈdɪmli]
schwanger - pregnant [ˈpregnənt]
schwarz - black [blæk]
Schweif, der - tail [teɪl]
schweigend - silently [ˈsaɪləntli]
Schweiß, der - sweat [swet]
schwer - difficult [ˈdɪfɪkəlt], heavily [ˈhevɪli]; schwer beschädigt - badly damaged [ˈbædli ˈdæmɪdʒd]
schwerfällig - heavy [ˈhevi]
Schwierigkeit, die - problem [ˈprɒbləm]
Schwierigkeiten, die - trouble [ˈtrʌbl̩]
schwören - swear [sweə]
sechs - six [sɪks]
sehen - see [si:]
sehr - greatly [ˈgreɪtli], very [ˈveri]
Seil, das - rope [rəʊp]
sein - be [bi]
sein, seine - his [hɪz]
seit - since [sɪns]
Sekunde, die - second [ˈsekənd]
selten - rarely [ˈreəli]
seltsam - strange [streɪndʒ]
senken, herunternehmen - drop [drɒp]
senkten - lowered [ˈlaʊəd]
setzte fort - continued [kənˈtɪnju:d]
sexuell - sexual [ˈsekʃʊəl], sexually [ˈsekʃʊəli]
sich (einer Sache) bewusst werden - realize [ˈrɪəlaɪz]
sich befinden - located [ləʊˈkeɪtɪd]
sich beruhigen - calm down [kɑ:m daʊn]
sich entfernen - step away [step əˈweɪ]
sich erinnern - remember [rɪˈmembə]
sich erkundigen - inquire [ɪnˈkwaɪə]
sich erstrecken - stretch [stretʃ]
sich freuen - be glad [bi glæd]
sich nähern - approach [əˈprəʊtʃ]
sich schämen - feel ashamed [fi:l əˈʃeɪmd]
sich selbst - himself [hɪmˈself]
sich Sorgen machen - worry [ˈwʌri]
sich umsehen - look around [lʊk əˈraʊnd]
sicher - certain [ˈsɜ:tn̩], sure [ʃʊə]
Sicherheit, die - safety [ˈseɪfti], security [sɪˈkjʊərɪti]
Sicherheitsbeamten, des - guard's [ˈgɑ:dz]
Sicherheitsbeamter, der - guard [gɑ:d]
Sicht, die - sight [saɪt]
sichtbar - visible [ˈvɪzəbl̩]
sie - she [ʃi], they [ˈðeɪ]
sie selbst - themselves [ðəmˈselvz]
sie sind - they are [ˈðeɪɑ:]
sie, ihnen - them [ðəm]
sieben - seven [ˈsevn̩]; sieben Uhr - seven o'clock [ˈsevn̩ əˈklɒk]
siebenundzwanzig - twenty-seven [ˈtwenti ˈsevn̩]
Signal, das - signal [ˈsɪgnəl]
SIM-Karte, die - SIM card [ˈsɪm kɑ:d]
Sinnlosigkeit, die - uselessness [ˈju:sləsnəs]
Sirene, die - siren [ˈsaɪərən]
Situation, die - situation [ˌsɪtʃʊˈeɪʃn̩]
Sitz, der - seat [si:t]
sitzen - sit [sɪt]
Socken, die - socks [sɒks]

sofort - immediately [ɪˈmiːdɪətli]
Sohn, der - son [sʌn]
Solar- - solar [ˈsəʊlə]
Solarmodul, das - solar panel [ˈsəʊlə ˈpænl̩]
solche, solcher, solches - such [sʌtʃ]
Soldat, der - soldier [ˈsəʊldʒə]
sollte - should [ʃʊd]
Sonnencreme, die - tanning lotion [ˈtænɪŋ ˈləʊʃn̩]
sonnig - sunny [ˈsʌni]
Sonntag, der - Sunday [ˈsʌndi]
sonst noch - else [els]
sorgfältig - carefully [ˈkeəfəli]
sowieso - anyway [ˈeniweɪ]
Spaghetti, die - spaghetti [spəˈgeti]
spannend - exciting [ɪkˈsaɪtɪŋ]
Spannung, die - tension [ˈtenʃn̩]
Spaß machen - kid [kɪd]
später - later [ˈleɪtə]
Speisekarte, die - menu [ˈmenjuː]
speziell - special [ˈspeʃl̩]
Spiegel, der - mirror [ˈmɪrə]
Spiel, das - game [geɪm], play [pleɪ]
spielte - played [pleɪd]
Spielzeug, das - toys [tɔɪz]
Spinnennetz, das - cobweb [ˈkɒbweb]
Spital, das - hospital [ˈhɒspɪtl̩]
Spitzenpilot, der - ace pilot [eɪs ˈpaɪlət]
Sporttasche, die - sports bag [spɔːts bæg]
sprach - spoke [spəʊk]
Sprache, die - language [ˈlæŋgwɪdʒ]
sprang - jumped [dʒʌmpt], leaped [liːpt]
sprechen - speak [spiːk], talk [ˈtɔːk]
springen - jump [dʒʌmp]
springend - bouncing [ˈbaʊnsɪŋ]
Staat, der - state [steɪt]
Staatsanwalt, der - prosecutor [ˈprɒsɪkjuːtə]
Stadt, die - city [ˈsɪti], town [taʊn]
stand - stood [stʊd]; stand auf - rose [rəʊz]
stark - strong [strɒŋ]
stärker - stronger [ˈstrɒŋgə]
starker Regen - downpour [ˈdaʊnpɔː]
starren - stare [steə]
starrte - stared [steəd]
Startbahn - runway [ˈrʌnweɪ]
startete - started [ˈstɑːtɪd]
Stau, der - traffic jam [ˈtræfɪk dʒæm]
Staub, der - dust [dʌst]
Steak, das - steak [steɪk]
stecken - put [ˈpʊt]
stehen - stand [stænd]; stehen Sie auf - stand up [stænd ʌp]
stehlen - steal [stiːl]
Stein, der - stone [stəʊn]
stellte vor - introduced [ˌɪntrəˈdjuːst]
sterben - die [daɪ]
Stern, der - star [stɑː]
stieg - stepped [stept]
still - silent [ˈsaɪlənt]
Stille, die - silence [ˈsaɪləns]
Stimme, die - voice [vɔɪs]
stimmte zu - agreed [əˈgriːd]
stinken - stink [stɪŋk]
stinkend - smelly [ˈsmeli], stinky [ˈstɪŋki]
stinkendste - stinkiest [ˈstiŋkəst]
Stinker, der - stinker [ˈstɪŋkə]
Stock, der - stick [stɪk]
Stockwerk, das - floor [flɔː], story [ˈstɔːri]
stöhnen - groan [grəʊn]
stöhnte - groaned [grəʊnd]
Stoppeln, die - stubble [ˈstʌbl̩]
stoppen - stop [stɒp]
stoppte - stopped [stɒpt]
stoßen - push [pʊʃ]
Strafe, die - penalty [ˈpenlti], punishment [ˈpʌnɪʃmənt], sentence [ˈsentəns]
Strafgefangene, der - convict [kənˈvɪkt]
Straße, die - road [rəʊd], street [striːt]
streckte - extended [ɪkˈstendɪd], reached [riːtʃt]
streicheln - pet [pet]
streichelte - stroked [strəʊkt]
streichen - paint [peɪnt]; pass [pɑːs]
strich glatt - straightened [ˈstreɪtn̩d]
Stück, das - piece [piːs]
Stuhl, der - chair [tʃeə]
Stunde, die - hour [ˈaʊə]
stürzen - topple [ˈtɒpl̩]

Sturzflug, der - swoop [swu:p]
Substanz, die - substance [ˈsʌbstəns]
suchen - search [sɜ:tʃ]
suchten - searched [sɜ:tʃt]
Süden, der - south [saʊθ]
Super-dieb, der - super-thief [ˈsu:pə θi:f]
Superstar, der - superstar [ˈsu:pəstɑ:]
Symbol, das - symbol [ˈsɪmbl̩]
System, das - system [ˈsɪstəm]
Tt
Tablette, die; Medikament, das - pill [pɪl]
Tag, der - day [deɪ]
talentiert - talented [ˈtæləntɪd]
Tank, der - tank [tæŋk]
Tasche, die - bag [bæg]
Tasse, die - cup [kʌp]
Tatort, der - scene [si:n]
tatsächlich - actually [ˈæktʃuəli]
Tattoo, das - tattoo [təˈtu:]
taub - deaf [def]
tauchen auf - appear [əˈpɪə]
tauchte auf - appeared [əˈpɪəd]
tausend - thousand [ˈθaʊzn̩d]
Taxi, das - cab [kæb], taxi [ˈtæksi]
Team, das - team [ti:m]
Teenager, der - teenager [ˈti:neɪdʒə]
Teil, der - part [pɑ:t]
teilhaben - participate [pɑ:ˈtɪsɪpeɪt]
Telefon, das - phone [fəʊn]
Teller, der - plate [pleɪt]
Terrasse, die - terrace [ˈterəs]
Terrorist, der - terrorist [ˈterərɪst]
teuer - expensive [ɪkˈspensɪv]
Teufel, der - devil [ˈdevl̩]
Text, der - text [tekst]
Textnachricht, die - text message [tekst ˈmesɪdʒ]
Theater, der - theatre [ˈθɪətə]
thermisch - thermal [ˈθɜ:ml̩]
ticken - tick [tɪk]
tickte - ticked [tɪkt]
Tisch, der - desk [desk], table [ˈteɪbl̩]
Tod, der - death [deθ]
Tor, das - gate [geɪt]
töten - kill [kɪl]
Tourist, der - tourist [ˈtʊərɪst]
traditionell - traditional [trəˈdɪʃn̩əl]
traf - met [met]
tragen - carry [ˈkæri], wear [weə]
trank - drank [dræŋk]
Transporter, der - van [væn]
Transportflugzeug, das - cargo plane [ˈkɑ:gəʊ pleɪn]
transportieren - transport [trænsˈpɔ:t]
transportierte - transported [trænsˈpɔ:tɪd]
Traum, der - dream [dri:m]
traurig - sad [sæd], sadly [ˈsædli]
treffen - meet [mi:t]
Treffen, das - meeting [ˈmi:tɪŋ]
Treffer, der - hit [hɪt]
Treppen, die - stairs [steəz]
Tresorraum, der - vault [vɔ:lt]
Trick, der - stunt [stʌnt]
trinken - drink [drɪŋk]
Trinkgeld, das - tip [tɪp]
triumphierend - victoriously [vɪkˈtɔ:rɪəsli]
trocken - dry [draɪ]
trompetend - roaring [ˈrɔ:rɪŋ]
trompetete - roared [rɔ:d]
Tropfen, der - drop [drɒp]
trotzdem - all the same [ˌɔ:l ðə ˈseɪm]
trug - carried [ˈkærɪd]
Truppe, die - company [ˈkʌmpəni]
tschüss - bye [baɪ]
T-Shirt, das - t-shirt [ˈti: ʃɜ:t]
tun können - be able to [bi ˈeɪbl̩ tu:]
tut er, sie, es - does [dʌz]
Tür, die - door [dɔ:]
Typ, der - guy [gaɪ]
Üü
üben - practice [ˈpræktɪs]
über - about [əˈbaʊt]
über, oberhalb - above [əˈbʌv]
überall - everywhere [ˈevrɪweə]
überfallen - rob [rɒb]
Übergang, der - crossing [ˈkrɒsɪŋ]
übergeben - hand [hænd]
überprüfen - check [tʃek]
überprüfte - checked [tʃekt]
Überprüfung, die - inspection [ɪnˈspekʃn̩]

überraschen - surprise [sə'praɪz]
überrascht - surprised [sə'praɪzd]
überwachen - oversee [ˌəʊvə'siː]
überwiegend - mainly ['meɪnli]
überzeugt - confidently ['kɒnfɪdəntli]
üblich - usual ['juːʒʊəl]
Uu
Uhr - clock ['klɒk]
umarmte - hugged [hʌgd]
umgeben - surrounded [sə'raʊndɪd]
umher - around [ə'raʊnd]
umsonst - in vain [ɪn veɪn]
umwickeln - wrap [ræp]
umziehen - move [muːv]
Umzugshelfer, der - mover ['muːvə]
unbeschreiblich - indescribable [ˌɪndɪ'skraɪbəbl̩]
und - and [ænd]
Unfall, der - accident ['æksɪdənt]
unfreundlich - unfriendly [ˌʌn'frendli], unkindly [ʌn'kaɪndli], unpleasant [ʌn'pleznt]
unglaublich - incredible [ɪn'kredəbl̩], unbelievable [ˌʌnbɪ'liːvəbl̩]
Unglück, das - misfortune [ˌmɪs'fɔːtʃuːn]
Uniform, die - uniform ['juːnɪfɔːm]
Union, die - union ['juːnɪən]
Universität, die - university [ˌjuːnɪ'vɜːsɪti]
unmöglich - impossible [ɪm'pɒsəbl̩]
uns - us [əz]
unser, unsere - our ['aʊə]
unsicher - uncertainly [ʌn'sɜːtnli]
Unsinn, der - nonsense ['nɒnsns]
unten - bottom ['bɒtəm]
unter - under ['ʌndə]
unter, unterhalb - below [bɪ'ləʊ]
unterbrach - interrupted [ˌɪntə'rʌptɪd]
unterbrechen - interrupt [ˌɪntə'rʌpt]
Unterlage, die - document ['dɒkjʊment]
unterschreiben - sign [saɪn]
unterstützen - support [sə'pɔːt]
untersuchen - examine [ɪg'zæmɪn], inspect [ɪn'spekt]
untersuchte - examined [ɪg'zæmɪnd]
unvermittelt - abruptly [ə'brʌptli]
Urkunde, die - certificate [sə'tɪfɪkeɪt]
Urlaub, der - vacation [və'keɪʃn̩]
Vv
Vagabund, der - vagabond ['vægəbɒnd]
Van Gogh - Van Gogh [væn 'gəʊ]
Vanille, die - vanilla [və'nɪlə]
Vater, der - father ['fɑːðə]
Veranda, die - porch [pɔːtʃ]
verängstigt - frightened ['fraɪtn̩d]
verantwortlich - responsible [rɪ'spɒnsəbl̩]
Verantwortung, die - responsibility [rɪˌspɒnsə'bɪlɪti]
verband - connected [kə'nektɪd]
verbergen - hide [haɪd]
verbeugen - bow [baʊ]
verbeugte - bowed [baʊd]
verbieten - ban [bæn], forbid [fə'bɪd]
Verbindung, die - connection [kə'nekʃn̩]
Verbrechen, das - crime [kraɪm]
Verbrecher, der - criminal ['krɪmɪnl̩]
verbunden - bandaged ['bændɪdʒd]
verdienen - deserve [dɪ'zɜːv], earn [ɜːn]
Vereinbarung, die - agreement [ə'griːmənt]
verfassen - draw [drɔː]
Verfolgungsjagd, die - chase [tʃeɪs]
vergas - forgot [fə'gɒt]
vergeben - forgive [fə'gɪv], forgiven [fə'gɪvn̩]
vergessen - forget [fə'get]
Verhalten, das; Manieren, die - manner ['mænə]
Verhandlung, die - trial ['traɪəl]
verheiratet - married ['mærɪd]
verhindern - prevent [prɪ'vent]
Verkauf, der - sale [seɪl]
verkaufen - sell [sel]
Verkäufer, der - sales clerk [seɪlz klɑːk], salesman ['seɪlzmən]
verkauft - sold [səʊld]
Verkehr, der - traffic ['træfɪk]
verkündete - declared [dɪ'kleəd]
verlassen - abandon [ə'bændən], deserted [dɪ'zɜːtɪd]
verlegen - awkwardly ['ɔːkwədli], in embarrassment [ɪn ɪm'bærəsmənt]

verletzt - hurt [hɜːt], injured [ˈɪndʒəd], violated [ˈvaɪəleɪtɪd]
Verletzung, die - injury [ˈɪndʒəri]
verliehen bekommen - be awarded [bi əˈwɔːdɪd]
verlieren - lose [luːz]
Verlierer, die - losers [ˈluːzəz]
verloren - lost [lɒst]
vermeiden - avoid [əˈvɔɪd]
vernünftig - reasonably [ˈriːznəbli]
verrückt - crazy [ˈkreɪzi], mad [mæd]
Verrückte, der - madman [ˈmædmən], maniac [ˈmeɪnɪæk]
versammelt - gathered [ˈɡæðəd]
verschlossen - locked [lɒkt]
verschüttet - spilled [spɪld]
Verschwörung, die - conspiracy [kənˈspɪrəsi]
verschwunden - disappeared [ˌdɪsəˈpɪəd], gone [ɡɒn]
versendet - sent [sent]
versetzt - transferred [trænsˈfɜːd]
versperrte den Weg - blocked [blɒkt]
Versprechen, das - promise [ˈprɒmɪs]
versprochen - promised [ˈprɒmɪst]
Verstand, der - brain [breɪn], reason [ˈriːzən]
verstanden - understood [ˌʌndəˈstʊd]
Verstärkung, die - reinforcement [ˌriːɪnˈfɔːsmənt]
Verstärkungsteam, das - reinforcement team [ˌriːɪnˈfɔːsmənt tiːm]
versteckte - hid [hɪd]
verstehen - understand [ˌʌndəˈstænd]
versuchen - try [traɪ]
versuchte - tried [traɪd]
versuchter - attempted [əˈtemptɪd]
Verteidiger, der - defender [dɪˈfendə], defense counsel [dɪˈfens ˈkaʊnsl̩]
verteidigte - defended [dɪˈfendɪd]
Verteidigung, die - defense [dɪˈfens]
verteilt - distributed [dɪˈstrɪbjuːtɪd]
vertikal - vertically [ˈvɜːtɪkl̩i]
vertrauen - trust [trʌst]
Verurteilung, die - condemnation [ˌkɒndemˈneɪʃn̩]
Verwandte, der - relative [ˈrelətɪv]
Verwunderung, die - amazement [əˈmeɪzmənt]
Verwundete, der - wounded [ˈwuːndɪd]
vibrieren - vibrate [vaɪˈbreɪt]
Video, das - video [ˈvɪdɪəʊ]
Vieh, das - animal [ˈænɪml̩]
viel - much [ˈmʌtʃ]
viel, viele - a lot [ə lɒt]
viele - many [ˈmeni]
vielleicht - maybe [ˈmeɪbiː]
vier - four [fɔː]
vierte, vierter, viertes - fourth [fɔːθ]
vierzig - forty [ˈfɔːti]
Vogel, der - bird [bɜːd]
voll - full [fʊl]
völlig - absolutely [ˈæbsəluːtli], fully [ˈfʊli]
von - from [frɒm], of [ɒv]
vor - before [bɪˈfɔː]; vor fünf Jahren - five years ago [faɪv jɜːz əˈɡəʊ]
vorbei - past [pɑːst]
Vorfall, der - event [ɪˈvent], incident [ˈɪnsɪdənt]
vorgeben - pretend [prɪˈtend]
Vorgehen, das - action [ˈækʃn̩]
vorne - front [frʌnt]
Vorort, der - suburb [ˈsʌbɜːb]
Vorratskammer, die - pantry [ˈpæntri]
vorschlagen - suggest [səˈdʒest]
Vorstellung, die - idea [aɪˈdɪə]
Vortag, der - previous day [ˈpriːvɪəs deɪ]
vorübergehend - temporarily [ˈtemprərəli]
vorübergehend, befristet - temporary [ˈtemprəri]
vorwärts - forward [ˈfɔːwəd]
Ww
Waffe, die - gun [ɡʌn], weapon [ˈwepən]
Wahl, die - choice [tʃɔɪs]
wählen - choose [tʃuːz], dial [ˈdaɪəl]
Wahlen, die - elections [ɪˈlekʃn̩z]
wahr - true [truː]
während - during [ˈdjʊərɪŋ], while [waɪl]

wahrscheinlich - probably [ˈprɒbəbli]
Wald, der - forest [ˈfɒrɪst]
wann - when [wen]
war - was [wɒz]
waren - were [wɜː]
warf - threw [θruː]
warm - warm [wɔːm]
warten - wait [weɪt]
wartete - waited [ˈweɪtɪd]
warum - why [waɪ]
was - what [wɒt]
Wasser, das - water [ˈwɔːtə]
Wasserbett, das - waterbed [ˈwɔːtəbed]
way [ˌwʌnˈweɪ] - einfache Fahrt, die- on
weckte - woke [wəʊk]
weg - away [əˈweɪ]
Weg, der - way [ˈweɪ]
weggehen - leave [liːv]
wehen - blow [bləʊ]
weiblich - female [ˈfiːmeɪl]
weigerte sich - refused [rɪˈfjuːzd]
weil - because [bɪˈkɒz]
Wein, der - wine [waɪn]
weinend - weeping [ˈwiːpɪŋ]
weinte - wept [wept]
weise - wisely [ˈwaɪzli]
weiß - white [waɪt]
weit - far [fɑː]
weiter - farther [ˈfɑːðə], further [ˈfɜːðə]
weitermachen - continue [kənˈtɪnjuː]
weiter tun - keep doing [kiːp duɪŋ]
welche, welcher, welches - which [wɪtʃ]
Welle, die - wave [weɪv]
Welt, die - world [wɜːld]
wem, wen - whom [huːm]
weniger - fewer [ˈfjuːə], less [les]
wenn - if [ɪf]
wer - who [huː]
werden - become [bɪˈkʌm], will [wɪl]
werfen - throw [ˈθrəʊ]
Werkzeug, das - tool [tuːl]
wert sein - be worth [bi wɜːθ]
Wert, der - worth [wɜːθ]
wessen - whose [huːz]
Weste, die - vest [vest]
Wetter, das - weather [ˈweðə]
wichtig - important [ɪmˈpɔːtnt]
widerlich - disgusting [dɪsˈgʌstɪŋ]
Widerstand leisten - resist [rɪˈzɪst];
Widerstand leistete - resisted [rɪˈzɪstɪd]
Widerstand, der - resistance [rɪˈzɪstəns]
wie - how [ˈhaʊ]
wieder zu Bewusstsein kommen - regain consciousness [rɪˈgeɪn ˈkɒnʃəsnəs]
wiederholen - repeat [rɪˈpiːt]
wiederholte - repeated [rɪˈpiːtɪd]
wild - wildly [ˈwaɪldli]
Wind, der - wind [wɪnd]
winkte - waved [weɪvd]
wir - we [wi]
wird nicht - won't [wəʊnt]
wirklich - real [rɪəl], really [ˈrɪəli], truly [ˈtruːli]
Wirklichkeit, die - reality [rɪˈælɪti]
Wirtschaft, die - economics [ˌiːkəˈnɒmɪks], economy [ɪˈkɒnəmi]
wischte - wiped [waɪpt]
wissen - know [nəʊ]
Witz, der - joke [dʒəʊk]
wo - where [weə]
Woche, die - week [wiːk]
Wolke, die - cloud [klaʊd]
wollen - want [wɒnt]
wollte - wanted [ˈwɒntɪd]
Wort, das - word [ˈwɜːd]
Wunde, die - wound [wuːnd]
wünschen - wish [wɪʃ]
wurde - became [bɪˈkeɪm], grew [gruː]
würde - would [wʊd]
wusste - knew [njuː]
Wüste, die - desert [dɪˈzɜːt]
wütend - angrily [angrəli], angry [ˈæŋgri]
Zz
zählen - count [kaʊnt]
zahlen - pay [peɪ]
zehn - ten [ten]
zeigen - point [pɔɪnt], show [ʃəʊ]
zeigte - pointed [ˈpɔɪntɪd], showed [ʃəʊd]
Zeit, die - time [ˈtaɪm]
Zeitlupe, die - slow motion [sləʊ ˈməʊʃn̩]

Zeitschrift, die - magazine [ˌmægəˈziːn]
Zeitung, die - newspaper [ˈnjuːspeɪpə]
Zelle, die - cell [sel]
Zelt, das - tent [tent]
Zentralgefängnis, das - central prison [ˈsentrəl ˈprɪzn̩]
Zentrum, das - centre [ˈsentə]
zerquetschen - crush [krʌʃ]
zerquetschte - crushed [krʌʃt]
zerrissen - tore up [ˈtɔːr ʌp]
zerstört - destroyed [dɪˈstrɔɪd]
ziehen - drag [dræg], pull [pʊl]
Ziel, das - goal [gəʊl]
Zigarette, die - cigarette [ˌsɪgəˈret]
Zimmer, das; Büro, das - room [ruːm]
zog - dragged [drægd], pulled [pʊld]
Zoll, der - custom [ˈkʌstəm]
Zoologe, der - zoologist [zuːˈɒlədʒɪst]
zu - toward [təˈwɔːd], towards [təˈwɔːdz]
zu Boden sinken - descended [dɪˈsendɪd]
zu gleichen Teilen - equally [ˈiːkwəli]
zu Hause - at home [ət həʊm]
zu schätzen wissen - appreciate [əˈpriːʃieɪt]
züchten - grow [grəʊ]
Zucker, der - sugar [ˈʃʊgə]
zuhören - listen [ˈlɪsn̩]
zukünftig - future [ˈfjuːtʃə]
zulassen - allow [əˈlaʊ]
zum Beispiel - for instance [fər ˈɪnstəns]
zumindest - at least [ət liːst]
zurück - back [bæk]
zurückkehren - return [rɪˈtɜːn]
zurückkommen - return [rɪˈtɜːn]
zusammen - together [təˈgeðə]
zwangen - forced [fɔːst]
zwanzig - twenty [ˈtwenti]
zwei - two [tuː]
zweimal - twice [twaɪs]
zweistöckig - two-story [tuː ˈstɔːri]
zwinkerte - winked [wɪŋkt]
zwischen - between [bɪˈtwiːn]
zwölf - twelve [twelv]

* * *

Buchtipps

Das Erste Englische Lesebuch für Anfänger
Stufen A1 und A2 zweisprachig mit englisch-deutscher Übersetzung
(Gestufte Englische Lesebücher)
Lisa Katharina May

Das Buch enthält einen Kurs für Anfänger und fortgeschrittene Anfänger, wobei die Texte auf Deutsch und auf Englisch nebeneinanderstehen. Die Motivation des Schülers wird durch lustige Alltagsgeschichten über das Kennenlernen neuer Freunde, Studieren, die Arbeitssuche, das Arbeiten etc. aufrechterhalten. Die dabei verwendete Methode basiert auf der natürlichen menschlichen Gabe, sich Wörter zu merken, die immer wieder und systematisch im Text auftauchen. Sätze werden stets aus den im vorherigen Kapitel erklärten Wörtern gebildet. Das zweite und die folgenden Kapitel des Anfängerkurses haben nur jeweils 29 neue Wörter. Das Zweite englische Lesebuch ist nach der gleichen Methode aufgebaut, wie das Erste englische Lesebuch für Anfänger. Wenn Sie noch keine Erfahrungen mit der englischen Sprache gemacht haben, sollten Sie mit dem Ersten englischen Lesebuch beginnen und erst dann mit dem Zweiten englischen Lesebuch arbeiten. Audiodateien im MP3-Format sind auf lppbooks.com kostenlos erhältlich.

Das Erste Englische Lesebuch für Anfänger, Band 2
Stufe A2 zweisprachig mit englisch-deutscher Übersetzung
(Gestufte Englische Lesebücher)

Elisabeth May

Dieses Buch ist Band 2 des Ersten Englischen Lesebuches für Anfänger. Das Buch enthält einen Kurs für Anfänger und fortgeschrittene Anfänger, wobei die Texte auf Deutsch und auf Englisch nebeneinanderstehen. Die dabei verwendete Methode basiert auf der natürlichen menschlichen Gabe, sich Wörter zu merken, die immer wieder und systematisch im Text auftauchen. Sätze werden stets aus den im vorherigen Kapitel erklärten Wörtern gebildet.

* * *

Notes

5755867R00152

Printed in Germany
by Amazon Distribution
GmbH, Leipzig